JN255454

国際法原理論

本書を Josf L.Kunz に捧げる

ハンス・ケルゼン

# 国際法原理論

長谷川正国 訳

❀ ❀ ❀
法学翻訳叢書
0011
国際法・法哲学

信 山 社

Principles of International Law
by Hans Kelsen

First published 1952 by Rinehart & Company Inc., New York.

This Japanese edition published 2016
by Shinzansha Publisher, Tokyo
by the permission for translation from the Hans-Kelsen-Insitut, Vienna.

# 序　文


　本書は国際法研究の入門書を目指す。本書は法学生のみならず、社会科学、とりわけ政治学に関心を持つすべての人にも有用であるべきであるとの理由で、第1部は国際法問題の理解にとって欠くことのできない知識である一定の法概念を扱う。

　私は本書の表題に『国際法原理論』（*Principles of International Law*）を選んだ。なぜなら、この法分野を構成する最も重要な諸規範に加え、国際法理論を提示すること、すなわち、その性質と基本的概念を検討し、その構造を分析し、そして、法の世界におけるその地位を確定することが不可欠であると考えたからである。

　通常、国際法は2つの主要部分、すなわち、平時国際法と戦時国際法に分けられる。私はこの体系化を放棄した。というのは、戦争状態が平和状態と同一の法的平面で存在すると認識することが可能である限りで、辛うじて、この体系化は正当化されたからである。しかしながら、ケロッグ・ブリアン規約や国際連合憲章を考慮すると、戦争は国際法違反に対するリアクションである場合に限り合法と見なされうる。したがって、本書では、戦争法は国際法で規定される制裁問題に関連して扱われる。

　この「原理論」が注目するのはまず第一に一般国際法である。条約によって定立される特別国際法は技術的に漸進的な方法で発展しつつある国際法の可能性を証明するために議論されるにすぎない。

　最近に締結された諸条約のうちで国際連合憲章は決定的な重要性を持つ。国際連合憲章は機構の加盟国ばかりでなく非加盟国に対しても妥当すると主張するのであるから、それは一般国際法と認められるかもしれない、あるいは、一般国際法と認められようとしているところである。これは本書で国際連合法が注意深く検討される理由を説明する。

　国際法に関する学術書が法学的な観点、つまり法的観点からのみ関係問題を扱うと主張することは意味のない冗語表現であると思われる。もし国際法が言葉の真の意味で法であるとするならば、このことは本書で仮定されるのであるけれども、どのような他の方法が、ただし法学的な方法がこの対象の記述および説明に適用されうるのであろうか。もし、私が、それでもやはり、本書の純粋法学的な性格を強調

v

することが必要であると考えるとすれば、それは国際法学者達の間で広く普及する傾向に反対してそうするのである。それらの学者はこの社会秩序の法的な性格、したがって、その拘束力をあえて否定しないけれども、法的なアプローチよりも別の、つまり、政治的なアプローチを適切なものとして支持する。私の考えでは、この見解は現行国際法の適用が何らかの利益、より正確に言うと、各学者が自国の利益と考えるものと抵触する場合に、その法の不適用を正当化する企てにすぎない。もし学者が自国政府に対して権力政策、すなわち、自国の現実のまたは仮定された利益によってのみ決定されかつその現実の権力によってのみ制限される政策、を提案することがかれの本分であると考慮するとすれば、かれは自己の責任においてそうするのである。しかし、もしかれがこの政策は「政治的に」解釈された国際法に一致すると読者に信じ込ませようと努めるとすれば、かれは、科学的国際法理論ではなくて、政治的イデオロギーを提示しているのである。

　実定国際法規範の公式化とその伝統的解釈に関して私は本書 367 頁で引用される諸著作、特に L. オッペンハイムと H. ローターパクトによるイギリスの標準的著作を用いた。

　私は、私の著書『法と国家の一般理論』（*General Theory of Law and State*, Harvard University Press, 1945）の一部の使用を許可してくれたことについてハーバード・ロースクールの学部長アーヴィン・N. グリスヴァルト教授に心から感謝したい。私はまた *Annual Digest of International Law* に掲載される多くの判例の引用を許可してくれたことについて H. ローターパクト教授に感謝したい。また、私は、貴重な示唆を与えてくれたレオ・グロス教授、ジョゼフ・L. クンツ教授、そして、ロバート・W. タッカー教授に感謝したい。


　1952 年 3 月
　カリフォルニア、バークレー

　　　　　　　　　　　　　　　　　　　　　　　　ハンス・ケルゼン

# 凡　例

1．本書はハンス・ケルゼン著の国際法教科書の第一版 *Principles of International Law*, 1952, Rinehart & Company Inc. NewYork の全訳である。原著には 1966 年に出版されたロバート・タッカーによる改訂第二版が存在するが、しかし、ケルゼン以外の者の手が加わった同書は問題外である。訳者の関心はケルゼンの国際法理論を精確に紹介することである。

2．原著は 5 部構成であるが、その目次はごく簡単に大項目と中項目が掲げられるにすぎない。本書は原著の編別に従いながら、本書全体の内容を見易くするために、また、事項に関する索引も兼ねてその目次を小項目にまで広げることにした。

3．ケルゼンによれば、国際違法行為に対する制裁としての reaction は復仇と戦争である。この reaction は被害当事国または法秩序による制裁を目的とした強制行為である。これを文字通り、「反作用」、「反応」、「反動」などの訳語を用いるとそのニュアンスが違ってしまう。対抗措置または対抗行為の訳語を用いるのが適切と思われるが、今日、国際法の専門用語として対抗措置は復仇と同義であると理解されている。そこで、本書では、reaction はカタカナでそのままリアクションと記述する。

4．ケルゼンは、constitution を法規が定立されるべき諸方法を規定する諸規則を意味すると定義し（本書 127 頁）、いわゆる国家の憲法にも国際組織の構成条約にも constituion の言葉を用いる。この定義を考慮し、それが組織法を意味することを念頭に置きながら、本書では統一的に「憲法」の訳語を用いることにした。

5．本書で引用される諸条約の多くは 1952 年現在の現行条約である。国連憲章をはじめその後に改正された条約が少なくない。あえて指摘するまでもないが、その点を留意されたい。

〈目　次〉

序　文〔v〕

凡　例〔vii〕

## ◆ 第1部　国際法の性質：国際違法行為と国際制裁 ———————— 3

### ◇ A　法 の 概 念 ————————————————————— 5

1　2種類の社会秩序………〔5〕

2　刑事的制裁と民事的制裁………〔7〕

3　法規範と法規則：「当為」………〔7〕

4　違 法 行 為………〔8〕

5　義務と権利………〔9〕

6　個人責任と団体責任………〔10〕

7　有責性と絶対責任………〔12〕

8　共同体による実力の独占………〔13〕

9　自力救済と集団的安全保障………〔15〕

10　応報と予防………〔17〕

11　法 と 平 和………〔17〕

### ◇ B　国際法は言葉の真の意味で「法」であるか ————————— 18

1　問題の意義………〔18〕

2　国際違法行為………〔19〕

3　国 際 制 裁………〔19〕

a　制裁と賠償義務………〔19〕

b　強制措置としての国際制裁………〔21〕

4　復　仇………〔22〕

5　戦争：その概念………〔24〕

a　戦争：二辺的行為かまたは一方的行為か………〔24〕

b　戦争と反撃戦争………〔26〕

c　連盟規約、ケロッグ・ブリアン規約および国連憲章の
　　意味での戦争………〔27〕

d　攻撃戦争と防衛戦争………〔28〕

ix

目　次

　　e　「兵力の使用」の概念により取って代わられた
　　　　「戦争」の概念………(29)

　　f　戦争の目的………(29)

　　g　国際戦争と国内戦争（内戦）………(30)

6　戦争：その法的解釈………(30)

　　a　一般国際法によって禁止されない戦争………(30)

　　b　正　戦　論………(31)

　　(1)　正戦論の歴史 (31)

　　(2)　正戦論に対する反論 (33)

　　c　実定国際法における正戦原則………(35)

　　(1)　ヴェルサイユ講和条約第 231 条(35)

　　(2)　連　盟　規　約 (36)

　　(3)　ケロッグ・ブリアン規約 (38)

7　国連憲章の下での戦争（武力の行使）………(40)

　　a　実力独占の集権化………(40)

　　b　強　制　措　置………(41)

　　c　国連憲章と連盟規約の相違………(47)

　　d　第 39 条に基づく強制措置以外の制裁………(49)

　　e　個別的自衛と集団的自衛………(50)

　　f　旧敵国に対する行動………(53)

　　g　「国内管轄」事項に対する不干渉………(54)

8　戦争：その行為の規制………(55)

　　a　戦争の開始と終了………(57)

　　b　戦争の破壊的行為が向けられる個人………(59)

　　c　破壊の手段………(60)

　　d　戦　時　占　領………(62)

　　e　海　　戦………(65)

　　f　空　　戦………(68)

　　g　一般国際法上の中立………(69)

　　h　連盟規約の下での中立………(72)

　　i　ケロッグ・ブリアン規約の下での中立………(73)

　　j　国連憲章の下での中立………(73)

目 次

# ◆ 第2部　国際法の妥当範囲 —————————————— 77

## ◆ A　法秩序の妥当範囲 ————————————————— 79
## ◆ B　国際法の領域的および時間的妥当範囲 ———————— 80
## ◆ C　国際法の人的妥当範囲：国際法主体 ————————— 82

1　法主体としての法人………(82)

2　国際法主体としての国家………(84)

  a　集権的法秩序としての国家………(84)

  b　上位と下位の関係………(86)

  c　権力としての国家………(89)

  d　帰属点としての国家………(91)

  e　国 家 主 権………(92)

  f　国際法にのみ従属する共同体としての国家………(94)

  g　対外主権と対内主権—分割された主権………(95)

3　国際法における義務および責任の主体………(97)

  a　国際義務の主体としての国家………(97)

  b　国際責任の主体としての国家………(99)

    (1)　国家責任：団体責任 (99)

    (2)　「国家の行為」 (99)

    (3)　国家の直接責任と間接責任 (101)

    (4)　国家の絶対責任 (103)

  c　国際的な義務および責任の主体としての個人………(105)

    (1)　海賊行為の禁止 (105)

    (2)　国旗の違法な使用 (106)

    (3)　外国国家を侵害する私人の行為 (107)

    (4)　海底電信線保護条約 (107)

    (5)　封鎖侵破と戦時禁制品の輸送 (108)

    (6)　戦 争 犯 罪 (108)

    (7)　違法な戦争行為 (109)

    (8)　間 　諜 (109)

    (9)　砲撃前に関係当局に警告する義務 (110)

  d　国家行為に対する個人責任………(111)

xi

目　次

　　　　(1)　ヴェルサイユ条約第 227 条 (111)

　　　　(2)　戦争犯罪人の処罰に関する 1945 年ロンドン協定 (112)

　　4　国際法における権利の主体………(117)

　　　a　国際的な権利の主体としての国家………(117)

　　　b　国際的な権利の主体としての個人………(118)

　　　　(1)　国際捕獲審検所に関する条約 (118)

　　　　(2)　ヴェルサイユ条約第 297 条および第 304 条 (118)

　　　　(3)　上部シレジアに関するドイツ・ポーランド条約 (120)

　　　　(4)　国連憲章における人権 (120)

　　5　いわゆる国家の基本権………(125)

　　　a　「国家の基本権」の基礎としての自然法理論………(125)

　　　b　国際法により前提とされる原則としての基本権………(127)

　　　c　国家の人格から演繹される基本権………(128)

　　　d　国際法の基礎としての国々の共通の同意………(129)

　　　e　国家の基本権としての平等および主権………(130)

　　　f　その他の基本権………(132)

　　6　国際法主体としての国家の性格を持たない共同体………(133)

　　　a　個人から成る共同体………(134)

　　　　(1)　教　会 (134)

　　　　(2)　国家類似の共同体 (135)

　　　　(a)　交戦権力として承認された反徒 (135)／(b)　保護関係 (136)／(c)
　　　　　国際法主体ではない委任統治地域および信託統治地域 (136)

　　　b　国々から成る共同体………(140)

　　　　(1)　連 邦 国 家 (140)

　　　　(2)　物 的 連 合 (142)

　　　　(3)　国 家 連 合 (143)

　　　c　国際連盟と国際連合……… (145)

　　　　(1)　国 際 連 盟 (145)

　　　　(2)　国 際 連 合 (147)

　　　d　国際労働機関………(152)

　　7　一般国際法と特別国際法………(155)

目　次

**D　国際法の実質的妥当範囲** ———————————————— 157

1　国際管轄権と国内管轄権………(157)

2　国内法による国際法の実施………(159)

3　国際法の国内法への変型………(160)

4　国連憲章第2条7項………(161)

5　国際法の定義………(165)

6　排他的国際管轄権………(166)

## ◆ 第3部　国際法の本質的機能：国際法秩序による国内法秩序の妥当範囲の決定（国家の法的存在） ———————— 167

### ◆ A　国際法による国内法秩序の領域的妥当範囲の決定（国家領域） — 170

1　国内法秩序の領域的妥当範囲としての国家領域………(170)

2　国内法秩序の領域的妥当範囲の制限………(172)

3　狭義の国家領域と広義の国家領域………(175)

　a　国境：実効性の原則………(175)

　b　領域の取得………(175)

　c　領域的至上権………(177)

　d　国家の「不可入性」………(179)

　e　領　海………(180)

　f　公　海………(182)

　g　無　主　地………(185)

　h　底土および空間………(185)

### ◆ B　国際法による国内法秩序の人的妥当範囲の決定（国家の人民） — 186

1　国内法秩序の人的妥当範囲としての国家の人民………(186)

2　治　外　法　権………(187)

　a　国内法秩序の人的妥当範囲の制限としての治外法権………(188)

　b　治外法権の特権を享有する主体としての外国元首および外交代表………(189)

　c　特権を有する他の人々………(190)

3　いかなる国家も他国に対して管轄権を持たない………(192)

目　次

## ◆ C 国際法による国内法秩序の実質的妥当範囲の決定（国家の権限）———————— 195

1　国家の権限の本質的無限定………(195)

2　外国国家の機関とその市民の保護………(198)

3　市民権（国籍）………(202)

　a　法的地位としての市民権………(202)

　b　犯罪人の引渡し………(204)

　c　市民権の取得と喪失………(205)

4　法の抵触（国際私法）………(208)

　a　関連問題：一国の機関による他国の法の適用………(208)

　b　いわゆる国際私法：国内法、例外的に国際法………(209)

## ◆ D 国際法による国内法秩序の時間的妥当範囲の決定（国家の時間的存在）———————— 211

1　国家の要素としての時間………(211)

2　国家の誕生と死亡………(212)

3　国家の同一性………(213)

4　共同体の国家としての承認………(217)

　a　法により決定される事実の確定としての承認………(217)

　b　法的承認と政治的承認………(219)

　c　法的承認行為の創設的性格………(221)

　d　承認の撤回………(224)

　e　条件付承認………(225)

　f　法律上の承認と事実上の承認（*de jure* and *de facto* recognition）………(226)

　g　承認の遡及効………(227)

　h　国際連合への加盟による承認………(227)

5　政府の承認………(229)

　a　政府の法的承認と政治的承認………(229)

　b　不承認の効果………(232)

6　いわゆる亡命政府………(236)

7　反乱団体の交戦権力としての承認………(238)

8　違法に確立された状態の承認および不承認（スティムソン主義）

xiv

························(239)

  9　国 家 承 継·········(241)

## ◆ 第4部　国際法の定立と適用 ───────── 245

### ◆ A　国際法の定立（淵源）───────── 247

  1　法の「淵源」の概念·········(247)

  2　いわゆる法の欠缺·········(248)

  3　慣　習·········(250)

    a　慣習法と制定法·········(250)

    b　法定立事実としての慣習·········(251)

    c　国際法の基礎としての共通の同意·········(254)

     (1)　法定立的慣習の確立に参加していない国々を拘束する慣習法（254）

     (2)　条約国際法の基礎としての慣習国際法（256）

     (3)　国際法における社会契約論（256）

  4　条　約·········(259)

    a　一般的見解·········(259)

     (1)　条約の概念（259）

     (2)　Pacta sunt servanda の原則（260）

     (3)　いわゆる「立法」条約（261）

     (4)　法的条約と政治的条約（261）

     (5)　条約の解釈（262）

     (6)　国 際 立 法（262）

    b　法定立手続としての条約·········(263)

     (1)　締約当事者（263）

     (2)　条約締結権限を有する国家機関（264）

     (3)　条約の合憲性（264）

     (4)　武力による威嚇または武力の行使の条約に対する効果（266）

     (5)　条約の形式（署名または批准）（267）

     (6)　簡略化された手続（272）

     (7)　条約の登録（275）

     (8)　条約への加入（277）

    c　特別な手続により定立された法としての条約·········(278)

xv

目　次

  (1)　条約の目的（278）

  (2)　条約により拘束される主体（280）

   (a)　第三国に義務を課す条約（281）／(b)　第三国に権利を付与する条約（283）／(c)　私的個人に義務および責任を課す条約（285）／(d)　私的個人に権利を付与する条約（285）

  (3)　条約の国内法への変型（285）

  (4)　条約の妥当性の開始と終了（288）

  (5)　事情不変更条項（*clausula rebus sic stantibus*）（292）

  (6)　条約に対する戦争の効果（293）

  (7)　条約の改訂（293）

  (8)　条約間の抵触（294）

 5　国際機関の決定………（297）

## ◆　B　国際法の適用 ──────────────────────── 299

 1　合意による国際紛争の解決………（299）

 2　国際連盟および国際連合の諸機関による国際紛争の解決………（300）

  a　連盟理事会による解決………（300）

  b　安全保障理事会による解決………（301）

 3　国際裁判所による国際紛争の解決………（306）

  a　仲裁裁判と司法的解決………（306）

  b　法律的紛争と政治的紛争………（309）

  c　国際司法裁判所による紛争の解決………（314）

  (1)　常設仲裁裁判所と常設国際司法裁判所（314）

  (2)　国際司法裁判所（315）

   (a)　裁判所の構成（316）／(b)　裁判所の管轄（317）／(c)　裁判所の手続（320）／(d)　勧告的意見（321）

  d　国際裁判所判決の執行………（321）

# ◆　第5部　国際法と国内法 ─────────────────── 325

## ◆　A　国際法と国内法の相違 ───────────────── 327

## ◆　B　国際法と国内法の関係（一元論と多元論） ─────── 328

 1　一元論と多元論………（328）

 2　国内法と国際法の主題事項………（329）

目　次

3　国内法と国際法の「淵源」………(331)

4　国内法と国際法の妥当根拠………(332)

　　a　国内法秩序の妥当根拠は国際法秩序により規定される………(332)

　　b　国際法に則った法定立事実としての革命およびクーデター………(339)

　　c　国際法の根本規範………(340)

　　d　歴史的見解と法論理的見解………(341)

5　国内法と国際法の抵触………(342)

6　法理論の仮説としての国内法と国際法の統一性………(346)

　　a　二つの規範体系の間の可能な関係………(346)

　　b　実定法と道徳の関係………(347)

　　c　義務の抵触………(349)

　　d　規範性と事実性………(349)

7　国内法の優位または国際法の優位………(350)

　　a　国家の国内人格と国際人格………(350)

　　b　国際法の国内法への変型………(352)

　　c　唯一妥当する規範体系としての国内法秩序………(353)

　　d　国際法の承認………(354)

　　e　国内法の優位または国際法の優位………(356)

8　主　権………(359)

　　a　規範秩序の属性としての主権………(359)

　　b　唯一の法秩序の排他的属性としての主権………(362)

9　二つの一元論的解釈の哲学的および法学的な意義………(364)

　　a　主観主義と客観主義………(364)

　　b　二つの仮説の誤った使用………(365)

　　c　二つの仮説の間の選択………(366)


◆ 国際法に関する包括的著作一覧（367）

　訳者あとがき………(369)

　　国際条約索引（373）／判例等索引（379）／人名索引（383）

xvii

国際法原理論

## ● 第 1 部 ●
# 国際法の性質：国際違法行為と国際制裁

国際法あるいは諸国民の法とは、通常の定義に従えば、国々の行為を相互の関係において規律する一まとまりの規則の名称である。これらの規則は法と呼ばれる。もしわれわれが日常生活で法について語るとすれば、われわれは、国内法（national or municipal law）、つまり国家内で広く実施されている法を想定するであろう。しかし、いわゆる国際法、すなわち、国家間の関係で広く実施されている諸規則は国内法と同じ意味で法なのであろうか。この問題に対する答えは法概念の定義によって決まる。

概念を定義するあらゆる企ては特定の言語の使用、つまり、われわれがそれによって概念を明示しようとする言葉の通常の意味から出発しなければならない。人は「法」と呼ばれる社会現象が類似した種類の社会現象から法現象を区別する共通の特徴、すなわち、社会生活を合理的に理解するための一般概念を構成するほど十分に意味のある特徴を示すかどうかを確認しなければならない。そのような特徴を発見することは可能である。

それはわれわれが法秩序と道徳的または宗教的な秩序を明確に区別することのできる要素、しかも唯一の要素である。この要素は人々の相互関係で根本的に重要な事実を構成する。すなわち、この要素はすべての点で法の性質を探求するための決定的基準を作り上げるのに適している。この基準とは何か。

## ◆ A　法の概念

# 1　2種類の社会秩序

人間に一定の相互的な行動をとらせること、すなわち、人々に何らかの理由で社会にとって有害であると思われる一定の行為を慎ませること、また、何らかの理由で社会にとって有用であると考えられる行為を行わせることは、あらゆる社会秩序の機能である。それゆえ、法は社会秩序である。人は二つの根本的に異なる方法で、つまり、実力の威嚇とその行使なしにまたはこれを用いてこの目的の達成に努めることができる。

他人に特定の行動をとらせたいと思う人は、要求する自分への尊敬や愛から他人がその要望をかなえるであろうと期待して、他人にその行動を要求することがある。人は、与えた教示の理解が相応する作為または不作為の動機づけになることを

A 法の概念

期待して、要望される行為の適切性について他人に教示することがある。人は率先垂範することがある。あるいは、遵守した場合の報酬を約束することがある。これらすべての場合において社会秩序の遵守は任意的である。

しかしながら、要望される人間行動を実現させる完全に異なるもう一つの方法がある。諸個人に一定の行為をとらせるために、権威者は、諸個人が相容れない行動をとる場合にはかれらに強制的に科される害悪でかれらを威嚇することができる。威嚇される害悪は生命、自由、財産または価値のような一定の所有物を剥奪することから成る。そうするに際して、社会的権威者は、その行為を規律される諸個人が威嚇された害悪を避けるために要望されない行為を慎み、要望される行動をとるであろうと仮定する。

われわれは威嚇される害悪を制裁と呼ぶ。もし、人々の信念において、制裁が超人間的な権威から発して、超自然的な性格を持つならば、そのような制裁を規定する秩序は宗教的秩序である。原始社会の初期に普及した社会秩序は原則としてこの種の秩序であった。人々はその秩序に従って行動した。なぜなら、かれらは超人間的な霊力がその秩序の違反を凶作や病気や死のようなあらゆる種類の災厄で罰するであろうと信じたからである。超自然的な制裁は、社会的に組織された制裁、すなわち、人々により確立された社会秩序に従って人々によって執行される制裁とは区別されなければならない。そのような制裁は強制行為の性格を持つ。というのは、それらは当該秩序に服する人々の意思に反して、必要ならば、物理的な力を使用して執行されなければならないからである。物理的な力の使用は制裁の適用が抵抗を受けるときに後続する。制裁を適用する権威者が十分な権力を有する場合には抵抗はごく稀である。しかし、物理的な力の使用が許容されることは、個人が一定の価値を剥奪する措置に対して抵抗するときに不可欠である。物理的な力の使用が許される場合にのみ、われわれは制裁としての強制行為または強制行動について語る。われわれは、制裁によって諸個人に望まれる行為を成し遂げさせようとする社会秩序を─強制行為を制裁として規定するという意味で─強制秩序と呼ぶ。その秩序は任意的な遵守に依存する他のすべての社会秩序の対極にある。さまざまな道徳秩序は、超自然的なまたは社会的に組織された制裁を規定しない限りでそうした非強制秩序である。このようにして、社会生活にとって基本的である自由と強制の対置は決定的な基準を与える。

それは法の基準である。なぜなら、法は強制秩序であるからである。法は社会的に組織された制裁を規定する。こうして、法を一方で宗教秩序、他方で単なる道徳

秩序から明確に区別することが可能になる。強制秩序として法は、法に反する行為、つまり法的に誤った行為があった場合にとられるべき強制措置の威嚇を通じて人々に望まれる社会的行動をとらせることを企てる特殊な社会的技術である。制裁の特別な条件であるこの行為は、「違法行為」（illegal act）、「犯罪」（crime）、「不法行為」（tort）、「違法行為」（delict）と呼ばれる。最後に挙げた言葉（delict）は法的に誤ったあらゆる可能な種類の行為を包含する。違法行為を行った個人は法違反者と呼ばれる。

## 2　刑事的制裁と民事的制裁

　現代国内法には2種類の制裁、つまり、刑罰と民事強制執行が存在する。刑罰には生命の強制的な剥奪である死刑、自由の強制的な剥奪である投獄、または、財産の強制的な剥奪である罰金がある。これらは刑事法上の制裁である。民事強制執行、すなわち、民事法上の制裁は同じく財産の強制的な剥奪にある。もしある者が債務を履行せず、また、他人に引き起こした損害を賠償しないならば、そして、債権者または被害者が原告としてその者を相手取って民事裁判所に訴訟を提起するならば、裁判所は被告の財産に対して強制執行を命じるであろう。この制裁は刑事裁判所が法違反者に対して科すことがある罰金とは異なる。法違反者から強制的に剥奪された財産は、刑事法に従って法的共同体に、あるいは、民事法に従って債権者または被害者に移転される。刑事法と民事法の区別、したがって、刑事的違法行為と民事的違法行為の区別は2種類の制裁の違いに基礎づけられる。違法行為と制裁は法の二つの基本的な与件である。法は強制行為、つまり制裁がそれにより結果として行為、つまり制裁の条件としての違法行為に結びつけられる一まとまりの諸規範である。

## 3　法規範と法規則：「当為」

　規範は一定の人間行為を命じまたは許容する。何らかの理由で単一体を形成する一まとまりの諸規範をわれわれは規範秩序と呼ぶ。法は規範秩序である。法は制裁として強制行為を規定するのであるから、法は強制秩序である。

　法の科学がその対象、すなわち、法を法規範の体系として記述する言明は、一定の条件の下で（そこでは違法行為が必須的な役割を果す）一定の結果、つまり、制裁

A 法の概念

が生ずるべきであるという趣旨の言明である。これらの言明は「法規則」（rules of law）と呼ばれ、それ（法規則）によって記述される「法規範」（legal norms）と対置される。法規範は法的権威によって発せられ、法規則は法学によって行われる言明である。法学は法的権威ではなく、したがって、人間行動を命じまたは許容する法規範を定立する権限を持たない。

　法規範によって確立される条件としての違法行為と結果としての制裁との間の関係は、「金属は温められるならば膨張する」という言明で示されるような原因と結果の関係（因果関係）ではない。この言明はいわゆる自然法則である。法の科学が法規則によってその対象、すなわち法を記述するように、自然科学は自然法則によってその対象、すなわち自然を記述する。法規則において条件と結果の関係は、法規則が自然法則の意味を持たないことを強調するために「当為」（ought）という言葉によって特徴づけられる。その言葉はある事実と別の事実との間の必然的または蓋然的な結びつきという考えを表さない。その意味は、もし違法行為が起こるならば、制裁が必ずまたはほぼ確実に生ずるであろうということではなくて、もし違法行為が行われるならば、たとえ実際に適用されないとしても、制裁が適用されるべきであるということである。「適用されるべきである」という定型句によって表現されるのは、もし違法行為が行われるならば制裁の適用は合法的であるという考えだけである。違法行為が行われたならば制裁が適用されるべきであるという言明は、ある個人が制裁を適用することを法的に義務づけられるということを必ずしも意味しない。かれは制裁を適用することを授権されるにすぎない。法によって規定された制裁の適用が義務の内容であるかどうかは法規則の条件と結果の間の結びつきの意味に関する問題とは異なる問題である。

# 4 違法行為

　違法行為は一般に法の「侵犯」（violation）として性格づけられる。これは比喩的表現である。文字通り解釈すると、「侵犯」は、暴力行為、すなわち、物理的に存在する人間に向けられるものとして初めて理解されうる物理的な力の行使を意味する。そのような行為によって影響を受けるのは人間の物理的な存在である。この意味で、何かが行われるべきであると規定する規範としての法が「侵犯される」ことはありえない。規範の特殊な「存在」はその妥当性にある。つまり、一定の行為を命じまたは許容する規範の妥当性は反対の行為によって影響を受けない。もし一定

の行為が命じられまたは許容されるとするならば、反対の行為の可能性は当然のこととして前提される。もし窃盗が不可能であるとするならば、「汝盗むなかれ」という規範は意味をなさないであろう。違法行為はまた「違法なまたは不法な（unlawful or illegal）」行動として記述される。それらの言葉は法の否定という考えを表す。しかし、違法行為は法の侵犯でもなければ否定でもない。違法行為は制裁の条件として法により規定される行為である。同じく、制裁の条件もまた法によって規定される。一定の行為は法により制裁の条件とされるからこそ、この行為は違法行為である。つまり、同じことであるが、この行為は法的に禁止される。

# 5　義務と権利

　もしある行為が制裁の条件であるとするならば、反対の行為は法的義務の内容である。個人は、もし制裁が反対の行為に対して規定されるならば、一定の方法で行為するよう法的に義務づけられる。私は窃盗を行わないよう法的に義務づけられるという言明は、もし私が窃盗を行うならば、私は処罰されるべきであるということを意味する。また、私は債務を履行することを法的に義務づけられるという言明は、もし私が債務を履行しないならば、私の財産に対して民事強制執行が行われるべきであるということを意味する。法的義務の主体は潜在的な違法行為者である。

　義務（obligation or duty）の概念は通常は権利の概念に対置される。「権利」という言葉には多くの意味がある。たとえば、一定の方法で行為する権利を持つということは、この方法で行為することは自由であることを意味するであろう。一定の方法で行為することは法的に自由であるということは、他の方法で行為する法的義務を負わないことを意味するであろう。しかしながら、「権利」という言葉はもっぱら消極的な意味ではなくて積極的な意味を持つことがある。私は一定の方法で行為する権利を持つという言明は、他の人は私がこの方法で行為することを妨げないことを義務づけられることを意味するであろう。すなわち、私は他の人が一定の方法で行為することを要求する権利を持つという言明は、他の人がこの方法で行為するように義務づけられるということを意味するであろう。その言葉のこの意味において個人の権利は他の個人（または他の諸個人）の義務の反映に他ならない。最後に、「権利」という言葉は、個人により意図された一定の法的効果をもたらすためにその個人に付与される法的権限、特に、他の個人がその義務を履行しない場合に制裁を適用する権限、つまり、一定の行為により法が規定する制裁の適用を直接にまた

A 法の概念

は間接に成し遂げる権限を意味するであろう。

　初期の法では、制裁の執行は分権化された。すなわち、制裁は違法行為を構成する他の人の行為によってその利益を侵害された当該個人に委ねられた。この原始的な法技術は自力救済の原則と呼ばれる。この原則は原始的な法で広く行われる。原始的な法は、殺人の場合に、殺害された人の親族に殺人者およびその親族を殺害することを授権する。これはいわゆる血讐（blood revenge）である。血讐は原始的な法によって規定される制裁である。ある人が自己の債務を履行しなかった、あるいは引き起こした損害を賠償しなかったならば、法は、債権者または被害者に対して債務者または損害の責任を負うべき人の財産を、必要ならば実力で、取り上げることを授権した。これは債務を履行する義務または損害を賠償する義務の違反に対して原始的な法が規定する制裁である。そのような原始的な法において、（言葉の特殊な意味で）権利を持つことは法により制裁の執行を授権されることを意味する。制裁の執行が集権化されることは法技術的にいっそう発達した法秩序の特徴である。この集権化は、特別な機関、すなわち、違法行為が行われた事実を確定し、法が規定する制裁を命じる権限を有する裁判所の設立、および、裁判所が命じた制裁を執行する権限を有する特別な執行機関の設立にある。そのような集権的な法制度の下で権利を持つことは、訴訟を開始する、つまり、権限ある裁判所に訴えを提起することにより究極的には制裁の執行を導く手続を始動させる法的可能性を持つことを意味する。この意味で、債権者は債務者が債務を履行することを要求する権利を持ち、また、物の所有権者はすべての他の人がその物の処分に干渉することを慎むよう要求する権利を持つ。

# 6 個人責任と団体責任

　もう一つの法概念は責任の概念である。法的責任は、法的義務、特に違法に引き起こされた損害を賠償する義務と区別されなければならない。個人は、もし制裁が自己に向けられるならば、違法行為に対して法的に責任を負う。こうして、人は、法がその人、すなわち、犯罪者は処罰されるべきであると規定するためにかつその限度で、かれが行った犯罪に対して責任を負う。人は、法が民事強制執行はかれの財産に向けられるべきであると規定するためにかつその限度で、かれによって引き起こされた損害賠償の不履行について責任を負う。これらの場合に、違法行為者、すなわち、自己の行動で違法行為を行った個人はそれに対して責任を負う。義務の

主体と責任の主体は同一である。しかし、違法行為者以外の個人が違法行為に対して責任を負うことは可能である。法は、違法行為の場合に、制裁は違法行為を行っていない個人または諸個人に対して向けられるべきであると規定することがある。もし制裁が個人に対して向けられるべきであるとするならば、個人は自己の違法行為に対して責任を負う。この場合に、われわれは個人責任について語る。しかしながら、もし制裁が違法行為者以外の個人または諸個人に向けられるならば、他の人によって行われた違法行為に対する責任が確立される。義務と責任の違いは次の事実に現れる。すなわち、個人は、一定の方法で行動すること、つまり、自己の行動のみを義務づけられることはありうるが、しかし、個人が、他人が一定の方法で行動すること、つまり、他人の行動を義務づけられることはありえない。しかし、個人は自己の行動に対してだけでなく、他の個人の行動に対しても責任を負うことがありうる。

　他の人により行われた違法行為に対して責任を負う個人は、通常、違法行為者と明確な法的関係にある。たとえば、法は、子または妻が犯罪を行った場合に父または夫が処罰されるべきであると規定することがある。戦時に敵領域の都市を占領する軍隊の司令官は、もしその都市で占領軍に対して違法な戦争行為が行われるならば、その都市の市長が死刑に処されるべきであると命じることがある。もし法が規定する制裁が家族全員に向けられるならば、家族の一員によって行われた違法行為に対して家族全員が責任を負うことがある。もし個人が自ら違法行為を行ったのではなくて、違法行為者が属する集団、つまり、家族、部族または国家に属しているために違法行為に対して責任を負うならば、われわれは団体責任について語る。これは他人によって行われた違法行為に対する責任の特別な場合である。団体責任は殺人者に対してばかりでなく、かれの家族全員に向けられる血讐の場合に存在する。団体責任はヤハウェが父の罪について子や孫までも処罰すると威嚇する十戒で証明される。違法行為者と他の諸個人との間の一定の関係は違法行為者とそれらの個人との同一視を正当化する。この同一視は原始的な法で広く行われる団体責任の基礎である。つまり、それは原始人にきわめて特徴的な団体的思考や感情の現れである。原始人は自分をその仲間とは本質的に異なる独立した個人と考えるのではなくて、その集団の固有の一部であると考える。現代国内法では個人責任が一般に普及する。団体責任は、たとえば、法人の場合のようにごく例外的に確認される。

　違法行為に対する責任は、違法行為によって引き起こされた物質的および精神的な損害を賠償する義務と区別されるべきである。通常、違法行為者、つまり自己の

A 法の概念

行為によって違法行為を行った個人はその違法行為によって引き起こされた損害の賠償を義務づけられる。しかし、法が違法行為者以外の個人に損害賠償義務を課すことは可能である。これは、たとえば、法が被用者の過失に対して雇用者に損害賠償義務を課す場合である。そのときには、雇用者は被用者によって引き起こされた損害について「責任を負う」と述べるのが通例である。この用語法は誤解を招きやすい。なぜなら、それは雇用者は他の人によって行われた違法行為について責任を負うという考えを暗に意味すると思われるからである。しかしながら、雇用者はその損害について「責任を負う」のではなくて、損害を賠償することを「義務づけられる」。すなわち、雇用者は、この義務の不履行について、つまり、他の人の違法行為ではなく自分自身の違法行為について、責任を負うにすぎない。なぜなら、もし雇用者が損害を賠償しないとするならば、制裁はかれに向けられるべきであるからである。この場合にもまた、制裁は違法行為者に向けられる。法的責任は法的義務とは異なる何かである。

# 7 有責性と絶対責任

法は人々の相互的な行動を規律する社会秩序であるので、制裁は、個人の行為が他の個人に対して持つまたは持つであろう有害な結果のために当該個人の行為と結びつけられる。有害な結果は違法行為者によって故意、悪意または単なる不注意によりもたらされることがある。また、それは違法行為者の側の故意、悪意または不注意なしに単なる偶然によりもたらされることがある。もし法が、この行為の有害な結果が意図されたまたは不注意によってもたらされた場合にのみ、一定の行為に制裁を結びつけるならば、われわれは過失に基礎づけられた責任（すなわち、有責性）について語る。たとえ有害な結果が違法行為者の側の故意または過失なしにもたらされたとしても、法が一定の行為に制裁を結びつけるならば、われわれは絶対「責任」（responsibility or liability）について語る。この後者の場合に、ある個人が他の人に与えた損害は（悪意であるか否かを問わず）意図されなかったまたは不注意（つまり、通常であれば有害な結果を回避しうる注意の不作為）によって引き起こされなかったという事実は免責事由にならない。

過失に基づく責任（有責性）と絶対責任の区別は比較的に発達した法秩序の特徴である。原始的な法はこの区別を知らない。原始的な法では、団体責任と共に絶対責任が広く行われている。団体責任は、まさしくその性質上、絶対責任である。と

いうのは、団体責任の場合、制裁は違法行為を行っていない諸個人に対して向けられるからである。かれらは、違法行為を一切行っていないのであるから、故意に、悪意でまたは不注意でそれを行うことはありえない。かれらの側に故意、悪意または不注意がなかったとしても、制裁はかれらに向けられる。したがって、かれらの責任は絶対責任である。団体責任は責任を負わされる個人に関して常に「絶対的」である。しかしながら、法秩序は、他の個人が故意に、悪意でまたは重過失によって違法行為を行った場合にのみ、その個人が行った違法行為について個人（または諸個人）の責任を確立することがある。その場合、法によって確立される責任は、責任を負う個人（または諸個人）に関しては絶対的であるが、しかし、直接的な違法行為者である個人に関しては過失に基礎づけられる。そのような事態は、たとえば、次の規定によって確立される。その規定とは、すなわち、民事強制執行は、損害が法人の機関により故意または不注意によって引き起こされ、いかなる賠償も行われない場合にはその構成員の集団的財産としての法人財産に向けられるべきであるが、しかし、そのような制裁は、法人の機関として活動する個人が意図することなく損害を引き起こし、通常そのような損害を回避しうるすべての注意を払っている場合には適用されるべきではない、というものである。法人の責任はその構成員の団体責任である[1]。また、直接的な違法行為者の過失に基礎づけられ、責任ある個人（諸個人）の過失に基礎づけられない責任は団体責任に関して特に重要である。

# 8 共同体による実力の独占

　法によって命じられまたは許容される強制行為としての制裁は個人により他の個人に対して用いられる行為である。国内法の下で、実力の使用は法秩序によって命じられまたは許容されない限り違法行為である。また、原則として、実力は法により制裁としてのみ命じられまたは許容される。もし制裁の条件を構成する行為が「違法行為」と呼ばれるならば、この言葉は道徳的な意味合いを少しも持たない。それは法により制裁が規定される特定の行為のみを意味する。

　実力が合法的に使用される条件を規定するのは国内法の特徴である。これらの条件に従って実力が使用されるならば、その使用は合法的である。すなわち、その実

---

[1]　本書後述 83 頁以下を参照せよ。

A 法の概念

力の使用は制裁の性質を持つ。もし実力がその他の条件に従って使用されるならば、それは違法であって、違法行為の性質を持つ。実力の使用が原則として制裁または違法行為のいずれかであることは国内法秩序の顕著な特徴である[2]。

制裁を規定するに際して、法秩序は特定の個人に対して制裁を構成する強制行為を行うことを授権する。この個人は制裁を実施するに当り法秩序によって構成される共同体の集権的または分権的な機関として見なされるであろう。したがって、制裁は共同体の行為と考えられるであろう。このことは個人によって行われた行為が共同体に帰属することを意味する。もし社会秩序が、強制行為は社会秩序によって規定された一定の条件に基づいてのみ、しかも、同様に社会秩序によって規定された特定の個人によってのみ行われると規定し、われわれがこれらの個人を社会秩序によって構成された共同体の機関と見なすならば、われわれは、社会秩序は実力の使用をその共同体に留保すると述べるであろう。そのような社会秩序は共同体による実力の独占を確立する。

共同体による実力の独占は集権的でも分権的でもありうる。もし社会秩序が、分業の原則に従って、その秩序によって規定される制裁を執行するために特別な機関を創設するならば、共同体による実力の独占は集権化される。指摘されたように、これは、法秩序が、違法行為が行われたか、だれがそれに対して責任を負うか、を法により規定された手続に従って確定する権限を有する裁判所を設置し、さらに、法秩序が裁判所により命じられた制裁を執行する特別な機関を設置する場合である。もし自力救済の原則が広く行われるならば、言い換えると、法秩序が、血讐の場合のように、違法行為により侵害された個人に制裁機能を委ねるならば、共同体による実力の独占は分権的である。この場合に、個人は「自らの手で処罰する」ように見えるけれども、それにもかかわらず、当該個人は共同体の機関として行動していると見なされるであろう。たとえ自力救済の原則が広く行われるとしても、実力の合法的な行使と違法な行使は区別されなければならない。復讐として殺人犯やその親族を殺害する殺された個人の親族は殺人犯ではない。その復讐者は法に違反していない。すなわち、かれは法を執行するのであり、したがって、法秩序によって創設された法的共同体の機関と見なされるであろう。しかし、かれは、裁判所や

---

[2] 例外として、法により許容される実力の使用は、たとえば、精神障害者の強制収容または伝染病に感染した患者の強制隔離のように、言葉の通常の意味での制裁の性格を持たない。戦時における敵国民の隔離は、かれらがその本国と戦争状態にある国家に対して行う違法行為を防止するためにとられる措置であり、その限りで制裁と解釈されるであろう。同じ解釈は平時における政治的に疑わしい個人の強制収容所への強制的な収容に当てはまるであろう。

保安官がそうであるように分業の原則に従って創設された特別な機関ではない。も
し自力救済の原則が広く行われるならば、つまり、もし法が、特別な機関に対して
ではなく、違法行為によって侵害された諸個人に対して制裁の執行を授権するなら
ば、これらの個人の機能は法秩序によって規定される。つまり、かれらは法により
授権された方法で行動する。もしかれらが実力を用いるならば、かれらは法を執行
する。したがって、この場合にもまた、われわれは共同体による実力の独占につい
て語るであろう。というのは、個人が実力の使用を許される条件は共同体を構成す
る法秩序により規定されるからである。法的共同体による実力の独占を組織するこ
とは法秩序の典型的な特徴である。

# 9 自力救済と集団的安全保障

　自力救済の原則が広く行われるところではどこでも、法秩序は、違法行為の直接
的な被害者でない主体に対して、直接的な被害者による合法的なリアクション
（reaction）について、すなわち、かれによる制裁の執行についてかれを援助するこ
とを授権または義務づけさえするであろう。しかし、もし法秩序が制裁の執行を
特別な機関に留保するならば、つまり、共同体による実力の独占が集権化されるな
らば、自力救済の原則は排除される。法的共同体の構成員が違法行為に対する正当
なリアクションとして、すなわち、制裁の執行に関して違法行為の被害者を援助す
ることを授権されるばかりでなく義務づけられるとするならば、すなわち、制裁の
執行が共同体の特別な機関に留保されるならば、われわれは集団的安全保障につい
て語るであろう。それゆえ、集団的安全保障の発展には二つの段階がある。すなわ
ち、第一段階は、自力救済の原則が依然として広く行われるが、しかし、共同体の
諸構成員が、違法行為の被害者、特に違法な実力行使の被害者をこの違法行為に対
するかれの合法的リアクション、つまり制裁の執行に関して援助することを法的に
義務づけられるという事実によって特徴づけられる。第二段階は制裁の執行が共同
体の機関に留保されているという事実によって特徴づけられる。同時に、このこと
は、共同体の集権的な実力の独占が確立されることを意味する。

　集団的安全保障は、当然ながら、共同体による実力の独占が集権化されるならば
分権化される場合よりもいっそう効果的である。分権的な実力の独占の最も明白な
欠陥は、具体的な場合において違法行為が行われたことを確定することができる関
係当事者とは別個のそして独立したいかなる権威も存在しないという事実にある。

## A 法の概念

その結果として、もし当該問題に関して当事者の意見が一致しないならば、申し立てられた違法行為に対するリアクションが制裁であるかあるいは違法行為であるかは不明なままである。分権的な実力の独占のもう一つのそれに劣らぬ欠陥は、もし法により制裁の執行を授権される個人または諸個人が違法行為者または違法行為者の集団ほど強力でないとするならば、制裁は期待どおりには執行されないであろうということである。これらの事実を考慮して、法の概念は時として裁判所と執行機関を創設して最小限の集権化を確立する強制秩序に留保されることがある。この見解に従えば、自力救済の原則が広く行われる限り真の法は存在しない。比較的に集権化された集団的安全的保障制度の確立は法の必須的前提条件であると仮定される。

本書では、法概念をこのように限定することは受け入れられない。ここでは、たとえ社会秩序がその秩序によって構成される共同体の分権的な実力独占のみを確立するにすぎないとしても、つまり、自力救済の原則が依然として行われるとしても、その社会秩序は法秩序と見なされる。というのは、共同体による実力独占の集権化は緩やかで漸進的な発展の結果であるからである。その発展において、分権的な強制秩序から集権的な強制秩序への前進は確かに重要であるが、しかし、それは、完全な無秩序状態から実力を使用する諸条件と個人を規定する社会秩序へと至る段階ほど決定的な重要性を持たない。そのような秩序は共同体による分権的な実力独占をもっぱら確立する。すなわち、それは自力救済の原則がその下で広く行われる、したがって、人々の関係において実力の合法的な行使と違法な行使が区別されなければならない社会秩序である。これは血讐が慣習により確立され一般に認められた制度である原始社会の状態である。自力救済の原則に基礎づけられるそのような強制秩序を原始的な法として性格づける十分な理由がある。

加えて、最も集権的な強制秩序、すなわち、国家法の下でさえ、自力救済の原則は完全には排除されない。それは一般に受け入れられた自衛の制度において維持される。自衛は一種の自力救済である。それはある個人により行われる別の個人によって行われた違法な実力行使に対する実力の合法的な行使である。自衛に際して、個人は違法な攻撃者に対する実力の行使を法によって授権される。実力の行使が集権化されていない原始的な法秩序の下で、自衛権は自力救済の原則に必然的に含まれる。集権化された実力の独占を確立する法秩序の下で、自衛はそのような法制度でさえ欠くことのできない最小限の自力救済である。

## 10　応報と予防

　結局、共同体は、各個人が他のすべての人の一定の利益、たとえば、生命、自由、財産、および、その他の価値を尊重する場合にのみ、つまり、各個人が他の人のこの利益範囲に強制的に干渉することを慎む場合にのみ、存在しうる。われわれが「法」と呼ぶ社会技術は、特殊な手段により個人をして他の人々の利益範囲に強制的に干渉することを慎むよう仕向けることにある。すなわち、そのような干渉があった場合には、法的共同体自身が先行する違法な干渉に関して責任のある個人の利益範囲に同様の干渉をもって対抗する。「同類のものには同類のもので」(Like for like)。この社会技術の根底にあるのは応報という観念である。比較的に発達した後の段階で、たとえ制裁の目的が単なる応報ではなくて、予防であると見なされるとしても、法技術を正当化するイデオロギーの変化のみが生ずる。すなわち、技術自体は依然として同じである。

## 11　法と平和

　実力の使用を共同体に留保することにより、つまり、法的共同体の機関としての特定の諸個人、そして、これらの個人だけが法秩序に服する人々の利益範囲に強制的に干渉することを授権される諸条件を規定することにより、法は平和を保障する。もし平和が実力の存在しない状態であると考えられるとするならば、そのときに法は絶対的な平和ではなくて、相対的な平和のみを提供する。法が保障する平和は実力が完全に存在しない状態、つまり、無秩序状態ではない。それは、実力の独占状態、つまり、法的共同体による実力の独占である。

　他方、個人の明白な利益範囲は個人の利益範囲への強制的な干渉が一定の条件のトでのみ許されるために保護される。したがって、個人の利益範囲へのあらゆる他の干渉は、禁止される、言い換えると、個人の利益範囲への強制的な干渉が共同体によって独占されるために禁止される。社会秩序が共同体による実力の独占を確立しない限り、その限度で、社会秩序により保護される個人の利益範囲は存在しない。言い換えると、ここで展開された意味において本質的に平和状態である法的状態は存在しない。

◆ B　国際法は言葉の真の意味で「法」であるか ▰▰▰▰▰▰▰▰

　上述の分析が正しいとすれば、共同体の法、すなわち、その法秩序を、一定の条件の下で一定の強制行為が行われるべきであると述べる言語表現の体系によって記述することが可能である。この仮説的な命題は法規則の基本形式である。というのは、「規則」という言葉は、（規範的意味でなく）記述的意味で理解されるからである。

# 1　問題の意義

　国際法が上で規定された意味での法であるかどうかの問題は、一般に国際法と呼ばれる現象が、国内法がそれにより記述される法規則と同種の法規則によって記述されうるかどうかの問題と同じである。

　国際法は、もし国の強制行為、つまり他国の利益範囲への一国の強制的干渉が原則として違法行為に対するリアクションとしてのみ許され、しかもそれに応じてあらゆる他の目的での実力の使用は禁止されるならば、真の法である。言い換えると、もし違法行為に対するリアクションとして企てられる強制行動が国際共同体のリアクションとして解釈されうるならば、国際法は真の法である。国際法は、もし一国が他国に向ける実力の使用を原則として制裁または違法行為のいずれかと解釈することができるならば、国内法と同じ意味で法である。

　国際法について語るに際して、特別国際法ではなくて、もっぱら一般または共通国際法が参照される。一般または共通国際法は国際共同体に属するすべての国に対して妥当する慣習法である。（慣習国際法は国々の習慣的な慣行によって定立される法である）。特別国際法は一部の国に対してのみ妥当する、そして、とりわけ、条約によって定立された締約国に対してのみ妥当する諸規範を含む[3]。

　それゆえ、われわれの問題は以下のように公式化されなければならない。すなわち、一般国際法に従えば、制裁のようなもの、すなわち、国家の一定行為の結果として規定された強制行為、つまり、当該行為に対して責任を負う国家の通常保護された利益範囲への強制的な干渉は存在するのであろうか。この問題は、一般国際法

――――――――――
⑶　本書後述155頁以下を参照せよ。

*18*

に従えば違法行為のようなものが存在するのかの問題を必然的に含む。というのは、先の言明から、法的には、一国の行為は、国際法がこの行為に責任がある国に向けられる制裁をこの行為に結びつけるときにのみ違法行為と見なされうることになるからである。

# 2　国際違法行為

　国際法上、違法行為のようなもの、つまり、違法で、国際法に反すると考慮される国家行為、したがって、国際法の違反が存在するということは一般に受け入れられた見解である。これは国際法が国家に対して一定の行為を命じまたは許容する規範の体系と見なされるという事実から生ずる。もし、たとえば、一国が国際法によって認められた特別な理由なしに他国領域に侵入するならば、あるいは、もし一国が他国と締結した条約を遵守しないならば、その行為は嘘をつく個人の行為が道徳秩序に反すると考慮されるのと同じ意味で、国際秩序に反すると考慮される。この一般的意味で、疑いなく国際法において違法行為が存在する。しかし、国際法には特殊な法学的意味で違法行為のようなものが存在するのであろうか。言い換えると、制裁、すなわち、違法行為に対して責任がある、つまり、国際法によって制裁の条件として規定された一定の行為に責任がある国に対して向けられるべき国際法により規定された強制行動は存在するのであろうか。

# 3　国 際 制 裁

### ◆ a　制裁と賠償義務

　国際法上の「制裁」によって、多くの学者は、違法行為によって引き起こされた精神的および物質的な損害を賠償する義務という意味を表そうとする。精神的損害の賠償は違法行為国により行われる正式な陳謝にある。この陳謝は被害国の国旗に対する敬礼等のような儀礼的行為の形式をとることがある。物質的損害の賠償は、もし違法な損害が引き起こされなかったならば存在したであろう状態の再確立に、そして、もしこれが不可能であるならば、十分な金銭賠償の支払いにある。この賠償義務は、代替義務、すなわち、国家が主要なまたは第一次的な義務を履行しなかったときに生じる義務である。賠償義務は違反された義務に代替する[4]。

B　国際法は言葉の真の意味で「法」であるか

　しかしながら、具体的な事件において、一般国際法により抽象的に（in abstracto）規定される賠償義務が成立しえないことはありうることである。というのは、賠償義務は、国際違法行為が行われてしまった場合にのみ存在し、また、一般国際法の下で、違法行為の存在を確定する権限を有するいかなる客観的権威も、特に、裁判所も存在しないからである。この機能は一般国際法により関係国に委ねられる。その結果、国家は、自国が違法行為を行ったと認める場合にのみ、つまり、この点に関して関係国の合意が存在する場合にのみ賠償義務を負うと考慮するであろう。しかし、そのような合意は達成されないかもしれない。たとえそのような合意が達成されたとしても、それは具体的賠償義務を確立するには十分でない。違法行為に責任がある国は被害国によって行われる一方的な賠償要求に従うことを義務づけられないからである。関係国は行われるべき賠償の内容に関して同じく合意に達しなければならない。違法行為の存在と賠償の内容に関するこれらの合意が締結されない限り、具体的賠償義務の存在を仮定することはほとんど不可能である。国内法の下で、事情は本質的に異なる。いかなるそのような合意も必要とされない。というのは、関係当事者がこれらの点に関して合意することができない場合には、違法行為の存在を確定しかつ行われるべき賠償の内容を決定する権限を有する裁判所が存在するからである。

　一般国際法の下で存在するこの事態を考慮すると、一般国際法は、違法行為国に対して賠償義務を課さない、また、違法行為に責任がある国に対して戦争または復仇に訴える前に当該責任国から賠償を得るよう試みる義務を被害国に課さないと仮定することは排除されない。しかし、一般国際法は、違法行為によって引き起こされた精神的および物質的な損害の賠償に関する合意によって、また、この合意により確立された義務の履行によって、違法行為国は一般国際法により規定される制裁を回避することができるとだけ規定すると仮定することも排除されない。

---

(4)　ホゾフ工場事件（*Case concerning the Factory at Chorzow*, Publications of the Permanent Court of International Justice, Series A, No. 17）で、1928年、裁判所は、「約束の違反が賠償義務を伴うことは国際法の原則であり、法の一般的概念でさえある」と判示した（p. 29）。「違法行為の現実の概念に含まれる本質的な原則、すなわち、国際慣行と特に仲裁裁判所の諸判決によって確立されたと思われる原則は、賠償は可能な限り違法行為のすべての結果を払拭し、あらゆる蓋然性において、もし違法行為が行われなかったならばおそらく存在したであろう状態を再確立することである。原状回復、あるいはこれが不可能ならば、原状回復に要するであろう額に相当する金銭の支払い、および、必要ならば、原状回復またはそれに代わる金銭の支払いにより償われない損害賠償の判決—これらは国際法に反する行為に支払われるべき金銭賠償額の決定に役立つ諸原則である」（p. 47）。

一般国際法の下で義務違反が代替的な賠償義務を自動的に伴うことがたとえ認められるとしても、この代替義務が制裁の性格を持つと考慮することはできない。なぜなら、制裁は強制行為であって、義務ではないからである。

制裁を一定の行為の結果として規定することにより、法はこの行為を違法行為にし、それと反対の行為に対する義務を確立する。制裁と義務は二つの異なる概念である。もし一定の行為によって引き起こされた損害を賠償することによりこの行為の結果として規定される制裁を避けることができるとするならば、この法的状態は次の言明によって正確に記述される。すなわち、もしある人が一定の方法で行為し、また、その行為により引き起こされた損害を賠償しないとするならば、強制行為、つまり、制裁が執行されるべきである、と。そのとき、制裁は二つの行為から成る違法行為、すなわち、損害を引き起こす行為と損害賠償の不履行、により条件づけられる。このため、制裁は、損害を引き起こす行為を慎む第一次的義務と第一次的義務の不履行があった場合に損害を賠償する代替的義務を構成すると考えられるかもしれない。しかし、いずれの義務も制裁ではない。

## ◆ b　強制措置としての国際制裁

それゆえ、国際法の性質に関する決定的な問題は次のように公式化されるであろう。すなわち、国際法は、国際法によって決定される国々の一定の行為の結果として強制行為（強制行動）を定めるのか。言い換えると、国際法は、国々の一定行為を一定の制裁行動の条件として規定し、そのようにしてこの行為を国際違法行為にする、つまり、強制行動は制裁の性格を持つのか。国際法は、違法行為に対して責任がある国家の通常保護される利益範囲への強制的な干渉を規定するのか、と。もしそのような強制行動が国際法によって規定されるならば、それらの行動は国際共同体の特別な機関によってではなく、国際法主体としての個々の国によってのみとられうる。というのは、一般国際法によって構成されるこの法的共同体は、完全に分権的であるために、法の定立と適用のためのいかなる特別な機関も持たないからである。その分権化のために、一般国際法は、特別な立法機関、司法機関または行政機関を設置しないで、関係する機能を個々の主体、つまり、国際共同体の構成員に委ねるという事実によって特徴づけられる原始的な法の特徴を持つ。もし一般国際法が制裁としての強制行為を規定するならば、関係国は、それらを執行することを授権される、すなわち、自力救済原則のこの側面が通常特徴づけられるように、法を自らの手で処理することを授権される[5]。

B　国際法は言葉の真の意味で「法」であるか

# 4　復　仇

　国際関係の分析は、国際法により通常は保護される国家の利益範囲への二つの異なる種類の強制的干渉が存在することを証明する。その区別は干渉の強制性の度合いにかかっている。干渉は原則として制限的であることもまた無制限的であることもある。つまり、一国に対してとられる強制行動はこの国家の一定の利益の侵害に制限されることがある、あるいは、それはすべての利益に影響を与えることがある。一般に受け入れられた見解は他国による一国の利益範囲への制限された干渉という性格づけに従って普及する。そのような干渉は、それが復仇（reprisal）の性格を持たない限り、国際法の意味での違法行為と見なされる。それは復仇として許容され、違法行為に対するリアクションとして行われる限りで違法行為ではない。復仇の通常の定義は次の通りである。すなわち、復仇は通常は違法であるが、他国による権利侵害に対する一国のリアクションとして例外的に許容される行為である。国際違法行為について責任を負う国家に対する復仇の典型例は、その国家もしくは国民の財産の没収または当該国に関係する条約義務の不履行である。戦時において、復仇は、他方の交戦国による戦闘手段に関する諸規則（たとえば、毒ガスの禁止）の違反に対するリアクションとしての一方の交戦国によるそれらの規則の不遵守であるであろう。

---

(5)　女王対ケイン事件（*The Queen v. Keyn*, Great Britain, Court for Crown Cases Reserved, 1876, 2 Law Reports, Exchequer Division 63）において、裁判所は次のように述べた。すなわち、「厳密に言って、国際法は不正確な表現である。したがって、その不正確性に留意しないならば誤解を招きがちである。法は立法者を意味する。また、裁判所はそれを実現し、その違反者を強制する。しかし、主権諸国にはいかなる共通の立法者も存在しない。また、いかなる裁判所も命令によって主権諸国を拘束しあるいはもし主権諸国が違反したならばそれらの国を強制する権限を持たない」。しかし、プロメティウス号事件（*The Prometheus*, Great Britain, Supreme Court of Hongkong, 1906, 2 Hongkong Law Reports 207, 225）において、裁判官は、次のように宣言した。すなわち、「プロメティウス号の所有者に代わって次のように主張された。国際法として知られるこの承認された原則と規則の体系に用いられるものとしての『法』という言葉は不正確な表現である。言い換えると国際法のようなものは存在しない。すなわち、そのような法に対するいかなる制裁も存在しないのであるから、つまり、その法の遵守をこれを拒否するいずれかの所与の国に強制するいかなる手段も存在しないのであるから、すべての国を拘束する国際法のような法は存在しえないのである、と。私はこの主張に同意しない。私の見解では、法はそれによって拘束されるすべての国の合意によって確立され、国際的になる、つまり、それらの国を拘束するようになる。ただし、当該合意のいずれかの所与の当事国によるその遵守を強制することはできないであろう」。

4 復 仇

　復仇に訴えるに際して、兵力の使用は排除されない。しかし、強制行動が兵力の使用を伴うならば、具体的な場合において、制限的な干渉としての復仇と、他の種類の強制行動、すなわち、戦争と呼ばれる兵力によって企てられる他国の利益範囲に対する無制限的な干渉とを区別することは困難である。

　復仇はそれが向けられる違法行為と均衡しなければならないということは一般に認められた原則である[6]。それゆえ、われわれが復仇を国際法の制裁と呼ぶことを妨げるものは何もない。というのは、復仇は国際法違反、つまり、国際違法行為に対するリアクションであるからである。一般国際法は、各国に対して、復仇、つまり、一国の一定の利益が他国によって侵害される場合に、当該他国の利益範囲に対する制限的な干渉の性格を有する一定の強制行動をとる法的権限を付与する。このようにして、国際法はこれらの侵害を国際違法行為にする。

　国家のすべての利益が一般国際法によってこのように保護され、したがって、権利の性格を持つわけではない。一国が他国の何らかの利益を侵害する行為が違法行為ではないことがある。つまり、その利益を侵害された国家はその利益を侵害した国家に対して強制行動をとることによって制裁を執行することが許されないことがある。しかし、被害国は加害国の利益に対する同様の侵害によって対抗することがある。そのようなリアクションは報復（retorsion）と呼ばれる。それは制裁ではない。というのは、それは強制行動ではない、つまり、抵抗された場合に、物理的な力を使用することが許されないからである。ところが、復仇は、抵抗された場合に物理的な力を使用することが許される限りで、強制行動である。したがって、復仇

---

[6]　復仇は国際法違反に対するリアクションとしてのみ合法であり、また、その国際違法行為に均衡しなければならないという原則は、ナウリラ事件（*The Naulilaa Case,* Annual Digest of Public International Law Cases 1927-1928, Case No. 360）で確認された。1914 年 10 月 19 日、ドイツがいまだポルトガルと戦争状態になかったときに、ドイツ領南西アフリカのドイツ人官吏 1 名とドイツ人将校 2 名がナウリラのポルトガル国境駐屯地の部隊構成員により殺害された。他の 2 名のドイツ人が負傷して抑留された。ドイツ領南西アフリカ総督の命令により、ドイツ軍は、復仇として、ポルトガル領の国境地域の数カ所の要塞と駐屯地を攻撃して破壊した。さらに、ドイツ総督はナウリラ要塞に向けて遠征軍を派遣した。駐屯軍は抵抗したが、結局、要塞を放棄して撤退した。ポルトガルは、復仇は正当化されず、したがって、ドイツはその侵入が引き起こした損害について責任があると主張した。事件が付託された特別仲裁裁判所は、この出来事はドイツがポルトガルに伝達しなかった事実に主に起因する誤解にもっぱら帰せられるのであり、発砲を命じたポルトガル将校は危険にさらされていると確信したと認定した。裁判所は、ドイツに責任があると判示して、復仇権の正当な行使のための必要条件は、復仇が向けられる国家による国際法規則の違反であり、また、復仇を誘発した行為と全く均衡しない復仇は過剰であり、したがって、違法であると述べた。

23

B　国際法は言葉の真の意味で「法」であるか

―結局は、物理的な力の使用を意味する―が許されない他国による一国の利益の侵害は国際違法行為ではない。

　国際法により授権されたために、すなわち、国際法によって規定された諸条件に基づいて復仇に訴える国家は、国際法によって構成された国際共同体の機関として行動すると見なされるであろう。強制行動はこの共同体の行動として、つまり、国際法違反に対するリアクションとして解釈されるであろう。しかし、もし一国が国際法により規定された条件以外の条件に基づいて同じ強制行動をとるならば、それは国際違法行為である。なぜなら、そのような行動をとることは国際法によって授権されないからである。

# 5　戦争：その概念

　そのような解釈は戦争に関しても可能なのであろうか。他国による兵力の使用を伴う、かつ、一国の利益範囲への無制限な干渉を構成する強制行動は、違法行為、つまり制裁の条件として、あるいは、制裁として解釈されうるのであろうか。これは一般国際法に従った戦争の法的意味に関する問題である。国際法に従えば、戦争は制裁としてのみ許容され、また、制裁の性格を持たないあらゆる戦争は国際法によって禁止され、したがって、違法行為を構成すると述べることは可能なのであろうか。

## ◆ a　戦争：二辺的行為かまたは一方的行為か

　この問いに答える前に、戦争の概念を確定する必要がある。この点に関して、国際法学者の間に完全な意見の一致は存在しない。一部の学者は、グロティウスの権威に従って[7]、戦争を特殊な地位として定義する。また、他の学者は戦争を特殊な行為として定義する。前者が意図する地位はいわゆる戦争状態である。国家が他の国との関係で「戦争状態」にあることは、戦争に関する国際法規則、すなわち、交戦国と中立国の義務および権利を規定する規則が適用可能であることを意味する。そのような戦争状態は、戦争行為によって、つまり、武力の行使を含む強制行動によって生み出される。しかし、一部の学者は、戦争状態が単なる戦争の宣言、すなわち、戦争に訴える、つまり、武力を行使する意思の正式な宣言によって、たとえ

---

(7)　Grotius, *De jure belli ac pacis* (1625), Bk. I, Chap. I, sec. 2, par. 1：「戦争は武力によって争う者の状態（地位）であり、単純にそのようなものと見なされる」。

この意思が現実に実行されなくとも、あるいは、依然として実行されなくとも、同様に引き起こされると主張する。かれらは、第一次世界大戦中、一部のラテンアメリカ諸国がドイツ帝国に対して戦争を宣言し、その後、ドイツとラテンアメリカ諸国の相互関係においていかなる武力行使も発生しなかったにもかかわらず、それらの相互関係で戦争状態が存在すると仮定され、しかもその地位は講和条約によって終了したという事実に言及する。一般国際法に従えば、戦争宣言は交戦国の義務と権利に関する一定の国際法規則、たとえば、他方の交戦国の領域にとどまる一方の交戦国の市民の待遇に関する規則あるいは条約に対する戦争の効果に関する規則が適用される効果を持つであろう。しかし、戦争に関する規則の大部分は、もし武力行使が発生しないならば、適用不可能であろう。もし戦争に関する一部の規則だけが適用されるならば、言葉の完全な意味での戦争状態は存在せず、戦争状態に類似したまたはよく似た状態が存在するだけである。もしこの状態が条約によって終了するならば、この条約は言葉の真の意味での講和条約ではない。言葉の真のそして完全な意味での戦争状態は戦争行為によって、つまり、武力行使によって生み出される。そのような状態だけが講和条約によって終了することがあるが、しかし、その状態は必ずしも講和条約によって終了する必要はない。それゆえ、戦争は特殊な行為であって、状態ではない。国際法の観点から最も重要な事実は戦争に訴えることである。それは行為に訴えることを意味するのであって、地位に訴えることを意味するのではない。一部の学者は、戦争に関与する国または国々の戦争を行う意思、すなわち、「戦意」(*animus belligerendi*) を不可欠であると考える。戦意は戦争を遂行する意思である。しかし、これは、国際法が武力の行使に付するすべての結果を伴って戦争行為を遂行する意思、つまり武力を行使する意思でのみありうる。

　大多数の学者は戦争を2以上の国家間のその兵力による闘争と定義する。もしこの定義が受け入れられるならば、類似の強制行動によって反撃しない他国に対して向けられた一国による兵力の使用を伴う一方的な強制行動は「戦争」と考慮されることができない。したがって、戦争に関する国際法規範はそのような一方的強制行動に適用されない。しかしながら、そのような戦争の定義が維持されうるかどうかは疑わしい。兵力の使用を伴う強制行動は、もし強制行動をとる国家の側の戦争宣言により先行され、あるいは、この行動が向けられる国家による当該行動を戦争行為と見なす宣言により回答されるならば、「戦争」を構成すると一般に認められる。戦争は本質的に二辺的な行為であるか、に関する問題は、具体的な場合に戦争の存在を確定する必要があるか、そして、だれがそれを確定する権限を有するか、の問

B　国際法は言葉の真の意味で「法」であるか

題と混同されてはならない。国際法が一定の効果を付するあらゆる事実と同じく、「戦争」の事実は権限ある当局によって確定されなければならない。いかなる客観的権威も確立されていない限り、国際法の意味での「戦争」の事実を確定するのは関係国である。したがって、相互的な関係において戦争が存在するか否かの決定はこれらの国家にかかっている。しかし、他国により攻撃された国家は、自ら反撃戦争に訴えることなしに、また、攻撃国が正式に戦争を宣言することなしに、攻撃国と戦争状態にあると宣言することがある。したがって、戦争の存在は反撃戦争の存在に依存しない[8]。

### ◆　b　戦争と反撃戦争

戦争と反撃戦争の区別は、もし戦争を違法または合法として、つまり、違法行為または制裁として性質づけることが可能であるとすれば、不可欠である。一国が他国に対して行う戦争は違法であるが、これに対して、他国が一国に対して反撃する戦争は合法であることがある。逆もまた同じ。もし戦争を禁止する、つまり、戦争に訴えてはならない法的義務を国家に課す国際法規則が存在するとするならば、国家がこの義務に違反して戦争に訴える場合には制裁が規定されなければならない。もし国際機構によってとられるべきいかなる集団的な制裁も確立されていないとするならば、唯一の実効的な制裁は、戦争、つまり違法な戦争に対するリアクションとしての反撃戦争である。反撃戦争は、違法な戦争が向けられた国家、つまり、違法な戦争の直接的な被害者によって、また、違法行為に対するそのリアクションに関して犠牲国を援助する第三国によって行われるであろう。もし二つの行為、つまり、戦争と反撃戦争が区別されないとするならば、その事態は、「戦争」は違法で

---

[8]　ナヤデ号事件（*The Nayade*, Great Britain, High count of Admiralty, 1802, 165 The English Reports 602-603）において、イギリスの同盟国であるポルトガルはフランスと戦争状態にあるかどうかの問題が生じた。裁判所は、「ポルトガルの側には自国をフランスと戦争状態にあるとは見なさない意思が存在した」と述べたが、しかし、「両国が戦争を宣言することは決して必要とされない。一方の側の意気消沈や従順な態度がどうであれ、もしフランスがその服従を受け入れることを望まず、あくまでもポルトガルを攻撃し続けたならば、それで十分であった」と宣言した。

エリザ・アン号事件（*The Eliza Ann*, Great Britain, High count of Admiralty, 1813, 1 Dodson 244）において、裁判所は次のように述べた。すなわち、「一国のみによる戦争宣言は、主張されてきたように、他方により都合次第で受け入れられたり拒否されたりする単なる挑戦状ではないだろう。それは少なくとも一方の側での現実の敵対行為の存在を証明し、たとえ、他方の当事国がおそらく防衛的にのみ行動することが適当であると考えるとしても、その当事国を戦争状態におく」。

あると同時に合法であり、違法行為であると同時に制裁であるという言明によって
のみ性格づけられうるであろう。しかし、これは言葉の矛盾である。戦争と反撃戦
争は、殺人と死刑と同じ相反関係にある。殺人は死刑が実際に執行された場合にの
み存在するとはだれも主張しない。「戦争」は禁止される、したがって、「違法行
為」であるという国際法規則は、一国の行為のみに関係するのであって、他国の反
撃行為に関係しない。これは、通常、攻撃戦争（war of aggression）、つまり最初に
武力的な敵対行為を行う側の戦争のみが禁止され、攻撃国に対して自衛する国に
よって行われる戦争は禁止されないという言明によって表現される。

### ◆ c 連盟規約、ケロッグ・ブリアン規約および国連憲章の意味での戦争

国際連盟規約第 16 条[9]は、連盟国が他の連盟国に対して「約束（its covenants）
ヲ無視シテ戦争ニ訴ヘタル」場合に制裁を規定した。制裁を条件づける違法行為は
攻撃を受けた連盟国がたとえ反撃戦争に訴えなかったとしても行われた。また、攻
撃を受けた連盟国は反撃戦争に訴えずに、規約により違法行為国に対して強制措置
をとることを義務づけられた他の連盟国の行動に頼るかもしれない。

ケロッグ・ブリアン規約[10]は国家政策の手段としての戦争を禁止する。しかし、
国家政策の手段として性格づけられうるのは、この規約に違反する国家による武力
行使だけであって、この違反国に対する反撃行為ではない。

戦争を禁止する国連憲章の規定（第 2 条 4 項）で戦争という言葉が全く現れない
ことはきわめて重要である。憲章は加盟国にその国際関係において武力の行使を慎
む義務を課す。戦争は、他国の態度を何ら考慮することなく、一国による他国に対
する武力の行使として禁止される。戦争は、戦争が違法行為であるばかりでなく戦
争が制裁であるときにも、他国の反撃行為を考慮することなく、一国によって他国
に向けられた武力の行使として考慮されなければならない。これは、戦争が国際法
違反に対するリアクションとして国際機構によってとられる兵力の使用を伴う集団
的強制行動である場合に、特に重要である。そのような行動を「警察行動」と呼ぶ
ことによって、われわれはそれから戦争としてのその性格を奪うことができない。
国連憲章に基づき安全保障理事会によりとられるべき兵力の使用を伴う強制行
動[11]は、それが向けられる国家の側の反撃戦争によって回答されるかどうかにか

---

[9] 本書後述 36 頁以下参照。
[10] 本書後述 38 頁以下参照。

B 国際法は言葉の真の意味で「法」であるか

かわりなく、戦争の性格を持つであろう。

### ◆ d 攻撃戦争と防衛戦争

　もし戦争が制裁の法的性格を持つとするならば、反撃戦争が合法であるかどうかの問題が生ずる。国内法の下では、制裁の性格を持つ武力の行使に対する抵抗は禁止され、そして追加的な制裁が結合される違法行為を構成する。一般国際法の下では、正当な復仇に対する武力による抵抗は疑いなく違法であり、制裁としての追加的な復仇または戦争によって回答されるであろう。もしある国が国際法違反に対し制裁としての戦争に訴えるならば、そして制裁を執行する国家に対して訴えられる戦争が国際法違反を構成しないならば、そのときその制裁は（上で与えられた定義の意味で）攻撃戦争の性格を持ち、反撃戦争は防衛戦争の性格を持つ。そのような反撃戦争は、自衛権の行使として合法であり、したがって、それは違法行為でも制裁でもないと思われる。しかしながら、自衛権は違法な攻撃に対する防衛に限定されると考慮されなければならない[12]。あらゆる攻撃戦争が違法なわけではなく、あらゆる防衛戦争が合法なわけではない。「攻撃戦争」と「違法な戦争」をしばしば同一視することは擁護しがたい。ケロッグ・ブリアン規約の下で、いずれの規約締約国も、締約国のいずれかに対して戦争に訴えることによって規約に違反した他の締約国に対して戦争に訴えることができる。したがって、同規約の下で、一国は、他国が自国を攻撃しなくとも当該他国に対して戦争に訴えることができる。

　この場合に、攻撃戦争は合法であり、防衛戦争は違法である。自衛権は違法な攻撃に対する防衛に限定されると解釈されなければならないのであるから、制裁の性格を持つ戦争に対するリアクションとしての反撃戦争は常に違法行為である。そのような違法行為に対する追加的な制裁は実際上不可能である。また、反撃戦争を違法行為として性格づけるためにいかなる追加的な制裁も必要とされない。というのは、制裁はすでに実施されているからである。国連憲章に基づき安全保障理事会によりとられる兵力の使用を伴うまたは伴わない強制行動に対する反撃戦争は、憲章第2条4項の意味で疑いなく違法な武力の行使である[13]。国際連合がとる兵力の使用を伴う強制行動は、たとえこの強制行動が安全保障理事会によって戦争に訴えなかった国家に対してとられるとしても、憲章第51条の意味での「武力攻撃」で

---

(11)　本書後述 41 頁以下参照。

(12)　本書後述 50 頁以下参照。

(13)　本書後述 41 頁参照。

5 戦争：その概念

はない。したがって、第51条が規定する自衛権は国際連合により強制行動として
とられる合法な戦争に対する反撃戦争を含まない。

◆ e 「兵力の使用」の概念により取って代わられた「戦争」の概念

　もし戦争が違法行為または制裁として考慮されるべきであるとするならば、その
とき戦争は二辺的行為としてではなく、兵力の使用を伴う強制行動として定義する
ことができる。さらに、もし国家間関係においてあらゆる武力の行使が禁止される
とするならば、武力の行使が戦争の性格を持つかどうかの問題はそれほど重要では
ない。しかし、国際法学は、国際法の重要な諸規則が戦争行為を規律する諸規則の
ように「戦争」に言及する限り、戦争の概念を廃止することはできない。兵力の使
用を伴うあらゆる強制行動が国際法の特殊な意味での「戦争」ではないのであるか
ら、そこでいかなる条件の下でそのような行動が戦争であるかの問題が生ずる。

◆ f 戦争の目的

　この問題は、通常、戦争の定義に戦争目的への参照を組み込むことであると解答
される。すなわち、戦争目的とは敵対者を圧倒してその者に平和の条件を強要する
ことである。この目的は交戦国の意思に含意されなければならないのであるから、
両当事者がこの意思を持たなければならない。しかし、被攻撃国が攻撃国を圧倒す
ることなしに自国を防衛する意思だけを持つことがあることを否定するのはほとん
ど不可能である。そのため、戦争は一方の他方に対する勝利なしに終結することも
あるであろう。他方の交戦国による一方の交戦国の圧倒というその目的によって戦
争を性格づける学者でさえ、たとえば、海戦において、一方の交戦国が単なる沿岸
の防衛に限定し、戦争が、つまり、国際法の意味での真の戦争が敵に対する勝利に
達することなく敵を消耗させる目的で行われることを否定しないし、また、否定す
ることができない。いかなる勝者もいかなる敗者も存在しない戦争が存在する。

　上述の定義は戦争が講和条約なしに終了することがあることからもやはり問題が
ある。講和条約の締結は、それが戦争の終了以上のことを規定する限りで、戦争行
為を超えている[14]。したがって、敵国に対して平和の条件を課すという意思は戦
争の定義に書き込まれるべきではない。戦争の性格を持つ兵力の使用を伴う強制行
動とそれに類似した他の種類の強制行動との間の唯一の相違は、他国の行為によっ

──────────
(14)　本書後述 57 頁以下参照。

B　国際法は言葉の真の意味で「法」であるか

て引き起こされた一国の利益範囲への強制的な干渉の程度にある。戦争は、原則と
して、一国が他国に対して行う兵力の使用を伴う強制行動であり、実際にそうであ
るように、他国の利益範囲への無制限な干渉を構成する。

### ◆　g　国際戦争と国内戦争（内戦）

　戦争は一国（または国々の共同体）が他の一国（または他の国々の共同体）に向け
る行為であるということは、戦争の本質的な特徴であると思われる。もし2当事者
の一方が国際法の意味での国家（または国際連合のような国々の共同体）でないとす
るならば、強制行動は、たとえ兵力の使用を伴うとしても、いずれの側でも国際法
の意味での戦争ではない。それゆえ、内戦、つまり、正統政府に対する革命集団の
戦いは国際戦争ではない。戦争は国家間の関係でのみ存在しうるという原則には例
外がある。すなわち、それは内戦において反乱団体が交戦権力として承認される場
合である[15]。

　もし一国がその兵力をもって他国を援助するならば、そして、それが交戦権力と
して承認されていない反乱団体に対する戦いにおいて他国の政府を援助することを
意味するならば、援助国の強制行動は被援助国の強制行動と同じ性格を持つであろ
う。それは内戦における被援助国の正統政府の側への加担である。これはその国家
の国内問題、すなわち、その国内法の違反に対する、つまり違法な武力の行使に対
するリアクションである。一国が他国内の内戦において正統政府の側に加担するこ
とは当該他国の明示または黙示の同意によって初めて法的に可能なのであるから、
援助国の強制行動は、結局は、被援助国の行動である。なぜなら、その強制行動は
被援助国政府によって授権されたからである。

# 6　戦争：その法的解釈

### ◆　a　一般国際法によって禁止されない戦争

　戦争の性格に関して二つの完全に対立する見解が主張される。一つの見解に従え
ば、一般国際法上戦争は違法行為でもなければ制裁でもない。他国と戦争すること
を慎むようにまたは一定の条件に従ってのみ戦争に訴えるように、特別な条約に

---

[15]　本書後述 238 頁以下参照。

よって明示的に義務づけられない国家は、国際法に違反することなくあらゆる理由に基づき他のいずれの国家に対しても戦争に訴えることができる。それゆえ、この見解に従えば、戦争は違法行為を構成しない。戦争と呼ばれる国家の行為は一般国際法によって禁止されないのであるから、この限度で戦争は許される。

多くの国際法学者が主張するように、国家は先行する紛争とその紛争を交渉で解決する努力なしに戦争に訴えてはならないという規則によって一定の制限が確立されていると思われる。しかし、この規則は交渉の範囲に関して何も規定していないのであるから、その制限はほとんど重要性を持たない。この見解に従えば、何らかの種類の交渉の後に訴えられる戦争は、それが被った侵害に対するリアクションであるかどうかにかかわりなく、違法行為ではない。また、戦争は制裁を構成しない。というのは、一般国際法上、戦争に訴えることを国に授権するいかなる特別な規定も存在しないからである。戦争は一般国際法によって国家の違法な行為に対する特別なリアクションとして構成されない。

### ◆ b　正　戦　論

しかしながら、正反対の見解は、一般国際法によれば戦争は原則として禁止されると主張する。戦争は、違法な行為、つまり違法行為に対するリアクションとしてのみ、すなわち、国際法により規定された国々の特定の行為に対するリアクションとしてのみ許され、しかも、違法行為に対して責任を負う国家に対して向けられるときにのみ許される。国際違法行為に対するリアクションとして、その違法行為の直接的な被害国ばかりでなくその援助におもむく国家も戦争に訴えることを許される。復仇と同じく、戦争は、もしそれが違法行為として性格づけられないならば、制裁でなければならない。これが正戦（*bellum justum*）、すなわち正しい[16]戦争の理論である。

### (1)　正戦論の歴史

戦争は、もしそれが制裁、つまり、違法行為に対するリアクションでないならば、違法な行為、つまり違法行為であるという考えは、決して現代文明の成果ではない。その考えは最も原始的な事情の下で発見されなければならない。それは未開社会における敵対集団の間の関係においてさえ明確に表明される。「原始法」と題

---

(16)　「正しい」（just）という言葉は実定国際法の意味での「合法な」（legal）を意味する。

B 国際法は言葉の真の意味で「法」であるか

する論文において、ラドクリフ・ブラウンは次のように述べる。すなわち、「オーストラリア原住民のような一部の共同体において戦争を行うことは、通常、一つの集団が被った侵害に対して責任を負う他の集団に対して執行される報復行為である。また、その手続は現代諸国の国際法に相当する承認された一まとまりの慣習によって規律される[17]」。一般に、これは未開住民の間でのすべての戦争の典型である。国際法は原始的な法なのであるから、この法秩序で正戦の原則が維持されてきたことに何の不思議もない。

したがって、古代ギリシャの国家間の法において正当戦争の考えに出会うのは決して驚くことではない。「いかなる戦争も交戦国がその妥当と考慮する明確な原因とそのための十分な正当化理由を示すことなく行われたことはなかった[18]」。ローマ人に関して、キケロ[19]は、一般に普及する世論を表現して、防衛または復讐のいずれかを理由として行われる戦争だけが合法行為と見なされうると述べる。すなわち、「理由を示さずに行われる戦争は不正な戦争である。というのは、敵に復讐しまたはこれに反撃することを目的とする以外に、いかなる正当戦争も行われえないからである」(*Illa injusta bella sunt quae sunt sine causa suscepta, nam extra ulciscendi aut propulsandorum hostium causam bellum geri justum nullum potest* [20])。アウグスティヌス(354-430年)とセビリアのイシドールス(570-636年)はかれらの「正戦」理論に関してキケロの影響を受けている。トマス・アクィナス(1224-1274年)はこれらの学者の著作から「正戦」理論を引き継いでいる。それは中世の支配的な学説となり、やがて、16世紀、17世紀、そして18世紀の自然法理論に吸収される結果になった。グロティウス(1583-1645年)は「被った侵害以外に戦争を行ういかなる正当原因もありえない[21]」という見解をとりわけ詳説した。また、18世紀の代表的国際法学者の一人であるヴァッテルは、戦争を行う権利を「武力を行使する権利」として述べながら、そのような権利は自然の法則として、つまり、権利の防衛と保存のために必要とされる場合にのみ国々に適用される自然法としての国際法に基づき存在すると主張する。したがって、かれは、戦争を「われわれが武力によりわれわれの権利を追求する状態[22]」であると定義する。あらゆる戦争は正当原

---

(17) *Encyclopaedia of the Social Sciences* (1933), IX, 203.

(18) Coleman Phillipson, *The International Law and Custom of Ancient Greece and Rome* (1911), II, 179.

(19) Cicero *De republica* xxiii.

(20) William Ballis, *The Legal Position of War* (1937), pp. 27ff 以下参照。

(21) Grotius, Bk. ii, Chap. I, sec. 1, par. 4.

因を持たなければならない、また、この正当原因は結局は被った損害でのみありうるという考えは、18世紀末まで支配的であり続けたが、しかし、19世紀中に実定国際法理論からほとんど完全に消滅する。もっとも、それは世論や諸政府の外交的表現法に依然としてかなりの影響を及ぼした。第一次世界大戦の終結後にして初めて、この「正戦」理論は一部の学者によって再び取り上げられた[23]。

### (2) 正戦論に対する反論

　正戦原則が一般国際法の一部であるいう見解に対して提起された反論は過小評価されるべきではない。一国が他国に対して訴える戦争が合法であるかまたは違法であるかを決定する権限を持ついかなる客観的な権威も確立されていない限り、この原則の適用は実のところ大いに疑わしい。更にいっそう深刻なのは、戦争は相手国よりもいっそう強力な国家によって訴えられる場合にのみ制裁として期待通りに利用されうるという主張である。しかし、他方で、両方の主張が復仇にも適用されるという事実、そして、これらの強制行動が国際違法行為に対するリアクションとして、つまり、制裁としてのみ一般国際法により許されることがやはり一般に認められるという事実は、無視されてはならない。国際法上、一国の利益範囲への無制限な干渉、つまり戦争は法的に禁止されず、したがって、違法行為でも制裁でもないのに対して、一国の利益範囲への限定的な干渉は法的に禁止され、国際違法行為に対するリアクションとして、つまり復仇としてのみ許されると仮定することは道理にかなわないであろう。国際法の制裁としての復仇と戦争の紛れもない不十分さはこの法により構成される共同体の完全な分権化の結果である。国際法はまさしくこの分権化のために、とりわけ集権的な執行権限の欠如のために、原始的な法の典型的な特徴を示す。もし、最小限の集権化が法の必須的要素であると考えられるために、典型的な自力救済手段である復仇および戦争が法的制裁として考慮されないとするならば、われわれが一般国際法と呼ぶ社会秩序はこれを言葉の真の意味での法秩序と見なすことはできないであろう。

　しかしながら、正戦論に対して提起される断固として退けられなければならない一つの主張が存在する。それは、法の機能は現行法を実現するだけでなく、この法

---

(22)　Emerich de Vattel, *Le Droit des Gens, ou Principes de la loi naturelle appliqués à la conduite et aux affaires des nations et des souverains* (1758), Bk. iii, Chap. I, par. 1, 3. 戦争を「状態」と定義するに当たって、ヴァッテルはグロティウスに従う。

(23)　Leo Strisower, *Der Krieg und die Voelkerrechtsordnung* (1919) を参照せよ。

B 国際法は言葉の真の意味で「法」であるか

を修正して、それを変化しつつある事情に適合させることでもあるという主張である。つまり、反抗的な諸国に対してこの機能を果すことのできる立法権限が欠如することは、たとえはなはだ不十分であるとしても、現状を維持する効果を持つというのである。この見解に従えば、戦争は、合意によりもたらされる平和的変更にみだりに期待することができない結果を達成することがあるダイナミックな力である。国際法領域において戦争は国内法領域で革命が果す役割と全く同じ役割を果す。この比較は完全に誤っている。革命は国内共同体の諸主体とその政府との間の闘争である。また、戦争は国際共同体の2または3以上の主体の間の闘争である。革命とは対照的に、戦争は、意図的に客観的な法、つまり法秩序の一般規範を変更するためにではなくて、主観的な利益を実現し、不変の一般規範の下で権利を擁護しまたは打破し、そして獲得するために遂行される。戦争行為に関する規範が戦争中に交戦国によって実際に遵守された長期にわたる慣行の非意図的な効果として変更されることがあるのは確かである。しかし、もしあるとして、交戦法規に関して先の戦争から生じた変化は立法的要素としての戦争をほとんど正当化することができない。戦争法は別として、戦争自体は国家間の平和的な関係を規律する一まとまりの客観的な規範としての一般国際法を変更することはできず、またこれまで決して変更してこなかった。講和条約だけがそのような効果を持つことができた。2交戦国間の講和条約に関する限り、一連のそのような条約だけが、もしそれらがそのようにして慣習国際法の規範になる新たな一般原則を確立するならば、客観的な法を変更することができる。しかし、事実問題として、圧倒的多数の講和条約はそのような効果を持たない。多辺的な講和条約、特に、第一次世界戦争と第二次世界戦争を終結させた諸条約について言えば、それらが一般国際法を変更したと述べることはほとんどできないし、また、それらが漸進的な意味でこの法を変更したと述べることは確実にできない。一般国際法であると主張し、そのようなものとしてこの法の変更を構成する国際連合憲章は講和条約ではない。また、それがもっぱら共通の敵に対して団結する交戦諸国によって戦争中に締結されたという事実はその実効性にとってあまりにも重大であるために意図されたすべての変更は非現実的であると判明した。

　戦争によって、特に戦争を終結させる講和条約によって交戦国間の法的関係、すなわち、かれらの主観的な権利および義務が変更されることはあるが、しかし、それがもっぱら既存の一般国際法規範に基づいてであることはいっそう確実である。しかしながら、一部の諸国の相互関係における原状（status quo）の変更は国際的な

34

立法機関の欠如によって妨げられない、また、講和条約によってもたらされる変更は非常に不確実であろう。というのは、講和条約は、通常、戦勝国によって敗戦国に対して課される。そのため、講和条約がもたらす原状の変更は実在する、ただしかなり不安定な権力状態に一致するであろうからである。そのような変更は、たとえ正義によって永続的な平和を保障する秩序以上のことが理解されないとしても、正義の観念にほとんど一致しない。また、戦争が各交戦国の主観的な権利および義務ばかりでなく、客観的な国際法を変更する機能を持つことがたとえ真実であるとしても、この粗野な手続に含まれるささげ物がその効果と合理的に均衡するかどうかの問題は依然として残るであろう。

## ◆ c 実定国際法における正戦原則

### (1) ヴェルサイユ講和条約第231条

　第一次世界大戦以前の国際法学者の大多数は、正戦論を否認し一般国際法の下で一国はいかなる理由でいずれの他国に対して戦争に訴えても違法行為にはならないという見解を支持したという事実にもかかわらず、ドイツとの戦争を終結させたヴェルサイユ講和条約の最も重要な条項の一つは正戦論を前提とする。同条約はドイツとその同盟国に対して戦費補償（war indemnity）を支払う義務ではなくて、賠償義務（obligation to make reparation）を課した。なぜなら、ウィルソン大統領は14点声明でいかなる戦費補償も敗戦国に強要すべきではないと宣言したからである。賠償義務は、指摘されるように、国際法違反を前提とする。

　この条約の第8編の冒頭の条文である第231条は、「賠償」の表題の下で、「同盟及聯合國政府ハ獨逸國及其ノ同盟國ノ攻撃ニ因リテ強ヒラレタル戦争ノ結果其ノ政府及國民ノ被リタル一切ノ損失及損害ニ付テハ責任ノ獨逸國及其ノ同盟國ニ在ルコトヲ断定シ独逸國ハ之ヲ承認ス」と規定する。この条文は、ドイツとその同盟国が攻撃行為について責任を負うと規定することにより、ドイツに課される賠償を正当化する。これは、第231条がこの攻撃を違法な行為、すなわち、違法行為として性格づけることを意味する。同条は、ドイツとその同盟国がベルギーとルクセンブルグの中立を保障する諸条約のような戦争を禁止する特定の条約に違反したことに言及しない。ドイツとその同盟国が責任を負わされる違法行為は「武力攻撃」一般、つまり、一般国際法に違反して戦争に訴えることである。これは、もし講和条約の作成者が各国は理由を問わずいずれの他国に対しても戦争に訴える権利を持つという見解を共有していたならば、とうていありえなかったであろう。ドイツが認めた

35

攻撃が「違法」であると考慮されなかったならば、「賠償」に関するいかなる合意も不可能であったであろう。ドイツとその同盟国の攻撃は、1914年にかれらが訴えた戦争が同盟および連合国政府に「強ヒラレタル」戦争であったと考慮されたために違法であると考慮された。このことは、ドイツとその同盟国が十分な理由なしに、つまり、同盟および連合国またはそれらのいずれかによって権利を侵害されることなしに、戦争に訴えたことをもっぱら意味しうる。

正戦原則が一般国際法の一部であるかどうかに関する問題は、二つの世界戦争の影響の下で国際関係における兵力の使用は世界のほとんどの国が締約国である次の三つの条約により禁止されてしまったために、その重要性の多くを失ってしまった。すなわち、三つの条約とは、1919年の国際連盟規約（ドイツ、オーストリア、ハンガリー、ブルガリアとの各講和条約第一編）、1928年の戦争放棄に関する条約（パリ規約またはケロッグ・ブリアン規約）、そして1945年の国際連合憲章である。

## (2) 連 盟 規 約

国際連盟規約はすべての事情の下で戦争に訴えることを禁止したわけではない。連盟国間の関係において自力救済は完全には排除されなかった。第12条および第15条に従えば、連盟国はその紛争を国際裁判所または理事会のいずれかに付託することを義務づけられた。国際裁判所への付託は紛争当事国の合意を前提にした。連盟国は裁判所の判決を履行することを義務づけられ、また、判決に服する連盟国に対して戦争に訴えないことを義務づけられた。その義務に違反して裁判所の判決に服さない国家に対する戦争は排除されなかった（第12条および第13条）。紛争を裁判所に付託する合意が達成されない場合には、各当事国は、この目的のための合意を必要とすることなく、一方の紛争当事国の要請により審理することを授権された理事会に事件を付託することができた。理事会は、まず最初に、当事国間の合意を達成することにより、「紛争ノ解決ニ」努めなければならなかった。しかしながら、もし紛争をこの方法で解決することができなかったならば、理事会は当事国に勧告することによって紛争を解決することを義務づけられた。しかし、紛争当事国の代表を除き理事会員により全会一致で合意された勧告のみが理事会の勧告に法的効力を与えた。この効力は勧告に従う当事国に対する戦争を禁止することにあった。勧告に従わない当事国に対する戦争は排除されなかった。いずれの当事国も理事会の勧告に従わなかった場合には同様に戦争は排除されなかった。理事会により全会一致の勧告が達せられなかったときには戦争は明示的に、ただし「正義公道ヲ

維持スル為」にのみ許された（第15条7項）。もしこの方式によって（規約の前文で宣言された）国際法の維持が理解されるべきであったとするならば、また、もし戦争は国際法を維持するためにのみ許されるという原則が、戦争が禁止されない（または、明示的に許される）あらゆる事例に適用されたとするならば、規約は上述した正戦論に一致すると考慮されえたであろう。最後に、紛争が国内管轄事項から発生した場合には、戦争は禁止されなかった、あるいは、少なくとも明示的に禁止されなかった。この点に関して、第15条8項は次のように規定した。すなわち、「紛争当事国ノ一国ニ於テ、紛争カ国際法上専ラ該当事国ノ管轄ニ属スル事項ニ付生シタルモノナルコトヲ主張シ、聯盟理事会之ヲ是認シタルトキハ、聯盟理事会ハ、其ノ旨ヲ報告シ、且之カ解決ニ関シ何等ノ勧告ヲモ為ササルモノトス」。戦争が禁止されないあらゆる場合において、当事国は国際裁判所の判決または理事会の報告もしくは勧告の後の3カ月を経過するまで戦争に訴えないことを義務づけられた（第12条1項）。

　規約が自力救済の原則をもっぱら狭い範囲に限定したという事実は、それが最小限の集団的安全保障のみを確立したという事実によって説明されなければならない。第16条1項に従えば、連盟国は規約に違反して戦争に訴えた連盟国を経済制裁、つまり、「一切ノ通商上又ハ金融上ノ関係ヲ断絶シ、自国民ト違約国国民トノ一切ノ交通ヲ禁止シ、且聯盟国タルト否トヲ問ハス他ノ総テノ国ノ国民ト違約国国民トノ間ノ一切ノ金融上、通商上又ハ個人的交通ヲ防遏スヘキコト」に従わせるよう義務づけられた。この義務を正当化するために、規約は、規約を無視して戦争に訴えた国は「当然他ノ総テノ聯盟国ニ対シ戦争行為ヲ為シタルモノト看做ス」と規定した。この声明は、実際は、第16条1項で決定される制裁に訴える義務に何も付け加えない法的擬制にすぎない。この義務に加えて、連盟国は、第16条3項に基づき、「本条ニ依リ金融上及経済上ノ措置ヲ執リタル場合ニ於テ之ニ基ク損失及ビ不便ヲ最小限度ニ止ムル為相互ニ支持スヘキコト」、そして「聯盟ノ一国ニ対スル違約国ノ特殊ノ措置ヲ抗拒スル為相互ニ支持スヘキコト」を約束した。第16条2項の軍事的制裁に関して連盟国はいかなる義務も負わない。連盟国は兵力の使用を伴う強制措置をとることを授権されたにすぎない。理事会は経済制裁に干渉する権限を持たない。軍事的制裁に関して、理事会は、「聯盟ノ約束擁護ノ為使用スヘキ兵力ニ対スル聯盟各国ノ陸海又ハ空軍ノ分担程度ヲ関係各国政府ニ提案スル」権限のみを有する。第16条3項に従えば、連盟国は「聯盟ノ約束擁護ノ為協力スル聯盟国軍隊ノ版図内通過ニ付必要ナル処置ヲ執ル」ことを義務づけられる。規約に

より確立された集団的安全保障はほぼ完全に分権化された。連盟国が規約を無視して戦争に訴えたかどうかに関する重大問題は他の連盟国によって各自に解答されなければならなかった。第16条で決定された強制行動を実施するに際して、連盟国は理事会または連盟のいずれの他の機関の管理の下にもなかった。第16条2項に基づき理事会により行われる勧告は拘束力を持たなかった。第16条1項〜3項で決定される経済的および軍事的な制裁は、兵力の違法な使用、すなわち、戦争に訴えることによる規約の違反に対してのみ向けられるのであって、連盟国が行った他の国際違法行為に向けられるのではなかった。

### (3) ケロッグ・ブリアン規約

1928年8月27日にパリで署名された、通常、ケロッグ・ブリアン規約[24]と呼ばれる戦争放棄に関する条約は次のように規定する。「其ノ相互関係ニ於ケル一切ノ変更ハ、平和的手段ニ依リテノミ之ヲ求ムベク、又平和的ニシテ秩序アル手続ノ結果タルベキコト、及今後戦争ニ訴ヘテ利益ヲ増進セントスル署名国ハ、本条約ノ供与スル利益ヲ拒否セラルベキモノナルコトヲ確信シ、…左ノ諸条ヲ協定セリ。第1条　締約国ハ、国際紛争解決ノ為戦争ニ訴フルコトヲ非トシ、且ソノ相互関係ニ於テ国家ノ政策ノ手段トシテノ戦争ヲ放棄スルコトヲ其ノ各自ノ人民ノ名ニ於テ厳粛ニ宣言ス。第2条　締約国ハ、相互間ニ起ルコトアルベキ一切ノ紛争又ハ紛議ハ、其ノ性質又ハ起因ノ如何ヲ問ハズ、平和的手段ニ依ルノ外之ガ処理又ハ解決ヲ求メザルコトヲ約ス」。ケロッグ・ブリアン規約により確立された戦争の禁止は連盟規約によって確立された戦争の禁止を遙かに超える。明示的に禁止されない2種類の戦争だけが存在する。すなわち、(1)国家政策の手段ではない戦争、そして、(2)前文に従えば、この規約に違反して戦争に訴える国家に対する戦争、である。攻撃戦争に対する反撃戦争、つまり、自衛権を行使して行われる戦争ばかりでなく、そのような違反の被害国でない国家がこの規約の違反に対するリアクションとして訴える戦争もこのカテゴリーに入る。前者のカテゴリー、すなわち、国家政策の手段ではない戦争に関しては、二つの解釈が可能である。一つの解釈に従えば、戦争は、それが、たとえば連盟規約第16条2項に従って連盟国が訴える戦争のように、集団的安全保障のための国際協定に一致してとられる兵力の使用を伴う強制行動である場合にのみ、国家政策の手段ではないと見なされるであろう。もしこの解釈が受け

---

[24]　アリスティッド・ブリアンはフランス外務大臣であり、フランク・B. ケロッグはアメリカ合衆国国務長官であった。

入れられるならば、国際協定により組織された集団的安全保障制度の外部で一国が他国に対して訴える戦争は国家政策の手段と見なされ、したがって、ケロッグ・ブリアン規約の前文で言及される場合を除き、同規約によって禁止される。その結果、兵力を使用しない国際違法行為に対する兵力の使用は排除される。もし、たとえば、国際裁判所が判決を下した紛争において、一方の当事国がその義務に違反して国際裁判所の判決に服さないならば、同規約の下で他方の当事国は兵力を用いて判決を執行することを許されない。もしこのように解釈されるとするならば、ケロッグ・ブリアン規約は連盟規約と一般国際法の下で存在する事態を悪化させる。連盟規約と一般国際法の双方はそのような場合に兵力を使用する自力救済を容認する。それゆえ、「国家ノ政策ノ手段トシテノ戦争」という定式に関するもう一つの解釈が望ましい。

　戦争を禁止するに際して、戦争は必ずしも違法行為ではなくて、違法行為に対するリアクション、つまり、制裁であること、すなわち、戦争は、一般国際法の究極的な制裁であり、したがって、兵力の使用を伴う組織的な集団的強制行動により取って代わられるまで廃止されるべきではないことが見落とされてはならない。実効的な集団的制裁を規定することなしに自力救済としての戦争を排除することは、戦争に訴えることなく国際法に違反しようとする国家に有害な影響を及ぼす。ケロッグ・ブリアン規約のこの影響は、同規約が「国際政策の手段としての戦争」（war as an instrument of international policy）を排除しないと解釈されるとすれば回避されるであろう。こうして、国際法違反に対するリアクションとしての戦争—これは国際法を維持するために行われる戦争を意味する—は国際政策の手段と見なされ、したがって、国家政策の手段とは見なされない。国際法違反に対する自力救済を自力救済が集団的安全保障により取って代わられる限度でのみ制限することは合理的である。「国家ノ政策ノ手段」の語句に関するいかなる解釈が受け入れられようとも、ケロッグ・ブリアン規約は正当戦争原則に完全に一致する。なぜなら、その原則は戦争を（国際法のあらゆる違反に対してではないけれども）国際法違反に対するリアクションとしてのみ許すからである[25]。

　ケロッグ・ブリアン規約ばかりでなく連盟規約によっても、戦争だけが禁止されるのであって、戦争に至らない強制行動、特に、復仇は禁止されない。確かに、平和的手段によりすべての紛争を解決する厳格な義務は戦争ばかりでなく、一方の紛争当事国が他方の紛争当事国に対してとりうる復仇を排除する。しかし、連盟規約もケロッグ・ブリアン規約もそのような義務を規定しなかった。ケロッグ・ブリア

B 国際法は言葉の真の意味で「法」であるか

ン規約は第2条で締約国にその紛争の解決を平和的手段によって「求メル」ことを
もっぱら義務づける。この義務は解決に達することなく履行されることがある。し
たがって、ケロッグ・ブリアン規約により禁止されるのは戦争であって、復仇では
ない。

# 7 国連憲章の下での戦争（武力の行使）

## ◆ a 実力独占の集権化

この点に関して、（1945年6月26日にサンフランシスコで署名された）国際連合憲
章は目覚ましい前進である。憲章はこの機構の加盟国に対してその国際紛争を平和
的手段によって解決し、かつ、その国際関係において復仇はもちろん戦争を含め、
あらゆる種類の武力の行使のみならず武力の威嚇を慎む厳格な義務を課す。憲章第
2条3項は「すべての加盟国は、その国際紛争を平和的手段によって国際の平和及
び安全並びに正義を危くしないように解決しなければならない」と規定する。この
義務は憲章の他の規定、特に第6章の規定（第33条〜38条）によって明記される。
それらの規定により紛争の解決と紛争の性格を持たない事態の調整のための一定の
手続が確立される[26]。第2条4項は「すべての加盟国は、その国際関係において、
武力による威嚇又は武力の行使を、いかなる国の領土保全又は政治的独立に対する
ものも、また、国際連合の目的と両立しない他のいかなる方法によるものも慎まな
ければならない」と規定する。憲章は国際連合の中心機関、すなわち、安全保障理
事会に武力の使用を留保する。憲章によって確立された集団的安全保障は機構によ
る集権化された実力の独占によって特徴づけられる。この独占は、最初に、前文に
おいて「共通の利益の場合を除く外は武力を用いない」という声明によって、次

---

(25) マッキントッシュ対合衆国事件（*Macintosh v. United States*, Annual Digest 1929-1930,
Case No. 137）において、1930年、合衆国巡回控訴裁判所は地区裁判所の命令を覆した。地
区裁判所の命令によれば、申立人による帰化申請が拒否されたのは、申立人が、戦争の理非
にかかわりなく出征することをあらかじめ約束せずに、国家防衛のために武器をとるかどう
かを決定する権利を留保してのみ義務的な忠誠宣誓を政府に対して行うと宣言したためで
あった。巡回控訴裁判所はその決定をとりわけ次のように声明することにより正当化した。
すなわち、「国際法で承認されるように、道徳的に正当化される戦争と正当化されない戦争の
区別が存在する。…そのような承認は最近のケロッグ規約で与えられた」。最高裁判所は巡回
裁判所の命令を破棄して、地区裁判所の命令を支持した。

(26) 本書後述301頁以下を参照せよ。

に、第1条1項における国際連合の第一の「目的」は「国際の平和及び安全を維持すること。そのために、平和に対する脅威の防止及び除去と侵略行為その他の平和の破壊の鎮圧とのため有効な集団的措置をとること」という規定において、宣明される。第2条4項に基づき、加盟国は、「国際連合の目的と両立しない」いかなる方法による武力の行使も慎む義務を負うのであるから、「集団的」措置の性格を持たないあらゆる武力の行使は、（憲章の他の規定によって第2条4項の例外として明示的に許されない限り）憲章によって禁止される。第24条は、「国際連合の迅速且つ有効な行動を確保するために、国際連合加盟国は、国際の平和及び安全を維持する主要な責任を安全保障理事会に負わせる」と規定することにより、安全保障理事会にこの機構の実力独占を利用する権限を付与する。第25条は、加盟国に「安全保障理事会の決定をこの憲章に従って受諾し且つ履行する」義務を課す。また、第2条5項は、「すべての加盟国は、国際連合がこの規定に従ってとるいかなる行動についても国際連合にあらゆる援助を与え、且つ、国際連合の防止行動又は強制行動の対象となっているいかなる国に対しても援助の供与を慎まなければならない」と規定する。

### ◆ b 強 制 措 置

　第24条で言及される「国際連合の迅速且つ有効な行動」は第7章（第39～50条）で明記される。同章は「平和に対する脅威、平和の破壊及び侵略行為に関する行動」という表題を持つ。この行動は「強制行動」（enforcement action）である。強制行動は「平和に対する脅威、平和の破壊又は侵略行為」が存在することを条件としてのみ安全保障理事会によってとられうる。この事実の存在は安全保障理事会によって決定されなければならない。安全保障理事会が平和に対する脅威または平和の破壊を決定したときに、同理事会は、適切と思われる勧告を行うか、または第41条および第42条に明記される強制行動の一つをとることができる。これは第39条で次のように規定される。すなわち、「安全保障理事会は、平和に対する脅威、平和の破壊又は侵略行為の存在を決定し、並びに、国際の平和及び安全を維持し又は回復するために、勧告をし、又は第41条及び第42条に従っていかなる措置をとるかを決定する」。

　第39条で言及される勧告を行いまたは措置をとる前に、安全保障理事会は一定の「暫定措置」を命じることができる。この点について、第40条は次のように規定する。すなわち、「事態の悪化を防ぐため、第39条の規定により勧告をし、又は

B 国際法は言葉の真の意味で「法」であるか

措置を決定する前に、安全保障理事会は、必要又は望ましいと認める暫定措置に従うように関係当事者に要請することができる。この暫定措置は、関係当事者の権利、請求権または地位を害するものではない。安全保障理事会は、関係当事者がこの措置に従わなかったときには、そのことに妥当な考慮を払わなければならない」。

理事会によりとられる措置に関して2種類の措置が区別されなければならない。すなわち、兵力の使用を伴わない強制措置と兵力の使用を伴う強制措置である。兵力の使用を伴わない強制措置は復仇の法技術的の性格を持つ。それらは第41条で次のように規定される。すなわち、「安全保障理事会は、その決定を実施するために、兵力の使用を伴わないいかなる措置を使用すべきかを決定することができ、且つ、この措置を適用するように国際連合加盟国に要請することができる。この措置は、経済関係及び鉄道、航海、航空、郵便、電信、無線通信その他の運輸通信の手段の全部又は一部の中断並びに外交関係の断絶を含むことができる」。

兵力の使用を伴う強制措置は法技術的に戦争の性格を持つ。この点について、第42条は次のように規定する。すなわち、「安全保障理事会は、第41条に定める措置では不充分であろうと認め、又は不充分なことが判明したと認めるときには、国際の平和及び安全の維持又は回復に必要な空軍、海軍又は陸軍の行動をとることができる。この行動は、国際連合加盟国の空軍、海軍又は陸軍による示威、封鎖その他の行動を含むことができる」。

憲章の意図に従えば、兵力の使用を伴う措置は兵力の使用を伴わない措置が不十分であるまたは実際に不十分であると認められる場合にのみとられるべきである。特別な種類の軍事的な強制措置は第45条によって規律される。同条は次のように規定する。すなわち、「国際連合が緊急の軍事措置をとることができるようにするために、加盟国は、合同の国際的強制行動のため国内空軍割当部隊を直ちに利用に供することができるように保持しなければならない。これらの割当部隊の数量及び出動準備程度並びにその合同行動の計画は、第43条に掲げる1又は2以上の特別協定の定める範囲内で、軍事参謀委員会の援助を得て安全保障理事会が決定する」。

必要な兵力を安全保障理事会の自由に任せるという困難な問題は第43条によって解決される。すなわち、「1 国際の平和及び安全の維持に貢献するため、すべての国際連合加盟国は、安全保障理事会の要請に基づき且つ1又は2以上の特別協定に従って、国際の平和及び安全の維持に必要な兵力、援助及び便益を安全保障理事会に利用させることを約束する。この便益には通過の権利が含まれる。2 前記の協定は、兵力の数及び種類、その出動準備程度及び一般的配置並びに提供される

べき便益及び援助の性質を規定する。3　前記の協定は、安全保障理事会の発議によって、なるべく速やかに交渉する。この協定は、安全保障理事会と加盟国との間又は安全保障理事会と加盟国群との間に締結され、且つ、署名国によって各自の憲法上の手続に従って批准されなければならない」。

この条項で言及される協定は、自国兵力の一部を安全保障理事会の自由に任せる義務を確立するのではなくて、この義務が履行されるべき方法を扱うにすぎないことを指摘することは重要である。義務自体は第43条1項の一文において無条件で確立される。協定は第43条2項で規定される事項にのみ関係する。これらの協定が一方で安全保障理事会により代表される国際連合と他方で加盟国または加盟国群との間で締結される条約であることを指摘することは、さらに重要である。条約を締結する義務は法技術的に不可能である。それゆえ、第43条2項で言及される協定を締結する加盟国の法的義務は何ら存在しない。しかしながら、その兵力の一部を安全保障理事会の自由に任せる義務は問題の協定が有効でない限り無意味である。

安全保障理事会によってとられるべき強制行動はその加盟国によって実施される機構の集団的行動である。この点に関して、第48条は次のように規定する。すなわち、「1　国際の平和及び安全の維持のための安全保障理事会の決定を履行するのに必要な行動は、安全保障理事会が定めるところに従って国際連合加盟国の全部又は一部によってとられる。2　前記の決定は、国際連合加盟国によって直接に、また、国際連合加盟国が参加している適当な国際機関におけるこの加盟国の行動によって履行される」。

加盟国は、強制行動に関する理事会の決定を履行することを義務づけられるばかりでなく、この義務を履行するに際して相互に援助することを義務づけられる。第49条は、この点について、「国際連合加盟国は、安全保障理事会が決定した措置を履行するに当って、共同して相互援助を与えなければならない」と規定する。

その兵力が強制行動で使用されるべき加盟国は理事会の各決定に参加する資格を有する。第44条は次のように規定する。すなわち、「安全保障理事会は、兵力を用いることを決定したときは、理事会に代表されていない加盟国に対して第43条に基いて負った義務の履行として兵力を提供するように要請する前に、その加盟国が希望すれば、その加盟国の兵力中の割当部隊の使用に関する安全保障理事会の決定に参加するようにその加盟国を勧誘しなければならない」。この決定に参加する加盟国の権利が第27条に従って行われる多数決投票で敗れる可能性は排除されない。

B　国際法は言葉の真の意味で「法」であるか

安全保障理事会は兵力の使用を伴う強制行動をとるに際して補助機関である軍事参謀委員会によって援助される。この点に関して憲章は以下のように規定する。すなわち、「第 46 条　兵力使用の計画は、軍事参謀委員会の援助を得て安全保障理事会が作成する。第 47 条 1　国際の平和及び安全の維持のための安全保障理事会の軍事的要求、理事会の自由に任された兵力の使用及び指揮、軍備規制並びに可能な軍備縮少に関するすべての問題について理事会に助言及び援助を与えるために、軍事参謀委員会を設ける。2　軍事参謀委員会は、安全保障理事会の常任理事国の参謀総長又はその代表者で構成する。この委員会に常任委員として代表されていない国際連合加盟国は、委員会の責任の有効な遂行のため委員会の事業へのその国の参加が必要であるときには、委員会によってこれと提携するように勧誘されなければならない。3　軍事参謀委員会は、安全保障理事会の下で、理事会の自由に任された兵力の戦略的指導について責任を負う。この兵力の指揮に関する問題は、後に解決する。4　軍事参謀委員会は、安全保障理事会の許可を得て、且つ、適当な地域的機関と協議した後に、地域的小委員会を設けることができる」。

第 47 条 1 項に従えば、安全保障理事会はその自由に任された兵力の最高司令官であると考慮されうる。合議的な機関は兵力を指揮するためには全く不適切な手段である。理事会は第 29 条に従い補助機関として個人たる最高司令官を任命することができる。確かに国際連合の兵力は加盟国によって安全保障理事会の自由に任された部隊から成る。しかし、それらの部隊は安全保障理事会より直接にかあるいは同理事会が任命した最高指揮官によってか行使される統一的指揮の下にある[27]。

国際の平和および安全の維持または回復のため安全保障理事会によってとられるべき強制措置に関する憲章規定は実際上適用不可能である。それは、一つには、今日まで、第 43 条で言及される特別協定を発効させることができなかったためであり、もう一つには、憲章第 39 条、第 41 条および第 42 条に基づく理事会決定のために必要とされる安全保障理事会常任理事国の全会一致が欠如するためである。この事態は 1950 年 11 月 3 日に採択された「平和のための結集」と呼ばれる総会決議を導いた。この決議は、国際連合の実力独占は安全保障理事会ばかりでなく総会によっても利用されうるという憲章解釈に基礎づけられる。この解釈に従えば、憲章は迅速かつ有効な行動を通じた国際の平和および安全の維持に関する第二次的な責任を総会に負わせる。その結果として、憲章は、その存在が総会によって決定されるべき平和に対する脅威、平和の破壊または侵略行為があった場合に、特に、平和の破壊または侵略行為があった場合に、国際連合加盟国に対して行われる勧告に

7 国連憲章の下での戦争（武力の行使）

よって、強制行動、つまり、兵力の使用を伴う強制行動を発議する権限を総会に付与する。そのような勧告を行う総会の権限は憲章第10条に由来する。同条は次のように規定する。すなわち、「総会は、この憲章の範囲内にある問題若しくは事項又はこの憲章に規定する機関の権限及び任務に関する問題若しくは事項を討議し、並びに、第12条に規定する場合を除く外、このような問題又は事項について国際連合加盟国若しくは安全保障理事会又はこの両者に対して勧告をすることができる」。

総会の勧告権限に対する唯一の制限は、第12条で規定される、総会は安全保障理事会が紛争または事態を取り扱っている間はそれらの事項について勧告してはな

---

(27) 朝鮮戦争の場合には、安全保障理事会は1950年6月25日に決議（UN Doc. S／1501）を採択した。同決議で、理事会は「北朝鮮からの軍隊による大韓民国に対する武力攻撃に重大な懸念を」示し、「この行動が平和の破壊を構成する」と決定した。決議のこの部分は憲章第39条に基礎づけられる。次に、安全保障理事会は、「1. 敵対行為の即時停止を要求し、かつ、北朝鮮当局に対しその軍隊を38度線まで直ちに撤退させるよう要請する。2. 国際連合朝鮮委員会に対し次のことを要請する。(a)この事態に関して十分に考慮された勧告をできる限り速やかに通報すること、(b)北朝鮮軍の38度線への撤退を監視すること、(c)この決議の実施に関して安全保障理事会に常時通報すること、3. すべての加盟国に対しこの決議の実施について国際連合にあらゆる援助を与えかつ北朝鮮当局に対する援助供与を慎むよう要請する」。1項の要請はおそらく第40条に基づき行われ、「暫定措置」の性格を持つ。3項の要請は憲章第2条5項に基づく義務を国際連合加盟国に想起させる。1950年6月27日に安全保障理事会は決議（UN Doc. S／1511）を採択した。同決議で、理事会は「国際連合加盟国に対し、武力攻撃を撃退しかつこの地域における国際の平和及び安全を回復するために必要と思われる援助を大韓民国に提供するよう勧告する」。この決議により安全保障理事会は、国際連合加盟国に対し、北朝鮮軍による武力攻撃を撃退しかつ平和を回復するために必要と考慮するならば武力を行使することを勧告した。そのような勧告は第39条の言葉づかいによって疑いなくカバーされる。しかし、そのような勧告が第39条の精神に一致するかどうか疑わしい。同条は、国際連合の強制行動は第41条と第42条に従ってのみとられうると規定する。北朝鮮からの軍隊との戦闘において大韓民国を援助するために兵力を使用するよう加盟国に勧告することは、決議の言葉づかいが示すと思われるように、集団的自衛権の行使の勧告ではありえない。というのは、憲章第51条に従えば、加盟国は、「安全保障理事会が国際の平和及び安全の維持に必要な措置をとるまでの間」に限り、この権利を行使することができるからである。安全保障理事会は6月25日と27日の決議においてこれらの措置を実際にとった。1950年7月7日、安全保障理事会は決議（UN Doc. S／1588）を採択した。同決議で、理事会は、「3. 前記の安全保障理事会の決議に従って兵力その他の援助を提供するすべての加盟国が、これらの兵力その他の援助を合衆国の下にある統一司令部に提供することを勧告し、4. 合衆国に対しこのような軍隊の司令官を任命するよう要請し、5. 統一司令部が、その裁量によって参加する諸国の旗と並べて国際連合旗を北朝鮮軍に対する作戦中に使用することを許可し、6. 合衆国に対し統一司令部の下でとられた行動の経過について適当な報告を安全保障理事会に提出するよう要請する」。3項の勧告、4項と6項の要請、5項の授権はおそらくすべて第39条に基礎づけられるであろう。

## B　国際法は言葉の真の意味で「法」であるか

らないという制限であると思われる。第 10 条は総会が憲章の範囲内の問題に関して行う勧告の内容を制限しないのであるから、総会は、加盟国に対して兵力の使用を勧告することがある。総会は「このような問題で行動を必要とするものは、討議の前又は後に」安全保障理事会に付託しなければならないという第 11 条 2 項の規定は、第 10 条により確立された総会の権限の制限を構成するものとは考えられない。「平和のための結集」決議の最も重要な規定は以下の通りである。

　1．「平和に対する脅威、平和の破壊又は侵略行為があると思われる場合において、安全保障理事会が、常任理事国の全員一致が得られなかつたために国際の平和及び安全の維持に関するその主要な責任を遂行しえなかつたときは、総会は、国際の平和及び安全を維持し又は回復するための集団的措置（平和の破壊又は侵略行為の場合には必要に応じ兵力を使用することを含む。）を執るように加盟国に対し適当な勧告を行う目的をもって、直ちにその問題を審議すべきである」。2．「（総会は）国際連合加盟国に対し、安全保障理事会又は総会の勧告があったときは自国の憲法上の手続に従って直ちに国際連合の部隊として利用に供しうるように訓練し、組織し、及び装備された部隊を自国の軍隊内に維持するよう勧告する。ただし、この部隊は、憲章第 51 条において認められている個別的又は集団的自衛権の行使にあたっての使用を妨げられない」。3．「（総会は）1951 年及び 1952 年においては次の 14 加盟国…によって構成され、かつ、継続すれば国際の平和及び安全の維持を危うくする虞のある国際的緊張が存在するすべての地域の事態を観察し並びにこれについて報告を行うことができる平和監察委員会を設置する」。4．「（総会は）次の 14 加盟国…によって構成される集団的措置委員会を設置し、同委員会に対し、事務総長及びこの委員会が適当と認める加盟国と協議した上で、集団的自衛及び地域的取極（憲章第 51 条及び第 52 条）を考慮に入れて、憲章の目的及び原則に従って国際の平和及び安全を維持し強化するために使用される方法ついて研究し、かつ、安全保障理事会及び総会に対し 1951 年 9 月 1 日までに報告するよう指令する[28]」。

---

[28]　「平和のための結集」決議を適用するに当って、総会は、1951 年 2 月 1 日、朝鮮戦争への中国共産主義政権の介入に関して決議を採択した。その最も重要な内容は以下の通りである。すなわち、「総会は…中華人民共和国中央人民政府が、朝鮮においてすでに侵略を行いつつある者に直接の援助及び助力を与えていることにより、また、同地にある国際連合軍に対する敵対行動に従事していることにより、自ら朝鮮において侵略に従事してきたことを認め、中華人民共和国中央人民政府に対し、朝鮮におけるその軍隊及び国民をして、国際連合軍に対する敵対行動を停止し、かつ、朝鮮から撤退せしめるよう要請し、侵略に対抗するため朝鮮における行動を継続する国際連合の決意を確認し、すべての国及び当局に対し、朝鮮における国際連合の行動にあらゆる援助を与えることを継続するよう要請し…」。

## ◆ c 国連憲章と連盟規約の相違

　連盟規約の下で確立された集団的安全保障制度と国連憲章の下で確立された集団的安全保障制度の間の決定的な相違は以下の通りである。

　1. 国連憲章の下では、国際連合の機関、すなわち、安全保障理事会および（「平和のための結集」総会決議に従って）同じく総会も、具体的な場合において強制行動の条件が存在するかどうかを決定する権限を有する。連盟規約の下では、各連盟国がこの権限を有する。

　2. 国連憲章の下では、安全保障理事会が加盟国を拘束する決定より、また、（「平和のための結集」総会決議に従って）総会が加盟国に対する勧告により、強制行動をとる権限を有する。連盟規約の下では、各連盟国は、兵力の使用を伴わない強制行動（経済的制裁）をとることを義務づけられ、また、兵力の使用を伴う強制行動（軍事的制裁）をとることを授権される。連盟理事会は兵力の使用を伴う強制行動（軍事的制裁）の場合にのみこの行動に関して勧告する権限を有する。

　3. 国連憲章の下では、機構はその指揮の下で自由に使用できる一定の兵力を持つことになっているが、これは連盟規約には当てはまらない。強制行動をとる全手続、したがって集団的安全保障制度は、国連憲章の下で集権化されるが、しかし、連盟規約の下ではほぼ完全に分権化される。

　4. 連盟規約によって規定された強制行動、すなわち、経済的および軍事的な措置は制裁の性格を持った。強制行動は規約が違法に戦争に訴える連盟国によって違反された場合にのみとられ、かつ、違反連盟国にのみ向けられることになっていた。国連憲章第7章に基づく集団的強制行動は、平和に対する脅威または平和の破壊があった場合には、安全保障理事会が国連加盟国に対してばかりでなくいずれの国に対してもこれをとることができる（第39条）。憲章第39条に基づき安全保障理事会が平和に対する脅威または平和の破壊と宣言する国家の行為は、第2条4項に規定される武力による威嚇または武力の行使を慎む義務の違反を必ずしも構成しない。安全保障理事会は、武力による威嚇または武力の行使でもない国家の行為を平和に対する脅威または平和の破壊と考慮することがある。もし第39条に基づき安全保障理事会によりとられる強制行動が制裁と考慮されなければならないとすれば、憲章は、武力による威嚇または武力の行使を慎む義務、つまり、第2条4項で直接に公式化された義務ばかりでなく、安全保障理事会が平和に対する脅威または平和の破壊と考慮することがあるあらゆる行為を慎む義務を加盟国に課すと解釈さ

れなければならない。これは第 39 条が間接的に規定する義務であって、第 2 条 4 項に規定される義務を遙かに超える。

「平和のための結集」総会決議に従えば、総会の勧告に従う強制行動は、平和に対する脅威または平和の破壊があった場合には、加盟国に対してばかりでなくいずれの国に対してもこれをとることができる。そのような行動を制裁と考慮するためには、国際連合の加盟国は、安全保障理事会または総会のいずれかが平和に対する脅威または平和の破壊と考慮することがあるあらゆる行為を慎むことを義務づけられると仮定されなければならない。

第 39 条の言葉づかいに従えば、安全保障理事会は、国家に対してばかりでなく、国家の性格を持たない個人の集団、たとえば、無主地に住む人々、国際連合により国家として承認されない共同体、または、交戦団体として承認されない反乱団体、に対して強制行動をとることができる。国際連合は、もし安全保障理事会が一国内の内戦を平和に対する脅威と考慮するならば、同理事会を介してこの内戦に干渉することができる[29]。

5．国連憲章と連盟規約の最も重要な違いの一つは、第 39 条に基づく強制行動は実は安全保障理事会の常任理事国または常任理事国によって保護される国に向けられることができないことである。というのは、第 27 条に従えば、強制行動に関する安全保障理事会の決定は常任理事国の賛成投票を含む 7 理事国の多数を必要とするからである（拒否権[30]）。連盟規約の下での強制行動の完全な分権化は拒否権のこの有害な結果を回避するという長所を持った。これは同じく「平和のための結集」決議の効果である。同決議によれば、総会によって勧告される強制行動は常任理事国に向けられることがある。というのは、安全保障理事会における常任理事国

---

[29]　朝鮮戦争の場合、安全保障理事会は、同理事会が一国の政府と考慮しなかった「北朝鮮からの軍隊」または「北朝鮮当局」に対して兵力の使用を伴う強制行動をとるよう加盟国に勧告した。これは、北朝鮮と南朝鮮の間の戦争が、安全保障理事会が南朝鮮当局の正統な政府の下にあると仮定した「大韓民国」内の内戦であったことを意味する。したがって、北朝鮮からの軍隊による大韓民国に対する「武力攻撃」は、安全保障理事会が決定したように、「平和の破壊」、つまり国際の平和の破壊ではありえない。というのは、国際の平和は 2 国以上の国家間の関係であるからである。その攻撃は、国内の平和の破壊でのみありうるのであり、そのようなものとして、安全保障理事会により、国際の平和に対する脅威としてのみ考慮されうる。国際の平和に対する脅威は、（「侵略行為」を含む）「平和の破壊」に加え、『「国際の』平和及び安全を維持し又は回復するために」第 39 条に基づき強制措置がとられうる条件である。

[30]　本書後掲 131 頁、149 頁を参照せよ。

48

7 国連憲章の下での戦争（武力の行使）

の全会一致の原則は総会の投票手続には適用されないからである。

◆ d 第39条に基づく強制措置以外の制裁

　他の制裁は憲章の第5条および第6条で規定される。第5条は次のように規定する。すなわち、「安全保障理事会の防止行動又は強制行動の対象となった国際連合加盟国に対しては、総会が、安全保障理事会の勧告に基いて、加盟国としての権利及び特権の行使を停止することができる。これらの権利及び特権の行使は、安全保障理事会が回復することができる」。防止行動によって、おそらく、第40条で言及される「暫定措置」が意味される。第6条は次のように規定する。すなわち、「この憲章に掲げる原則に執ように違反した国際連合加盟国は、総会が、安全保障理事会の勧告に基いて、この機構から除名することができる」。

　連盟規約は憲章第5条に類似する規定を持たなかったけれども、連盟国の除名は規約第16条4項で規定された。すなわち、この規定に従えば、除名されるべき連盟国は当該決定を行う権限を有する理事会の表決から除外される。これは憲章第6条の場合と異なる。　加盟国の財政的義務の違反に関しては特別な制裁が規定される。第17条2項は「この機構の経費は総会により割り当てられるところに従って、加盟国が負担する」と規定する。第19条は次のように規定する。すなわち、「この機構に対する分担金の支払が延滞している国際連合加盟国は、その延滞金の額がその時までの満2年間にその国から支払われるべき分担金の額に等しいか又はこれをこえるときには、総会で投票権を有しない。但し、総会は、支払の不履行がこのような加盟国にとってやむを得ない事情によると認めるときには、その加盟国に投票を許すことができる」。

　総会における投票権の行使の停止は、その加盟国が総会のみならず、安全保障理事会または国際連合のその他の機関で代表される場合には、それらの機関における投票権の停止まで意味するものではない。

　また、国連憲章第102条は特別な制裁を規定していると解釈されるかもしれない。すなわち、「1　この憲章が効力を生じた後に国際連合加盟国が締結するすべての条約及びすべての国際協定は、なるべくすみやかに事務局に登録され、且つ、事務局によって公表されなければならない。2　前記の条約又は国際協定で本条1の規定に従って登録されていないものの当事国は、国際連合のいかなる機関に対しても当該条約又は協定を援用することができない」。連盟規約の類似する規定は第18条である。すなわち、「聯盟国カ将来締結スヘキ一切ノ条約又ハ国際約定ハ、直

49

ニ之ヲ聯盟事務局ニ登録シ、聯盟事務局ハ成ルヘク速ニ之ヲ公表スヘシ。右条約又ハ国際約定ハ、前記ノ登録ヲ了スル迄、其ノ拘束力ヲ生スルコトナカルヘシ」。

国連憲章第102条と連盟規約第18条の違いは、連盟規約の下で条約の未登録の効果は当該条約の絶対的な無効であると意図された。その効果は、非連盟国と締結された条約に関して一般国際法と両立しなかった。他方、国連憲章の下で、条約の未登録は相対的な無効の効果しか持たない。すなわち、未登録条約は国際連合の法的範囲内でのみ無効である。

国連憲章は、国際法のすべての違反に対してではなく、一定の違反に対して制裁を規定する。たとえ第39条および「平和のための結集」総会決議は、安全保障理事会または総会により平和に対する脅威または平和の破壊と見なされるあらゆる国家行為が違法行為であり、また、安全保障理事会によりまたは総会の勧告に従ってとられる強制行動が制裁であることを意味すると解釈されるとしても、憲章に従っていかなる制裁も適用されえない一般国際法上の違法行為が存在するであろう。条約義務の不履行は、たとえば、安全保障理事会または総会によって平和に対する脅威または平和の破壊として、したがって、憲章の下で違法行為と見なされないことがあるが、しかし、それは一般国際法上の違法行為である。もっとも、それは、一般国際法が条約の不履行によってその利益が侵害された締約国にその不履行について責任がある他の締約国に対して復仇または戦争に訴えることを授権するからこそ一般国際法上の違法行為である。国連憲章第2条4項は加盟国が復仇または戦争に訴えることを禁止する。すなわち、憲章は、実力の行使を機構に留保することにより、これらの制裁が個々の加盟国によってとられうる限りにおいて一般国際法上の制裁を廃止する。しかし、憲章は、一般国際法の下で国際違法行為であるすべての国家行為に対して機構によりとられるべき集団的制裁を規定しない。これは一般国際法の改良では決してない。もし一定の方法で行為する法的義務は制裁がその反対の行為に対するリアクションとして規定される場合にのみ存在すると仮定されるとするならば、国連憲章は、一般国際法によって確立されたすべての義務のうちで同時に憲章上の義務ではない義務からその法的性格を奪うという好ましからざる結果を持つであろう。

◆ e 個別的自衛と集団的自衛

憲章により確立された実力独占の集権化は、(1)自衛権の行使（第51条）と(2)旧敵国に対する（第107条および第53条1項）加盟国の武力行使の権利によって制限

される。

　自衛権は、時としていっそう広範な権利である自己保存権の適用であるとして示される。一部の学者が提唱する理論に従えば、国家は、この自己保存権の行使としていかなる国際法規範に反して行動することも許される。したがって、国家は、もしそのような行動が自己保存のために必要であるならば、つまり、もしさもなければ重大利益の現実の違反または違反の虞に対して自国を防衛することができないならば、他国のいかなる権利を侵害することも許される[31]。そのような事情の下で、国家は特に他国の領域に侵入し、そこで強制行動をとることが許される。その行動が向けられる国家が自己保存で行動する国家の権利を実際に侵害したまたは侵害することを威嚇したことは必要とされない。しかしながら、そのような自己保存権の存在が一般国際法により確立されていると証明することはほとんど不可能である。国家は、他国の行為による自国権利の侵害に対するリアクションとしてのみ、さもなければ法的に保護される他国の権利を復仇または戦争に訴えることにより侵害することができる。しかしながら、この制限は、「正当戦争」の原則が実定国際法の一部として仮定される場合にのみ戦争に訴えることに関連して存在する。この原則を拒絶すること、すなわち、戦争、つまり、国家のほとんどすべての権利の可能な侵害は禁止されないと主張し、同時に、他国の権利の侵害は自己保存権の行使に関してのみ許されると主張することは矛盾している。また、一部の学者が主張するように、国家は自己保存のために必要ならば他国の権利を侵害する権利を持つと主張し、同時に、自己保存権の行使としてとられる行動は国際法により禁止されず、したがって違法行為ではないが、それにもかかわらず「違反」であり、賠償を必要とすると認めることもまた矛盾している。もし行為が禁止されないならば、その行為はこの言葉の法的意味において違反ではありえない。なぜなら、「違反」は「違法行為」と同じであるからである。もしいわゆる自己保存権を行使する国家がその行為により引き起こされた損害を賠償するよう義務づけられるとするならば、この行為は違法行為でなければならない。なぜなら、違法に引き起こされた損害だけが賠償義務を伴うからである。もしいわゆる自己保存権の行使が違法行為であるとするならば、自己保存「権」は存在しえない。緊急の場合に他国の権利を侵害する国家

---

(31)　カロライン号事件において合衆国国務長官は次のように宣言した。すなわち、「国際法の諸規則、特に、自衛の大法則から生じる国の領土保全の原則に対する例外が存在すると認められるけれども、これらの例外は、自衛の必要が切迫し、圧倒的で、手段を選択する余地がなく、熟考の余裕がない場合に限定されるべきであるということは疑いなく正当である」(John Bassett Moore, *A Digest of International Law* (1906), II, 412 を参照せよ)。

## B 国際法は言葉の真の意味で「法」であるか

の「権利」によって意味されるのは、おそらく、他国の権利のそのような違反は道徳的に免責されるということであるにすぎない。

これに対して、自衛権が一般国際法上存在することは疑いない。それは違法な攻撃に対して武力を行使して自国を防衛する国の権利である。もし戦争に訴えることが一般または特別国際法によって禁止されるとするならば、違法な攻撃は戦争行為であることがあるが、しかし、戦争行為である必要はない。そこで、被攻撃国は反撃戦争に訴えることにより自国を防衛する。違法な攻撃は、他国の国家機関として行動するのではなくて、他国の領域から出動する諸個人の行動であることがある。そのとき、被攻撃国は、他国が違法な攻撃を防止しまたは抑圧する措置をとる義務に違反した場合にのみ、当該他国の領域においてこれらの個人に対し武力を用いて自衛権を行使する。というのは、他国領域での武力の行使は他国領域に対する武力の行使に等しいからである。したがって、これは国際法違反に対するリアクションとして、つまり、この場合には復仇としてのみ許される。一般国際法上、違法な武力行使に対して武力を行使する権利としての自衛権は、自力救済の原則に必然的に含まれる。自衛を許す明示的な規定は、法秩序によって構成される法的共同体の構成員が武力の行使を一般的に禁止されるそのような法秩序においてのみ必須的である。それゆえ、国際連盟規約とケロッグ・ブリアン規約はそのような規定を含まなかったし、また含む必要がなかった。復仇を禁止せず、また、明確な諸条件に基づいてのみ戦争を禁止した連盟規約の下で、違法な戦争に対する反撃戦争による自衛はそれらの条件に含まれなかった。同様に復仇を禁止しなかったケロッグ・ブリアン規約の下で、違法な戦争に対する反撃戦争による自衛は同規約の違反国に対する戦争を許容する前文の条項に含まれた。しかしながら、機構による集権的な武力の独占を確立する国連憲章はこの権利を規定しなければならない。したがって、憲章は第51条で次のように規定する。すなわち、「この憲章のいかなる規定も、国際連合加盟国に対して武力攻撃が発生した場合には、安全保障理事会が国際の平和及び安全の維持に必要な措置をとるまでの間、個別的又は集団的自衛の固有の権利を害するものではない。この自衛権の行使に当って加盟国がとった措置は、直ちに安全保障理事会に報告しなければならない。また、この措置は、安全保障理事会が国際の平和及び安全の維持又は回復のために必要と認める措置をいつでもとるこの憲章に基づく権能及び責任に対しては、いかなる影響も及ぼすものではない」。この規定は、自衛権を「国際連合加盟国に対して武力攻撃」があった場合に、しかも、安全保障理事会が介入するまでに限定する。同規定は、いわゆる集団的自衛、すなわ

ち、攻撃を受けた加盟国を援助する加盟国の権利を認めることによってこの権利を拡大する。

憲章は「武力攻撃」の概念を定義しない。その解釈は、安全保障理事会が介入するまで当該紛争に関与する国々に委ねられる。このため、武力攻撃が発生したか、いずれの国がその攻撃に責任があるかを決定し、かつ、平和を回復するために必要な特別な措置を決定するのは、国際連合のこの機関である。憲章は侵略者に対して強制行動をとることを安全保障理事会に義務づけない。理事会は平和を回復するために必要と考慮するあらゆる措置をとることができる。第51条の言葉づかいに従えば、集団的自衛権は加盟国に対する武力攻撃の場合にのみ存在する。それゆえ、加盟国が、第2条4項の下でその義務に違反することなく、武力攻撃を受けた非加盟犠牲国を援助することができるか疑わしい。この問題は、国連加盟国が、武力攻撃からの防衛に関して、条約の締約国である国連非加盟国を援助する義務を負う条約の場合に特に重要である。そのような条約は1949年4月4日にワシントンで締結された北大西洋条約である。10の国連加盟国と2の国連非加盟国（ポルトガルとイタリア）がこの条約の締約国である。集団的自衛を組織化する他の条約は、1947年9月2日にリオ・デ・ジャネイロで署名された中米相互援助条約、1948年3月17日ブリュッセルで署名された経済的、社会的および文化的協力ならびに集団的自衛に関する条約、および、1951年9月1日にサンフランシスコで合衆国、オーストラリアおよびニュージーランドによって署名された条約である。

◆ f　旧敵国に対する行動

旧敵国に対する行動について、国連憲章第107条は次のように規定する。すなわち、「この憲章のいかなる規定も、第二次世界大戦中にこの憲章の署名国の敵であった国に関する行動でその行動について責任を有する政府がこの戦争の結果としてとり又は許可したものを無効にし、又は排除するものではない」。

第52条は、加盟国に対して「国際の平和及び安全の維持に関する事項で地域的行動に適当なものを処理するため」地域的取極を締結することを許可する。ただし、そのような取極は「国際連合の目的及び原則と一致する」ことを条件とする。第53条は、いかなる強制行動も安全保障理事会の許可がなければ、地域的取極に基づいてとられてはならない、「もっとも本条2に定める敵国のいずれかに対する措置で、第107条に従つて規定されるもの又はこの敵国における侵略政策の再現に備える地域的取極において規定されるものは、関係政府の要請に基いてこの機構が

B　国際法は言葉の真の意味で「法」であるか

この敵国による新たな侵略を防止する責任を負うときまで例外とする」と規定する。第53条2項で、「敵国」という言葉は「第二次世界大戦中にこの憲章のいずれかの署名国の敵国であつた国」と定義される。集団的自衛権を確立する第51条は、この憲章のいかなる規定もこの権利（それは安全保障理事会の許可なしに強制行動をとる権利を意味する）を害するものではないと規定するのであるから、地域的協定に基づく強制行動は、第53条1項で明示的に規定される条件ばかりでなく、集団的自衛権の行使に関して明示的に規定される条件にも従ってとられうると仮定されるであろう。

### ◆ g　「国内管轄」事項に対する不干渉

　国際連合の機能に対する重要な制限は、その実力の独占に対する制限ではないけれども、第2条7項で確立される。同項は次のように規定する。すなわち、「この憲章のいかなる規定も、本質上いずれかの国の国内管轄権内にある事項に干渉する権限を国際連合に与えるものではなく、また、その事項をこの憲章に基づく解決に付託することを加盟国に要求するものでもない。但し、この原則は、第7章に基く強制措置の適用を妨げるものではない」。憲章は、最初の文言で、この機構が加盟国ばかりでなく、「いずれかの国の」国内管轄事項にも干渉することを禁止する。次に、憲章は、加盟国を、そのような事項から生ずる問題を憲章に基づく解決に付託する義務—それはおそらく憲章第6章に規定される平和的手段による解決義務を意味するであろう—から解放することにより、加盟国の平和的解決義務を制限する。しかし、それは、加盟国がそうした紛争の武力の使用による解決を授権されることを意味しない。というのは、第2条7項の最後の部分で、憲章第7章に基づき機構によりとられる強制措置は不干渉の原則から排除されるからである。それは、もし第39条に基づき安全保障理事会が平和に対する脅威または平和の破壊の存在を決定するならば、同理事会は強制行動をとることができることを意味する。これは、たとえ本質上紛争当事国の一方の国内管轄権内にある事項から生じる紛争を平和的手段によって解決することを義務づけられないとしても、加盟国はこの紛争を武力による威嚇または武力の行使によって解決することを許されないことを意味するであろう。なぜなら、武力による威嚇または武力の行使は、安全保障理事会によって常に平和に対する脅威または平和の破壊と見なされるであろうからである。この機構による集権化された実力の独占は第2条7項によって影響を受けない[32]。

　第2条7項によって確立された不干渉の制限的原則は一般国際法により国々に課

される不干渉の義務の反映であるいわゆる国家の基本権と同一ではない（本書後掲
132頁を見よ）。国際法によって禁止される「干渉」は、通常、一国による他国の事
項に対する独断的な介入と定義される。「独断的な」介入は武力の威嚇または武力
の行使による介入である。第2条7項は、個々の国家によるそのような干渉を禁止
するのではなくて（この禁止は第2条4項で含意される）、非独断的な介入を含め機
構が行うあらゆる種類の介入を禁止するのである。一般国際法がすべての事情の下
で干渉を禁止しているわけではないことは明白である。すなわち、他国の利益範囲
に対する強制的な介入は国際法違反に対するリアクションとして許される。不干渉
の基本的義務の存在を主張する学者は、干渉が一般国際法により一定の事情に限っ
て許されると認める。国はこの理論に従えば他国に対して干渉権を持ちうるという
理由の分析は、一国による他国の事項に対する独断的な介入としての干渉は他国に
よる一国の権利の侵害に対する当該一国のリアクションとしてのみ許されることを
明らかにする。そのような理論は「正戦」原則が承認される場合にのみ可能であ
る。というのは、その理論は、他国の事項に対する最も過激な独断的介入としての
戦争が一般国際法によって禁止されないという見解と両立しないからである。もし
平和に対する脅威および平和の破壊は国際連合法の違反として考慮されなければな
らないとするならば、第2条7項によって許される安全保障理事会の干渉は国際法
により確立された干渉に関する一般原則と一致する。

# **8** 戦争：その行為の規制

国際法は、いかなる条件の下で戦争に訴えることが違法行為として禁止されるか
または制裁として許されるかを規定するばかりでなく、戦争が合法であるか違法で
あるかにかかわりなく戦争行為もまた規律する。戦争を禁止する規則に違反して戦
争に訴えることにより行われた違法行為と戦争行為を規律する諸規則に違反するこ
とにより行われた違法行為とは区別されなりればならない。後者の違法行為は違法
な戦争ばかりでなく合法な戦争においても行われることがある。戦争を禁止する諸
規則の違反に対する制裁は被攻撃国により訴えられる反撃戦争とこの目的のために
締結された諸条約に従って他の諸国によって訴えられる復仇または戦争であるのに
対して、戦争行為を規律する諸規則の違反に対する制裁はそのような法違反に責任

---

⑶2 「国内管轄権」の意味に関しては、本書後掲157頁以下を参照せよ。

B 国際法は言葉の真の意味で「法」であるか

がある国家とすでに交戦中の国家によってとられる復仇のみでありうる。戦争行為を規律する諸規則は一般慣習国際法または特別条約国際法の諸規則である。後者の場合、それらの規則は締約国のみを拘束する。世界の国々のすべてではなくて、一部の国によってのみ締結された関係諸条約はしばしば古い一般慣習法を公式化する諸規則を含む。これらの条約のうちの一部の拘束力はいわゆる総参加条項によって制限される。この条項に従えば、条約規定は全交戦国が当該条約の当事国である場合にのみ適用される。一つの条約（1925年の窒息性ガス等の使用禁止議定書）は、一部の国により、当該条約の諸規定はその軍隊またはその同盟国の軍隊がそれらを遵守しないいずれかの交戦国との関係において拘束力を停止するという留保を付して署名された。

戦争行為を規律する最も重要な条約は以下の通りである。

1907年10月18日にハーグで署名された、開戦に関する条約（第3ハーグ条約）；1907年10月18日にハーグで署名された、陸戦の法規慣例に関する条約（第4ハーグ条約）；1899年7月29日にハーグで署名された、ダムダム弾に関する宣言（第4ハーグ条約、第3宣言）；1899年7月29日にハーグで署名された窒息性ガスに関する宣言（第4ハーグ条約、第2宣言）；1925年6月17日にジュネーヴで署名のために開放された、窒息性ガス、毒性ガスまたはこれらに類するガスおよび細菌学的手段の戦争における使用の禁止に関する議定書；1856年4月16日の海戦に関するパリ宣言；1907年10月18日にハーグで署名された、商船を軍艦に変更することに関する条約（第7ハーグ条約）；1907年10月18日にハーグで署名された、自動触発海底水雷の敷設に関する条約（第8ハーグ条約）；1907年10月18日にハーグで署名された、戦時海軍力をもってする砲撃に関する条約（第9ハーグ条約）；1907年10月18日にハーグで署名された、海戦における捕獲権行使の制限に関する条約（第11ハーグ条約）；1936年11月6日にロンドンで署名された、潜水艦の戦闘行為に関する議定書；1907年10月18日にハーグで署名された、軽気球からの爆発物および投射物の投下を禁止する宣言（第14ハーグ条約）；1929年7月29日にジュネーヴで署名された、傷病者および捕虜の状態の改善に関する条約；1907年10月18日にハーグで署名された、（陸戦に関して1929年7月29日の条約により置き換えられた）1864年8月22日の戦地にある軍隊負傷者の状態改善に関するジュネーヴ条約の原則を海戦に応用する条約（第10ハーグ条約）；1907年10月18日にハーグで署名された、陸戦の場合における中立国および中立人の権利義務に関する条約（第5ハーグ条約）；1907年10月18日にハーグで署名された、海戦の場合における中

8 戦争：その行為の規制

立国の権利義務に関する条約（第13ハーグ条約[33]）。

1949年8月12日にジュネーヴにおいて世界の圧倒的多数の国の代表は戦争犠牲者の保護のための会議の最終議定書に署名した。その議定書には次の4条約が添付されていた。すなわち、(1)戦地にある軍隊の傷者および病者の状態の改善に関する条約、(2)海上にある軍隊の傷者、病者および難船者の状態の改善に関する条約、(3)捕虜の待遇に関する条約、(4)戦時における文民の保護に関する条約、である。各条約の第2条は以下の規定を含む。すなわち、「この条約は、2以上の締約国間に生ずるすべての宣言された戦争又はその他の武力紛争の場合について、当該当事国の1が戦争状態を承認するとしないとを問わず、適用する。―[34]この条約は、また、1締約国の領域の一部又は全部が占領されたすべての場合について、その占領が武力抵抗を受けると受けないとを問わず、適用する。―紛争当事国の1がこの条約の当事国でない場合にも、締約国たる諸国は、その相互の関係においては、この条約によって拘束されるものとする。更に、それらの諸国は、締約国でない紛争当事国がこの条約を受諾し、且つ、適用するときには、その国との関係においても、この条約によって拘束されるものとする」。三つの段落のうち、第1段落が言葉の通常の意味での「戦争」の場合を超えて、あらゆる種類の「武力紛争」に拡大していることに注目するのは重要である。第3段落に従えば、これらの条約は条件付きで第三国、すなわち、条約の非締約国のための条約である。非締約国が条約規定を「受諾し、且つ、適用する」という条件はその国家が締約国になることを意味しない。この条件が満たされるかどうかの決定は各締約国に委ねられる。

戦争行為を規律する最も重要な国際法規則は以下の通りである。

### ◆ a 戦争の開始と終了

開戦に関する第3ハーグ条約第1条は、国家間の戦争（hostilities）は理由を付した開戦宣言の形式または最後通牒、つまり条件付開戦宣言を含む交渉終了の最終提案の形式での明瞭かつ事前の通告なしにこれを開始してはならないと規定する。この規定が、しばしば仮定されるように、単に一般慣習規則の法典化にすぎないのかは疑わしい。それは確かにこれまで多くの事例で尊重されていない。

---

[33] 以後、本書においてこれらの条約の引用は、通常は、第4条約（Convention IV）というようにローマ数字で行われる。[訳者補注] これらの条約は、通常、たとえば、第4ハーグ条約という表現で引用される。本訳書ではこの方式を踏襲する。

[34] 引用事項に関して、ここで示されるように、ダッシュは典拠中の段落を表す。

B　国際法は言葉の真の意味で「法」であるか

　戦争の終了は平和の開始である。通常、交戦国は、平和であるべきである、平和状態が確立される、または、交戦国間で戦争状態が終了する、という趣旨の条項を含む講和条約を締結する。この条項は締約国が更なる戦争行為を慎む義務を負うことを意味する[35]。講和条約の発効後、一方の当事国により他方の当事国に向けられる戦争行為は違法、すなわち、講和条約の違反と見なされる。もし一方の交戦国政府が講和条約に違反して戦争行為を続行するならば[36]、戦争は終了しないであろう。したがって、交戦国が戦争を終了するのは、通常想定されているように講和条約によるのではなくて[37]、講和条約に規定された義務を履行することによってである。合衆国議会は、講和条約を締結することなしに、1921年7月2日に大統領によって承認された次の趣旨の決議を採択した。すなわち、「1917年4月6日に承認された両院合同決議によりドイツ帝国とアメリカ合衆国との間に存在すると宣言された戦争状態はこれによって終了を宣言される」。これは2国間の戦争が終了したという事実の確認であった。その後、1921年8月25日に署名された合衆国と

---

⑶5　この義務は明示的に公式化される。すなわち、1912年10月18日にイタリアとトルコにより署名されたローザンヌ条約第1条において、「両政府は、本条約の署名後直ちに、敵対行為の即時的かつ全面的な終了を達成するために必要な措置をとることを誓約する」。

⑶6　これは交戦国兵力の一部分のみが講和条約が発効したことを無視して戦争行為を行う場合とは異なる。後者の場合には、もっぱら違法行為に関する賠償が支払われなければならない。この原則はジョン号事件（*The John*, 2 Dodson, 336 [1818]）で適用された。1814年12月24日、ゲントでイギリスとアメリカ合衆国により締結された講和条約は、同条約の批准後直ちに、いずれの側の軍隊に対しても敵対行為を中止する命令が発せられるべきであると規定した。さらに、講和条約は、同条約で特定される期間後にいずれかの当事国により捕獲された船舶は返還されるべきであると規定した。アメリカ船ジョン号は、合意された期間の満了後にイギリス軍艦によって捕獲された。捕獲者も被捕獲船も講和条約が締結されたことを知らなかった。その後間もなくジョン号は失われた。合衆国が船舶所有者のために賠償請求を提出した合同委員会は賠償を認める決定を下した。Pitt Cobbett, *Leading Cases on International Law*（1924）, II, 344 参照。

⑶7　コズィアス対タイザー事件（*Kotzias v. Tyser*, England, High Court of Justice, King's Bench Division, January 13, 1920; Annual Digest 1919-1922, Case No. 307）において、原告はかれの請求を1918年11月2日に被告と交わされた保険契約に基礎づけた。これによれば、被告は、「イギリスとドイツの間の講和条約が1919年6月30日またはそれ以前に締結されなかった場合には」原告に対して一定金額を支払うことに同意した。裁判所は、講和条約が1919年6月30日またはそれ以前に締結されなかったと判示した。このため、原告は、とりわけ、裁判所により以下のように公式化された一般国際法の原則に基づき、保険契約により保証された金額を回復する資格があった。すなわち、「判決例は、反対の何らかの特別な制定法上または契約上の規定が存在しない限り、国際法の一般規則は、戦争状態にある文明国間で平和は講和条約が交戦国を最終的に拘束するまで達成されず、したがって、講和条約の批准が交戦国間で交わされるまでその段階に到達しないことを証明する」。

ドイツとの間の条約は、言葉の特殊な意味での講和条約、すなわち、戦争を終了さ
せるために締結された条約ではなくて、「戦争の発生前に、2国間に存在した平和
的関係を回復するために」締結された条約であった。1946年12月31日、合衆国
大統領は「第二次世界戦争の敵対行為の停止」を宣言した。そして、その宣言を説
明する声明において、かれは、その行為は「戦争状態それ自体を終了させる効果」
を持たないと述べた。しかし、1951年10月19日に大統領により承認された両院
合同決議によって、1941年12月11日に承認された両院合同決議により合衆国と
ドイツとの間に存在すると宣言された「戦争状態」は終了したと宣言された。講和
条約を締結することが不可能である場合がある。たとえば、戦争の効果として一方
の交戦国の領域が他方の交戦国によって併合されてしまったために、あるいは、一
方の交戦国が解体されてその領域に複数の新国家が樹立されてしまったために、当
該一方の交戦国が存在しなくなる場合である。その上、更なる軍事行動を慎む契約
的な義務が制裁または違法行為と解釈されるべき戦争に関して適切であるか疑わし
い。戦争の終結を目的として講和条約を締結する慣行は、戦争は本質的に二辺的行
為であり、それ自体違法行為でも制裁でもないという見解を前提とする。もし戦争
を行うことが違法行為であるならば、国は条約によって戦争を継続することを慎む
義務を負うことができない。この義務は戦争を禁止する法規則によってすでに確立
されている。また、制裁の性格を持つ戦争を終了させる義務は少なくとも不要であ
る。というのは、制裁としての戦争はその目的を達したならば直ちにこれを終止し
なければならないからである。講和条約によって戦争を終了させる慣行は、戦争が
国際機構によりその憲法に従って違法行為国に向けられる場合に特に問題がある。
そのとき、講和条約は一方で国際機構、他方で違法行為国との間で締結されなけれ
ばならないであろう。条約を締結するに際して締約当事者は対等である。違法行為
者と制裁を決定し執行する権威との間にそのような法的関係は存在しない。このこ
とは、当然ながら、講和条約の特別な機能に関してのみ当てはまる。すなわち、こ
れは、更なる戦争行為を慎む義務に当てはまるのであって、講和条約によって締約
当事者に課される他の義務には当てはまらない。

### ◆ b　戦争の破壊的行為が向けられる個人

　戦争は一国の兵力により他国に対して実行される強制行動である。この行動は人
間の生命、健康、身体的自由、そして財産の強制的な剥奪にある。戦争の破壊的効
果を制限する傾向は、戦争が向けられる国家の兵力に直接または間接に属さない個

B　国際法は言葉の真の意味で「法」であるか

人は殺されたり、傷つけられたりまたは捕虜にされたりしてはならないという原則、および、個人は一定の条件に基づく場合を除きその財産を奪われてはならないという原則を導いた。しかし、第一次世界大戦以来、一国の兵力に属する個人と属さない個人との間の区別が不鮮明になっていることは認められなければならない。破壊作戦（殺害、傷害、捕虜にすること、財産の破壊）に参加する限りで、兵力に直接に属する個人、すなわち、いわゆる軍隊の戦闘員と、従軍牧師、医師、看護師等のように破壊作戦に参加しない限度で、兵力に間接にのみ属する個人、いわゆる非戦闘員との区別に関して、後者が殺されたり傷つけられたりしてはならないことは一般慣習法の規則である。かれらは、傷病者を看護することが任務である者を除いて、捕虜にされることがある。もしこれらの者が敵軍の手に落ちたならば、かれらは、捕虜として抑留されるのではなくて、敵対する相手国に可能な限り速やかに帰還させられなければならない。たとえ戦闘員であっても、もしかれが武器を捨てたならば、または、もはや防衛手段を持たないために降伏したならば、これを殺害したりまたは傷つけたりしてはならない。いかなる助命も与えられないと宣言することは禁止される。捕虜がその権力下にある交戦国は、戦争が終了するならば、可能な限り速やかにかれらを解放しかつ帰還させることを義務づけられる。これらは一般国際慣習法の規則であると同時に、今日、陸戦の法規慣例に関する 1907 年のハーグ条約や傷病者の待遇に関する 1929 年のジュネーヴ条約で公式化されている[38]。

◆　c　破壊の手段

　戦争行為を規制する国際法規則は戦争の破壊行為が向けられる個人のカテゴリーばかりでなく、破壊手段も制限する。陸戦の法規慣例に関する 1907 年のハーグ条約付属規則第 23 条(イ)、(ロ)および(ホ)で法典化された慣習法規則は次のようなものである。すなわち、敵国または敵軍に属する者に不必要な苦痛を与え、また、これらの者を背信の行為をもって殺傷するために、毒または毒を施した兵器、投射物その他の兵器を使用することは禁止される。

　さまざまな条約によって、爆発性のまたは拡張する弾丸、窒息性または毒性ガスを散布する投射物を使用すること、および、軽気球または他の種類の飛行船からの投射物または爆発物を発射することは禁止される。しかし、これらの条約は一部の国によって批准されただけで、すべての国によっては批准されなかった。また、空戦に関する禁止規則は決して尊重されなかった。

8 戦争：その行為の規制

あらゆる種類の戦争に適用可能な一般国際法に従って、1907年の第4ハーグ条約付属規則は以下のように規定する。

「第25条　防守セサル都市、村落、住宅又ハ建物ハ、如何ナル手段ニ依ルモ、之ヲ攻撃又ハ砲撃スルコトヲ得ス。第26条　攻撃軍隊ノ指揮官ハ、強襲ノ場合ヲ除ク外、砲撃ヲ始ムルニ先チ其ノ旨官憲ニ通告スル為、施シ得ヘキ一切ノ手段ヲ尽クスヘキモノトス。　第27条　攻囲及砲撃ヲ為スニ当リテハ、宗教、技芸、学術及慈善ノ用ニ供セラルル建物、歴史上ノ記念建造物、病院並病者及傷者ノ収容所ハ、同時ニ軍事上ノ目的ニ使用セラレサル限、之ヲシテナルヘク損害ヲ免カレシムル為、必要ナル一切ノ手段ヲ執ルヘキモノトス。一被囲者ハ、看易キ特別ノ徽章ヲ以テ、右建物又ハ収容所ヲ表示スルノ義務ヲ負フ。右徽章ハ予メ之ヲ攻囲者ニ通告スヘシ。第28条　都市其ノ他ノ地域ハ、突撃ヲ以テ攻取シタル場合ト雖、之ヲ略奪ニ委スルコトヲ得ス。」

同様の条項は、戦時海軍力をもってする砲撃に関するハーグ条約によって規定される。第4ハーグ条約付属規則の第25条、第26条、第27条で規定される諸規則は二度の世界戦争の空戦において尊重されなかった。それらが依然として有効と見

(38)　戦時における文民の保護に関する1949年のジュネーヴ条約は次のように規定する。すなわち、「第32条　締約国は、特に、その権力内にある被保護者に肉体的苦痛を与え、又はそれらの者をみな殺しにするような性質の措置を執ることを禁止することに同意する。この禁止は、被保護者の殺害、拷問、肉体に加える罰、身体の切断及びそれらの者の医療上必要でない医学的又は科学的実験に適用されるばかりでなく、文民機関によって行われると軍事機関によって行われるとを問わず、その他の残虐な措置にも適用される。第33条　被保護者は、自己が行わない違反行為のために罰せられることはない。集団に科する罰及びすべての脅迫又は恐かつによる措置は禁止する。略奪は、禁止する。被保護者及びその財産に対する報復は禁止する」。

特に重要なのは、内戦に適用される第3条である。すなわち、「締約国の1の領域内に生ずる国際的性質を有しない武力紛争の場合には、各紛争当事者は少なくとも次の規定を適用しなければならない。(1)敵対行為に参加しない者（武器を放棄した軍隊の構成員及び病気、負傷、抑留その他の事由により戦闘外に置かれた者を含む。）は、すべての場合において、人種、色、宗教若しくは信条、性別、門地若しくは貧富又はその他類似の基準による不利な差別をしないで人道的に待遇しなければならない。このため、次の行為は、前記の者については、いかなる場合にも、また、いかなる場所でも禁止する。(a)生命及び身体に対する暴行、特に、あらゆる種類の殺人、傷害、虐待及び拷問(b)人質(c)個人の尊厳に対する侵害、特に、侮辱的で体面を汚す待遇(d)正規に構成された裁判所で文明国民が不可欠と認めるすべての裁判上の保障を与えるものの裁判によらない判決の言渡及び刑の執行(2)傷者及び病者は、収容して看護しなければならない。一赤十字国際委員会のような公平な人道的機関は、その役務を紛争当事者に提供することができる。一紛争当事者は、また、特別の協定によって、この条約の他の規定の全部又は一部を実施することに努めなければならない。一前記の規定の適用は紛争当事者の法的地位に影響を及ぼすものではない」。

B 国際法は言葉の真の意味で「法」であるか

なされるべきかは疑わしいであろう。

敵財産の破壊に関して、第4ハーグ条約付属規則第23条(ト)で同じく規定される一般国際法規則は、私的および公的な敵財産の破壊は戦争の必要上やむをえない場合を除きこれを禁止すると規定する。敵財産の没収に関しては、交戦国の自国領域内の敵財産と交戦国により侵入された敵国の領域内の敵財産との間に区別がなされなければならない。交戦国が自国領域内の敵私有財産を没収し、敵国民に対して負う債務を無効にすることを禁止する一般国際法規則が存在する。しかし、交戦国が自国領域内の敵国の一定の公的財産を没収することを禁止する一般国際法の規則は存在しない。

◆ d 戦 時 占 領

戦争中、敵領域の単なる占領によって占領地が占領する交戦国の領域にならないことは一般国際法の規則である。すなわち、通常公式化されるように、占領する交戦国はこの領域に対する主権を取得しない。その領域は戦争が向けられる国家の領域にとどまる。占領国は国際法が決定した方法で当該領域を管理することを義務づけられる。関係規則は第4ハーグ条約付属規則第42条～56条で公式化される。第42条に従えば、領域は事実上敵軍の権力内に帰したときはその限りで占領されたと見なされる。第43条に従えば、占領国は「絶対的ノ支障ナキ限、占領地ノ現行法律ヲ尊重シテ、成ルヘク公共ノ秩序及生活ヲ回復確保スル為施シ得ヘキ一切ノ手段ヲ尽スヘシ」とされる。占領国はその兵力の安全に必要な限りでのみ占領地の現行の実体法および手続法を変更することができる(39)。占領国は「占領地ノ人民ヲ強制シテ他方ノ交戦者ノ軍又ハ其ノ防禦手段ニ付情報ヲ供与セシムルコト」（第44条）および「占領地ノ人民ヲ強制シテ其ノ敵国ニ対シ忠誠ノ誓ヲ為サシムルコトヲ」（第45条）明白に禁じられる。「家ノ名誉及権利、個人ノ生命、私有財産並宗教ノ信仰及其ノ遵行ハ、之ヲ尊重スヘシ」（第46条）。

占領地の敵財産に関して、第4ハーグ条約付属規則第46条は「私有財産ハ、之ヲ没収スルコトヲ得ス」と規定する。付属規則第47条は略奪を禁じる。しかし、付属規則第53条は「一地方ヲ占領シタル軍ハ、国ノ所有ニ属スル現金、基金及有価証券、貯蔵兵器、輸送材料、在庫品及糧秣其ノ他総テ作戦動作ニ供スルコトヲ得ヘキ国有財産ノ外、之ヲ押収スルコトヲ得ス。海上法ニ依リ支配セラルル場合ヲ除クノ外、陸上、海上及空中ニ於テ報道ノ伝送又ハ人若ハ物ノ輸送ニ供セラルル一切ノ機関、貯蔵兵器其ノ他各種ノ軍需品ハ、私人ニ属スルモノト雖、之ヲ押収スルコ

トヲ得。但シ、平和克復ニ至リ之ヲ還付シ、且之カ賠償ヲ決定スヘキモノトス」。
敵の国有不動産は戦時占領国がその主権を占領地に拡大しない限りで没収されない。第4ハーグ条約付属規則第55条は一般国際法に従って次のように規定する。すなわち、「占領国ハ、敵国ニ属シ且占領地ニ在ル公共建物、不動産、森林及農場ニ付テハ、其ノ管理者及用益権者タルニ過キサルモノナリト考慮シ、右財産ノ基本ヲ保護シ、且用益権ノ法則ニ依リテ之ヲ管理スヘシ」。また、付属規則第56条は以下のように規定する。すなわち、「市区町村ノ財産並国ニ属スルモノ雖、宗教、慈善、教育、技芸及学術ノ用ニ供セラルル建設物ハ、私有財産ト同様ニ之ヲ取扱フ

(39) 第一次世界大戦でのドイツによるベルギー占領中、ドイツ総督は、1918年8月8日、野菜の集荷以前にこれを売却することを禁止する命令を発した。ボシャート対コルニュ補給委員会事件（*Bochart v. Committee of Supplies Corneux*, Annual Digest 1919-1922, Case No. 327)において、ベルギーのリエージュ控訴裁判所は、1920年2月28日、この命令に違反して締結された契約は無効であると判示した。同控訴裁判所は、占領国は当分の間追放された正当な当局に代わりかつハーグ条約第43条に従って行動すると述べた。しかし、ド・ブラバンおよびゴセラン対 T.A. フロレン事件（*De Brabant and Gosselin v. T. and A. Florent*, Annual Digest 1919-1922, Case No. 328) において、ブリュッセル控訴裁判所は、1920年7月22日に、1918年8月8日のドイツ命令は公共の秩序と安全を確保するためではなくて、住民を窮乏させるために作成された。それはハーグ条約第43条で占領者に与えられた権限を超えた。すなわち、それは、決して法の効力を持たなかったのであり、したがって、当事国により適正に締結された合意を回避することができなかった。マソト対ロングエ事件（*Mathot v. Longué*, Annual Digest 1919-1922, Case No. 329) において、1921年2月19日、リエージュ控訴裁判所は以下のように述べるまで進んだ。すなわち、占領国の命令は法律ではなくて、占領軍当局の単なる命令にすぎない、また、「ハーグ条約第43条は占領国に明確な立法権を付与した」と述べることは論理的かつ法的に認められない。「さらに、意図されたすべては、…占領者による実力の濫用を制限することであって、占領者に法領域における何らかの権限を与えまたは占領者をそのような権限の保有者として承認することではなかった」、と。
アデゥリアンセン対検察官事件（*Adriaenssens v. Ministère Public*, Annual Digest 1919-1922, Case No. 332) において、ベルギーのアントワープ治安裁判所は、1919年、占領国により任命された裁判官の決定は無効であると判示した。裁判所は、占領国は被占領国の司法事務に干渉する権利を持たないと述べた。被占領国を支配する暫定的な権限を持つにすぎないのであるから、その権限は占領国により任命された裁判官に対して憲法が要求する在職期間の保証を与えることができなかった。したがって、占領国が公務員に任命した国民について1869年6月18日のベルギー法が要求する政治的宣誓を免除したことから、H.Q.（占領軍によって任命された裁判官）を正規に任命されたベルギー治安判事と見なすことはできない。しかし、カリンシア（裁判官解任）事件 *Carinthia (Removal of Judges)*, Annual Digest 1919-1922, Case No. 333) において、1919年、オーストリア民事最高裁判所は、その裁判長がユーゴスラビア占領軍によるカリンシアの戦時占領中に解任されかつ同占領軍によって任命された地区裁判所の判決は有効であると判示した。オーストリア最高裁判所は、戦争の法規慣例に関するハーグ条約第43条に従えば、占領者は公共の秩序と安全を維持するための措置を講じることができると述べた。

B　国際法は言葉の真の意味で「法」であるか

ヘシ。右ノ如キ建設物、歴史上ノ記念建造物、技芸及学術上ノ製作品ヲ故意ニ押収、破壊又ハ毀損スルコトハ、総テ禁セラレ且訴追セラルヘキモノトス」。

　戦争中、交戦国により占領された敵領域は当該戦争が向けられる国家の領域にとどまるという原則は、この共同体が依然として国際法の意味での国家として存在する限度でのみ適用される。これは、敵国の全領域の占領後に、その兵力が完全に打破されて、さらなる抵抗が不可能であり、しかも、その中央政府が戦勝国により廃止される場合にほとんど当てはまらない。そのとき、征服された共同体は国際法の意味での国家の必須的要素の一つ、すなわち、実効的で独立した政府を奪われる。したがって、国家としてのその特徴を失っている。もし当該領域が無主地と考慮されないとするならば、それは占領交戦国の主権下にあると考慮されなければならない。その占領国は、この場合には、戦時占領に関する諸規則によって制限されなくなる。これはその軍隊の完全な敗北と降伏後のドイツ帝国の領域に当てはまった。ドイツ帝国の最後の中央政府が廃止された事実を考慮すると、この国家は国際法主体として存在を終了したと考えられるかもしれない。もし交戦国が第一次世界戦争後のオーストリア・ハンガリー帝国または第二次世界戦争後のドイツ帝国のように敗北の結果として法的に消滅するとするならば、関係領域またはその一部の戦勝国またはその他の国家への移転の目的上、いかなる講和条約またはその他の条約もこの交戦国と締結されることはありえないであろう(40)。廃止された国家の領域に1またはいくつかの新国家が樹立されることがある。これは、敗れたオーストリア・ハンガリー帝国の領域の場合であった。同帝国の領域は2連合国の領域であった。この領域にチェコスロバキア共和国とオーストリア共和国、そしてポーランドの一部が樹立された。このことは、二つの新国家、すなわち、ドイツ連邦共和国と呼ばれる西ドイツとドイツ民主共和国と呼ばれる東ドイツが出現したドイツ帝国の領域にも当てはまる。しかし、戦勝国と戦争状態になかった新国家または新諸国家は講和条約を締結することができず、また、自国以外の他国の領域を処分する資格を持たない。オーストリア・ハンガリー帝国を勝利により崩壊させた連合および同盟国と戦争状態になかったけれども、オーストリア共和国がそれらの国と講和条約を締結することを余儀なくされたこと、および、この新共和国がその条約で同国の領域では決してなかった消滅した国家の領域を処分することを強いられたことは、オーストリア共和国がオーストリア帝国と同一であるという擬制に基礎づけられた。ドイツ帝国の場合には、占領諸国の各政府は、ドイツ帝国はその最後の政府の廃止後でさえ存在し続けたという擬制を維持した。そして、この擬制を基礎に、4戦勝国

64

によって占領されたドイツ帝国の領域はかれらの主権下にあるのではなくて、依然としてドイツ帝国の主権下にとどまると仮定された。しかし、占領地の管理は戦時占領に関する諸規則に少しも一致していなかった。

## ◆ e 海 戦

海戦にのみ適用される特別な国際法規則が存在する。これらの規則のうちで最も重要なものは以下の通りである。すなわち、海戦に従事する兵力は主として軍艦から成る。軍艦だけが戦争行為を行い、海戦において捕獲権を行使することができる。軍艦は特別な旗のような外部の標識によって商船と区別されなければならない。商船は第7ハーグ条約により決定される条件に従って軍艦に変更されることが

---

(40) 国王対ボットリル事件（*Rex v. Bottrill, ex parte Kuechenmeister*, 1947 Law Reports, King's Bench Division 41）において、敵性外国人としてイギリス収容所に抑留されたドイツ国民のC.W. クヒェンマイスターによる人身保護令状の発給について審理した際に、1946年4月2日付けのイギリス外務大臣からの証明書が法務長官によって合議法廷に提出された。その内容は以下の通りである。すなわち、「(1) 1945年6月5日付けのドイツの無条件降伏宣言の前文第5段の下で、連合王国、アメリカ合衆国、ソビエト社会主義共和国およびフランスの各政府は、『ドイツ政府、最高司令部および州、市または町村の一切の政府または官庁によって所有されていた一切の権限を含め、ドイツに関する最高権力』を引き継いだ。『上記の目的上、上記の権力および権限の引き継ぎはドイツを併合することにならなかった』。(2)この宣言の結果として、ドイツは今なお国家として、ドイツ国籍は国籍として存在するが、しかし、同盟国管理委員会はそれを通じてドイツの統治が実施される機関である。(3)ドイツとの戦争を終了させるいかなる講和条約も連合国の宣言も締結されまたは発せられていないのであるから、国王陛下は依然としてドイツと戦争状態にある。ただし、降伏宣言に規定されるように、一切の現実の敵対行為は終了した」。合議法廷は、「証明書はそれが証明しようとする事項に関して決定的であった。したがって、申立人はドイツの無条件降伏にもかかわらず、敵性外国人にとどまった。敵性外国人は我が国において抑留されたため、かれは人身保護令状の発給を求めることができなかった」と判示した。上訴において、申立人の弁護人は、申立人は敵性外国人ではないと主張した。弁護人は以下のように述べた。すなわち、「ドイツ中央政府は取って代わられた。その地位は4連合国から成る政府によって完全に代わられた。戦争は、その戦争が向けられた少なくとも他の一国を断定した。そして、ベルリン宣言は、差し当たり、単独の国家としてのドイツを終了させた。この主張を支持して、かれは、主権的な政府を持たない主権国家は言葉の矛盾であり、また、そのような国家がたとえ国際法上可能であっても、中央政府を持たない国家は戦争を行うことはできず、また、戦争状態はありえないと主張した」。しかし、裁判所は次のように述べた。すなわち、「我が国は依然としてドイツと戦争状態にあるという外務大臣の証明書は少なくとも我が国の国内法において拘束的であり、したがって、すべての国王裁判所を拘束する。…我が国の国内法において、それが国際法と異なるか否かにかかわりなく、戦争状態は継続しうる。そのため、ドイツとの戦争は、ドイツが独立した中央政府を持つことを終了したという事実にもかかわらず、継続している」。

ある。軍艦は「其ノ掲クル国旗ノ所属国ノ直接ノ管轄直接ノ監督及責任ノ下ニ置カレ」なければならない。また、軍艦は「其ノ国ノ軍艦ノ外部徴章ヲ附スルコトヲ要ス。指揮官ハ国家ノ勤務ニ服シ且当該官憲ニ依テ正式ニ任命セラレ其ノ氏名ハ艦隊ノ将校名簿中ニ記載セラルヘキモノトス。乗員ハ軍紀ニ服スヘキモノトス。軍艦ニ変更セラレタル一切ノ商船ハ其ノ行動ニ付戦争ノ法規慣例ヲ遵守スヘキモノトス。交戦者ニシテ商船ヲ軍艦ニ変更シタルモノハ成ルヘク速ニ右変更ヲ其ノ軍艦表中ニ記入スルコトヲ要ス」。軍艦に変更されなかった商船は攻撃に対して防衛する目的上武装することが許される。私掠行為、つまり、捕獲免許状によって私船に海上で戦争行為を行うこと、特に、敵商船を拿捕することを委嘱するかつて行われた慣行は、今日では 1856 年のパリ宣言によって禁止されている。1907 年の第 8 ハーグ条約により自動触発海底水雷の施設は制限される。1907 年の第 9 ハーグ条約により海軍力をもって防守されない港、都市、村落、住宅または建物を砲撃することは禁止される（第 1 条）。第 2 条によって「軍事上ノ工作物、陸海軍建設物、兵器又ハ軍用材料ノ貯蔵所、敵ノ艦隊又ハ軍隊ノ用ニ供セラレルヘキ工場及設備並港内ニ在ル軍艦」は除外される。第 5 条は次のように規定する。すなわち、「海軍力ヲ以テ砲撃ヲ為スニ当リテハ指揮官ハ宗教、技芸、学術及慈善ノ用ニ供セラルル建物、歴史上ノ記念建造物、病院並病者及傷者ノ収容所ハ同時ニ軍事上ノ目的ニ使用セラレサル限之ヲシテ成ルヘク損害ヲ免レシムル為必要ナル一切ノ手段ヲ執ルヘキモノトス」。

　陸戦では敵私有財産が原則として没収を免れるのに対して、海戦では敵私船およびその船上または敵公船上の私有財産は押収されまたは没収されることがある。一般国際法の規則に従えば、船舶の国籍は船舶が正当に掲げて航行する国旗によって決まる。このため、戦時において船舶は中立国の国旗を掲げて合法的に航行する場合にのみ中立船と見なされ、敵船とは見なされない。交戦国の軍艦は、船舶の真の国籍を確認するために商船を臨検し捜索することができる。中立船上の敵貨は戦時禁制品を除きこれを押収してはならない（中立旗は敵産を保護する[41]）。この規則は 1856 年のパリ宣言で明記される。戦時禁制品は一般国際法に従い敵国へのその輸送がいずれの交戦国によっても禁じられる貨物である。敵私船およびその船上の貨物の没収は、捕獲された敵公船とは対照的に、捕獲交戦国の捕獲審検所によって下されたその趣旨の検定なくしては不可能である。捕獲審検所は戦時における海上捕

---

(41)　本書後掲 108 頁を参照せよ。

獲に関して裁判管轄権を有する交戦国の国内裁判所である。その設置は一般国際法によって規定される。また、それが適用する国内法は海上捕獲を規律する国際法規則と一致しなければならない。第11ハーグ条約（第5条および6条）は以下のように規定する。すなわち、「交戦者カ敵私船ヲ捕獲シタル場合ニ於テハ中立国民タル船員ハ之ヲ俘虜ト為スコトヲ得ス。中立国民タル船長及職員ニシテ戦争継続中敵船ニ於テ勤務セサルコトヲ書面ヲ以テ正式ニ約束スル者亦同シ。敵国民タル船長、職員及船員ハ戦争継続中作戦動作ニ関係ヲ有スル何等ノ勤務ニモ服セサルコトヲ書面ヲ以テ正式ニ誓約シタルトキハ之ヲ俘虜ト為スコトヲ得ス」。この条約は総参加条項を含む。

　捕獲審検所での検定前の敵商船の破壊は船舶が捜索および捕獲に抵抗した場合または緊急の場合には許される。しかし、船舶を破壊する前に、捕獲者は乗船者（乗組員および乗客）と船舶書類を移し、そして、捕獲と破壊が合法的であったかを決定するために事件を捕獲審検所に付託しなければならない。これらの一般国際法規則は潜水艦にも適用される。1930年4月22日にロンドンで合衆国、イギリス、フランス、イタリア、日本によって署名された条約および1936年11月6日にロンドンで署名され、他の諸国も加入した議定書は以下のように明示的に規定する。すなわち、「潜水艦ハ其ノ商船ニ対スル行動ニ関シテハ水上艦船ガ従フベキ国際法ノ規則ニ従フコトヲ要ス⁽⁴²⁾」。

　例外的に、中立船舶と中立貨物は以下の事情の下で拿捕され、没収されることがある。すなわち、(1)中立商船が臨検または捜索に抵抗する場合には、その船舶は拿捕されることがある。また、その船舶は捕獲審検所での検定の後に没収されることがある。貨物もまた没収を免れないかどうかは争われる。(2)中立商船による封鎖侵破の場合には、拿捕され、捕獲審検所による検定の後に没収されることがある。貨物もまた没収を免れないかどうか、それはどの範囲でか、に関しては争いがある。封鎖は、船舶および航空機の出入を阻止するために敵国の海岸を軍艦によって閉ざすことである。1856年のパリ宣言に従えば、封鎖がたった今述べた法的効果を持つためには実効的でなければならない⁽⁴³⁾。(3)中立商船が戦時禁制品を輸送する場合には、戦時禁制品は捕獲審検所での検定の後に没収されることがある。船舶とその貨物の無害な部分もまた没収を免れないかどうかは争われる。(4)いわゆる非中立的な役務の場合、すなわち、中立商船が敵軍隊の構成員、軍の諜報員等、または、敵国に向けた急送公文書を輸送する場合には、その船舶は拿捕され、捕獲審検所による検定の後に没収されることがある。また、一部の国の慣行に従えば、

B　国際法は言葉の真の意味で「法」であるか

その船舶の所有者に属する貨物の一部が没収されることがある。

### ◆　f　空　戦

　他の種類の戦争行為に適用不可能であって空戦に適用可能な一般国際法の妥当する規則は存在しない。たとえば、防守されない場所への砲撃の禁止と同じく非戦闘員の免除の原則は、本来の意図に従い、空戦にも確実に適用される。しかし、それらが2度の世界戦争中の交戦国の慣行によって時代遅れになってしまったかどうかは不明である。

---

⑷2　有名なルシタニア号事件（*The Lusitania*, United States, District Court, Southern District of New York, 1918, 251 Federal Reporter 715）を参照せよ。第一次世界大戦中の1915年5月1日、イギリス旅客輸送商船ルシタニア号は、1257名の旅客と702名の乗組員、合わせて1959名の成人男女および子供を乗船させてニューヨークからリバプールに向けて出港した。1915年5月7日午後2時10分頃、天候は快晴で波は穏やかであったが、同船は無警告の魚雷攻撃を受け、最終的に1195名の悲劇的な人命損失を伴って約18分間で船首から沈没した。同船の船主であるカナード郵船会社に対して多数の訴訟が提起されたけれども、責任に関する判決を得て、申立人の責任を船舶に関する利益とその未決の運送料に制限しようとする申立人たる船会社による手続が開始された。裁判所は、とりわけ、「もちろん、公海で敵船を捕獲し、一定の条件の下でこれを破壊する権利については疑問の余地がない、また、旅客と乗組員を問わず全乗員の生命を保護する義務についても疑問の余地はない」と述べた。裁判所はルシタニア号の破壊時に有効であったドイツ捕獲令第116条を参照した。同条は次のように規定した。すなわち、「船舶の破壊に進むに先立ち、船内の全乗員の安全と、それらの効果が可能な限り与えられなければならない。また、利害関係人の意見に従えば捕獲審検所の審検上有用なすべての船舶書類およびその他の証拠資料は艦長によって移載されなければならない」。裁判所は以下のように判示した。すなわち、「こうして、ルシタニア号がニューヨークから出航した時、船主および船長は、その時までにほかで何が発生していたとしても、この単純で、慈悲深い、しかも、普遍的に受け入れられた原則が侵犯されたりしないであろうと信じることを正当化された。…それゆえ、過誤は法的および道徳的な意味において船舶の沈没に責任のある者に負わされなければならない。したがって、人命および財産の損失について責任を負わなければならないのは申立人のカナード海運会社ではない。ルシタニア号の沈没の原因は、その手段、すなわち、潜水艦長を通じて行動し、この戦争に至るまで最も非情な敵対国によってさえ遵守されたかけがえのない人道規則を侵犯するドイツ帝国政府の違法行為であった」。

⑷3　ガイペル対スミス事件（*Geipel v. Smith*, 7 Law Reports, Queen's Bench Division 404）において、イギリス女王座裁判所（1872）は、封鎖に関して次のように述べた。すなわち、「封鎖は実効的であるならば、それは抑制である。したがって、法的な観点からすると、封鎖は、一部の船舶が突破に成功することがあるとしても、もし敵船が数および場所の点で封鎖侵破を危険事項にするのであれば、実効的である」。

### ◆ g　一般国際法上の中立

交戦国は交戦中の敵国に対してばかりでなく、中立国に対しても責任を負う。また、中立国は交戦国に対して国際的義務を負う。

国家は交戦国との関係で中立である。当該国家はその戦争に加わらない限りで中立である。

中立国が交戦国に対して採用することを義務づけられる態度を公平と性格づけることは通常である。この態度は一般国際法により確立され、1907年の第5ハーグ条約と第13ハーグ条約によって法典化された特別な義務を履行することにある。これらの中立国の義務のうちで最も重要なものは[44]、交戦国の一方に対して他方の交戦国にとって有害な援助を与えることを禁ずる義務であり、交戦国の一方に他方の交戦国を利するような損害を与えることを慎む義務であり、また、各交戦国の軍事作戦のためにあらゆる便宜を与えることを慎む義務である。だが、それは自国民がそのような便宜を交戦国に与えることを禁ずる義務ではない[45]。さらに、中立国の義務は、巡邏するまたはいずれかの交戦国に対する敵対行為に従事することを意図すると信ずる理由があるいずれかの船舶の自国管轄権内での艤装または武装を防止する義務であり、戦争の用のために自国管轄権内で全面的または部分的に改造された船舶が巡邏するまたは敵対作戦に従事することを目的としてその管轄権から出港することを防止する義務であり[46]、交戦国が戦争中に軍事目的のために中立国領域および資源を用いることを防止する義務であり[47]、そして、各交戦国が中立国による他方の交戦国との合法的な交通に干渉することを防止する義務であ

---

[44]　これらの義務の公式化に関しては、L. Oppenheim, *International Law*, 6th ed., edited by H. Lauterpacht（1944）Vol II., §§ 293ff を参照せよ。

[45]　ピアソン対パーソン事件（*Pearson v. Parson*, United States, Circuit Court, Eastern District of Louisiana, 1901, 108 Federal Reporter 461）において、裁判所は以下のように述べた。すなわち、「中立国民が交戦国と通商しうることはこの国において最高の司法当局によって長期にわたり確立されてきた。サンティシマ・トリンダード号事件（*The Santissima Trinidad*, 7 Wheat. 340）において、最高裁判所の機関としてストーリー裁判官は1822年に次のように述べた。すなわち、「我が国の法または諸国民の法に我が国の国民が軍需品のみならず軍艦を売却するためにこれを外国の港に送ることを禁じるものは何もない。それはいかなる国家も禁止することを義務づけられない、かつ、それに従事する者を没収の刑罰にさらすにすぎない商業的な冒険である。同じく、バーミューダ号事件（*The Bermuda*, [1865] 3 Wall. 551）…を見よ」。同じく、ピアソン対アリス・シャルマーズ会社事件（*Pearson v. Allis Chalmers Company*, United States, Circuit Court, Milwaukee County, Wisconsin, 1915; 11 *American Journal of International Law* [1917] 883）を参照せよ。

B 国際法は言葉の真の意味で「法」であるか

る。交戦国の最も重要な義務は、軍事目的のために中立領域を利用することおよび中立国と他の交戦国との合法的な交通に干渉することを慎む義務であり、また、戦時禁制品を除き敵船上の中立貨を没収することを慎む義務である。指摘されたように、交戦国は封鎖侵破を理由に中立商船を没収しかつ中立船上の戦時禁制品を没収することができる。

　大多数の国際法学者は、一般国際法の下で国家が他国間の戦争において中立であるべきそして中立にとどまるべきいかなる義務も存在しないと主張する。そのような義務の欠如は、一般国際法の下で一国がともかく何らかの理由でいずれかの他国に対して戦争に訴えることがあることを条件として、自国が参加しない限りで、その不参加の戦争において両交戦国に対し公平な態度を採用する当該国の義務と矛盾しない。交戦国の一方に対して戦争に訴えることによって、中立国は、中立国とし

---

(46)　アラバマ号請求事件（*The Alabama Claims*, United States-Great Britain, Claims Arbitration, 1872, 4 Papers Relating to the Treaty of Washington of 1871 [42d Cong., 3d Sess., Ex. Doc. 1]）において、南部連合海軍が南北戦争で使用するためにイギリスで建造した数隻の船舶によりなされた行為から発生した紛争を判断するために、1871 年 5 月 8 日の英米条約により仲裁裁判所が設置された。同条約の第 6 条は次のように規定した。すなわち、
　「仲裁人に付託された事項を判断するに際して、仲裁人は、本件に適用されるべき規則として両締約国によって合意された以下の三つの規則、および、仲裁人が本件に適用可能であったと決定するそれと両立する国際法原則によって規律されるものとする。
　規則：中立国政府は以下のことを義務づけられる。
　第 1 に、中立国政府は、自国と平和関係を有する国に対し巡邏の用に供しまたは敵対行為を行う意図を有すると信ずべき相当の理由のある一切の船舶がその管轄内において艤装、武装または装備されることを防止するため、相当の注意を用いなければならない。また、中立国政府は巡邏の用に供しまたは敵対行為を行う意図を有する船舶であって、その管轄内において全部または一部戦争の用途に特に適合せしめられたものがすべてその管轄外に出発することを防止するため同様の注意を用いなければならない。
　第 2 に、中立国政府は、その港または領水を交戦国のいずれかが他方に対する海軍作戦根拠地として、または武器もしくは軍需品の補充もしくは増大、または兵の徴募のために利用することを許可しまたは容認してはならない。
　第 3 に、中立国政府は、上記の義務違反が行われるのを防止するためその港および領水において、ならびにその管轄内における一切の人に関して相当の注意を用いなければならない。
　英国女王陛下は、高等弁務官および全権代表に対して、上記の規則を第 1 条で言及された請求が提起された時点で有効であった国際法原則の声明であることに同意しないが、しかし、英国政府は、両国間の友好関係を強化しかつ将来に十分に備える願望を証明するためこれらの請求から生ずる両国間の問題を決定するに当って仲裁人は英国政府がこれらの規則で述べられる原則に基づき行為することを約束したと仮定すべきことに同意したと宣言するように命じた。
　また、締約国はこれらの規則を両国間で今後遵守することおよびそれらを他の海洋国に周知させ、さらにそれらの国にそれらを受け入れるように勧奨することに同意する。」

て自国が負う諸義務に違反しない。すなわち、それはその中立の地位を終了させるにすぎない。他方で、中立国が交戦国に対して負う義務の違反は中立の地位を終了させることと同じではない。中立の地位は中立国と一方の交戦国との間の戦争の発生によってのみ終了する。しかしながら、一般国際法の下で中立であるべきまたは中立にとどまるべきいかなる義務も存在しないという言明は、正戦（*bellum justum*）原則が実定国際法の一部であると仮定されるとするならば、完全に正しいというわけではない。この原則に従えば、別の国によって権利を侵害された国だけがその違法行為国に対して戦争に訴えることを授権されるのではなくて、被侵害国を援助するに当り他の諸国もまた違法行為国に対して戦争に訴えることを授権される。しかし、他の諸国は、たとえ違法な戦争に訴えた責任が違法行為国にあるとしても、この国に対して戦争に訴えることを義務づけられない。したがって、他の諸国は中立にとどまるかもしれないし、あるいはとどまらないかもしれない。しかし、かれらはその戦争が合法である交戦国に対して戦争に訴えないことを義務づけられる。言い換えると、第三（諸）国は合法な戦争を遂行する交戦国の側に立って戦争に参加することはできるが、違法な戦争を遂行する交戦国の側に立って戦争に参加することはできない。もし他の諸国が違法な交戦国に対して戦争に訴えないことを選択するならば、そして中立にとどまるならば、かれらは公平の義務を負う。

---

⑷　第13ハーグ条約の第21条と22条は次のように規定する。すなわち、「第21条　捕獲シタル船舶ハ航海ノ不能、海上ノ険悪又ハ燃料若ハ糧食ノ欠乏ノ事由ニ因ルニ非サレハ之ヲ中立港内ニ引致スルコトヲ得ス。右船舶ハ其ノ入港ヲ正当ナラシムルノ事由止ミタルトキハ直ニ出発スヘキモノトス。出発セサルトキハ其ノ職員及船員ト共ニ該船舶ヲ解放シ且捕獲者カ船内ニ乗組マシメタル艦員ヲ留置スル為施シ得ヘキ手段ヲ盡スヘキモノトス。第22条　中立国ハ又捕獲セラレタル船舶ヲシテ第21条ニ規定シタル条件ニ依ラスシテ引致セラレタルモノヲ解放スルコトヲ要ス」。

汽船エイパム号事件（*The Steamship Appam*, United States, Supreme Court, 1917, 243 U.S. 124）において、イギリス貨客船は第一次世界大戦中にドイツ巡洋艦モーヴェ号により拿捕され、当時の中立国であった合衆国の港に拿捕艦船回航員によって入港させられた。合衆国政府の命令によって同船の乗組員と乗客は解放された。また、拿捕艦船回航員は抑留された。エイパム号の所有者により提起された船舶の占有回復の訴えとエイパム号の船長によって提起された貨物の占有回復の訴えは中立人に有利に判断された。最高裁判所は、その意見において、とりわけ以下のように述べた。すなわち、「ここで、国際法上普遍的に承認された特権内に、つまり、必要な燃料もしくは糧食のために、または、天候の険悪もしくは修理のために、その船舶を引致すること、および、そのような入港の原因が満たされまたは除去されるや直ちに出港することは目的でなかった。…彼女（エイパム号）は、アメリカの港で無期限に留置される目的でそこに送致された。…われわれは、アメリカの港をこのように利用するに際して、中立国の義務を規律する国際法原則の下で承認されたものとしてのアメリカ政府の中立権の明白な違反があったと結論せざるをえない」。

71

B 国際法は言葉の真の意味で「法」であるか

これが意味するのは、かれらが違法行為国に対してだけ戦争に至らない措置をとることは許されないということである。違法な戦争に訴えた責任のある交戦国に対して戦争に訴えることは許されるが、しかし戦争に至らない措置をとることは許されないということは、矛盾しているように思われる。しかし、もし正戦原則に従って国家は違法な戦争に訴えた責任のある交戦国に対して戦争に訴えることを許されるばかりでなく、この交戦国に対して戦争に至らない措置をとることも許されるとするならば、中立制度の基本原則、すなわち、公平の義務は正戦論と両立しないであろう。

## ◆ h 連盟規約の下での中立

国家が国際合意により特定の戦争またはすべての戦争に関して中立を維持する義務を負うことは理に適っている。後者の場合に、人は国家の永世中立または中立化について語る。差し当たり、スイス連邦だけがそのような中立化された国家である（1815年3月20日にイギリス、オーストリア、フランス、ポルトガル、プロシャ、スペイン、スウェーデンおよびロシアによって署名され、1815年5月27日にスイスが加入した宣言）。同様に、国家は国際合意により中立を維持しない義務、つまり、一方の交戦国を支持して戦争に訴える義務を負うことがある。しかし、もし正戦原則が実定法であるとするならば、国家は正戦を遂行する交戦国を支持して参戦する義務のみを負うであろう。もう一つの問題は、国家は、他国間での戦争の場合に、中立国の義務と両立しない戦争に至らない一定の行為を行う義務を負うことができるかどうかである。そのような義務は国際連盟規約第16条によって確立される。同条の第1項は、規約に違反して他の連盟国に対して戦争に訴える連盟国に対して一定の経済制裁を行うように他のすべての連盟国を義務づける。連盟国がとることを義務づけられるこれらの経済制裁は、たとえその連盟国が違法行為国に対して戦争に訴えないとしても（というのは、2項で言及される軍事的制裁を行うことは義務的ではないのであるから）、同国が一般国際法の下で中立国として負う義務と矛盾する。これは第16条3項により規定される義務、すなわち、違反連盟国に対して戦争に訴える連盟国のいずれかの軍隊に自国領域通過の便宜を提供するために必要な措置をとる義務、に関して特に当てはまる。

規約第16条1項は、連盟国が規約に違反して戦争に訴えるならば、「連盟国ハ、当然他ノ総テノ連盟国ニ対シ戦争行為ヲ為シタルモノト看做ス」と規定する。そのことは、他のすべての連盟国は規約の違反国と戦争状態にあり、したがって、中立

8　戦争：その行為の規制

とは見なされないことを意味する。しかし、この規定は法的擬制である。なぜなら、違反連盟国が戦争に訴えなかった連盟国は実際には戦争状態になく、また、戦争に訴えることを義務づけられないからである。したがって、違反連盟国に対して戦争に訴えない限りで、それらの連盟国は中立である。1921年10月4日に採択された決議により、連盟総会が、上記の第16条1項の規定を次のことを意味するものと解釈したことは確実である。すなわち、「違反国の一方的な行為は戦争状態を創造しえない。すなわち、それは、他の連盟国に、規約違反国に対して戦争行為に訴えまたはこれと戦争状態にあると宣言することを資格づけるにすぎない」と。しかし、この解釈は第16条1項の言葉づかいとほとんど両立しない。

## ◆　i　ケロッグ・ブリアン規約の下での中立

ケロッグ・ブリアン規約は国家政策の手段として戦争を遂行することを慎む義務を締約国に課す多辺条約である。多辺条約として、同規約は、各締約国に対してすべての他の締約国が条約に基づくその義務を履行することを要求する権利を付与すると解釈されるであろう。したがって、もし1の当事国がその義務を履行しないならば、その当事国は他の当事国の権利を侵害する。一般国際法の下で国家は自国権利の侵害に対するリアクションとして復仇に訴えることが許される。その結果として、もし一国がケロッグ・ブリアン規約に違反し同規約の当事国に対して戦争に訴えるならば、（前文に従えば）いずれの他の当事国も規約の違反者に対して戦争に訴えることが許されるばかりでなく、戦争に訴えることなしに戦争に至らない措置をとることも許される。こうして、他国間の戦争に参加しない国家である中立国が各交戦国に対して厳密に公平な態度を採用する義務は、国家政策の手段として遂行される戦争の場合にはパリ規約当事国間の関係において法的効力を有しない。

## ◆　j　国連憲章の下での中立

国際連合の加盟国間の戦争の場合には、そのような戦争に参加しない加盟国—それは中立を意味するのであるけれども—は憲章により「武力攻撃」の被害者である交戦国を援助することは許されるが、しかし、この攻撃に責任がある交戦国を援助することは許されない。このことは憲章第51条の規定で含意される。同条によれば、この憲章のいかなる規定も「国際連合加盟国に対して武力攻撃が発生した場合には、安全保障理事会が国際の平和及び安全の維持に必要な措置をとるまでの間、個別的又は集団的自衛の固有の権利を害するものではない」。この規定は次のこと

*73*

B　国際法は言葉の真の意味で「法」であるか

を意味すると解釈されるであろう。すなわち、国際連合の中立加盟諸国は、憲章に
よって武力攻撃に責任のある国家に対して戦争ばかりでなく、兵力の使用を伴わな
い強制行動に訴えることを授権されるが、しかし、それらの国は、反撃戦争に訴え
る武力攻撃の犠牲者に対して兵力の使用を伴うまたは伴わない強制行動に訴えるこ
とを許されない、と。もしこの解釈が受け入れられるとするならば、中立国に公平
の義務を課す一般国際法の規則は憲章によって取って代わられるであろう。同じこ
とは、もし2加盟国間の戦争に適用されるとするならば、憲章第2条5項に関して
も当てはまるであろう。この規定は、機構が交戦国の他方を支持して交戦国の一方
に対してとるいかなる行動についてもこの機構にあらゆる援助を与える義務と、機
構が防止または強制行動をとっている交戦国に対して援助を与えることを慎む義務
とを他の加盟諸国に課す。もしこの機構が第39条または第51条に基づき戦争に参
加する国家に対してとる行動、および、その戦争に参加しない加盟国が第2条5項
に基づくその行動によってこの機構に与えることを義務づけられる援助が兵力の使
用を伴わない措置であるとするならば、中立加盟国は交戦国に対して公平な態度を
採用しないと仮定される。第39条と第51条に基づき、安全保障理事会は平和に対
する脅威または平和の破壊に責任がある加盟国に対して兵力の使用を伴う強制措置
をとることが許される。もしこの行動が向けられる加盟国が兵力による抵抗を企て
るならば、加盟国に対する国際連合の戦争と国際連合に対する当該加盟国の反撃戦
争が存在する。この戦争では、安全保障理事会の行動が憲章第48条に従ってその
兵力を通じて履行される加盟国のみが機構の側に実際に加担する。この条文は、第
39条の下で採択された安全保障理事会の決定を履行するのに必要な行動は「国際
連合加盟国の全部又は一部によってとられる」と規定する。それゆえ、この機構と
加盟国との間の戦争において、国際連合のすべての加盟国がこの場合に機構がそれ
に対して兵力の使用を伴う強制行動をとる当該加盟国との間で戦争状態にあると仮
定されないとするならば、多くの加盟国は中立であるであろう。そのような仮定は
指摘されたように法的擬制である。連盟規約とは対照的に、国連憲章はこの擬制を
維持する定式を含まない。もし憲章第2条5項がそのような場合に適用され、その
戦争に参加しない加盟国が機構の強制行動が向けられる加盟国に対して戦争に至ら
ない措置をとることによりこの機構を援助しなければならないとすれば、一般国際
法が中立国に課す義務は憲章により取って代わられる。

　もしケロッグ・ブリアン規約の下で同規約の違反者に対する復仇、国際連盟規約
第16条1項と3項および国連憲章第2条5項により規定される義務の履行、なら

びに、国連憲章第51条の下で侵略者に対して戦争に至らない措置をとることによる集団的自衛権の行使、つまり、これらすべての行動が一般国際法により確立される中立国の義務の違反を構成しないと仮定されるとするならば、これらの義務に関する一般国際法の規範は「強行規範」（*jus cogens*[48]）ではなくて、「任意規範」（*jus dispositivum*）にすぎないと、すなわち、それらは締約国間の関係において条約規定によって廃止されうると同じく仮定されなければならない。

　上で引用した国連憲章第2条5項、第39条および第51条の諸規定が第2条6項によって非加盟国にも適用される限りで、それらの有効性は、憲章がすべての国が締約国でない条約であるにもかかわらず一般国際法の性格を有すると仮定されないならば疑わしいであろう[49]。この仮説の下で、中立の法制度は廃止されたものと考慮されなければならない。違法行為としての戦争と制裁としての戦争の区別が維持され、かつ、集団的安全保障が普遍的な機構内で維持される限度で、中立に関する法制度の基本原則、すなわち、他国間の戦争に実際に巻き込まれない国々の側の交戦国に対する無差別的な公平はこれを維持することができないのである。

---

⑻　本書後掲280頁を参照せよ。

⑼　本書後掲283頁を参照せよ。

## ● 第 2 部 ●
# 国際法の妥当範囲

## ◆ A　法秩序の妥当範囲

　国際法は規範秩序である。そして、規範秩序は妥当する諸規範の体系である。法規範は人間行動を規律するが、人間行動は時間的および空間的に生ずる。したがって、法規範は時間的および空間的な関連性を持つ。法規範は一定の時間および一定の空間（領域）に関して妥当する。それゆえ、われわれは法規範または法秩序の時間的および領域的な妥当範囲について語る。人々がいかに行動すべきかを決定するためには、法は、かれらはいつおよびどこで特定の方法で行動すべきかを規定しなければならない。法規範により規律される人間行動は人的要素と実質的要素から成る。すなわち、人的要素は一定の方法で行動すべき個人である。実質的要素は行動、つまり、個人が履行すべき行為または個人がその履行を慎まなければならない行為である。それゆえ、われわれは法規範の人的妥当範囲と実質的妥当範囲について語る。実質的範囲は法規範によって規律される主題事項に関係する。諸規範はそれらが妥当する領域、時間または人々に関して異なるばかりでなく、それらが規律する主題事項に関しても異なる。経済生活を規律する諸規範や宗教生活を規律する諸規範が存在する。また、農業を規律する諸規範や教育を規律する諸規範が存在する。

　法秩序を記述するに際して、われわれはその領域的、時間的、人的、そして実質的な妥当範囲を区別しなければならない。

　すべてのこれらの妥当範囲に関する決定的な問題は、それらが制限されるかそれとも無制限であるかである。もし一定の秩序が至高の秩序であって、その秩序よりも上位の他の秩序は存在しないと仮定されるならば、その妥当範囲は無制限であると結論されなければならない。というのは、たった一つの規範だけが他の規範の領域的、人的、実質的または時間的な妥当範囲の限界を確立するからである。すなわち、特定の規範秩序の妥当範囲を制限する諸規範は、この秩序に属し、そのようにしてそれ自体の妥当範囲を制限するか、または、この秩序に上位する秩序に属するか、のいずれかでなければならない。

　伝統的に国際法と呼ばれる規範秩序は、その妥当範囲を制限する規範を含まない。そのため、この規範秩序が他のいかなる法秩序の下にもない上位の法秩序と考慮される限りで、国際法秩序の妥当性はいかなる方向でも制限されない。これはまさしく国際法秩序を国内法秩序から区別するものである。国内法秩序は、もしその

言葉がその特殊な意味で理解されるとするならば、国際法に比較して、たとえすべてではないとしても、確かにその領域的、時間的および人的な妥当範囲に関して制限されると考えられる。国内法秩序、すなわち、一国の法は当該国家に対してのみ妥当するのであって、いたるところで妥当するわけではない。それは一定の個人、特定国の市民およびその国家の領域に滞在する外国人に対してのみ妥当するのであって、全人類に妥当するのではない。それは永久に妥当するのではなくて、特定の時点で妥当するようになり、また妥当することを終了する。これらはほとんど否定されないであろう。もし国内法秩序の妥当範囲に関するこれらの制限が法的性格を持つとするならば、それらは法秩序によって確立されなければならない。また、もし国内法秩序が自らその妥当範囲を制限しないとするならば、国内法秩序に上位する法秩序のみがこの効果を持ちうる。国際法秩序以外に国内法秩序に上位すると考えられうるいかなる他の法秩序も存在しない。しかも、実際に、国際法秩序において国内法秩序の妥当範囲を制限する諸規範を発見することは可能である。国内法秩序の妥当範囲をこのように制限することは国際法秩序の必須的機能である。というのは、国際法秩序がこの機能を果す限りでのみ、いくつかの国家の法的共存、すなわち、いくつかの国内法秩序が同時的に妥当することが可能になるからである。

## ◆ B　国際法の領域的および時間的妥当範囲

　国際法秩序が時間的および空間的に制限されない妥当範囲を持つと理解することは容易である。妥当範囲の概念は純粋に潜在的な意味を持つ。国際法秩序が普遍的に妥当すると述べることは、それがいたるところで、そしていつでも実効的であることを意味するのではなくて、もし国際法秩序がその特殊な結果の一つを結びつける事実がどこかで発生するならば、この結果が同様に発生すべきであるということを意味する。これは国際法の妥当性の排除を主張する法規範がどこにも存在しないことを意味する。国際法により規定される事実が特定の時点で発生しない場所が現実に存在するかもしれないということは重要ではない。人は、国際法は国家に対してのみ妥当するのであるから、それは国家が存在しない区域には適用されないと主張するかもしれない。しかしながら、国家はそこにいつなんどきでも誕生しうる。そして、国家の誕生は国際法により規律される。国際法により規定される違法行為または制裁としての戦争は国家領域でない区域においても行われうる。こうして、戦争行為に関する国際法規範はそれらの区域にも同様に適用される。無主地の占有

もまた国際法によって規律される。

同じことは時間的妥当範囲に関しても当てはまる。一般国際法規範は永久的な妥当性を主張するが、この主張を制限するいかなる法規範も存在しない。一般国際法の時間的妥当性を制限する実定規範は存在しない。国際法が時間的な経過の中で出現したこと、そして、かつて国際法がいまだ存在しない時期があったことに異議を唱えることは無意味である。このことは重要ではない。というのは、国際法規範もまた遡及効を持ちうるからである。遡及効を有する規範を—特に条約によって—定立することを禁止するいかなる一般国際法の規則も存在しない。

もちろん、このことはすべての国際法規範が永久的に妥当することを意味しない。時間の経過により、一般国際法が一定の変化を経てきたこと、以前は妥当していた一般国際法の規範が妥当しなくなったりまたは修正されてきたことに疑問の余地はありえない。一国の義務と他国の対応する権利を意味する法的関係は、新たな国際法が遡及効を有すると仮定する十分な理由が存在しない場合には、当該法的関係がその下で確立された国際法によって判断されなければならない[1]。特別国際法の一定の規範—契約的規範—はしばしば一定の期間に限りまたは他の契約的規範によって廃止されるまで妥当すると意図される。しかし、この制限は、すべての条約の法的基礎である一般国際法の規範、すなわち、「合意は拘束する。*pacta sunt servanda*」（条約は遵守されなければならない）の規範には当てはまらない。

---

[1] 以前の法規範がそれにより修正されまたは廃止されてきた法規範の時間的な妥当範囲を規律する原則は時として「時際法」（intertemporal law）と呼ばれる。この言葉はパルマス島事件判決で用いられた（*Island of Palmas Case*, 1928 年常設仲裁裁判所、22 American Journal of International Law [1928] 867）。この事件はパルマス島の領域主権に関するアメリカ合衆国とオランダとの間の紛争である。問題は、発見により領域が取得されるという以前の国際法規則と領域の取得は実効的占有を必要とするという後の規則のいずれが本件に適用されるべきかであった。仲裁人はその意見で次のように宣言した。すなわち、「国際法が無人の地域または未開人または半未開人の居住する地域の発見または取得に関して中世末と 19 世紀末との間に重大な変容を遂げたことは双方によって認められる。両当事者は、また、法的事実はそれと同時代の法を考慮して評価されなければならないのであって、それに関して紛争が発生するまたは解決される時点で有効な法に従って解決されるべきでないことに同意する。…連続する期間に広く行われる法制度のどれが特定の事件に適用されるべきかの問題に関して（時際法）、権利の創設と権利の存続を区別しなければならない。権利の創設をその権利が発生する時点で有効な法に従わせるその同じ原則は、権利の存続、言い換えると、その継続的な発現が法の発展により要求される諸条件に従わなければならないと要求する。…これらの理由から、事後の行動を伴わない単なる発見は現時点でパルマス島に対する主権を十分に証明することができない…」。

## ◆ C　国際法の人的妥当範囲：国際法主体

# 1　法主体としての法人

　国際法の人的妥当範囲を検討することはその行為が国際法によって規律される主体はだれであるかを問うことである。われわれは、この点に関してもまた国際法の妥当性は限界を知らないことを明らかにするであろう。

　しかしながら、法の性質から生じる制限に直ちに注目することが望ましい。法は本質的に人間行為を規律する。人間の相互的な行為の規律はすべての法の意味である。法は社会的なカテゴリーである。すべての法と同じく国際法もまた人間行為を規律する。国際法規範が適用されるのは人間に対してである。すなわち、国際法が制裁を規定するのは人間に対してである。また、国際法規範が秩序の規範を定立する権限を委ねるのは人間に対してである。もし国際法が義務、責任および権利を規定するとするならば（もし国際法が法秩序であるとするならば、国際法はそうしなければならない）、これらの義務、責任および権利は内容として人間行為のみを有しうる。というのは、一定の方法で行動する人間の義務でない義務は法的義務ではないであろうし、また、人間により執行されかつ人間に向けられる制裁でない責任は法的責任ではないであろうからである。同様に、何らかの人間行為によって表明されなければならない権力、権限または能力から成り立たない権利は法的権利ではないであろう。もし義務、責任および権利が人間の行為に関係しないとすれば、義務、責任および権利は、空虚な定式であり、無意味な言葉にすぎないであろう。

　こうして、法は人間個人に対してのみ義務および責任を課しまたは権利を付与しうる。しかし、法は個人ばかりでなく法人も義務づけかつこれに授権する、そして、特に国際法は、国家を義務づけかつこれに授権することにより、個人ではなくて法人を義務づけかつこれに授権すると言われる。これは伝統的理論である。すなわち、国家だけが、つまり法人としての国家が国際法主体である。言い換えると、国際法は、個人、つまり人間に対してではなく、国家に対してだけ義務および責任を課し権利を付与する。この理論は擁護しがたい。個人もまた国際法主体である。国際法主体は法人としての国家であるという言明は、個人が国際法主体でないことを意味しない。すなわち、それが意味するのは、個人は、個人が国内法の主体であ

る通常の方法とは別の、特殊な方法で国際法主体であるということである。

　いわゆる自然人（natural or physical person）、つまり、人間個人とは異なる実体としての法人は、法思考の補助的概念、そして法理論の手段であって、その目的は法現象の記述を単純化することである。法人は実定法または自然の現実ではない。法人、たとえば会社が義務（duty, obligation）または権利を持つと言われるときには、このことはその内容として個人の行為を持つ義務または権利が存在することを意味するが、しかし、この個人は会社の社員または機関としてのかれの資格において義務または権利を持つ。個人は会社の社員または機関としてのかれの資格において義務または権利を持つのであるから、義務または権利を有するのは法人たる会社であると言える。われわれは、権利または義務を会社に委託し、帰属させる。なぜなら、義務または権利の真の主体である個人は会社の社員または機関の資格において義務または権利を有するからである。会社は行為する人と見なされる。この人は会社を構成する特殊な秩序の擬人化にすぎない。会社を設立する特別な命令は会社の基本定款またはいわゆる附属定款（the statute or so-called bylaws of the corporation）である。基本定款または附属定款は会社を組織する規則である。すなわち、それらは会社の社員と機関ならびに社員と機関の関係を規定する。会社の義務および権利は会社の社員または機関としてのその資格における諸個人の義務および権利である。会社が一定の義務と権利を有するという言明は、当該義務および権利は法人の義務および権利であり、したがって、諸個人の義務および権利ではないということを意味しない。それどころか、それらは、諸個人の義務および権利、ただし、法人の社員または機関としてのその資格における諸個人の義務および権利である。したがって、もし「だれが特定の法秩序の主体か」と問われるならば、つまり、そのことはこの法秩序の規範はだれに適用され、また、この法秩序は義務を課しまたは権利を付与することによってだれの行為を規律するのか、を意味するのであるけれども、人は、当該主体は「個人」ではなくて、もっぱら「法人」であると決して答えてはならない。なぜなら、たとえ法秩序の主体は法人であると答えるのが当然であるとしても、それによって諸個人は排除されないであろうからである。それどころか、諸個人はこの法秩序の諸規範が適用される主体として必然的に必要とされるであろう。

　確かに、法人の義務および権利、つまり、諸個人が法人として表される共同体の機関または構成員としてのその資格において有する義務および権利と、諸個人がそのような共同体に属することとは無関係に有する義務および権利との間には、重大

な相違が存在する。この相違は、その行為が法人の義務および権利の内容を形づくる諸個人は法人がその下で存在する国内法秩序によって間接的にのみ決定され、他方、その行為がいわゆる自然人の義務および権利の内容を形づくる諸個人は国内法秩序によって直接的に決定されるという事実にある。国内法秩序は、法人の機関または構成員としてこれらの義務を履行しまたはこれらの権利を行使しなければならない諸個人を決定することを、法人として表される法的共同体を構成する特殊な法秩序に委ねる。機関または構成員として共同体に属する諸個人による共同体の義務の履行および権利の行使は共同体を設立する基本規則によって規律される。したがって、法人の義務および権利は、個人的な義務および権利、つまり、各個人が法人として表される共同体に属することとは無関係に保持する義務および権利とは対照的に、諸個人の集団的な義務および権利であると言えるであろう。

　法人の責任に関して言えば、それは法人として表現される共同体に属する諸個人の集団的な責任にすぎない。法人は、もし制裁が法人に向けられるべきであるとすれば民事的または刑事的な違法行為に対して責任を負う。しかし、法人に対して民事的または刑事的な制裁を向けることは、法人として表される共同体の機関または構成員としてのその資格における諸個人に対して民事的または刑事的な制裁を向けることを意味するにすぎない。民事的な違法行為に対する法人の責任は、法人として表される共同体の構成員の集団的な財産である法人の財産に対して民事強制執行が向けられるべきであることを意味する。刑事的な違法行為に対する法人の責任は、その違法行為に関して規定される刑罰が、諸個人が違法行為を行ったからではなくて、かれらが法人として表される共同体にその構成員または機関として属しているためにかれらに科されるべきであることを意味する。

　諸個人ではなくて国々だけが国際法主体、つまり、国際法秩序によって確立された義務、責任および権利の主体であるという伝統的理論を評価するためにはこのすべてが考慮されなければならない。

# 2 　国際法主体としての国家

## ◆ a 　集権的法秩序としての国家

　もしわれわれが国際法は国家の相互的な行為を規律すると述べるならば、われわれは国家を行為する人として考慮する。もちろん、国家は自然人ではない、また、

人間または超人でもない。国家はいわゆる法人（juristic person, or, what amounts to the same, a corporation）である。法人として、国家は、われわれが「国家」と呼ぶ共同体を構成する社会秩序の擬人化である。もしわれわれが擬人化を用いずに「国家」という現象を性格づけようとするならば、われわれは、国家を社会秩序、すなわち、この秩序によって構成される共同体と述べる以外のいかなる選択肢も持たない。また、もしわれわれがこの秩序を精査するならば、われわれはそれが強制秩序、つまり、制裁としての強制行為を規定する秩序であることを発見する。国家は普通は政治組織と呼ばれる。また、組織は秩序を意味する。「政治的」な要素はまさしくその組織または秩序の強制的な性格にある。われわれが国家と呼ぶ社会秩序が強制秩序、つまり、制裁としての強制行為を規定する秩序であることは事実である。この秩序によって規定される制裁は社会的に組織された制裁であって、超自然的な制裁ではないのであるから、われわれが国家と呼ぶ強制秩序または政治組織、すなわち、言い換えると社会秩序としての国家は、法秩序以外のものではありえない。法人としての国家は法的共同体を構成する法秩序の擬人化である。この共同体はこの法秩序によってのみ構成される。この共同体に属する諸個人は、結合され、同一の法秩序に服することによって社会的な単一体を構成する。かれらが共通に持つものはかれらの相互的な行動を規律する法秩序である。共同体としての国家は、生物学的、心理学的または社会学的な単一体でない。すなわち、それは、法的共同体として特殊な法的単一体である。

　しかし、法的共同体を構成するあらゆる法秩序が国家であるわけではない。原始的な法的共同体を構成する原始的法秩序も国際的な法的共同体を構成する国際法秩序も国家ではない。その違いは何か。われわれが国家と呼ぶ法秩序または法的共同体とわれわれが国家と呼ぶことを拒否する原始的法秩序または国際法秩序の違いは集権化の程度に現れる。国家は比較的に集権化された法秩序（または法的共同体）である。

　集権化はきわめて複雑な現象である[2]。これに関して、その現象の一側面のみが興味深い。もし秩序の諸規範が分業の原則に従って機能する特別な諸機関によって定立されかつ適用されるならば、特に、もしそうした特別な諸機関によって制裁が執行されるならば、われわれは、集権化、つまり、集権的な法秩序について語る。その結果、法的命令を創造し適用する諸機関、特に制裁を執行する機関は命令に服

---

[2]　Hans Kelsen, *General Theory of Law and State* (1949), pp. 303ff.を参照せよ。

する諸個人とは異なり、またそれらの個人から多少とも独立している。原始的な法秩序、同じことであるが、原始的な法的共同体でさえ機関を持つが、しかし、分業の原則に従って機能する諸機関、つまり、中央的な諸機関を持たない。他の個人によって侵害されたときに、あらゆる個人は法を適用して法秩序により規定された制裁を執行することを授権される。中央機関を設置することにより、特に実力の使用を集権化することにより、すなわち、制裁の執行の集権化により、原始的な法的共同体は国家になる。

　国際的または超国家的な共同体と同じく原始人達の法的共同体—前国家的な法的共同体—がわれわれが「国家」と呼ぶ共同体から区別されるのはまさしくこの集権化の程度である。指摘されたように[3]、法の概念を、国家を構成する強制秩序、つまり、比較的に集権化された法秩序に限定して、国家法だけを真の意味の「法」であると見なすことを許す理由は全くない。秩序の内容に現れる集権化の異なる程度は、もっぱらその集権化の度合に従って法を無法から区別するようにある強制秩序を別の秩序から区別することを正当化するようなそうした本質的区別の根拠ではない。

　集権化の程度よりも遙かにいっそう重要な区別は実力の使用の独占である。実力の使用を共同体に留保する秩序と留保しない秩序の間には、その双方が実力の使用を独占するが、そのうちの一方が集権化され、他方が分権化される二つの強制秩序の間の相違よりも更にいっそう大きな相違が存在する。もし国際法が実力の使用を独占する秩序と見なされうるとするならば、すなわち、すでに検討したように、それが真相なのであるけれども、そのときには、国際法は決定的な点で国内法に類似するであろう。もし人が国内法と同程度に集権化されていない、つまり、規範の定立ばかりでなくその適用も分権化されているという理由だけで国際法を真の「法」と呼ぶことを差し控えるとするならば、技術的に重要な区別がなされているけれども、しかし、この区別は本質的な区別ではない。

## ◆　b　上位と下位の関係

　国際法の法的性質に対しておそらく最もしばしばそして最も巧みに提示される主張が判断されなければならないのはまさしくこの論拠に基づいてである。さまざまな権威によってさまざまに公式化されるが、しかし、その本質において常に同じで

---

[3]　本書前掲 5 頁以下及び 16 頁を参照せよ。

ある考えは次のように表現されるであろう。すなわち、いわゆる国際法は（とりわけ法と見なされる）国内法と全く同じ意味で「法」と分類されることができない。なぜなら、二つの規範体系の間には重大な相違が存在するからである、と。この違いは、国内法、つまり真の法の背後には国家が屹立するという事実にある。最高の権威として、つまり、その国民に優位する「主権的」権力としてこれらの、その国民の行為を秩序づけるために法を定立するのは国家である。これは、国家が規範的な権威であるばかりでなく、同時に、反対者に対してその定立した法を貫徹しうるほど十分に強力な、つまり、いわゆる「法を執行」しうるほど十分に強力な実効的権力であることを前提とする。伝統的理論は、そのような最高の権威または主権的な権力に特別な「政治的」要素を看取する。伝統的理論は、そのような権威または主権的な権力が存在する社会を「政治的」社会または国家と呼び、この権威と個人の関係を国家法にとって必須的なものと見なす。それは上位と下位の関係である。したがって、この見解によれば、法は、その保障者または定立者が一時として「淵源」という言葉も使用される─国家、つまり、上位と下位の関係を構成する最高の政治的な権威または権力である秩序である。しかしながら、いわゆる国際法はいかなるそのような権威または主権的な権力も明示しない。国際法の背後には、この秩序を保障し、そして、その各主体、つまり国々の上に立ついかなる政治的な権威も存在しない。ここには、国々と超大国との間の政治的な上位と下位の関係は存在しない。ここでは、すべての主体はそれ自体で主権的な実体であり、そのようなものとして相互に平等な地位に立つ。まさしく、この理由から国際法は「真の法」として分類されることができない。こうして、国際法は、ジョン・オースチン[4]がかれの権威の重みをこの全推論に添えて述べるように、「実定国際道徳」（positive international morality）と見なされうるのがせいぜいである。

　この見解は、国際法が国内法のように上位と下位の関係を構成するのではなくて、同等な関係を構成するという主張に完全に符合する。それゆえ、「上位と下位」という比喩的表現の現実の意味を確証することが重要である。ある人またはある物が他の人または他の物との関係において下位的（従属的）である、あるいは上位的であるということは何を意味するのであろうか。社会領域において、それは特別な規範関係、つまり、規範秩序によって構成される関係、すなわち、義務づける規範と授権する規範から成る体系をもっぱら意味しうる。ある個人が他の個人に劣位す

---

(4)　John Austin, *Lectures on Jurisprudence* (1885), I, 173.

## C 国際法の人的妥当範囲：国際法主体

ること、したがって、後者が前者に優位することは、前者が社会秩序によって後者の命令に従うことを義務づけられ、後者が社会秩序によって前者に命令することを授権されることを意味する。したがって、上位と下位の関係は実際には諸個人自身の間に存在するのではなくて、一方で諸個人と他方でかれらの行為を規律する秩序との間に存在する。結局、一方に他方に従うよう命じるのは秩序である。すなわち、個人が秩序により命令を発することを授権された他の個人の命令を履行するときに、かれが従うのはまさしく秩序である。また、この個人の権限は、結局のところ、規範秩序の権威、すなわち、その秩序により当該個人に委任された権限にすぎない。

諸個人自身の間での関係に関する限り、かれらは常に等しい立場にある。というのは、かれらは秩序がかれらの相互的な行為を規律するためにかれらに上位するこの秩序に服するからである。かれらはすべて秩序により義務づけられ、秩序によって授権される。もしこの秩序が法秩序であるならば、諸個人は、かれらの義務および権利の内容にかかわりなく法主体である。法秩序が命令、つまり規範を発する権利を付与する個人は、法秩序がこの命令を遵守する義務を課す個人と同じように法秩序に服する。上位と下位は、繰り返し強調されなければならないように、もっぱら比喩的な表現である。それは規範的な結びつき、すなわち、規範秩序と個人の関係を意味する。

上位と下位の関係の存在にとって、慣習、人々の集団の命令、議会の立法または独裁者の行為のいずれによるにせよ、諸個人に一定の行為を命じる規範がどのように定立されるかはどうでもよいことである。これらは規範がそれによって定立されるプロセスの集権化または分権化の異なる度合いにすぎない。確かに、諸個人は上位と下位の関係をいっそう明確に意識する。言わば、もし諸個人を拘束する規範が特定の人によって定立されるならば、その関係はいっそう明確でありかついっそう具体的である。また、もし規範が単一の個人、つまり、独裁者によって定立されるならば、すなわち、法定立プロセスの最高の集権化の場合であるならば、その関係は最も明白でありかつ最も具体的である。しかし、この場合でさえ、人々は、実際には、規範がそこから生ずる個人に従属するのではなくて、その個人に権限を委任する秩序に従属する、つまり、立法者にではなくて、法に従属する、つまり、立法者はそのために立法者である法に従属する、つまり、かれに法律を定立する権限を付与する憲法に従属する。「人の下にではなく、法の下に」（*Non sub homine sed sub lege*）はよく知られた民主主義の原則である。それはあらゆる法秩序の原則である。

もし上位と下位の関係がこの規範的な意味で理解されるならば、そして、もし国際法が国々の相互的な関係を規律する規範の体系として妥当するならば、そのときには、この点で、国内法と国際法の間にいかなる相違も存在しない。というのは、もし国際法がいかなる方法であれ—たとえ道徳が個人を義務づける方法によってであるにすぎないとしても—国々に一定の行為を義務づけるならば、そのとき、国々は、つまり、それは国々の諸機関としての諸個人を意味するのであるけれども、諸個人が国内法秩序に従属するのと全く同じように国際法秩序に従属する。したがって、国内法領域におけるのと全く同じ上位と下位の関係が国際法領域にも存在する。法定立のための特別な機関を設置しない一般国際法の領域では、この上位と下位の関係はそれほど率直に明白ではない。しかし、2以上の国がその紛争を解決するために条約によって裁判所を設置したときには、この国際裁判所と当該諸国の関係は、国内裁判所とその管轄権に服する諸個人の関係と全く同じ上位と下位の関係である。すなわち、紛争当事者は法秩序によって裁判所の判決を履行すること、つまり、裁判所が命じるように行動することを義務づけられる。かれらは裁判所を設置する法秩序の一般規範によって裁判所から生ずる個別規範を遵守するよう義務づけられる。こうして、妥当すると推定される規範によって拘束されるという事実は、上位と下位の関係を意味する。

## ◆ c 権力としての国家

伝統的な政治理論では、国家は「権力」を付与されたものとして性格づけられる。人は国家の必須的要素として「国家の権力」について語る。外交用語では、国家は「国」（power）と呼ばれる。大国（great power）は小国（small power）と区別される。法の背後に想像されるのは国家の権力である。国家が法を執行する、つまり「自国」法を保証するのはこの権力によってである。しかし、一般に、何が権力なのであろうか、そして、特定的に、何が国家権力なのであろうか。

ここで問題なのが、社会概念としての権力であって、電力などのような自然現象としての力でないことは論を待たない。人が他の人に対して権力を持つという言明は、人が他の人または人々をその思い通りに行動させることができることを意味すると思われる。しかし、これは単なる自然的な関係、つまり、因果関係であって、そのようなものとして、人が動物に指図するまたは木を切り倒すときに存在する関係と本質的に異ならない。そのような関係は、2人の人間の間に現実に存在するときでさえ、社会的な関係ではない。その関係は、それが規範によって規律されると

## C 国際法の人的妥当範囲：国際法主体

きにのみ「社会的」である。特殊な社会現象としての権力は人々の相互的な関係を規律する社会秩序の枠組内でのみ考慮される。もしわれわれが、個人が他の諸個人に対して行使する権力としての国家権力について語るとすれば、それは社会秩序としての国家により授権された個人が他の諸個人に対して行使する権力を意味する。しかし、国家権力、すなわち、権力としての国家によって、われわれは、社会秩序の権力を意味するのであって、この秩序の下での特定個人の権力を意味するのではない。

社会秩序が「権力」を持つという言明は、その秩序が実効的であること、つまり、それが大体において遵守されかつ適用されることを意味する。社会秩序の権力はその実効性である。

もし人が国家の権力について語るとすれば、おそらくその人は最初に刑務所、そして、電気椅子や銃やカノン砲を想像するであろう。また、もし人が歴史の唯物論的な解釈の信奉者であるならば、その人は雇用者の銀行口座やかれらの工場を想像するであろう。しかしながら、権力の手段であるためにはこれらすべてが人々によって利用されなければならない無生物的な物であること、そして、命令により、つまり規範を通じて他の個人によって何らかの目的のためにこれらの手段を利用することを使嗾されるならば、人々はそうするであろうことを忘れるべきではない。権力の現象は、ここではこれらの命令が執行されること、そして、刑務所および電気椅子、銃およびカノン砲、銀行口座および工場を規律する規範が現実に遵守されかつ適用されることに現れる。権力は、刑務所および電気椅子、銃およびカノン砲、銀行口座および工場ではない。すなわち、権力は実体ではない。また、社会秩序の背後のどこかに隠された社会秩序とは異なる何かではない。社会権力は諸個人の相互的な行為を規律する秩序の実効性にすぎない。われわれが妥当すると考慮するあらゆる社会秩序の背後には権力が存在する。というのは、われわれは、社会秩序がある程度実効的である、つまり、この秩序が大体において遵守されかつ適用される場合にのみ、それを妥当していると見なすからである。

しかし、人は、法の背後の権力が国家であることがまさしく法の必須的特徴であると反論するかもしれない。この言明は誤解を招きやすい。というのは、国家自体が秩序、つまり、組織された権力、あるいは、同じことであるが、組織に他ならないからである。国家が「権力」であるという言明は、この秩序が実効的であることを意味するにすぎない。権力として国家は法秩序の実効性であり、秩序または組織として国家はこの法秩序それ自体である。あるいは、国家が人的な存在として想定

されるときは、この秩序の擬人化である。

## ◆ d　帰属点としての国家

　われわれは、国家は実際は社会秩序であり、そして、秩序として現実には国家法秩序にすぎない、また、人としてこの秩序の擬人化にすぎない、また、権力としてこの秩序の実効性にすぎないともっぱら経験的にかつ比較的簡単に確信している。だが、それ自体、不可視的で非実体的な国家は現実の社会生活にどのように出現するのであろうか。それは、われわれが国家の行為と見なす諸個人の行為に現れる。あらゆる個人が国家の行為を行うことができるわけではない。また、国家の行為を行うことができる個人のあらゆる行為がそのような行為であるわけではない。それでは、何が基準なのか。どういう点で、われわれは、国家の行為として性格づけられる人間の活動を国家の行為でない人間の活動から区別することができるのか。これは国家の本質に通ずるきわめて重要な問題である。

　もしわれわれが特定の個人の行為は国家の行為であると述べるとするならば、われわれはこの行為を行動する個人とは別の人、いわば、行動する個人の背後にある別の人に帰属させる。個人によって行われる行為を行動する個人とは異なる「人」に帰属させることは、われわれが諸個人の行為を一般的に規律し、かつ、当該個人の行為を特定的に規定する規範秩序を前提とする場合にのみ可能である。個人により行われる行為は行動する人としての国家に帰属しうる。この行為は、われわれが妥当すると仮定する社会秩序に特定の方法で一致する場合にのみ、国家の行為として性格づけられうる。われわれがこの行為を国家に帰属させるということは、われわれがその行為を規定する秩序の統一性にそれを委託することを単に意味する。実際には犯罪者の処罰と呼ばれる行為を行うのは常に個人なのであるけれども、国家が犯罪者を処罰すると言われるとき、われわれは、法秩序の規範に犯罪者処罰の規定が設けられ、処罰を執行する個人が法秩序を実現するという事実をもっぱら比喩的に表現している。国家を行為する人と見なすことは、個人の　定の行動を国家の行為と解釈するときに、われわれが妥当すると仮定する秩序を擬人化することに他ならない。しかし、われわれがそのような秩序の妥当性を仮定するときには、われわれは、その秩序が十分に実効的である場合にのみ、その秩序を解釈の理論体系として用いる。国家法秩序のこの実効性は国家の「権力」である。

　法秩序のような強制秩序は、それが集権化される場合に、つまり、その定立と適用のために分業の原則に従って機能する特別な機関を確立する場合に実効性を獲得

するということは、経験的な事実である。強制秩序の実効性は、制裁の執行を集権化することにより、つまり、中央的な執行機関を確立することにより特に強化される。一部の学者は、法とはその背後に国家が存在する秩序、つまり、国家が創造する、保障する等々の秩序なのであるから、国際法は法ではないと述べる。あらゆる擬人化と比喩的表現を剥ぎ取られた観念を公式化すると、これは、国際法が法と呼びうるほど十分に集権化されていないことを意味する。そのような言明は法の観念が比較的に集権化された強制秩序と同一視されることを前提とする。しかしながら、この同一視は法の観念を容認しがたいほど狭めてしまうことを意味する。原始的な社会の社会秩序、すなわち、国々の相互的な関係を規律する秩序として完全に分権的な社会秩序でさえ、法秩序である。しかし、そのような法秩序によって構成される共同体は国家ではない。

## ◆ e　国　家　主　権

指摘されたように、多くの学者は、国家と国際法の間に存在する関係は諸個人と国内法の間に存在する関係とは本質的に異なると指摘する。なぜなら、国際法主体としての国家は「主権的」であるのに対して、国内法主体としての個人は「主権的」ではないからである[5]。多くの意味を持つこの言葉によって理解されるものが何であれ、また、この言葉の定義が相互にどれだけ異なろうとも、それらの大部分は次の一点に関して一致する。すなわち、秩序であれ、共同体であれ、機関であれ、あるいは、権力であれ、「主権的」として性格づけられるものは、主権的な実体の機能を制限し主権者を拘束するそれを超えたいかなる高次の権威もありえない最高の権威と考慮されなければならない。主権はその原初的な意味において「最高の権威」を意味する。

もし国家がその法の権威または淵源として主権的であると仮定されるならば、あるいは、より厳密に表現して、国内法秩序が最高の権威であると仮定されるならば、そのときには、国家または国家を代表する諸個人を拘束する国家または国家法秩序を超えて存在するいかなる他の法秩序も想像することができない。法秩序としての国家がその言葉の原初的な意味において主権的であるという仮説の必然的な結果は、国際法は国内法秩序に上位する法秩序であるとは考慮されえないということである。すなわち、いやしくも国際法が存在するとするならば、それは国内法秩序

---

(5)　主権理論に関しては、本書後掲 359 頁以下を参照せよ。

の一部としてのみ考慮されうる。また、もし国家が自国を拘束するものとして国際法を承認したとするならば、国際法はその国家の国内法の一部である。多くの学者によって支持されるこの見解は別の関連で議論されるであろう[6]。しかし、たとえ国際法が国内法秩序に上位する法秩序であると考慮されないとしても、もしそれが各国内法秩序の一部であると考えられるとするならば、行為する人としての国家―それは国家機関としての資格を持つ諸個人を意味する―は、国際法に従属するものと考慮されなければならない。なぜなら、かれらはその国内法に従属するものと考慮されなければならないからである。国家は、行為する人としてではなく、規範的な秩序としてのみ、言葉の真の意味において「主権的」でありうる。というのは、行為する人としての国家は、国家機関として行為する個人たる人間を意味し、また、この個人は、まさしく国家機関としてのその資格において法秩序に従属するからである。個人はかれの行為が国家に帰属しうる限度でのみ国家の機関であり、また、かれの行為は国家を構成する法秩序により特殊な方法で規定される限度でのみ国家に帰属しうる。たとえ国際法は国内法の一部と考慮されるとしても、人としての国家は国内法の一部としての国際法に従属するものと考慮されなければならない。それゆえ、国際法は義務および権利の主体としての国家に上位するものと考慮されなければならない。すなわち、国際法と人としての国家の優劣関係はこれを否定することができない。

　もしそのような関係が「権力」によってのみ確立されうるとするならば、そのときには国内法の背後に存在すると仮定される同じ権力が国際法の背後に発見されなければならない。というのは、この「権力」は、指摘されるように、規範秩序の実効性に他ならないからである。国際法が国内法秩序に上位する法秩序と見なされるにせよ、国内法秩序の一部と見なされるにせよ、国際法は大体において実効的である場合にのみ妥当な秩序と考慮されなければならない。もし国際法規範がいかなる実効性も持たないとするならば、すなわち、それらが大体において遵守されかつ適用されないならば、国際法を妥当する法秩序と考慮することはできないであろう。しかしながら、もし国際法が、実際にそうであるように、実効的な規範秩序と考慮されるとするならば、そのときには、国内法の場合と全く同じように、国際法の背後には「権力」が存在する。もし国際法が国内法の一部であると考慮されるとするならば、伝統的理論に従えば、国内法の背後にある権力は、国家、すなわち、国内

_____

[6]　本書後掲 356 頁以下を参照せよ。

法秩序により確立される共同体である。もし国際法が国内法秩序に上位する法秩序であると考慮されるとするならば、そのときに国際法の背後にあるのは、国家が国内法の背後にあるのと全く同じ意味で国際法によって構成される国際共同体である。また、この国際共同体は、国家が国内法の所持人、保証人または淵源と呼ばれうるのと全く同じ意味で、国際法の所持人、保証人または淵源と呼ばれうる。人は、これらがいかなる独自の意味も持たない比喩的な表現、つまり擬人化であることを決して忘れるべきではない。もし人がこのことを理解するならば、法と国家の二元論は消滅する。また、国際法の背後にいかなる「国家」も存在しないことを理由に国際法に法の性格を与えないことはもはや不可能である。

## ◆ f　国際法にのみ従属する共同体としての国家

もし国家が国家法秩序に優位する法秩序に従属するように法的に国際法に従属するとすると仮定されるならば、国家、つまり、国内法秩序は主権的、すなわち、最高の法的権威ではありえない。しかし、この国内法秩序が国際法秩序に「のみ」従属して他の国内法秩序に従属しないことは、国内法秩序、あるいは、その擬人化、すなわち、法人としての国家の本質的な特徴である。それは、国際法の意味において国家であるためには、共同体は他の国家から独立していなければならないことを意味する。しかし、それは国際法の意味において国家が国際共同体から独立していなければならないことを意味しない。すべての国家は一般国際法によって構成される国際共同体の構成員であり、したがって、その法に従属する。また、国家は、国家としてのその性格を失うことなしに、特別国際法、すなわち、当該国家が締約国である条約により構成される国際共同体の構成員であることがある。この場合に、当該国家は一般国際法のみならず、特別国際法にも従属する。というのは、その国家は、この特別国際共同体の法、つまり、当該国際共同体を設立した条約によって定立された法およびその構成条約に従って当該国際共同体の機関によって定立された法に服するからである。しかし、国家は、もし当該条約により定立される法が連邦国家を設立する条約の場合のようにその条約により設立された共同体の集権化のために国内法の性格を持つならば、国家としてのその属性を失う[7]。この場合に、国内法は国際法上の行為によって定立される。国内法は国際法の手続にその起源を持ちえないという一部の学者[8]が主張する理論は適切ではない。

---

(7)　本書後掲 140 頁以下を参照せよ。

(8)　たとえば、W. W. Willoughby, *The Fundamental Concepts of Public Law* (1924), p. 284.

２カ国により締結された条約によってそれらのうちの一国が他方の国家の保護権または「宗主権」の下におかれることがある。この条約によって一国は、一定の点に関して、つまり、外交事務に関して他国の国内法の下におかれる。２国の外交事務はそのように集権化されることから一国の機関がその法の下で他国の外交事務を処理する権限を持つ。したがって、保護権の下におかれる国家は国際法の意味での国家としてのその属性を失う。というのは、その国家は、保護権を行使する国家の国内法に従属するために、国際法にのみ従属することを止めるからである[9]。

国家は国際共同体によって統治されさえすることがある。これは、国際共同体の機関が、トリエステ自由地域に関する安全保障理事会のように、イタリアとの講和条約の付属規程（規程はまだ発効していない）に従って、同時に、この共同体の構成員ではない国家の政府である場合である。これは、そのような国家の政府がその国家の人民によって直接または間接に任命されるのではないので、民主的な統治形態ではない。しかし、当該共同体はそれが他国の政府に依存しない、すなわち、同じことであるが、他の国内法秩序に従属しないことから、国際法の意味での国家である。しかし、もしある領域がその住民と共に、第二次世界大戦敗北後のドイツ領域のように、その構成員が他の諸国により任命されかつその本国政府が与える指令に従う法的義務の下にある団体によって統治されるならば、当該領域と住民は、その領域と住民に対して法的支配権を行使する諸国とは異なる国家の要素と考慮されることができない。そのような領域と住民の法的地位が何であれ、それは、「主権」国家、すなわち、国際法にのみ従属する共同体の法的地位にない。

## ◆ g 対外主権と対内主権 ── 分割された主権

一部の学者は国と他の諸国との関係にかかわる対外主権と、国とその国民との関係にかかわる対内主権とを区別する。しかし、双方を切り離すことはできない。すなわち、もし一国が国際関係に関して他国に従属するならば、その国は、たとえその立法的、行政的および司法的な権限がその他の点で制限されていなくとも、「主権的」ではない[10]。

---

(9) 被保護国の例は、イタリアの保護権の下にあるサン・マリノ、フランスの保護権の下にあるチュニジアおよびモロッコ、イギリスの保護権の下にあるマライ連合諸州およびマライ半島の（連合していない）他の諸国である。1930 年 4 月 28 日にイギリスとペルリス国（連合していないマライ国）により締結された条約は次の規定を含む。すなわち、「ペルリス首長殿下はイギリス国王陛下の代表による以外にいかなる外国国家または君主と政治的な関係を持たないものとする」。

C 国際法の人的妥当範囲：国際法主体

　主権は、本質的に属性、すなわち、規範的秩序としての国家の属性であるけれども、その言葉は、国家権力の一定の特質または全体としての国家権力を明示するためにしばしば用いられる。この関係で、「権力」は法的権力を意味する。つまり、それは国家の権限または管轄権を意味する。もし主権によって無制限の権力が意味されるとするならば、それは、国家に義務を課すことによりその権力を制限する国際法と確実に両立しないであろう。この制限の程度は関係国により締結される条約に従って著しく異なる。そこで、権力のそのような制限は共同体から国家としてのその属性を奪うことなしにどの範囲まで及ぶかの問題が生じる。信頼できる唯一の基準は、国家は他国の国内法に従属しないというものである。もし一国が他国と締結した条約によりともかく何らかの点で他国またはいずれかの他の国家の国内法に服するとするならば、その国は国際法にのみ従属することを止める、したがって、国際法の意味での国家ではなくなる。典型的な例は、数カ国がいわゆるその構成国となる連邦国家を設立する条約である。連邦憲法を含む条約の効果は、締約国が連邦国家の国内法に服することなのであるから、それらの国は国際法の意味での国家としての属性を失う。締約国は依然として「主権国家」にとどまるという理論、すなわち、主権は構成国と連邦との間で分割されるという理論は、主権は国家権力の分量であり、したがって、分割可能であるという考えに基礎づけられる。しかしながら、分割されるのは主権ではない。主権は属性として分割不可能である。連邦国家において、中央機関といくつかの地方機関との間で分割されるのは、国家の権力、より厳密に公式化すれば、国家の権限である。

　誤解を避けるためには、国家に関してともかく「主権」という曖昧な言葉を使用しないことが望ましい。主権は元来が絶対的な属性を意味するのであるから、相対的な主権は―それが最高の権威ではなくて、最高の権威に次ぐ権威を意味するにせよ、単なる対内主権であって同時に対外主権を意味しないにせよ、あるいは、全体的主権ではなくて、分割された主権を意味するにせよ―言葉の矛盾である。英語に

---

(10) ダフ開発会社対ケランタン政府事件（*Duff Development Co., Ltd. v. Government of Kelantan*, Great Britain, House of Lords, 1924 Law Reports, A. C. 797）において、イギリス政府は、ケランタンは1910年10月22日のイギリスとケランタンとの間の協定―同協定によれば、ケランタンはイギリス国王を通じる以外に外国国家といかなる関係も有してはならない―が存在するにもかかわらず、マレイ半島の主権国であると宣言した。同協定はまた「本協定のいかなるものもケランタン首長が現在保持する行政権限に影響を与えてはならないものとする」と規定した。貴族院においてフィンレイ子爵は、「その（ケランタンの）独立に対する広範な制限が存在するけれども、同封された文書は、主権主張を支持するに十分に足りるだけの独立が残されているという見解を否定するものでない」と述べた。

は国内法秩序としての国家が国際法秩序にのみ従属するという考えを表現する特別な言葉は存在しない。(「国際法直接性」Voelkerrechtsunmittelbarkeit というドイツ語は翻訳不可能である)。われわれが法人としての国家と国内の法人とを区別することができるのは、この国際法との直接的な関係によってである。国内の法人は国内法、つまりそれらがその内部で設立された国家の法に服する。法人としての国家はもっぱら国際法の下位に位置づけられる比較的に集権化された法秩序の擬人化である。これは国際法主体としての国家の本質である。

# 3 国際法における義務および責任の主体

個人ではなくて国家だけが国際法主体であるという伝統的理論は国際法秩序の人的妥当範囲が制限されることを意味する。この理論に従えば、国際法規範は、個人に対してではなくて、もっぱら国家に対して義務と責任を課し、また権利を付与することができる。この人的妥当範囲の制限は、その理論に従えば、国際法の本質的な特徴を構成する。この理論は誤っている。国際法の主体は、国内法の主体と同じように個人たる人間である。法人としての国家は、法人としての会社が国内法の主体であるのと全く同じように国際法の主体である。法人としての国家が国際法の主体であるという言明は、個人が国際法により確立される義務、責任および権利の主体ではないことを意味しない。それは、個人たる人間が、国家の機関または構成員としてのその資格において、間接的かつ集団的に、国家の義務、責任および権利として表わされる義務、責任および権利の主体であることをもっぱら意味する。さらに、人間は、また、直接的かつ個別的に、国際法により確立される義務、責任および権利の主体である。

## ◆ a 国際義務の主体としての国家

国際法が国家に対して義務を課すということは、その行為によってこの義務を履行しまたはそれに違反することがある個人は国際法規範によって直接に決定されるのではなくて、国際法はこの個人の決定を国内法に委ねることを意味する。より正確には、国際法はこの個人の決定を国内法に委任する。たとえば、国家は他国の領土保全を尊重することを義務づけられる、したがって、その軍隊または軍隊の一部を用いて他国の領域に侵入しないよう義務づけられるという規則は、当該国家の憲法の下でその国の軍隊を使用する権限を有する個人、すなわち、最高司令官として

C　国際法の人的妥当範囲：国際法主体

の国家元首がその軍隊または軍隊の一部に他国領域への侵入を命じることを慎むよう義務づけられることを意味する。国家は国際条約によって1日8時間労働を導入することを義務づけられるということは、当該国家の憲法に従って当該事項を規律する権限を有する（立法または執行）機関は被用者が1日8時間以上働いてはならない制度を確立するために必要な行動をとることを国際条約によって義務づけられることを意味する。

　もし権限ある国の機関が国際法により確立された義務を履行しないならば、その国家は国際法がそれに対して制裁を規定する国際違法行為を行う。しかし、この法によって規定される制裁—これはわれわれが「国際法による国家の義務」と呼ぶ現象の第二の特徴的要素であるが—つまり、戦争または復仇は、その機能が国際法上の義務を履行することであって、しかも、その義務を履行しなかった機関に向けられるのではない。制裁は、国家元首として国際法に違反して自国の軍隊またはその一部に他国領域の侵入を命じた個人に作用することもなければ、条約に違反して議会を構成する諸個人に対して法案を提出しなかった政府構成員に作用することもなければ、8時間労働に関する法律を可決しなかった議会自体に作用することもない、等々である。制裁—戦争または復仇—は国家の人民、すなわち、国家に属する諸個人、そして、戦争の場合にはとりわけ国家の軍隊に属する諸個人に直接または間接に影響を及ぼす。制裁が向けられるべき人間は、法律が制裁は自己の行動によって違法行為を行った個人に向けられるべきであると規定する場合のように、個別的に規定されない。国際法は制裁が向けられることがある諸個人の集団だけを規定する。すなわち、復仇の場合には違法行為に対して責任を負う国家の国民を、また、戦争の場合にはその軍隊構成員を規定する。このことは、国際法は国家に課された義務の違反に関して団体責任を確立することを意味する。したがって、国際法は国家に対して義務を課すという言明、または、法人としての国家は国際法が規定する義務の主体であるという言明は以下のことを意味する。すなわち、(1)国際法は、国家機関としてのその資格において諸個人に義務を課す。国家機関としてのその資格において諸個人は国際義務の主体である。しかし、国際法は、自己の行動によって国際法が規定する義務を履行すべきである、そして、国家に帰属する国際違法行為を行うことがある、これらの個人を間接的に決定する。つまり、国際法はこれらの個人の決定を国内法に委任する。(2)国際法は、復仇または戦争を制裁として規定することにより、国際法違反に対して国家の国民または軍隊構成員の団体責任を確立する。

## 3 国際法における義務および責任の主体

### ◆ b 国際責任の主体としての国家

#### (1) 国家責任：団体責任

　この団体責任は一般国際法の下での「国家責任」である。それは、国内法により確立される責任とは異なり、国際法の特殊な制裁、すなわち、復仇および戦争によって構成される責任である。国内法上の責任は原則として個人責任であり、制裁の性質、すなわち、民事強制執行または刑罰に従って民事責任かまたは刑事責任のいずれかである。一般国際法によって確立される国家の責任は民事責任でもなければ刑事責任でもない。国際法の内部には民事法と刑事法の区別は存在しない。国際法に基づく債務の不払いに対する国家の国際責任は、あらゆる他の国際義務の違反に対する責任と異ならない。たとえば、違法な戦争に訴えるような国際違法行為がたとえ時として「犯罪」と呼ばれるとしても、そのような違法行為に対する国家の団体責任は刑事責任ではない。というのは、復仇および戦争は刑罰という特殊な性格を持たないからである[11]。

#### (2) 「国家の行為」

　一般国際法上の国家責任は国家の行為として解釈されることがある行為、すなわち、国家に帰属する個人たる人間の行為によって行われた国際法違反に対する責任である。そのような行為は、通常、（国際法によって規定される行動の作為と不作為を含む）「国家の行為」と呼ばれる。その行為が国家に帰属する個人は国家の機関として行動する。個人がいかなる条件に基づき国家機関として行為するのかを決定するのは、国内法秩序、すなわち、国家法である。また、指摘されたように、国際法秩序は、国家機関としてのその資格において国際法が規定しまたは授権する行為を行わなければならない諸個人、つまり、国際法が国家に課す義務を履行し、国家に付与する権利を行使しなければならない諸個人の決定を国内法秩序に委任する。

　人間により行われる行為が国家行為であるか、つまり、国家に帰属するかどうかの問いは、国内法秩序、すなわち、その行為が問題となる国家法に基づき答えられなければならない。その履行が国内法によって命じられないまたは許されない行為が国家に帰属すること、すなわち、国家の行為として解釈されることはありえない。しかし、そのような行為は、とりわけ、もしその行為が、たとえば国家元首の

---

(11)　本書前掲 22 頁以下および 30 頁以下を参照せよ。

C 国際法の人的妥当範囲：国際法主体

ように、当該国家の国家法の下で国家機関として他国との関係において国家を代表する権限のある個人によって行われるならば、国際法に従い当該国家に帰属する行為と同じ効果を持つことがある。こうして、たとえば、一部の学者に従えば、条約は、たとえ国家の憲法が条約締結権を国家元首に付与しないまたは排他的に付与するのではなくて、議会にまたは議会と共に国家元首に付与するとしても、国家元首によって締結されるならば、国家により締結される。国家元首が行う宣戦布告は、当該国家の憲法に従えば国家元首ではなくて議会が戦争を宣言する権限を有するにもかかわらず、第3ハーグ条約に基づく国家の義務の履行と見なされるであろう。これらの場合に、国家の権利を行使しまたは国家の義務を履行する権限を有する諸個人は、少なくとも国内法のみならず国際法も国家の機関として行為する、つまり、国家行為を履行することのできる個人を規定することがある限りで、国際法によって直接的に規定されると想定されるかもしれない。もしこの解釈が受け入れられるならば、個人たる人間により行われる行為が国家の行為であるかどうかに関する問いは、原則として各国の国内法に基づき、ただし、もし当該個人によって行われる行為が、国際法によれば、国内法により行為することを授権されたまたは義務づけられた個人によって行われる同じ行為と同一の効果を有するならば、例外的に国際法に基づき答えられなければならない。

　伝統的理論は、（国家元首と内閣を含む）政府によってまたは政府の命令もしくは授権によって行われる行為のみを国際法の意味での国家の行為と定義し[12]、現代国家の憲法に従って政府から独立している議会や裁判所のような政府の権威の下に

---

[12]　バーロン対デンマン事件（*Buron v. Denman*, Great Britain, Court of Exchequer, 1848, 2 Exchequer Division 167）において、裁判所は、政府の命令または授権により行われたのではないけれども、海軍司令官により行われた行為は国家の行為と考慮されなければならないと判示した。なぜなら、その行為はその後に政府によって追認されたからである。すなわち、「主要な問題は被告の行為が国王の権威により行われた国家の行為として正当化されうるかどうかである。何らかの事前の許可があったとは主張されていない。…それゆえ、被告の免責事由はかれの行為がその後に追認されたかに依存する。よく知られた私人間における法諺は、『追認はすべて遡及して適用され、事前の指図と同じとされる』（*Omnis ratihabitio retrotrahitur et mandato aequiparatur*）というものである。…それゆえ、一般に、主体間において、代理人によって行われた行為の追認は事前の許可に等しい。…以下のことは裁判所の指示として理解されなければならない。すなわち、もし国王が行われたことを認識して国務大臣または海軍委員会委員によって被告の行為を追認するならば、この訴訟は維持されえない。閲読された文書中には追認の十分な証拠が存在する。…もしこの行為が追認によって国王の行為になるとするならば、被告による奴隷および物品の没収は国王による没収であり、また、被告がそれに関して責任を問われない、それゆえ、『無罪』の抗弁に基づく評決の資格を有する国家の行為である」。

ない国家機関によって行われる行為をそのような意味での国家の行為と定義しない。国際法が議会または裁判所によってその権限内で行われた立法的または司法的な行為により違反されることに疑いはありえない。しかし、そのような国際法違反を「国家の行為」として、したがって、「国際不履行」として、つまり、国家に帰属しうる国際違法行為として解釈することを拒否する人々は、その議会および裁判所が国際法に違反した国家とその利益が侵害された国家との間で合意に達することが不可能であるならば、後者の国家が復仇または戦争に訴えることを授権されると認める。しかし、これは政府によってまたは政府の命令もしくは授権により遂行された行為によって行われた国際法違反の場合に存在する事態と全く同じである。この場合およびその立法機関または司法機関の行為に対する責任の場合に、国家は自己の行為に対して責任を負う。国家の立法機関および司法機関により行われた行為を「国家の行為」の概念から除外する十分な理由はない。

## (3) 国家の直接責任と間接責任

　一部の学者は、国家は自己の行為によって行われた国際法違反（いわゆる国際不履行）に対してばかりでなく、自国法（または国際法）に従って自国に帰属しない行為によって行われた一定の国際法違反に対して責任を負う、言い換えると、国家は自国以外の他の者によって行われた行為についても責任を負うと主張する。そのような行為は、当該行為を行う権限を持たない国家機関によってまたは私人によって行われることがある。国家に帰属しうる行為に対する国家の責任は「直接」責任または「始原」責任と呼ばれ、国家に帰属しえない行為に対する国家の責任は「間接」責任または「代位」責任と呼ばれる。しかしながら、いわゆる間接責任または代位責任によって理解されるのは、言葉の真の意味での責任ではなくて、国家の特別な義務―権利侵害（wrong）を償う義務―である。権利侵害は国家に帰属しない国際法違反によって引き起こされた精神的および物質的な損害を意味する[13]。他国に加えられた権利侵害を償う義務は、もしそれが国家行為の外観を示すならば、その行為を取り消しまたは承認しないこと、侵害された国家に対して遺憾の意を表明しまたは陳謝すること、その行為を行った個人を処罰すること、その行為によって引き起こされた物質的な損害に対して金銭賠償を支払うこと、である。この賠償義務の範囲は事例ごとに異なりうるであろうし、また、関係国間の合意を必要とする[14]。一般国際法に従い国家は他国を侵害する私人の一定の行為を防止すること[15]、また、これを防止することができないならば、違反者を処罰し、侵害行為

### C 国際法の人的妥当範囲：国際法主体

によって引き起こされた物質的損害をかれらに賠償させることを義務づけられる。この義務もまた時には国の間接責任または代位責任として、つまり、自己の行為によって行われたのではない国際法違反に対する国家の行為として説明されることがある[16]。しかし、いわゆる間接責任または代位責任のすべての場合において、国家は自己の行為に対してのみ責任を負う。というのは、国家は言葉の真の意味で責任を引き受けるからである。それは、国家は自国に帰属しない行為によって行われた権利侵害を防止しまたはそれについて償う義務を自己の行為により履行しなかった場合にのみ制裁に服することを意味する。つまり、国家は自己の違法行為に対してのみ責任を負う。しかしながら、もし権利侵害を償う義務が国際法違反の必然的な結果ではなくて賠償に関する合意の結果であると仮定されるならば、また、もし関係国間でそのような合意に達しない場合には、被害国は他国に対して復仇または戦争に訴えることを一般国際法により授権されるとさらに仮定されるとするならば、そのときには当該他国は自国に帰属しない違法行為に対して責任を負うと考慮されるかもしれない。このため、他の人によって行われた違法行為に対する国家の責任は、当該違法行為が当該国家の権限のない機関、つまりその政府の授権なしに活動する機関によって、または、当該国家の領域で他国を侵害する行為を行う私的個人によって行われる場合に存在する。

---

(13) ユーマンズ事件（*Thomas Y. Youmans Case*, Annual Digest 1925-1926, Case No. 162）において、3 人のアメリカ国民は、メキシコ人労働者の暴動の後で、メキシコのミチュアカン州で暴徒の手によって殺害された。殺害以前に、暴動を鎮めることができなかったため、町長は、軍隊の副官に対して暴徒を鎮圧するために部隊を前進させて、アメリカ人に対する攻撃を中止させるよう命じた。暴動の現場に到着すると部隊は、暴徒を分散させる代わりに、アメリカ人が避難している家に向かって発砲し、かれらのうちの 1 人を殺害した。他の 2 人のアメリカ人はその家から立ち退くことを余儀なくされたが、その間に、かれらは部隊と暴徒によって殺された。その後、容疑者を処罰するための十分な措置がとられなかった。何人かの兵士が逮捕されたが、有罪を宣告されなかった。逮捕者のうちの 17 人が逃亡した。逮捕者のうちの何人かは後に保釈された。1926 年に、合衆国・メキシコ一般請求委員は、政府は、兵士による違法行為の実行時に当該兵士が指揮官の直接的な指揮と指揮官の存在の下で公務中であったことが明白であるときには、たとえ上官により下された命令に違反して行動するとしても、これらの違法行為に対して責任を負うと判示した。兵士が身体的な侵害を加えること、無謀な破壊を行うことまたは略奪することがいつでも純粋な私的行為と見なされることはありえない。その権限の範囲外で行動する国家機関の場合における責任の免除は、政府がその公務員によって行われた違法行為について決して責任を負わないことを意味しない。さらに、メキシコは犯罪に関与した者を逮捕しかつ処罰する適切な処置をとらなかったことについても責任を負う。

(14) 本書前掲 19 頁以下を参照せよ。

(15) 本書後掲 107 頁を参照せよ。

### ⑷ 国家の絶対責任

　国家の国際責任は「絶対責任」（absolute responsibility, liability）の性質を持つの
か、それとも「過失」（fault, culpability）に基礎づけられるのかの問題に関して多く
の議論がある。国家の国際責任は団体責任の性格を持つのであるから、この問いに
対する答えは、それが国家機関の行為によって行われた国際法違反に対して集団的
に責任を負う諸個人に帰せられるのか、それとも、国家機関としてのその資格にお
いて自己の行為によって国際法に違反した個人に帰せられるのか、によって決ま
る[17]。すでに指摘されたように、団体責任は常に絶対責任である。というのは、
絶対責任は責任がある諸個人、つまり制裁が向けられる諸個人の過失に基礎づけら
れえないからである。しかし、これらの個人は、違法行為が直接的な違反者によっ
て故意または過失によって行われた場合にのみ責任を負わされるであろう。した
がって、かれらの責任はかれら自身の過失ではなくて、当該違反者の過失に基礎づ
けられる。

---

(16)　ロウラ M. B. ジェーンズ事件（*Laura M. B. Janes Case*, United States and Mexico, General
　　Claims Commission, 1926, Annual Digest 1925-1926, Case No. 158）を参照せよ。メキシコ領域
　　でアメリカ市民が殺害された。証拠はメキシコ当局のとった行為が非効果的で緩慢であるこ
　　とを明らかにした。殺害が行われてから 8 年後、謀殺犯は逮捕されなかった。委員会はメキ
　　シコが損害賠償の責任を負うと判示した。メキシコ当局は損害賠償の裁定を保証するために
　　迅速かつ効果的な行動をとらなかったと同じように謀殺犯を逮捕するためにそのような行動
　　をとらなかった。しかしながら、国家の責任の基礎は、本件において執行的な不活動による
　　犯罪行為の宥恕または追認による犯罪実行者との共犯関係にあるのではなくて、もっぱら裁
　　判拒否という特定事実、すなわち、犯罪者を訴追しかつ処罰する国家自身の国際義務の不履
　　行にある。
　　　合衆国対サルバドール（ローザ・ゲルブトランク請求事件）（*Rosa Gelbtrunk Claim*, United
　　States and Salvador, Claims Arbitration, 1902; U.S. Foreign Relations, 1902, p. 877）において、
　　仲裁裁判所は 1898 年にサルバドールにおける革命の過程で引き起こされた損害の補償請求に
　　関する請求を却けた。その意見において裁判所は以下のように述べた。すなわち、「商業的な
　　事業を追求して自国以外の国家の領域内でかつその国家主権の保護の下で取引に従事する一
　　国の市民または国民は、かれが居住して商業に従事する国家の国民または市民と運命を共に
　　すると考慮されなければならない。…かれが国民的な忠誠を尽くす国家は、戦争もしくは内
　　戦、革命、反乱または組織された軍隊もしくは兵士によって引き起こされる他の国内的騒乱
　　によって損失が発生した場合に、かれが居住する国家に対して、その（居住）国が自国民ま
　　たは自市民に対して与える待遇以外の何らかの他のまたは異なる待遇を主張する権利を持た
　　ない。…しかしながら、この規則は、相当な注意が払われたならば、行政当局単独でまたは
　　利用可能な軍事力で援助されたそのような当局によって防止されたかもしれない暴動の場合
　　に適用されるであろうと仮定されてはならない。暴徒による略奪の場合、特に、無秩序が外
　　国人に対する敵意の中で発生した場合には、異なる規則が適用されることがある」。
(17)　本書前掲 91 頁以下および 99 頁以下を参照せよ。

## C　国際法の人的妥当範囲：国際法主体

　国家の違法行為は常に国家機関として行動する個人の行為である。したがって、国家の国際責任は絶対責任かそれとも過失責任かの問題は、また、その行為が国家に帰属する個人の過失は国際法が国家に対して規定する制裁の必須条件であるかの問題として公式化されるであろう。一部の学者は、客観的に他国を侵害する国際法違反を構成する国家の行為は、もし故意、悪意または過失によって行われないならば、やはり、国際違法行為を構成しない（したがって、要するに、制裁の条件ではない）と主張する。反対に、他の学者は、一般国際法の範囲内で絶対責任は、少なくとも原則として、その行為が違法行為を構成する諸個人に関して有力であると主張する[18]。このように解釈されるであろう国際裁判所の判決も同じく存在する[19]。この問題に一般的に解答することはほとんど不可能である。疑いなく、国家は国家機関が過失によって行った国際法違反に対して責任を負う。一部の学者によれば、国家の権限ある機関が他国の権利を侵害することを避けるために必要な措置をとったことが証明されうるならば、その国家に対するいかなる制裁も正当化されない。しかし、当該国家はその機関が国際法に故意および悪意で違反しなかったことだけを証明することにより責任を免れることはできない。もし「責任」によって制裁としての強制行動に服するばかりでなく、行われた違法行為を償う義務を負うと理解されるとするならば、また、もし「過失に基礎づけられる責任」（有責性）が違法行為が故意および悪意で行われた事例ばかりでなく、違法行為が過失によって行われた事例を含むと考えられるとするならば、国家の国際責任は、集団的に責任を負う諸個人に関して絶対責任の性格を持つが、しかし、その行為が国際違法行為を構成する諸個人に関しては原則として有責性の性格を持つ。しかしながら、国家はその機関に過失がなかったけれども責任を負う場合がある。こうして、たとえば、1907 年の陸戦の法規慣例に関するハーグ条約第 3 条[20]に従えば、その機関によって行われるか、または、軍隊に属するが、機関としてのその資格において行動したのではない個人によって行われるかを問わず、交戦国はこの条約に規定される規則の一切の違反に対して「責任」（responsible, liable）を負う。これは、交戦国が故意

---

(18)　本書前掲 19 頁を参照せよ。

(19)　ジェシー号事件（*The Jessie*, British-American Claims Arbitral Tribunal, 1921）において、合衆国は故意、悪意または過失なしで行われたその公務員の行為についてイギリスに対して責任を負うと判断された。裁判所は次のように宣言した。すなわち、「いかなる政府もその義務の範囲内で行動すると主張しかつその要求を実施する権限を付与された公務員の判断の誤りに関して他の政府に対し責任を負う」。British Yearbook of International Law（1938）, p. 115.

(20)　本書前掲 99 頁以下を参照せよ。

3　国際法における義務および責任の主体

および悪意または過失によって行われたかを問わず、規則の違反により引き起こされた損害について金銭賠償の支払いを義務づけられることを意味する。

## ◆ c　国際的な義務および責任の主体としての個人

国際法の下で国家は国際法により確立された義務と責任の主体であるという原則は重要な例外を持つ規則である。この原則に含意される特殊な法技術は国際法の不変の性質としてのその本質に由来しない。というのは、自己の行為によって国際違法行為を行うまたはこれを慎むことがある個人を直接に規定する国際法規範、すなわち、国際法により個人的かつ直接的に規定される直接の違法行為者または別の自然人に対してもっぱら制裁を向けることにより個人責任を確立する国際法規範が例外的に存在するからである。その結果として、これらの制裁は、まさしくその性質上、団体責任を構成する戦争または復仇の性格を持つことができない。それらは国内法上の制裁と同じ性格を持つ。

### ⑴　海賊行為の禁止

これは、たとえば、海賊行為を禁止する一般国際法の規範の場合である。海賊行為は、通常、公海上で私船の乗組員により略奪の意図をもって人または財産に対して行われる暴力行為と定義される。海賊行為は国家の行為によってではなく、私人の行為によってのみ行われうる。したがって、政府の命令または授権に基づき行動する公船の乗組員によって海賊行為が行われることはありえない[21]。国際法はすべての国に対してその公船または私船によって公海上の海賊を逮捕し、各自の裁判所により国籍にかかわりなく海賊を処罰することを授権する。この処罰は国内法に

---

(21)　ヘレナ号事件（*The Helena*, Great Britain, High Court of Admiralty, 1801, 4 C. Robinson's Reports 3）において、裁判所は、アルジェ人船長（私掠船船長）によるイギリス商船の捕獲は、アルジェが国家であるので「捕獲行為と捕獲確認判決は単なる私的な略奪行為ではない」ために海賊行為ではないと判決した。チュニス、トリポリおよびアルジェはかつて海賊国家と見なされたけれども、「かれらは長期にわたり確立された政府の性格を獲得してきた」。したがって「かれらは海賊ではなくて、敵と適切に見なされることができる。…国家間で遵守されるべき正義の観念は、われわれが心に抱くそれとは異なるけれども、われわれはその理由でかれらの公的行為に疑義を差しはさまない」。海賊行為に関する規則から公的行為を除外することにより、裁判所はいかなる国家も他国の行為に対して管轄権を持たないという原則を適用した。本書後掲193頁以下を参照せよ。

　　国際法上の海賊行為事件（*Re Piracy Jure Gentium*, Annual Digest 1933-1934、Case No. 89）において、枢密院司法委員会は、「強盗の実行行為は国際法上の海賊行為犯罪の本質的要素ではない。海賊強盗の未遂も同じく国際法上の海賊行為である」と判示した。

## C 国際法の人的妥当範囲：国際法主体

より決定されるであろう。

国家に海賊を処罰することを授権する一般国際法規範は、当該規範自体が規定する「海賊行為」という事実に海賊行為を行う人に個人的に向けられる制裁を結びつける。それはすべての個人に海賊行為を慎むよう義務づけることによって海賊行為を禁止する。諸個人は、かれらが国内法規範により義務づけられる方法とは異なる方法で義務づけられるのではない。海賊行為を禁止する規範は国際法規範であるので、国際法の直接的主体、つまり、国際義務の主体は諸個人である。強制行為、すなわち、制裁は、国際法上のその義務に違反する海賊本人に向けられる。それは、復仇または戦争が国家に向けられる、つまり、当該国家の国民に向けられるような方法で、国家に対して、特に、当該海賊が市民である国家に対して向けられるのではない。海賊行為の場合には、国際法違反に対する団体責任ではなくて個人責任が生じる。特定国の機関により執行される制裁は、この場合には、国際法規範の執行として適用される。というのは、この規範が存在しないときに、主権行為、特に強制行為を外国船に対してまたはこれに乗船して行うことは国際法に違反するであろうからである(22)。国際法のきわめて重要な規則である海洋自由の原則は、まさしく、公海上の外国船舶に対するあらゆる強制行為またはこれに対して影響を及ぼすあらゆる行為を禁止するこの規則から成る。国家に公海上で海賊を逮捕または処罰することを授権する規則は海洋の自由に対する制限である。後者が一般国際法の規則であるのと同じように、前者も一般国際法の規則でなければならない。海賊に科されなければならない刑罰は国際法によって直接的に規定されないことは確かである。国際法はその決定を国内法に委ねる。しかし、自国刑法により海賊に対する刑罰を規定するに際して、また、自国裁判所を通じて海賊を処罰するに当って、国家は国際法を執行する。すなわち、国家は一般国際法によって創設された国際共同体の機関として行動する。全く同様に、海賊を行う個人は国際法がかれの本国またはいずれかの他の国家にではなくてかれに直接に課す義務に違反する。国際法は当該違法行為に関して国家にではなくてこの個人に責任を負わせる。

### (2) 国旗の違法な使用

一般国際法上、すべての船舶は国旗を掲げて航行しなければならない。しかし、国際法は、船舶が国旗を掲げて航行することを許される条件を定めることを当該国

---

(22) 本書後掲183頁以下を参照せよ。

の国内法に委ねる。すべての国家は自国の国旗を掲げて違法に航行する船舶を自国の軍艦によって拿捕し、自国の裁判所の決定によって国旗の濫用に対する刑罰として当該船舶を没収することができる。それは、船舶の所有者とその船長が国際法によって違法行為を行わないことを直接に義務づけられ、また、その所有者が違法行為に対して個人的に責任を負わされることを意味する。

### (3) 外国国家を侵害する私人の行為

指摘されたように、国家は、一般国際法により自国領域で他国に対する特定の侵害行為が行われることを防止し、もし防止できなかったならば、違法行為者を処罰しかつ違法行為から生じた損害をその者に賠償させることを義務づけられる。そのような侵害行為は、たとえば、外国領域に滞在する国家元首または外交使節の身体の侵害、外国の国旗または公的標章の侮辱、外国国家の領土保全に向けられたまたは外国の正統政府の転覆を意図した企て、である。これらのすべての行為は、国家に違法行為者の処罰を義務づけることによってそのような行為を禁止する国際法の違反である。違法行為者を処罰するに際して、国家は裁判所を通じて国際法を執行する。もっとも、国家は、同時に、国際法に従って制定された自国の国内法を執行することがある。したがって、これらの違法行為を行うことを慎む義務は、まず第一に国際法によって、次に国内法によって当該個人に直接に課される。かれらは国際義務の主体である。そこで、これらの義務違反について一般国際法により個人的刑事責任が確立される。

### (4) 海底電信線保護条約

国際法に基づく個人の直接的な国際義務の可能性と国際法違反に対する民事責任ならびに刑事責任の可能性を証明するもう一つの例は1884年3月14日の海底電信線保護万国連合条約である。この条約の第2条は次のように規定する。すなわち、「故意ト疎慮懈怠トヲ問ハス海底電信線ヲ切断又ハ破損シ因テ電気通信ノ全部又ハ一部ヲ妨害シ若クハ不通ニ致シタルトキハ之ヲ罰スヘキモノトス但損害要償ノ為メ私訴ヲ起スモ妨ケナカルヘシ」。この規定によって条約で確定された違法行為に対する個人的な刑事責任が確立される。同条約の第12条に従えば、処罰は「禁固若クハ罰金或ハ此ノ二刑」でありうる。民事責任は第4条により確立される。「一ノ海底電信線ノ所有者其線ヲ布設シ或ハ之ヲ修繕スル際他ノ海底電信線ヲ破損又ハ切断スルトキハ其切断又ハ破損ノ修繕ニ必要ナル費用ヲ負担スヘシ但場合ニヨリ此条

C 国際法の人的妥当範囲：国際法主体

約第2条ヲ適施スルモ妨ケナカルヘシ」。第8条は次のように規定する。「此条約ヲ犯ス罪ヲ審判スルニ付テノ管轄裁判所ハ違反船ノ所属国ノ裁判所トス。然レトモ前項ノ如ク実施スルコト能ハサルトキ此条約ヲ犯ス罪ヲ罰スルニハ条約国各自ノ法律又ハ万国条約ニ基キ定メタル刑事裁判管轄ノ総則ニ従テ各其国民ノミヲ処分スヘキモノトス」。

### (5) 封鎖侵破と戦時禁制品の輸送

封鎖侵破と戦時禁制品の輸送に関する一般国際法の規則は個人にさまざまな義務を課し、この義務の違反に関して個人責任を確立する。交戦国に対して中立船を拿捕し、封鎖侵破を理由にその捕獲審検所の検定を通じてその船舶を没収することを授権することにより、一般国際法は、中立国ではなくて、中立船の所有者および船長に対してこの違法行為を慎む義務を課し、船舶の所有者にその違法行為に対して個人的に責任を負わせる。一部の学者はこの違法行為を「犯罪行為」と性格づける。交戦国に戦時禁制品の輸送を禁止し、その捕獲審検所の検定を通じて戦時禁制品を没収することを授権することにより、一般国際法は、中立国ではなくて、中立船の所有者および船長に戦時禁制品の輸送を慎む義務を課し、また、この違法行為に関して戦時禁制品の所有者に個人的に責任を負わせる。

### (6) 戦 争 犯 罪

交戦法規の違反は戦争犯罪と呼ばれる。一般国際法は、国家に自国戦争犯罪人の処罰を義務づけ、また、いずれの交戦国にもその権限内の捕虜を捕虜にする以前の交戦法規違反を理由に処罰することを授権する。一般国際法は私人としての個人に戦争犯罪を行ってはならない義務を課すのであるから、私人によるそのような犯罪の実行に対して個人的刑事責任を確立する。第4ハーグ条約の第3条は、「（条約付属ノ）前記規則ノ条項ニ違反シタル交戦当事者ハ、損害アルトキハ之カ賠償ノ責ヲ負フヘキモノトス。交戦当事者ハ、其ノ軍隊ヲ組成スル人員ノ一切ノ行為ニ付責任ヲ負フ」と規定する。第1文は、交戦当事者が国家の行為により行われた規則の違反を理由に金銭賠償の支払いを義務づけられることを意味する。第2文は私人により行われた規則の違反に同じく関係する。交戦当事者が「責任ヲ負フ」ということは、交戦当事者がこれらの行為によって引き起こされた損害について金銭賠償の支払いを義務づけられることを意味する。

## 3　国際法における義務および責任の主体

### (7)　違法な戦争行為

一般国際法は、敵国領土を占領する交戦国に違法な戦争行為、つまり、戦争中に敵軍隊に対して私的個人により行われた行為を理由に当該個人を処罰することを授権する。交戦国軍隊に属さない諸個人は敵に対して武器を取ることを許されない。もしかれらがそうしたならば、かれらは国際法違反を行う。この国際法規則は、この違法行為を行うことを慎むようにかれらを義務づけ、また、その違法行為が向けられる交戦国にかれらを処罰することを授権することによりその違法行為についてかれらに個人責任を負わせる。かれらは国際義務と国際責任の直接的な主体である。

### (8)　間　諜

同じことは間諜に関しても当てはまる。第4ハーグ条約付属書の規則第29条に従えば、「交戦者ノ作戦地帯内ニ於テ、対手交戦者ニ通報スルノ意思ヲ以テ、隠密ニ又ハ虚偽ノ口実ノ下ニ行動シテ、情報ヲ蒐集シ又ハ蒐集セントスル者ニ非サレハ、之ヲ間諜ト認ムルコトヲ得ス」。一般国際法は、間諜行為が実行された国家に対して、たとえ当該行為が敵政府の命令または授権によって、すなわち、国家行為として行われたとしても、その実行者を犯罪人として処罰することを授権する。他の戦争犯罪とは対照的に、間諜行為がその利益のために行われる国家はこの性質の行為を防止し、これを処罰することを義務づけられない。自国の利益のために間諜を用いる国家はそれらの行為に対して責任を負わない。しかしながら、これらの行為を行う個人は国際法に従って被害国により処罰されることがある。この場合、一般国際法は実行者の個人責任のみを確立する[23]。

大多数の国際法学者は個人ではなく国家のみが国際法主体であるとの理論の影響の下で国家間の法としての国際法は個人が一定の行為を行うことまたは慎むことを禁止しないし、また禁止することができないと主張する。国際法は一定の行為の処罰を授権するけれども、それらの行為を禁止しないと主張することは一貫性を欠く。もし国際法により規定される一定の行為を行ったことを理由に個人を処罰することを国家に授権する一般国際法の規則が存在するならば、その時には国際法は、国内法が窃盗犯と殺人犯を処罰することを国家に授権することにより窃盗と殺人を禁止するのと全く同じように、これらの行為を禁止する。

C　国際法の人的妥当範囲：国際法主体

## ⑼　砲撃前に関係当局に警告する義務

　第4ハーグ条約の付属規則第26条と戦時海軍力をもってする砲撃に関する第9ハーグ条約第6条の規定の下で特別な事態が存在する。これらの規定は、攻撃軍の指揮官、つまり、交戦国の特定機関に対して砲撃を開始する前に被攻撃地の当局に警告する義務を課す。第9ハーグ条約第5条は一定の建造物に対する砲撃を慎む義務を指揮官に課す。第4ハーグ条約の付属規則の類似する規定は、この義務を特定機関に対してではなく、交戦国に課す[24]。前者の場合、国際法規則は特定の個人の義務を確立する。しかし、指揮官がかれの政府の命令または公認によりこの警告を怠るときには、つまり、かれの不作為が国家に帰属するときには、国際法規則は

---

⑵　クゥィリン及びその他の申立てによる事件（*Ex parte Quirin et al*, Annual Digest 1941-1942, Case No. 168）を参照せよ。この事件の事実関係は次のようなものであった。1942年6月、合衆国とドイツ帝国間での宣戦布告後、ドイツ軍隊の8名の構成員が沿岸防衛区域内の合衆国海岸に上陸した。かれらは爆発物、導火線、発火および時限装置を携行していた。そして、上陸後直ちに、かれらの制服と上記の物資を埋め、民間人の衣服を着用して合衆国内のさまざまな地点に前進した。全員が、最高司令部より、ドイツ政府からの正規の給与の支払いの見返りに合衆国内の軍需産業、鉄道センター、橋梁、発電所、および、その他の戦争施設を破壊する指令を受けていた。1942年6月27日、かれらはニューヨークまたはシカゴで連邦捜査局により民間人の衣類を着用している状態で逮捕された。この事件で、1942年、合衆国最高裁判所は次のように述べた。すなわち、「普遍的な合意および慣行により、戦争法は交戦国の軍隊と平和的住民を区別する。戦争法は同様に合法的戦闘員と不法戦闘員を区別する。合法的戦闘員は敵対する軍隊によって捕虜として逮捕され、抑留される。不法戦闘員は同様に逮捕され抑留されるが、しかし、かれらは、さらに加えて、かれらの戦争行為を違法にする行為により軍事裁判所によって裁判に付され処罰される。戦時に密かに軍服を着用せずに前線を通過し、軍事情報を探索しそれを敵に通報する間諜、または、生命もしくは財産を破壊することにより戦争を遂行する目的で制服を着用せずに密かに前線を通過する戦闘員は、捕虜の資格を与えられないで、軍事裁判所による裁判と処罰に服する戦争法の違反者であると一般に見なされる交戦者のよく知られた例である。…軍当局による長年にわたる実際的な行政解釈により、われわれの政府は、戦争中に生命および財産の破壊を含む敵対行為を実行する目的で敵国領域から我が国領域へ秘密に入り込み、侵入に際して制服を脱ぎ捨てる者は軍事審問委員会によってそのようなものとして処罰可能な不法戦闘員の地位を有すると等しく扱ってきた。この戦争法の規則は我が国および外国の双方でそのように承認され、また、国際法の諸権威によって有効なものとしてそのように一般的に受諾されているので、われわれは、それは軍律第15条（Fifteenth Article of War）の制定によってこの政府により承認された戦争法の規則または原則と見なされなければならないと考える」。裁判所は、「申立人が軍事審問委員会による裁判のために留置された起訴内容は大統領が軍事委員会による裁判を命じることを授権される犯罪であると主張した、また、委員会を招集するかれの命令は適法な命令であり、委員会は適法に設置された、そして、申立人は適法に拘束されたのであり、釈放のための理由を示さなかった」と判示した。最高裁判所の判決の後で、被告人のうちの6名は軍事査問委員会によって死刑を宣告され、1名は終身刑を宣告され、そして1名は30年の拘禁刑を宣告された。

かれの個人責任を確立しない。交戦国は国家行為によるこの義務違反に対して責任を負う。このような場合、他方の交戦国は当該交戦国に対して復仇に訴えることを許される。これは団体責任を構成する。しかしながら、もし指揮官が自発的に国際義務に違反するならば、かれは個人的に自国に対して責任を負う。また、もしかれが敵権力内にあるならば、かれは戦争犯罪を行ったことを理由に当該敵国に対して個人的に責任を負う。

### ◆ d 国家行為に対する個人責任

戦争行為を規律する規則の違反（戦争犯罪）は戦争に訴えることを禁止する規則の違反と区別されなければならない。後者は国家の行為によってのみ行われるのに対して、前者は私人によっても行われることがある。一般国際法は、違法に戦争に訴えることに対して個人責任を確立していない、また、国家行為として行われた戦争犯罪に対しても個人責任を確立していない。そのような責任は特別国際法を定立する国際合意によって確立されることがあるし、また、実際に確立されてきた。

### (1) ヴェルサイユ条約第227条

ヴェルサイユ条約第227条、すなわち、決して実施されなかった条項は、前皇帝ウィリヘルム二世は「国際道義ニ反シ条約ノ神聖ヲ瀆シタル重大ノ犯行ニ付」国際裁判所で訴追されるべきであると規定した。「犯行」によってまず第一にドイツによって保障されたベルギーおよびルクセンブルグの中立を尊重するドイツ義務の違反が意味された。第227条は、さらに、もし被告人が有罪と認められるならば「其ノ至当ト認ムル刑罰ヲ決定スルハ該裁判所ノ義務ナリトス」と規定する。この条約国際法の規範は、この規範によって決定された個人はドイツ帝国元首としてのその資格において国際道義および国際法に違反したという推定に基礎づけられた。また、その規範は、国際裁判所は国際裁判所自身によって決定されるべき刑罰をその個人に科すべきであると規定した。ヴェルサイユ条約の規定は、国際道義規則の違反に刑事制裁を結びつけることにより、この特定事件のための委任または採択によって、国際道義規範を法規範にした。加えて、それは一定の条約の違反に個人的

---

(24) 付属規則第27条は次のように規定する。「包囲及砲撃ヲ為スニ当リテハ、宗教、技芸、学術及慈善ノ用ニ供セラルル建物…ハ之ヲシテ成ルヘク損害ヲ免レシムル為、必要ナル一切ノ手段ヲ執ルヘキノモノトス」。第9ハーグ条約第5条は次のように規定する。「海軍力ヲ以テ砲撃ヲ為スニ当リテハ指揮官ハ宗教、技芸、学術及慈善ノ用ニ供セラルル建物…ハ之ヲシテ成ルヘク損害ヲ免レシムル為、必要ナル一切ノ手段ヲ執ルヘキノモノトス」。

C 国際法の人的妥当範囲：国際法主体

な刑罰を結びつけた。したがって、第227条は、個人が国家機関としてのその資格
において行った国際法規則の違反に関して当該個人に責任を負わせる。そうするこ
とにより、この条文の条約規範は遡及的な効果を伴って個人に国際法違反に対する
刑事責任を負わせた。というのは、ヴェルサイユ条約第227条がその違反を処罰可
能な違反であると宣言した国際法規範は個人責任を確立しなかったからである。
ウィリヘルム二世が責任を負わされた法の違反は国家行為の性格を持った。ヴェル
サイユ条約がその違反を個人的に処罰しうると宣言した国際法規範は国家の責任の
みを確立した。したがって、それは個人責任ではなくて、団体責任を意味する。第
227条が言及する国際道義の規範は、第227条がそれに関して制裁を規定した犯罪
が行われた時点でいまだ国際法規範ではなかった。

　ウィリヘルム二世の場合、国家の行為に対する個人責任は、その行為に関して個
人的な刑事責任が確立されるべき国家の同意によって確立された。ドイツはヴェル
サイユ条約を批准した。こうして、ドイツは第227条の規定に同意を与えた。この
同意は不可欠であった。というのは、いかなる国家も他国の同意なしに当該他国の
行為に関して刑事管轄権または民事管轄権（すなわち、その刑事裁判所または民事裁
判所によって行使される管轄権）を持たないという一般国際法の規則が存在するから
である(25)。

## (2) 戦争犯罪人の処罰に関する1945年ロンドン協定

　国家による国際法違反に対する個人責任が確立されたもう一つの国際条約は、
1945年8月8日にロンドンで署名されたヨーロッパ枢軸国の戦争犯罪人の訴追に
関する協定である。この条約は、前文で述べられるように、ヨーロッパ枢軸諸国の
重大な戦争犯罪人の訴追と処罰のために、グレート・ブリテンおよび北アイルラン
ド連合王国、アメリカ合衆国政府、フランス共和国臨時政府、ソビエト社会主義共
和国連邦政府により締結された。前文において、条約本文で「署名国」と呼ばれる
締約国は、かれらが「全連合国のために行動する」と宣言する。しかしながら、こ
の声明は、もしすべての他の連合国がこの条約に加入したならば法的に正確であっ
たであろう。というのは、第5条は、「連合国の各政府は外交経路を通じて連合王
国政府に通告することによりこの条約に加入することができる。連合王国政府は他
の署名国および加入政府にそのような各加入について通告するものとする」と規定

---

(25) 本書後掲193頁以下を参照せよ。

3　国際法における義務および責任の主体

するからである。しかしながら、連合国のすべての政府ではなくて、一部の政府が
ロンドン宣言に加入した。1945 年 8 月 8 日の条約の当事国に関する限り、この条
約とヴェルサイユ条約との間には顕著な相違が存在する。ヴェルサイユ条約は、ド
イツ、すなわち、その機関が裁判に付され、そのようにして条約によって設置され
るはずの国際裁判所によりその者の国家行為について責任を負わされる当該国家に
より批准された。したがって、ドイツ帝国の機関としてのその資格において行われ
た国際法違反に対するドイツ皇帝の刑事責任を確立するヴェルサイユ条約の規定
は、いかなる国家も他国の同意なしに当該他国の行為に対して管轄権を持たないと
いう一般国際法の規則に一致した[26]。しかしながら、ヨーロッパ枢軸国は、違法
な国家行為について個人的に責任を負わされるその機関および国民の訴追のために
締結されたロンドン協定の締約国ではなかった。

　ロンドン協定第 1 条は、「個人としてまたは組織もしくは集団の構成員としてま
たは両者の資格において訴追されるかを問わず、特定の地理的所在関係を有しない
犯罪を行った主要戦争犯罪人の裁判のために国際軍事裁判所を」設置した。第 2 条
に従えば、「国際軍事裁判所の構成、管轄権および任務は、本協定付属の憲章で定
められる。憲章は本協定の不可分の一部を構成する」。上記の憲章第 2 条に従えば、
国際軍事裁判所は 4 人の裁判官により構成され、それぞれ予備裁判官を有した。各
署名国が 1 人の裁判官と 1 人の予備裁判官を任命した。憲章第 14 条に従い、各署
名国は主要戦争犯罪人に対する容疑事実の調査および訴追のため、主席検察官を任
命した。

　憲章第 6 条は以下のように規定した。「前記第 1 条の規定にいう協定によって設
置されたヨーロッパ枢軸国の主要戦争犯罪人の審理および処罰のための裁判所は、
個人としてであるか組織の構成員としてであるかにかかわりなく、ヨーロッパ枢軸
国のために行動し、次の罪のいずれかを犯した者を審理し、処罰する権限を有す
る。次の諸行為またはそのいずれかは、裁判所の管轄に属する犯罪であり、これに
ついては　個人責任が問われる。(a)　平和に対する罪、すなわち、侵略戦争または
国際条約、協定もしくは保証に違反する戦争の計画、準備、開始もしくは遂行、ま
たは以上の行為のいずれかを達成するための共通の計画もしくは共同謀議への関
与、(b)　戦争犯罪、すなわち、戦争法規または戦争慣例の違反。そのような違反に
は占領地または占領地における文民の殺戮、不当な待遇、奴隷労働その他の目的で

---

(26)　本書後掲 193 頁以下を参照せよ。

113

C　国際法の人的妥当範囲：国際法主体

の追放、捕虜または海上にいる者の殺戮または不当な待遇、人質の殺害、公私の財産の掠奪と市町村の恣意的な破壊または軍事的必要によって正当化されない荒廃化が含まれる。(c)　人道に対する罪、すなわち、犯行地の国内法違反であるかにかかわりなく、戦前もしくは戦時中になされた殺戮、殲滅、奴隷的虐待、追放、文民に対して行われたその他の非人道的行為、または、裁判所の管轄に属する犯罪の遂行としてもしくはそれに関連して行われた政治的、人種的もしくは宗教上の理由に基づく迫害。前記の罪のいずれかを犯すために共通の計画または共同謀議の立案または実行に参加した指導者、組織者、教唆者および共犯者はそのような計画の遂行上なされた一切に行為について何人が実行したかにかかわりなく、責任を負う」。

　ロンドン協定以前において、唯一の「平和に対する罪」は、戦争に違法に訴えること、つまり、もし正戦原則が実定国際法の一部であると考えられるとするならば、一般国際法に違反して戦争に訴えること、そして、国際連盟規約、ケロッグ・ブリアン規約、中立化条約、または、2以上の国家が相互に攻撃しない義務を負ういわゆる不可侵条約のような国際合意に違反して戦争に訴えることであった。第6条(a)項で述べられるような、戦争の「計画」、「準備」、「開始」ならびに「以上の行為のいずれかを達成するための共通の計画もしくは共同謀議への関与」は新たな国際違法行為である。同じことは(c)項で「人道に対する罪」として述べられる大多数の行為に関して当てはまる。

　第7条と第8条は国家の行為に関して個人責任を確立する。第7条は「被告人の公的地位は、国家元首であると政府関係機関の責任ある公務員であるとにかかわりなく、責任を解除し、または責任を軽減するものとして考慮されない」と規定する。第8条は「被告人が自国の政府または上位者の命令に従って行動したという事実は、被告人の責任を免れさせるものではない。ただし、正義が要求すると裁判所が認めるときは、刑罰の軽減において考慮することができる」と規定する。第8条は国家の行為ばかりでなく、国家に帰属させることができない行為を含む。この2カ条の下で、個人は、国家行為の性格を持つか否かを問わず、また、当該行為が国家行為の性格を持つまたは持たない命令の実行として行われたか否かを問わず、ロンドン協定の憲章に規定される犯罪の一つを行ったことを理由に処罰される。一般国際法の観点からは、上官命令により実行された行為と実行者個人の主導で行われた行為との間の違いは重要でない。当該行為が国家行為であるか否かの問題だけが決定的である。上官命令により実行された行為は国家行為であったり、なかったりすることがある。もし命令が国家行為でないならば、当該行為は国家行為ではな

い。上官命令により行われた行為に対する責任は刑法の特殊問題であって、国際法の特殊問題ではない[27]。

ロンドン協定憲章第27条に従えば、裁判所は、「有罪の認定をした場合、被告人に対して死刑または裁判所が適当と認めるその他の刑罰を科す」権利を有した。

ロンドン協定は、違反が行われた時点で団体責任のみが存在した国家行為による国際法違反に対して個人的刑事責任を確立する限りで、また、行為が行われた時点で現行の国内法または国際法のいかなる違反も構成しなかった（ただし、道徳規則の違反のみを構成した）行為に対して個人的刑事責任を確立する限りにおいて、遡及的な刑事法（事後法）の性格を持つ。

一般国際法は、一部の国家憲法が禁ずるように、遡及効を有する法規則の定立を禁じていない。この点で、ロンドン協定は一般国際法と矛盾しない。しかし、その憲章第6条(a)で規定された平和に対する罪について個人的刑事責任を確立するに当

(27) ランドヴェリー・キャッスル号事件（*The Llandovery Castle*, Germany, Reichsgericht, 1921; Annual Digest 1923-1924, Case No. 235）において、ドイツ潜水艦の2名の下士官は、第一次世界大戦中にドイツ潜水艦により撃沈されたイギリス病院船の救命ボートに発砲し、この結果、ボートに乗っていた人々を殺害したという理由で起訴された。被告人は、かれらが上官の命令で発砲したと主張して自己の立場を弁護した。裁判所は、乗船者を殺害したボートに対する発砲は刑法典第212条に従い殺人を構成した、また、「ボートに対する発砲は国際法に対する犯罪であった」と判示した。裁判所は、さらに、上官命令の抗弁は本件において認められないと判示した。ドイツ軍事刑法典第47条2項に従えば、法律の違反を含む命令に従う部下はもし上官命令が法律に反することを知っているならば処罰を免れない。「これは被告人の場合に適用される。部下が上官の命令を疑うことを義務づけられないこと、および、かれらがその合法性を信頼しうることは、確かに軍人である部下に有利に主張されるべきである。しかし、もしそのような命令が一切疑問の余地なく法律に反することが被告人を含めすべての人に遍く知られているならば、そのような信認が存在すると判断されえない。これは稀な例外的な場合にのみ生ずる。しかし、本件はまさしくそれらの例外の一つである。というのは、本件の場合には、救命ボートの無防備な人々を殺害することが法の違反以外の何物でもありえないことは被告人にとって完全に明確であったからである」。

　第二次世界大戦に関連して同盟および連合国の軍事裁判所で行われた戦争犯罪人の裁判において、上官命令の抗弁は他のいずれの抗弁よりも頻繁に提出された。（*Law Reports of Trials of War Criminals*, Selected and prepared by the United Nations War Crimes Commission [1949] XV, 157ff を参照せよ）。これらの裁判所の実務において、基準は、「被告人がそれに基づいて行動した国際法上違法な命令は、そのように違法であるとかれに知られていると推定されたかまたはそのように推定されなければならないか、または、明白にそのように違法（「最高指導者裁判」において使用された言葉を使用すると「一見したところ違法」）であったか、または、かれによってそのように違法であると認められたはずであったか、どうかであった。多くの判決とイギリスおよびコモンウェルス裁判所に対する軍法務官の助言の「総括」は、もし命令がこれらのカテゴリーの1または2以上に入るならば、そのとき被告人は上官命令の抗弁に依拠することができないということである」。

C 国際法の人的妥当範囲：国際法主体

り、この協定はそのような個人的刑事責任がケロッグ・ブリアン規約によってすでに確立されていたために遡及効を持たないという見解は、この規約の言葉づかいまたは締約国の意思のいずれにおいても全く根拠がない[28]。

ロンドン協定により確立された原則と類似した原則は、1945年9月2日に署名された日本の降伏文書に基づき1946年1月19日に連合軍最高司令官により承認された極東国際軍事裁判所憲章で規定される。

---

[28] ドイツ主要戦争犯罪人の裁判のための国際軍事裁判所判決（女王陛下の命令により外務大臣が議会に対して提出、Cmd. 6964, London [1946], pp. 39-40 および、"International Military Tribunal [Nuremberg] Judgment and Sentences, October 1, 1946", 41 American Journal of International Law [1947] 218f.）を参照せよ。「裁判所の意見によれば、国家政策の手段としての戦争の厳粛な放棄は、そのような戦争が国際法上違法であり、また、その不可避的かつ恐るべき結果を伴ってそのような戦争を計画しかつ実行した者はそのように行動することによって国際犯罪を行っているという主張を必然的に含む。…しかし、規約（ケロッグ・ブリアン規約）は、そのような戦争を犯罪であると明確に規定しない、あるいは、そのような戦争を行う者を処罰するための裁判所を設置していないと主張される。その範囲で、同じことはハーグ条約に含まれる戦争法に当てはまる。1907年のハーグ条約は戦争を遂行する一定の方法を禁止する。それらは、捕虜の非人道的な取扱い、毒ガスの使用、毒素兵器、休戦旗の不当な使用等を含む。これらの禁止の多くは条約の締結時よりずっと以前に実施されていた。しかし、1907年以来、それらは、疑いなく、戦争法に反する違法行為として処罰可能な犯罪になった。しかしながら、ハーグ条約にはそのような実行を犯罪と呼んでいる箇所はどこにもない、また、いかなる判決も宣告されていない、また、裁判所が違反者を裁判し処罰するという言及はどこにもない。しかしながら、過去長年にわたって軍事裁判所はこの条約が規定する陸戦規則に違反した個人を裁判し処罰してきた。軍事裁判所の意見によれば、侵略戦争を遂行する者は同じく違法であるが、ハーグ諸規則の一つの違反よりも遙かにいっそう重大な戦争を遂行する」。違法な戦争はケロッグ・ブリアン規約の意味での国際「犯罪」であるという見解を裏付けるために、判決は、実際にその種の声明を含む、1924年の国際紛争の平和的処理に関するジュネーヴ議定書等に言及する。しかし、これらの声明は違法な戦争に訴えたことを理由に政府の構成員に対する個人責任を確立しなかった。そのような責任は当該個人の処罰を規定する法規範によってのみ確立されうる。国際軍事裁判所判決が参照する諸軍事裁判所の管轄権はロンドン協定により国際軍事裁判所に付与される管轄権とは根本的に異なる。ニュールンベルグ判決以前に戦争犯罪人を処罰した諸軍事裁判所は実定国内法、すなわち、ハーグ条約の諸規則、つまり交戦規則を自国の国内刑法に変型した国内法を適用した。ロンドン協定以前に、いかなる国家も―交戦法規とは異なり―戦争に訴えることを禁止する国際法規則を国内刑法に変型しなかったし、また、いかなる軍事裁判所も国際的に違法な戦争に訴えたことを理由に個人を処罰しなかった。

## 4　国際法における権利の主体

### a　国際的な権利の主体としての国家

　原始的な法として[29]、一般国際法は、一国、つまり、その国家の機関としての諸個人に、国際法が保護する当該国の一定の利益を侵害した国家に対して戦争または復仇に訴えることを授権することにより、当該一国に権利を付与する。国家が国際的な権利を持つということは、特定の個人または諸個人—その決定は当該国の国内法に委ねられる—が国際法違反の責任国に対して国家機関としてのかれらの行為によって一般国際法の規定する制裁を執行する権限を国際法上持つことを意味する。同じく、国際法違反を確定することは関係国に委ねられる。もしこの問題に関して合意に達することが不可能であるならば、各国が自らその問題を決定する。これは強制的管轄権を備えた裁判所を設置していない一般国際法の完全な分権化の結果である。国家は、国際裁判所が存在する限りでのみ、法違反がそれによって確定される判決を生み出す法的能力という意味で権利を持つことができる。国際裁判所は諸国間の紛争を積極的に裁判所に付託する当該諸国により締結された条約によってのみ設置されうる。

　国内裁判所は法的義務の違反を客観的に確定し、制裁が特別な機関によって執行されるべきことを命じる。国際的に組織された執行機関が存在しないため、国際裁判所は、国際義務違反を確定し、違法に引き起こされた損害の賠償を命じることだけにとどめなければならない。国際裁判所はその判決を執行する、つまり、国内法の場合のように、国際裁判所の判決を遵守しない国家に対して特別な機関によって執行されべき制裁を命じることができない。一般国際法の下で、判決の実現、つまり、制裁の執行は国際裁判所の判決の不履行によって法的利益を侵害された国家に委ねられる。この場合に国家が他国に対して国際的な権利を持つという言明は、国家機関としてのその資格において特定の個人または諸個人が国際裁判所に係争事件を付託する法的能力を持つこと、そして、国家、つまり、国家機関としての特定の諸個人が、もし他国が裁判所の判決に従わないならば、当該他国に対して国際法により規定された制裁の執行を授権されることを意味する。

---

[29]　本書前掲 21 頁および 33 頁以下を参照せよ。

C 国際法の人的妥当範囲：国際法主体

## ◆ b 国際的な権利の主体としての個人

個人は、国家機関としてではなく私人として、国家または他の私人との関係において国際的な権利を持ちうるのであろうか。国際法、特に条約は、私人に国内裁判所または国際裁判所で国家を相手取って訴訟を提起することを授権することにより、個人に権利を付与する。その場合に、裁判所は法の違反、すなわち、国家（被告）による私人（原告）の権利の侵害を確定し、損害賠償を命じることがある。もし国家が条約により裁判所の判決に従うことを義務づけられるならば、不遵守は、そのような違法行為が国際法の下で持つ効果、すなわち、違法行為国に対する他の締約国による強制行動という結果を伴って、当該条約の違反と考慮されるであろう。

### (1) 国際捕獲審検所に関する条約

私人に国際裁判所に出訴することを授権することによって当該私人に権利を付与する条約の例は、失敗に終わった国際捕獲審検所の設立に関する第12ハーグ条約である。同条約は決して批准されなかった。この条約の第4条に従えば、捕獲国審検所の検定からの上訴は、自国の財産または自国民の財産が捕獲国審検所の検定によって侵害された中立国によってばかりでなく、捕獲国審検所の検定によって侵害された私人によっても、行われることができたであろう。第8条に従えば、国際捕獲審検所は船舶の捕獲を無効と検定することができたであろう。この場合に、「国際審検所は船舶または貨物の返還を命じ、必要な場合には、損害賠償の額を定める。船舶または貨物が売却または破壊されたときは、国際審検所はこれに関して持主に与えられるべき賠償額を決定する」。国際捕獲審検所の検定の執行に関して、条約は第9条で次のように規定するにすぎない。すなわち、「締約国は国際捕獲審検所の検定に誠実に服し、可能な限り短期間内に当該検定を執行することを約束する」。

### (2) ヴェルサイユ条約第297条および第304条

もう一つの例はヴェルサイユ条約第297条により与えられる。連合および同盟国の国民、つまり、個人は、同条約第304条に基づいて設置された混合仲裁裁判所にドイツを相手取って訴えを提起することができた。これらの私的個人は、ドイツによる戦時非常措置の適用がかれらに引き起こしたであろう損害の支払いについてか

れらが有した権利を主張することを授権された。ヴェルサイユ条約第304条(ロ)の規定は特に興味深い。その文言に従えば、仲裁裁判所は、ヴェルサイユ条約以前に同盟および連合国の国民とドイツ国民との間で締結された契約から生じた紛争を解決する権限を有した。それは、国際裁判所のためにドイツ裁判所の権限が棚上げにされた私人間の訴訟問題であった。この場合にもまた国際合意は私人に対して国際裁判所における当事者適格、したがって、国際法主体としての資格を付与した。このことは、仲裁裁判所が当事者の一方の国内法に従って紛争を解決したとしても依然として真実である。仲裁裁判所の判決は、第304条(ト)に従い、私人の属する国家により当該私人に対して執行されなければならなかった[30]。

---

(30)　ジグバルト、チャールズ対ドイツ事件（*Sigwald, Charles v. Germany*, Annual Digest 1925-1926, Case No. 255）において、1926年に、フランス・ドイツ混合仲裁裁判所は、第297条(ホ)の下で付与される権利はフランス政府の介在なしにドイツに対して直接的に提出されるであろう同盟国の国民に属する個人的権利であり、また、ヴェルサイユ条約は1919年11月15日の合意の後に発効したので、個人から同条約に基づきかれに生じる権利を剥奪するためには、第297条(ホ)に対する明白な除外規定が必要であったと判示した。

　文民戦争請求者団体対国王事件（*Civilian War Claimants Association, Ltd. v. The King*, Annual Digest 1931-1932, Case No. 118）において、ドイツに「連合及同盟国ノ普通人民ニ対シ加ヘラレタル一切ノ損害ニ…補償ヲ為スヘキ」義務を課すヴェルサイユ講和条約第232条の規定は関係私人の権利を確立したかどうかの問題が生じた。イギリス貴族院において、1931年、アトキン卿は次のように述べた。すなわち、「国王が他国の主権者と条約を交渉しているときには、国王が実際に代理人として行動していると宣言することを明示的に選択しない限り、国王が主権国の国民の代理人として行動すべきであるということは主権国の地位と一致しない。私の知る限り、国王が熟慮の上でそうすることを選択するならば、国王が代理人または受託者として行動することを妨げるものはない。本件の事情の下で、国王が代理人または受託者の地位を明示的に引き受けたことを示すものは何もないと私には思われる。したがって、私は、事情は国王がこれまでにその地位を占めることを意図したという考えを否定し、法が国王に代理人または受託者のいずれかの地位を課したかもしれないというあらゆる事情を否定すると考える」。この所説において、条約が私人の権利を確立したかどうかに関する問題は、政府によって締結された条約は法律行為であり、したがって、私人は政府が条約を締結するに当って当該私人の代理人として行為する場合にのみ条約に基づく権利を取得するという法理の観点から取り扱われる。しかし、条約は客観的な法に基づき主観的な義務および権利を確立する法律行為であるばかりでなく、客観的な法が定立される手続でもある。したがって、政府は条約を締結するに当って私人の権利を確立するために、当該私人の代理人として行動する必要はない。政府は条約を締結するに当って客観的な法を定立する当局の資格において行動すると考慮されるであろう。そこで、唯一の問題は、この法によって私人の権利が確立されるかどうかである。ヴェルサイユ講和条約第232条に関して、この問いは否定的に答えられるであろう。

C 国際法の人的妥当範囲：国際法主体

## (3) 上部シレジアに関するドイツ・ポーランド条約

国際法の下での個人の権利のもう一つの例は 1922 年 5 月 15 日にジュネーヴで署名された上部シレジアに関するドイツ・ポーランド条約によって与えられる。この条約の第 5 条は、この条約により保護される私人の一定の利益を侵害した国家を相手取って国際裁判所に訴えを提起することを当該私人に授権した。この場合、利害関係当事者は私人だったのであるから、条約は、自国さえ相手取って国際裁判所に上訴する権能を私人に付与することにより私人たる個人に権利を帰属させた[31]。

## (4) 国連憲章における人権

もし「権利」が国際合意によって個人に付与されうるとするならば、その合意は、その国際合意の当事国に対して当該当事国による権利の侵害があった場合に個人が利用することのできる裁判所の管轄権を承認する義務ばかりでなく、その裁判所の判決に従う義務を課さなければならない。それは国内裁判所であることもあれば国際裁判所であることもある[32]。しかし、権利は国家が国際裁判所に服するときにはいっそう効果的に保障されるであろう。国家を裁判所の管轄権に従わせることなしには、当該国家との関係で個人の「権利」は決して確立されない。国連憲章は、前文、第 1 条 3 項、第 13 条 1 項 b、第 55 条 c および第 62 条 2 項で、基本的人権尊重の原則を宣言する。しかし、これらの規定をこの原則に従って自国民を待遇する義務を加盟国に課したと解釈することはほとんど不可能である[33]。また、1948 年 12 月 10 日に国連総会で承認された世界人権宣言も国連加盟国を拘束する

---

(31) シュタイナーおよびグロス対ポーランド国事件（*Steiner and Gross v. Polish State*, Annual Digest 1927-1928, Case No. 188）において、ポーランド市民とチェコ市民は 1922 年 5 月 15 日のドイツ・ポーランド条約に基づき上部シレジア仲裁裁判所に対しポーランド国を相手取って訴えを提起した。ポーランド政府は次のように主張した。すなわち、条約はポーランド国民にポーランド国に対する訴権を付与しない、個人が自国に対して国際的権威を援用しえないことは国際法の一般原則である、この原則は条約の解釈に関して適用されるべきである、いかなる反対の解釈も自国に対してそのような権利が付与される国家を領事裁判制度の下での国家の地位よりも不利な地位におかない、それゆえ、裁判所は管轄権を持たない、と。1928 年、裁判所は、ポーランドの主張は却下されなければならない、また、裁判所は管轄権を有したと判示した。条約は明白な文言で権利主張者の国籍にかかわりなく裁判所に管轄権を付与した。また、条約の文言は明白であるのでそれにその言葉づかいから見えてこない制限を付け加える必要はない。条約のこの部分に関する指導原則が私権の尊重と上部シレジアの経済的一体性であること、および、これらの考慮のいずれも原告の国籍を唯一の理由とする請求のカテゴリーの排除と両立しえないことに照らして、そのような制限を導入しない追加的理由が存在した。

4 国際法における権利の主体

国際合意の性格を持たない。総会が世界人権宣言を採択した決議は勧告の性格を持つにすぎない。前文は次のように規定する。すなわち、「総会は、すべての人民と

(32) 個人に国内裁判での訴権を付与する条約は1920年11月9日にダンチッヒ領域内の鉄道に関してポーランドとダンチッヒ自由市との間で締結された条約であった。メンゲ対ポーランド鉄道管理局事件（*Menge v. Polish Railway Administration*, Annual Digest 1925-1926, Case No. 258）において、ダンチッヒ高等裁判所は、1925年に、とりわけ次のように判示した。すなわち、条約の明白な目的と当事者の黙示的意思に効果を与えるため、裁判所は、個人の私的権利を規律する条約規定を、条約に直接に基礎づけられかつ私人の本国の側の介在なしに当該私人により提出された請求を承認するような方法で解釈するであろう。

この種のもう一つの条約は、いわゆる「職員協定」（*Beamtenabkommen*）、すなわち、1921年10月22日にダンチッヒ鉄道の職員、被用者および労働者の雇用問題に関してダンチッヒとポーランドによって締結された協定である。常設国際司法裁判所は、1928年に、勧告的意見で次のように述べた（Publications of the Permanent Court of International Justice, Series B, No. 15）。すなわち、「十分に確立された国際法原則に従えば、国際協定である職員協定（*Beamtenabkommen*）が、それ自体として、私人のために直接的な権利および義務を創造しえないことは容易に認められるであろう。しかし、締約当事者の意思に従えば、国際協定の真の目的が個人的な権利義務を創造し、国内裁判所により執行可能な若干の明確な規則の当事者による採用であることは争われえない。本件においてそのような意思が存在することは職員協定の文言に照らして証明されうる。さまざまな規定が協定（*Abkommen*）の形式で挿入されたという事実は補強的であるが、しかし、文書の性格および法的効果に関して決定的な証拠ではない。協定の内容から確認されうる当事者の意思は、同協定が適用されてきた方法を考慮すると明白である。この解釈原則は本件において裁判所により適用されるべきである。すなわち、職員協定の言葉づかいと趣旨はその規定が職員と管理当局との間に直接的に適用可能であることを証明する」。

(33) しかしながら、ドラモンド・レンに関する事件（*Re Drummond Wren*, Annual Digest 1943-1945, Case No. 50）において、カナダのオンタリオ高等裁判所は、1945年に、一定の土地に付された「土地はユダヤ人または好ましからざる国籍を有する者に売却されてはならない」という制限的な約款は無効であり、効力を持たないと判示した。その決定を正当化するに際して、裁判所は、とりわけ、国連憲章を参照した。すなわち、「裁判所は公の政策を決定するに当ってさまざまなドミニオンおよび地域法ならびに公法を調査しなければならないことは十分に承認された規則である。…最も重要なのは、カナダが署名国であり、また、ドミニオンの議会が今や批准したサンフランシスコ憲章であると思われる」。この関係で、裁判所は、前文と第1条および第55条を引用した。

藤井セイ対カリフォルニア州事件（*Sei Fujii v. State of California*, Advance California Appellate Reports, May 5, 1950, p. 154）において、1950年4月24日、州地区控訴裁判所は次のように判示した。すなわち、(1) 国連憲章（59 Stats. 1035ff.; U.S. Code Cong. Service, 79th Cong. 1945, p. 964）は合衆国憲法第6条2節に従って国の最高法規になった。(2) 1920年の外国人土地法（Stats. 1921, p. lxxxiii; Deering's Gen. Laws, Act 261）―市民権を持たない外国人による土地の所有および利用をこの法律の制定時に合衆国と当該外国人が国民または市民である国家との間に存在する条約の効果によってかれらが持ちうるそのような権利にのみ制限する―は、国連総会によって1948年12月10日に制定された世界人権宣言第17条と両立しない、したがって、無効である。

*121*

C　国際法の人的妥当範囲：国際法主体

すべての国民とが達成すべき共通の基準としてこの世界人権宣言を公布する。それは、社会のすべての個人及びすべての機関がこの宣言を常に念頭に置きながら、指導及び教育によって、これらの権利と自由の尊重を促進させ、並びに、加盟国自身の住民の間にも、また、加盟国の管轄下にある地域の住民の間にも、それらの普遍的かつ効果的な承認と遵守を、国内的及び国際的な漸進的措置によって確保するよう努力するためである」。宣言の第8条は「すべての者は、憲法又は法律によって与えられた基本的権利を侵害する者に対し、権限を有する国内裁判所による効果的な救済を受ける権利を有する」と述べる。いかなる国際裁判所も提案されていない[34]。

　個人の権利は条約によって確立されるばかりでなく、条約によって廃止されるこ

---

[34]　世界人権宣言において公式化された諸権利は以下の通りである。

　　「第1条　すべての人間は、生まれながらにして自由であり、かつ、尊厳と権利において平等である。人間は理性と良心を授けられており、互いに友愛の精神をもって行動しなければならない。

　　第2条　1　すべての者は、とくに人種、皮膚の色、性、言語、宗教、政治的その他の意見、国民的若しくは社会的出身、財産、門地その他の地位によるいかなる差別をも受けることなく、この宣言に掲げる権利と自由を享有することができる。

　　2　さらに、個人の属する国又は地域が独立であると、信託統治地域であると、非自治地域であると、又は何らかの主権制限の下にあるとを問わず、その国又は地域の政治上、管轄上又は国際上の地位に基づくいかなる差別もしてはならない。

　　第3条　すべての者は生命、自由及び身体の安全に対する権利を有する。

　　第4条　何人も、奴隷の状態に置かれ、又は苦役に服することはない。あらゆる形態の奴隷制度及び奴隷取引は、禁止する。

　　第5条　何人も、拷問又は残虐な、非人道的な若しくは品位を傷つける取扱い若しくは刑罰を受けない。

　　第6条　すべての者は、いかなる場所においても、法の前に人として認められる権利を有する。

　　第7条　すべての者は、法の前に平等であり、いかなる差別もなしに法による平等の保護を受ける権利を有する。すべての者は、この宣言に違反するいかなる差別に対しても、またそのような差別を唆すいかなる行為に対しても、平等の保護を受ける権利を有する。

　　第8条　すべての者は、憲法又は法律によって与えられた基本的権利を侵害する行為に対し、権限を有する国内裁判所による効果的な救済を受ける権利を有する。

　　第9条　何人も恣意的に逮捕され、抑留され又は追放されない。

　　第10条　すべての者は、自己の権利及び義務並びに自己に対する刑事上の罪の決定のため、独立の、かつ、公平な裁判所による公正な公開審理を、完全に平等に、受ける権利を有する。

　　第11条　1　刑事上の罪に問われているすべての者は、自己の弁護に必要なすべての保障を与えられた公開の裁判において、法に基づいて有罪とされるまでは、無罪と推定される権利を有する。

４　国際法における権利の主体

2　何人も、実行の時に国内法又は国際法により犯罪を構成しなかった作為又は不作為を理由として有罪とされることはない。何人も犯罪が行われていた時に適用されていた刑罰よりも重い刑罰を科されない。

第12条　何人も、その私生活、家族、住居若しくは通信に対して、恣意的に干渉され、又は名誉及び信用を攻撃されない。すべての者は、このような干渉又は攻撃に対する法の保護を受ける権利を有する。

第13条　1　すべての者は、各国の境界内において、移動の自由及び居住の自由についての権利を有する。

2　すべての者はいずれの国（自国を含む。）からも離れる権利、及び、自国に戻る権利を有する。

第14条　1　すべての者は迫害からの庇護を他国に求め、かつ享受する権利を有する。

2　この権利は、専ら非政治犯罪又は国際連合の目的及び原則に反する行為から生ずる訴追の場合には、援用することができない。

第15条　1　すべての者は、国籍を取得する権利を有する。

2　何人も、その国籍を奪われ、又は国籍を変更する権利を否認されない。

第16条　1　成年の男女は、人種、国籍又は宗教によるいかなる制限もなしに、婚姻し、家族を形成する権利を有する。成年の男女は、婚姻中及び婚姻の解消の際に婚姻に関し平等の権利を有する。

2　婚姻は、両当事者の自由かつ完全な合意によってのみ成立する。

3　家族は、社会の自然かつ基礎的な単位であり、社会及び国による保護を受ける権利を有する。

第17条　1　すべての者は単独で又は他の者と共同して財産を所有する権利を有する。

2　何人も恣意的にその財産を奪われない。

第18条　すべての者は、思想、良心及び宗教の自由について権利を有する。この権利には、宗教又は信念を変更する自由並びに、単独で又は他の者と共同して及び公に又は私的に、教導、行事、礼拝及び儀式によってその宗教又は信念を表明する自由を含む。

第19条　すべての者は、意見及び表現の自由についての権利を有する。この権利には、干渉されることなく意見を持つ自由並びに、あらゆる方法により、国境とのかかわりなく、情報を求め、受け及び伝える自由を含む。

第20条　1　すべての者は平和的な集会及び結社の自由についての権利を有する。

2　何人も、結社に属することを強制されない。

第21条　1　すべての者は、直接に、又は自由に選んだ代表者を通じて、自国の政治に参与する権利を有する。

2　すべての者は平等条件の下で自国の公務に平等に携わる権利を有する。

3　人民の意思は、統治の権力の基礎である。この意思は普通かつ平等の選挙権に基づき秘密投票または同等の自由な投票手続により行われる真正な定期的選挙において表明されなければならない。

第22条　すべての者は、社会の構成員として社会保障についての権利を有し、かつ、国内的努力及び国際的協力により並びに、各国の組織及び資源に応じて、その尊厳及び人格の自由な発展に不可欠な経済的、社会的及び文化的権利の実現を求める権利を有する。

第23条　1　すべての者は労働し、職業を自由に選択し、公正かつ良好な労働条件を確保し、及び失業に対する保護についての権利を有する。

2　すべての者は、いかなる差別もなしに、同一の労働について同一の報酬を受ける権利を有する。

*123*

## C 国際法の人的妥当範囲：国際法主体

3 労働するすべての者は、自己及び家族のために人間の尊厳にふさわしい生活を確保し、及び、必要な場合には他の社会的保護手段により補完される公正かつ適当な報酬を受ける権利を有する。

4 すべての者は、自己の権利の保護のために、労働組合を結成しおよびこれに加入する権利を有する。

第24条 すべての者は、休息及び余暇、特に労働時間の合理的な制限及び定期的な有給休暇についての権利を有する。

第25条 1 すべての者は自己及びその家族のための食料、衣類、住居及び医療並びに必要な社会的サービスを内容とする健康及び福利のための相当な生活水準についての権利並びに、失業、疾病、障害、配偶者の死亡、老齢その他不可抗力による生活不能の場合に保障を受ける権利を有する。

2 母及び子は、特別の保護及び援助を受ける権利を有する。すべての児童は、嫡出であると否とを問わず、同一の社会的保護を受ける。

第26条 1 すべての者は教育についての権利を有する。教育は、初等及び基礎的な段階においては無償のものとする。初等教育は、義務的なものとする。技術教育及び職業教育は一般的に利用可能なものとし、かつ、高等教育は能力に応じて、すべての者に対して均等に機会が与えられるものとする。

2 教育は人格の完成並びに、人権及び基本的自由の尊重の強化を指向するものとする。教育は諸国民の間及び人種的又は宗教的集団の間の理解、寛容及び友好を促進し、並びに、平和の維持のための国際連合の活動を助長するものとする。

3 父母はその児童に与える教育の種類を選択する優先的権利を有する。

第27条 1 すべての者は自由に社会の文化的な生活に参加し、芸術を享受し、並びに科学の進歩及びその利益を享受する権利を有する。

2 すべての者は、自己の科学的、文学的又は芸術的作品により生ずる精神的及び物質的利益の保護についての権利を有する。

第28条 すべての者は、この宣言に規定する権利及び自由が完全に実現される社会的及び国際的秩序についての権利を有する。

第29条 1 すべての者は、その人格の自由かつ完全な発展がその中においてのみ可能である社会に対して義務を負う。

2 すべての者は自己の権利及び自由の行使に当って、他の者の権利及び自由の正当な承認及び尊重を確保すること並びに民主的社会における道徳、公の秩序及び一般的福祉の正当な要求を満たすことを専ら目的として法により定められた制限にのみ服する。

3 これらの権利及び自由は、いかなる場合にも、国際連合の目的及び原則に反して行使してはならない。

第30条 この宣言のいかなる規定も、いずれかの国、集団又は個人が、この宣言に規定する権利及び自由のいずれかを破壊することを目的とする活動に従事し又はそのようなことを目的とする行為を行う権利を有することを意味するものと解することはできない。」

1950年11月4日、ローマにおいて、ベルギー、デンマーク、フランス、ドイツ連邦共和国、アイスランド、アイルランド、イタリア、ルクセンブルグ、オランダ、ノルウェー、ザール、トルコおよび連合王国の各代表は、人権及び基本的自由の保護のための条約の本文に署名した。同条約第19条に従えば、欧州人権裁判所が設置される。しかし、同条約で保障される権利を侵害された者は、第48条に従って条約の締約国と欧州人権委員会にのみ開放される同裁判所に提訴することができない。人権委員会の委員は第21条に従って閣僚委員会によって選挙される。（45 *American Journal of International Law*, April, 1951, Supplement, 24 ff.)

とがある。一般国際法の下で国家は自国民に関して立法権限を有するのであるから、国家は他国と締結した条約において、とりわけ個人の財産権を処理することができる。たとえば、ドイツ政府は、ヴェルサイユ講和条約（第8編第3付属書）で「独逸国政府ハ自己ノ名ニ於テ且ツ一切ノ他ノ関係者ヲ拘束シテ」総噸数 1600 噸以上のドイツ商船全部を同盟および連合国に譲渡した[35]。1947 年 2 月 10 日に署名されたイタリア講和条約第 76 条において、イタリアは、「戦争からまたは戦争状態の存在のためにとられた行動から直接に生じた同盟および連合国に対するあらゆる種類の一切の請求をイタリア政府または国民に代わって」放棄した。

# 5 いわゆる国家の基本権

18 世紀および 19 世紀において普及し、今日でも一部の学者によって維持されている見解に従えば、各国は、国々のファミリーの構成員としてのその資格においていくつかの基本的権利を有する。これらの権利は、国家の他の権利および義務のように、一般慣習国際法または国際協定によって規定されるのではなくて、国家または国際共同体の本質に由来する。国のこうした基本権を構成する諸規範は、国際法の究極的基礎であり、また実定国際法の淵源であると仮定される。したがって、それらの規範は慣習および条約によって定立される実定国際法規則よりもいっそう大きな拘束力を持つと仮定される。

### ◆ a 「国家の基本権」の基礎としての自然法理論

国家または国際共同体の本質から演繹される国家の基本権という考えは自然法理論の国家間関係への適用である。自然法理論に従えば[36]、個人は、何らかの実定法秩序とは無関係に、一般的には自然から、特定的には神により創造された自然から、直接に導き出されるいくつかの権利を有する。そのため、当該権利は神の意思によって規定されたものとして出現する。これらの権利が演繹される自然は、ほとんどの場合、人間自身の本性、特にかれの理性であると考慮される。したがって、

---

(35) ブロンド号事件（*The Blonde*, 1922 Law Reports, 1 A.C. 313, 335, 337）において、イギリス枢密院は次のように述べた。すなわち、「ドイツが、条約の運用内でドイツ国民であったそれらの者に代わって、かれらを拘束し、かれらの財産権の移転をもたらすであろう譲渡を、あたかも当該譲渡が関係所有者によって個人的に行われたかのように行うことができたことに疑いはありえない」。

(36) 本書後掲 198 頁、252 頁以下および 257 頁以下を参照せよ。

### C 国際法の人的妥当範囲：国際法主体

人間は、実定法秩序により人間に付与される権利とは対照的に、生得のまたは固有の権利について語る。時として、人間のこれらの基本的権利の真の淵源と考慮されるのは、人と他の人々との関係の本質、つまり、社会の本質である。これらの権利は、自然法理論の支持者の大多数に従えば、自由、平等、財産権、そして自己保存である。

　自然法に関する偏見のない分析は「自然」から何らかの権利を演繹することが不可能であることを証明する。というのは、ある個人の権利は他の個人の義務を前提とするからであり、また、自然、つまり因果律によって決定される諸事実の複合体は人々または他の人々に義務を課さず、したがって、かれらに権利を付与しないからである。自然を認識することは諸事実をその因果関係において認識することである。何かが「存在する」、つまり、因果律に従って、何かが必ず存在しなければならないまたはおそらく存在するであろうという言明から、何かが存在す「べき」である、つまり、一定の方法で行動することがだれかの義務または権利であるということには決してならない。「存在」の領域から論理的推論に従って「当為」の領域に進むことは不可能である。義務と権利は規範秩序、すなわち、一定の人間行動を命じまたは許す規範体系の存在を前提とする。この規範秩序は人間の行為によってのみ確立されうる。人間だけが、諸規範、つまり、人々を義務づけ、かれらに授権する諸規則を定立することができる。人間行動が「意思」と呼ばれる精神現象によって引き起こされると仮定される限りで、規範は意思行為によって定立されると考慮される。規範を定立する人間の意思は、規範の定立に意識的に向けられた行為、すなわち、命令、立法行為等に、または、慣習、つまり人々はこの方法で行為すべきであるという確信を伴った習慣的なまたは平素の行動方針に現れるであろう。自然は「意思」を持たない。立法的権威としての自然の概念に含意される意思を付与された自然という概念、つまり、義務を課し権利を付与する自然は、科学的な解釈というよりはむしろアニミズム的な神話である。しかしながら、超人的な人間の意思行為は、人間科学、特に法律学の及ぶ所ではない。

　権利は、人間行為により確立された規範秩序によって、つまり、実定道徳体系または実定法によって常に規定される。もし「自然」権が主張されるとすれば、われわれは二つの異なる可能性を区別しなければならない。すなわち、これらの権利は現実に実定秩序によって規定される。それゆえ、これらの権利が「自然的」または「基本的」である、つまり、それらは自然から引き出されるという言明は、それ自体不正確であり、また無意味であるが、しかし、これらの権利の規定を正当化する

という政治的な機能を持つ。あるいは、「自然的」または「基本的」として性格づけられる権利は実定秩序によって規定されるのではない。このため、その言明はそのような権利を規定する立法者に向けられた要請の性格を持つ。この要請は、法の分野では憲法改正または革命のいずれかによって実現されるであろう。

## ◆ b 国際法により前提とされる原則としての基本権

実定的な義務および権利と単なるイデオロギーまたは政治的な要請とを明確に区別することは法を科学的に提示する上で極めて重要である。学者が次のように、つまり、いかなる法秩序においても当該秩序により規定される権利をその秩序により前提とされる原則から区別することは重要である、と論ずることによって国家の基本権理論を維持しようと努めるとき、それは古い自然法理論のもう一つの変型に他ならない。すなわち、いわゆる国家の基本権とは、国際法がともかく可能となる条件、つまり、実定国際法がその上に打ち立てられる法原則である。われわれは国際法の本質を分析することによってこれらの原則を発見することができる。言い換えると、国家の基本権は国際法の本質から推論されうる、などと論じられる。これは国家の基本権は実定国際法の究極的な基礎または淵源であり、したがって、実定国際法の諸規則よりもいっそう大きな拘束力を持つという上記の言明によって表された考えと同じである。

この自然法理論の変型は、この理論に関する古典的な見解と全く同じように論理的に不可能である。法原則が法秩序によって前提とされることは決してありえない。すなわち、法原則は法秩序に一致してはじめて定立されうる。というのは、法原則は実定法秩序に基づいて確立されるからこそ、またその限りでのみ「法的」であるからである。前提とされうる、そして前提とされなければならない唯一の原則は、法秩序の最初の憲法―「憲法」(constitution) は法規がそれによって定立されるべき諸方法を規定する諸規則を意味する―を規定する基本原則である。それらの方法は、慣習、立法および条約である[37]。確かに、実在的な法の定立は無からの創造ではない。慣習ばかりでなく立法も何らかの一般原則によって指導される。しかし、これらの原則は道徳的または政治的な原則であって、法原則ではない。したがって、これらの原則が立法、慣習または条約によって規定されない限り、それらは、人々または国々に義務を課しまたは権利を付与することができない。法原則と

---

(37)　本書後掲 247 頁以下を参照せよ。

C　国際法の人的妥当範囲：国際法主体

して、それらは、それらが規定される法秩序の淵源または基礎ではない。それどころか、実定法秩序がそれらの基礎または淵源である。したがって、それらの原則は、実定法秩序自体がそれらにそれらの廃止または修正をさらに困難にするいっそう大きな拘束力を認めない限り、実定法秩序により規定される他の規範よりもいっそう大きな拘束力を持たない。これは、もし一般国際法としての法秩序が慣習法の性格を持つならば、つまり、もしこの秩序の諸規則が慣習によってその妥当性を獲得したり失ったりするならば、不可能である。

## ◆ c　国家の人格から演繹される基本権

いわゆる国家の基本権は、それらが慣習法の性格を有する一般国際法により規定される限りでのみ国家の権利である。これは法実証主義の観点から維持されうる唯一の理論である。しかし、この見解を原則として受け入れる学者でさえ、国家の基本権を国際人格としての国家の本質から導き出すよう努めることにより、自然法理論に後退する。しかしながら、国家の「国際人格」は、一般国際法が国家に対して（つまり、国家機関としての個人に対して）義務を課し権利を付与することをもっぱら意味する。国家は、国家が国際的な義務および権利の主体であるために国際人格である。この言明はこれらの義務および権利の内容について何も語らない。法人格の概念は完全に形式的な概念である。それゆえ、国家が国際人格であるという事実から、いくつかの明確な権利、たとえば、法的平等の権利、尊重（または尊厳）を求める権利、独立（または主権）の権利、存在（または自己保存）の権利、他国の側での不干渉の権利、管轄権の権利、を引き出すことは困難である。これらは、通常、国家の「基本的」権利として示される権利である。

これらの権利を国家の国際人格から演繹するという考えは、国家は、国際共同体に参加する以前に、人格として、つまり、権利の主体として存在し、また、国家は、国際共同体に任意的に、しかも、これらの権利、とりわけ、平等の権利と独立（主権）の権利を保持するという条件に基づいてのみ参加するという仮説を前提とする。国際共同体に参加することは、国際法に服従すること、つまり、それは国家の自然的自由、すなわち、国家主権の一定程度の制限を意味するのであるから、国家は、国際共同体に参加する、つまり、他の諸国がその主権の同一の制限を受諾するという条件でのみ、自国主権に対するこの制限に同意すると仮定される。この見解の本質的な要素は、国際共同体またはこの共同体を構成する法秩序、つまり、一般国際法は、国々の共通の同意、あるいは、同じことであるが、この共同体の諸構

成員の契約、に基礎づけられるという考えである。国際法学者の間に広く普及する
この理論は、国家の基礎または、同じことであるが、国内法秩序の妥当性の根拠に
関する自然法理論と全く同じ性格を有する。この理論に従えば、人々は自然状態に
おいて自由かつ平等である。国家、すなわち、国家法秩序は、自由で平等な諸個人
がかれらの相互的行動を規律する社会秩序に関する合意に同意するという事実に
よって出現する。あらゆる個人は、すべての他の諸個人が同じ方法でかれらの自由
を制限するという条件に基づき、それらの個人のためにかれの自由を任意的に制限
する。これはいわゆる社会契約である。しかしながら、そのような出来事はこれま
で決して生じていない。社会秩序は、諸個人によって締結された―当該社会秩序に
よって拘束されるべきであるという―契約の結果ではない。それは力と慣習の結果
である。そのため、個人が社会秩序により拘束されるのはかれが社会秩序に同意を
与えたからではない。個人はかれの意思なしにまたはかれの意思に反してでさえ拘
束される。かれは共同体で生まれ、出生のその瞬間から共同体を構成する社会秩序
に服する。したがって、社会契約論は擬制である。その理論の目的は、国家の起
源、あるいは、同じことであるが、国内法秩序の存在を説明するのではなくて、こ
の事実を正当化する、つまり、諸個人はかれらに義務を課し権利を付与する法秩序
によって拘束されるという事実を正当化することである。この正当化は平等と自由
が最高の価値であることを前提とする。もし人々がまさしくかれらの本性によって
平等かつ自由であるとするならば、かれらは、かれらの同意に基礎づけられた、つ
まり、契約により拘束されるべき人々によって任意的に締結されたその契約により
確立された社会秩序によってのみ拘束されうる。

## ◈ d　国際法の基礎としての国々の共通の同意

　しかし、人々は、現実には、かれらの本性によって自由でもなければ平等でもな
い。また、たとえかれらがその本性により自由かつ平等であるとしても、かれら
は、法によってその同意なしに特定の方法で行動することを義務づけられる。

　国際共同体に任意的に参加する国々の共通の同意の理論は、この共同体の基礎と
してまたはこの共同体を構成する国際法の基礎として、同じ擬制に依拠する。国々
は意図せずに、またその意思に反してでさえ一般国際法により拘束される。こうし
て、たとえば、新国家は、出現するや直ちに、当該国の側での一般国際法を承認す
るいかなる行為も必要とせずに、一般国際法が規定するすべての権利および義務を
持つ。国際法は新たに確立された共同体が他の諸国により国家として承認されると

C 国際法の人的妥当範囲：国際法主体

きにその共同体に適用可能になると仮定されるであろう。そのような承認は当該共同体が国際法の意味での国家の要件を満たすことを確定する意味を持つ[38]。しかしながら、これらの要件のうちに新国家は既存国際法に服するという要件は存在しない[39]。個人が意図せずに、また意思に反してさえ、かれを拘束する国家法に任意的に服従しないのと全く同じように、国家は、国際法を承認するまたはしないにかかわりなく、自国を拘束する国際法に任意的に服従しない。いかなる国家も国際共同体から、あるいは同じことであるが、この共同体を構成する国際法から離脱することができない。また、国家はこの共同体の構成員でない限り、つまり、国際法がそれに適用されない限りで、それは「国家」ではない。すなわち、それは法的に存在しない。いわゆる国家の基本権が国際共同体の本質から、または国家の本質もしくは人格から演繹されると述べられるときには、それらの権利は、実は、国家共同体が、個人が—自然法理論に従い—国家共同体、つまり国家に参加する以前に存在する自然状態に類似した「自然状態」において存在するときに、国際共同体に参加する以前のこの国家共同体にこれらの権利を付与する一種の自然国際法によって確立されたものと仮定される。国内法理論においてこの擬制はずっと以前に放棄された。だが、国際法理論にあっては、それは、特に、基本権の最も重要なもの、すなわち、平等の権利および主権の権利に関して意識的または無意識的に維持されている。

◆ e 国家の基本権としての平等および主権

しかしながら、平等と主権は国家が国際共同体に参加するときに付与される権利ではない。国々は一般国際法がかれらをこのように扱う限りで、すなわち、かれらのすべてに同一の義務を課し、そしてかれらのすべてに同一の権利を付与する限りで、法的に平等である。しかしながら、これは明らかに真実ではない。沿岸国は、男性が女性とは異なる義務および権利を持つのと全く同じように、一般国際法上内陸国が持たない義務および権利を持つ[40]。国々の法的不平等は国家間関係の法的規制と両立しうる。事実問題として、締約国の一部には特権が付与されて、他の締約国には付与されない条約が存在する。だが、他の締約国はそのような取扱いに

---

[38] 本書後掲 217 頁以下を参照せよ。
[39] 国家を拘束するためには国際法は当該国家により承認されなければならないという理論に関して、本書後掲 255 頁および 354 頁以下を参照せよ。
[40] 本書後掲 180 頁以下を参照せよ。

よって国家としてのその属性を失わない。国連憲章は、一般国際法により確立されたとされる平等原則に違反することなく、5大国にいわゆる拒否権の特権を付与する。また、憲章に基づく国家の不平等にもかかわらず、憲章は第2条1項で「この機構は、そのすべての加盟国の主権平等の原則に基礎をおいている」と宣言する。国家も人も平等でないという事実にもかかわらず、法律学が国家と同じく個人に対して平等権を帰属させることが意味するものは、明らかに法の下の平等ではなくて、法の前の平等である。しかし、法が関連性ありとして認める差別と認めない差別がある。法の前の平等は、法適用機関は法の適用に際して法により認められない差別を行ってはならないこと、つまり、法は、法が適用されることを意図するように適用されなければならないことを意味する。法の前の平等は、法、合法性、適法性に一致した法の適用を意味する。それは主体の「権利」ではなくて、法適用機関に向けられた要請である。時として、実定国際法の一定の原則は、たとえば、（多数決制とは異なる）全会一致制、特に、条約は締約国のみを拘束するという原則またはいかなる国家も他国に対して管轄権を持たないという原則は「平等権」の結果として提示される。これらの原則が広く行われる限りで、国々の法の下の平等が仮定されるかもしれない。しかし、これらの原則は、他の関係で証明されるように、重大な制限を伴ってはじめて有効である[41]。

　国家主権の基本権という言葉が、その本来の意味、つまり最高の権威の意味で理解されるならば、そのような権利は存在しないし、また、存在しえない[42]。国際的な権利の主体として、国家は、たとえ国際法が国内法の一部であると考えられるとしても、国際法に従属する。それゆえ、権利主体としての国家は、個人が国内法の下で「主権者」であるのと同程度にしか「主権者」でありえない。国際法の権威、あるいは、同じことになるのであるが、国際共同体の権威は、国家共同体、すなわち、国家の権威が諸個人の上に確立されるのと同じように、諸国家の上に確立される。もしいわゆる国家主権が国際法と両立しうると考慮されるとするならば、それは、すでに指摘されたように、国際法の意味での国家は、国際法、すなわち、一般慣習国際法または条約特別国際法にのみ法的に従属するのであって、他の国家の国内法に従属しないことを意味しうるにすぎない。もし「主権」によってある共同体が国家であるためには国際法にのみ従属しなければならないのであって、他国の国内法に従属してはならないことを意味するとすれば、主権は国家の必須的な属

---

(41)　本書後掲281頁以下を参照せよ。

(42)　本書後掲359頁以下を参照せよ。

性として考慮されるであろう。国家共同体としての国家は国内法秩序によって構成されるのであるから、もしある強制秩序が国際法にのみ従属するとするならば、その強制秩序は国際法の意味での国家を構成するという言明によって関係原則を公式化することがいっそう正確であろう。

ある共同体が国家である、あるいは、同じことであるが、もしある共同体が国際法にのみ従属するとすれば、その共同体は国際法の意味で「主権的」である、という原則を主権の「権利」として提示することは、どう考えても正確ではない。この意味での主権は国家の権利ではない。というのは、それはある共同体が国家であり、国際法の下で国家の権利を持つ条件であるからである。主権は国家の「権利」であるという観念は、たとえば、人権事項に関して管轄権を有する、あるいは条約締約国の間で発生するすべての紛争に関して強制的管轄権を有する国際裁判所を条約によって設置しようとする場合のように、この「権利」と両立しないと考えられる特定の国際制度の設立を阻止するために濫用されることがあり、また、実際に濫用されている。国家は、そのような条約の締結を拒否することがあるが、しかし、主権の「権利」によってその態度を正当化することはできない。国際共同体を設立する条約が構成国にそのような権利を付与しないという事実にもかかわらず、人は、この共同体から一方的行為によって脱退する国家の法的権限をこの主権の権利から引き出してきた[43]。しかし、そのような権限をいわゆる主権の「権利」から引き出すことはできない。

国際法は国家に対して他国の一定利益を尊重する義務を課す。国際法がこのように保護する国家の一定利益の侵害、特に、領土保全の侵害は、通常その主権の権利の侵害と性格づけられる。しかし、この侵害と一国の法的に保護された利益範囲に対する他国のあらゆる他の違法な干渉との間に本質的な違いは存在しない。したがって、問題となる国際違法行為は、誤解を招きやすい「主権」という言葉を用いずにこれを記述することができる。

### ◆ f その他の基本権

生存権、尊重を求める権利、他国の側の不干渉の権利、管轄権の権利のような他のいわゆる基本権は存在するのか、また、どの程度存在するのか、の問題は、国家は国際共同体に参加することによってこれらの権利を保持するという擬制的前提に

---

(43) 本書後掲 290 頁および 365 頁を参照せよ。

よってではなく、実定国際法を分析することによって初めて解答可能になる[44]。

# 6 　国際法主体としての国家の性格を持たない共同体

　国家と個人ばかりでなく、国家の性格を持たない共同体もまた国際法の主体である。それらは諸個人の共同体または諸国家の共同体である。

---

[44]　自己保存権に関しては、本書前掲51頁以下を参照せよ。また、不干渉の権利に関しては、本書前掲54頁以下を参照せよ。

　　国連総会により設立された国際法委員会（1947年11月21日123会合）は総会によって採択されるべき国家の権利義務に関する草案宣言を準備した。同宣言は以下の規定を含む。

　　「第1条　あらゆる国家は、独立の権利を有する。したがって、いかなる他の国家の命令も受けることなく、自国の統治形態の選択を含め、そのすべての法的権能を自由に行使する権利を有する。

　　第2条　あらゆる国家は、国際法により認められる免除の制限に服することを条件として、自国領域に対して、また領域内のすべての人および物に対して管轄権を行使する権利を有する。

　　第3条　あらゆる国家は、すべての他の国家の対内事項または対外事項に対して干渉することを慎む義務を負う。

　　第4条　あらゆる国家は、他国の領域内で内紛を扇動することを慎む義務、および、そのような内紛を扇動すると推測される活動を自国領域内で組織することを防止する義務を負う。

　　第5条　あらゆる国家はあらゆる他の国家と法的に平等の権利を有する。

　　第6条　あらゆる国家は、人権および基本的自由に関して自国の管轄下にあるすべての人を人種、性、言語、宗教の差別なしに取り扱う義務を負う。

　　第7条　あらゆる国家は、自国領域内で普及する状態が国際の平和および安全を脅かさないことを確保する義務を負う。

　　第8条　あらゆる国家は、国際の平和および安全ならびに正義を危うくしない方法で平和的手段により他の国家との紛争を解決する義務を負う。

　　第9条　あらゆる国家は、国家政策の手段として戦争に訴えることを慎む義務、および、他国の領土保全および政治的独立に対する武力の威嚇または行使あるいは国際の法および秩序と両立しないいかなる他の方法によるものも慎む義務を負う。

　　第10条　あらゆる国家は、第9条に違反して行動するまたは国際連合が防止もしくは強制行動をとるいかなる国家に対しても援助を与えることを慎む義務を負う。

　　第11条　あらゆる国家は、第9条に違反して行動する他の国家によるいかなる領域取得も承認することを慎む義務を負う。

　　第12条　あらゆる国家は、武力攻撃に対して個別的または集団的自衛の権利を有する。

　　第13条　あらゆる国家は、条約およびその他の国際法の淵源から生ずる自国の責務を誠実に履行する義務を負う、また、この義務の履行を怠る口実として自国の憲法または法律を援用してはならない。

　　第14条　あらゆる国家は、国際法と各国の主権は国際法の至上性に服するという原則とに従って他の国々との関係を処理する義務を負う。」

C　国際法の人的妥当範囲：国際法主体

## ◆ a　個人から成る共同体

### ⑴　教　会

　国家の性格を持たないけれども、国際法主体である諸個人の共同体はローマ教皇によって代表されるローマ・カトリック教会、すなわち、教皇庁である。教会の長としての教皇は教会に関する事項を規律する目的で国家と一定の条約を締結することができると一般に認められている。政教協約（concordats）と呼ばれるこの条約は法的性格を有する。というのは、この条約は締約当事者に対して義務を課し、権利を付与するからである。これらの条約により確立される義務および権利は、国際的な義務および権利であり、それらの違反は国際違法行為を構成する。教会が国家と締結する条約はそれらの妥当性の根拠をいかなる国内法にも持たない。というのは、一国の法としての国内法は、教会の長としてのローマ教皇、つまり、同じことであるが、そのようなものとしてのカトリック教会に対して、義務を課しまたは権利を付与することはできないからである。というのは、教会は、その法的存在があらゆる国内法秩序の妥当性の範囲を超えて拡大する共同体であるからである。教会は全世界のカトリック教徒を包含する共同体を構成する秩序である。条約に関する一般国際法の規範だけが、これらの協定、とりわけ政教協約に法定立的効果を与えることができる。国際法主体として、教会は、使節権を持つ、つまり、一般国際法が外交使節に対して付与する特権を享有するそのような者を派遣し接受することができる。しかしながら、カトリック教会と国際法主体としての国家との間には、かれらによりまたはかれらに対して執行される制裁に関して相違が存在する。カトリック教会は戦争を行うことができないし、カトリック教会に対して戦争が行われることもありえない。一方が他方の法的権利を侵害する復仇のみが可能である。

　ローマ・カトリック教会と締結された政教協約は、バチカン市国を創設した条約およびこの国家と締結された諸条約とは区別されなければならない。

　バチカン市国は、1929年2月11日のイタリアとローマ教皇庁との間で締結された条約、いわゆるラテラノ条約によって創設された。この条約でイタリアは、「バチカン（ローマ内の一定領域）に対する教皇庁の完全な所有権、排他的な支配権、主権的な権威および管轄権を承認する」。それは、イタリアが同国領域内に新国家を創設する目的上その領域の一部を放棄したことを意味する。この領域は100エーカーを超えないが、それにもかかわらず、国家の領域である。その住民は700人を超えず、かれらの職務のためにそこに居住する人々でもっぱら構成されている。そ

れにもかかわらず、それは国家の住民である。教皇は政府なのであるから、国際法の意味での国家の全要素は存在する。イタリアはこの条約でローマ教皇の主権の下でバチカン市国を承認した（第26条）。同条約の第24条は次のような宣言を含む。すなわち、教皇庁、つまり、新国家の元首としての教皇は、他国間の世俗的な抗争およびそのような問題に関する国際会議に、「そのような当事国が共同で教皇庁の平和的な任務に訴える場合に、教皇庁がその道徳的および精神的な影響力を行使する権利を留保することを除き」、参加することを望まないし、また参加すべきではない、と。したがって、同条は、バチカン市国はいかなる場合にも中立かつ不可侵の領域と考慮されなければならないと規定する。ローマ・カトリック教会とイタリアとの間で締結されたこの条約により、新国家に対して若干の国際的義務が課され、また、若干の国際的権利が付与される。この国家はローマ・カトリック教会とは異なる法人である。教会の長は同時にバチカン市国の元首である。教会とこの国家との間には人的連合が存在する。しかし、一定の領域に限定されたバチカン市国は、領域的な限界を持たない教会と同一視されてはならない。それは、あらゆる国家領域がそうであるように、バチカン市国の領域的な妥当範囲が限定されることを意味する。これに対して、ローマ・カトリック教会の領域的な妥当範囲は限定されない。しかしながら、教会は時として述べられるように、外部的な空間ではない。われわれがカトリック教会と呼ぶ社会秩序は、人間行動を規律するあらゆる規範秩序が持つような領域的な妥当範囲を持つ。この領域的な妥当範囲、すなわち、カトリック教会の空間的な法的存在だけが制限されないのである。

### (2) 国家類似の共同体

### (a) 交戦権力として承認された反徒

　国際法の意味での国家のすべての要件を満たさないが、しかしそれにもかかわらず、国際的な義務および権利の主体と見なされる国家類似の共同体が存在する。そのような共同体は内戦において反徒が、当該内戦が発生する国家の領域および住民の一部に対して実効的な支配を確立するという事実によって確立される。もし反徒が交戦権力（belligerent power）として承認されるならば、戦争および中立の行為に関係する一般国際法規則が他国との関係で適用される。それゆえ、反徒は国際法の主体である。ただし、反徒政府が一定の領域およびその住民に対して行使する実効的な支配は内戦が依然として継続するために未だ確定的に安定していない。交戦権力としての反徒の承認が可能である条件は本書の第3部で検討されるであろ

## C 国際法の人的妥当範囲：国際法主体

う[45]。

### (b) 保 護 関 係

国際法主体であることがある国家類似の共同体のもう一つの例は、他国と締結した条約によって当該他国が行使する保護権に服する国家である。指摘されたように[46]、保護関係は、保護権国がその機関を通じて、つまり、自己の憲法に従って被保護共同体のすべての国際関係または最も重要な国際関係を処理することができるという事実にある。保護条約の効果は、保護関係の下にある政治団体が他国の国内法秩序に部分的に服し、国際法に排他的に服さず、したがって、国際法の意味での国家の必須的要素である独立を失ってしまっていることである。それは国家類似の共同体であって、完全な国家ではない。もしその共同体が保護権国に対して国際関係に関するその権限の一部のみを付与したとするならば、被保護政治団体と他の国家との間には保護関係の範囲内に入らない関係が残る。したがって、保護関係の下にある国家類似の共同体は保護権国とは無関係に国際的な義務および権利を有する。この場合に、被保護共同体は限定された国際人格を持つ。しかしながら、もし一国が他国に対して国際関係に関する全権限を付与するならば、その国家は国際関係の領域から完全に消滅し、したがって、国際法主体と考慮されることができない。被保護共同体の国際人格はいわば保護権国によって完全に吸収される。こうして、保護権国だけが国際法主体である[47]。

### (c) 国際法主体ではない委任統治地域および信託統治地域

国連憲章第75条に従えば、「国際信託統治制度」は「今後の個個の協定によって

---

[45] 本書後掲238頁以下を参照せよ。

[46] 本書前掲95頁を参照せよ。

[47] H.C. ヴァン・ホウシュトレーテン対ロウ・ラム・セン事件（*H.C. van Hoogstraten v. Low Lum Seng*, Federated Malay States, Supreme Court, 1939; Annual Digest 1938-1940, Case No. 16）において、イギリスの保護下にあるマライ連合諸州がドイツと戦争状態にあるかどうかの問題が生じた。裁判所はマライ連合諸州が戦争状態にあると判示した。すなわち、「宗主国または保護権国が、そしてそれだけが被保護国を戦争状態または平和状態におくことができるのであるから、私が保護権国の行為を調査しなければならないのは明らかである。もしこの調査がこの問題に明確な答えを与えないならば、そのときに私が取り組まなければならない情報源は戦争を行ったり行わなかったりする権限を有する行政府である。本件において、それは、その代表が高等弁務官であるイギリス政府を意味する」。そこで、裁判所は、イギリス高等弁務官のいくつかの宣言を含む官報に依拠し、次のように結論した。すなわち、「宗主国または保護権国の行為である高等弁務官のこれらの行為は明確で疑う余地がなかった。それらの行為はマライ連合諸州をドイツとの戦争状態においた。したがって、全ドイツ国民が敵性外国人であることになる」。

この制度の下におかれる地域の施政及び監督を目的とする」。信託統治制度は、国際連盟規約第22条で確立された委任統治制度に取って代わることを意図した。第22条は以下の通りである。すなわち、「1　今次ノ戦争ノ結果従前支配シタル国ノ統治ヲ離レタル殖民地及領土ニシテ近代世界ノ激甚ナル生存競争状態ノ下ニ未タ自立シ得サル人民ノ居住スルモノニ対シテハ、該人民ノ福祉及発達ヲ計ルハ、文明ノ神聖ナル使命ナルコト、及其ノ使命遂行ノ保障ハ本規約中ニ之ヲ包容スルコトノ主義ヲ適用ス。2　此ノ主義ヲ実現スル最善ノ方法ハ、該人民ニ対スル後見ノ任務ヲ先進国ニシテ資源、経験又ハ地理的位置ニ因リ最此ノ責任ヲ引受クルニ適シ且之ヲ受諾スルモノニ委任シ、之ヲシテ聯盟ニ代リ受任国トシテ右後見ノ任務ヲ行ハシムルニ在リ。3　委任ノ性質ニ付テハ、人民発達ノ程度、領土ノ地理的地位、経済状態其ノ他類似ノ事情ニ従ヒ差異ヲ設クルコトヲ要ス。4　従前土耳其帝国ニ属シタル或部族ハ、独立国トシテ仮承認ヲ受ケ得ル発達ノ程度ニ達シタリ。尤モ其ノ自立シ得ル時期ニ至ル迄、施政上受任国ノ助言及援助ヲ受クヘキモノトス。前記受任国ノ選定ニ付テハ、主トシテ当該部族ノ希望ヲ考慮スルコトヲ要ス。5　他ノ人民殊ニ中央阿弗利加ノ人民ハ、受任国ニ於テ其ノ地域ノ施政ノ責ニ任スヘキ程度ニ在リ。尤モ受任国ハ、公ノ秩序及善良ノ風俗ニ反セサル限リ良心及信教ノ自由ヲ許与シ、奴隷ノ売買又ハ武器若ハ火酒類ノ取引ノ如キ弊習ヲ禁止シ、並築城又ハ陸海軍根拠地ノ建設及警察又ハ地域防衛以外ノ為ニスル土民ノ軍事教育ヲ禁遏スヘキコトヲ保障シ、且他ノ聯盟国ノ通商貿易ニ対シ均等ノ機会ヲ確保スルコトヲ要ス。6　西南阿弗利加及或南太平洋諸島ノ如キ地域ハ、人口ノ稀薄、面積ノ狭小、文明ノ中心ヨリ遠キコト又ハ受任国領土ト隣接セルコト其ノ他ノ事情ニ因リ受任国領土ノ構成部分トシテ其ノ国法ノ下ニ施政ヲ行フヲ以テ最善トス。但シ受任国ハ、土著人民ノ利益ノ為前記ノ保障ヲ与フルコトヲ要ス。7　各委任ノ場合ニ於テ、受任国ハ、其ノ委託地域ニ関スル年報ヲ聯盟理事会ニ提出スヘシ。8　受任国ノ行フ権限、監理又ハ施政ノ程度ニ関シ、予メ聯盟国間ニ合意ナキトキハ、聯盟理事会ハ、各場合ニ付之ヲ明定スヘシ。9　受任国ノ年報ヲ受理審理セシメ、且委任ノ実行ニ関スル一切ノ事項ニ付聯盟理事会ニ意見ヲ具申セシムル為、常設理事会ヲ設置スヘシ」。規約の効力の終了を意味する国際連盟の解散によって、委任統治制度の法的根拠、したがって、委任統治制度それ自体が存在を終了した[48]。

　国連憲章第76条が規定する信託統治制度の基本目的は以下の通りである。すなわち、「a　国際の平和及び安全を増進すること。b　信託統治地域の住民の政治的、経済的、社会的及び教育的進歩を促進すること。各地域及びその人民の特殊事

C　国際法の人的妥当範囲：国際法主体

情並びに関係人民が自由に表明する願望に適合するように、且つ、各信託統治協定の条項が規定するところに従って、自治又は独立に向かっての住民の漸進的発達を促進すること。c　人種、性、言語又は宗教による差別なくすべての者のために人権及び基本的自由を尊重するように奨励し、且つ、世界の人民の相互依存の認識を助長すること。d　前記の目的の達成を妨げることなく、且つ、第80条の規定を留保して、すべての国際連合加盟国及びその国民のために社会的、経済的及び商業的事項について平等の待遇を確保し、また、その国民のために司法上で平等の待遇を確保すること」。

第80条は「第77条、第79条及び第81条に基づいて締結され、各地域を信託統治制度の下におく個個の信託統治協定において協定されるところを除き、また、このような協定が締結される時まで、本章の規定は、いずれの国又はいずれの人民のいかなる権利をも、また、国際連合加盟国がそれぞれ当事国となっている現存の国際文書の条項をも、直接又は間接にどのようにも変更するものと解釈してはならない」と規定する。

第79条、83条および85条に従えば、信託統治制度の下におかれる各地域に関する信託統治の条項は「直接関係国」によって協定され、かつ、総会によって承認される。あるいは、信託統治地域が協定において戦略地区に指定される場合には、その条項は安全保障理事会により承認される。協定が国際連合の機関によって承認されなければならないという事実は、一方で国際連合が、他方で直接関係国が信託統治協定の締約当事者でなければならないことを意味する。憲章は「直接関係国」の概念を定義していない。憲章は、国際連盟規約に従って以前に委任統治制度の下におかれた地域の場合には、受任国がもし国連加盟国であるならば、「直接関係国」

---

(48)「委任統治」により確立された法的地位の本質的な要素は、理事会により代表される国際連盟による監督にある。連盟の法的存在と共に、監督の機能は終了した。もし連盟により行使される監督が存在しないとするならば、規約第22条に従い「聯盟ニ代リ」行使されなければならないいかなる委任統治も存在しない。(連盟が解散された)1946年4月18日の決議において、総会は、「連盟の存在の終了により、委任統治地域に関するその任務は終了する」と宣言した。しかしながら、国際司法裁判所は、1950年7月11日の南西アフリカの地位に関する勧告的意見（ICJ Reports, 1950, p. 128）において、国際連盟は機能を終了したが、委任統治制度は終了しなかった、したがって、「南西アフリカは1920年12月17日に南アフリカにより引き受けられた国際的な委任統治の下にある地域である」と宣言した。裁判所はさらに監督機能は国際連合によって行使されなければならないと宣言した。ただし、南西アフリカ地域は国際連合の信託統治制度の下におかれなかった、また、裁判所は、「国連憲章第12章『国際信託統治制度』の規定は南アフリカ連邦に当該地域を信託統治制度の下におく法的義務を課さない」と述べた。

に含まれると規定するにすぎない。旧委任統治地域のすべてではないが一部は、国際連盟規約に従って受任国であった国によって信託統治制度の下におかれた[49]。旧日本委任統治諸島はアメリカ合衆国が施政権者として指定された協定により信託統治制度の下におかれた。この手続は、委任統治制度の終了を意味する国際連盟の解散の後で、受任国が、そして日本の降伏の後で合衆国がその主権をそれぞれの地域に拡大したと仮定される場合にのみ、一般国際法に一致する[50]。もしそうでなければ、かれらはこれらの地域を処理する権利を持たなかった。国連憲章第81条に従うならば、加盟国のみならず、非加盟国も信託統治協定の施政権者に指定されることがある。総会は、第316回全体会議で、旧イタリア植民地であるソマリランドに関する信託統治協定を承認した。この協定において、国際連合の非加盟国であるイタリアが施政権者として指定される。

　信託統治協定では、憲章で示される任務以外のいかなる任務も国際連合に付与されない。これらの任務は、非戦略地区に関して、「a　施政権者の提出する報告を審議すること。b　請願を受理し、且つ、施政権者と協議してこれを審査すること。c　施政権者と協定する時期にそれぞれの信託統治地域の定期視察を行わせること。d　信託統治協定の条項に従って、前記の行動その他の行動をとること」であり（第87条）、また、信託統治協定の変更または改正を承認することである（第85条）。これらの任務は、国連総会および、その権威の下で、信託統治理事会によ

---

(49)　以下の旧委任統治地域は信託統治制度の下におかれた。すなわち、イギリスによって、ブリティッシュ・トーゴーランド、ブリティッシュ・カメルーン、タンガニーカ、オーストラリアによって、ニューギニア、フランスによって、フレンチ・カメルーン、フレンチ・トーゴランド、ベルギーによって、ルワンダ・ブルンジ、ニュージーランドによって、西サモア、オーストラリア、ニュージーランドおよびイギリスによって、ナウル、アメリカ合衆国によって旧日本委任統治地域、がそれぞれ信託統治制度の下におかれた。南アフリカ連邦は南西アフリカの旧委任統治地域を信託統治制度の下におくことを拒否した（本書前掲138頁注48を参照せよ。）。

(50)　1951年9月8日にサンフランシスコで署名された日本との講和条約第2条(d)において、「日本国は、国際連盟の委任統治制度に関連するすべての権利、権限及び請求権を放棄し、且つ、以前に日本国の委任統治の下にあった太平洋の諸島に信託統治制度を及ぼす1947年4月2日の国際連合安全保障理事会の行動を受諾する」。講和条約の第3条は以下のように規定する。すなわち、「日本国は北緯29度以南の南洋諸島（琉球諸島及び大東諸島を含む。）孀婦岩の南の南方諸島（小笠原群島、西之島及び火山列島を含む。）並びに沖の鳥島及び南鳥島を合衆国を唯一の施政権者とする信託統治制度の下におくこととする国際連合に対する合衆国のいかなる提案にも同意する。このような提案が行われ且つ可決されるまで、合衆国は、領水を含むこれらの諸島の領域及び住民に対して、行政、立法及び司法上の権力の全部及び一部を行使する権利を有するものとする」。

り遂行されなければならない。戦略地域に関して、憲章は、第83条で以下のように規定するにすぎない。すなわち、「1　戦略地域に関する国際連合のすべての任務は、信託統治協定の条項及び変更または改正の承認を含めて、安全保障理事会が行う。2　第76条に掲げる基本目的は、各戦略地区の人民に適用する。3　安全保障理事会は、国際連合の信託統治制度に基く任務で戦略地区の政治的、経済的、社会的及び教育的事項に関するものを遂行するために、信託統治理事会の援助を利用する。但し、信託統治協定の規定に従うものとし、また、安全保障の考慮が妨げられてはならない」。

　国際連盟規約第22条に従い、委任統治地域は「聯盟ニ代リ」「後見」としての受任国により統治されたのであり、したがって、国際連盟の下におかれたものと考慮することができたのに対して、信託統治地域の法的地位は類似の方法で解釈することがほとんどできない。国連憲章はこれらの地域が国際連合に「代リ」統治されるとは規定していない。また、憲章に従ってこの機構に付与される権限、そして、現行の信託統治協定によってこの機構に付与された権限は、非常に限定されているので、信託統治地域に対する領域主権が国際連合に付与されると仮定する理由は全くない。現に存在する信託統治地域は、これらの地域を処分するその権利を行使して、国際連合と締結した信託統治協定によってそれらを信託統治の下におき、こうして、第81条の意味での施政権者になった諸国の領域主権の下にある[51]。それゆえ、信託統治地域は国際法の主体ではない。憲章は、信託統治地域に対する主権を国際連合自身に付与する信託統治協定を排除しない。憲章第81条に従えば、機構が施政権者にされることさえある。しかし、現行のいかなる信託統治協定もこれまで委任統治地域に対する主権または施政権者の任務をこの機構に付与していない。

### ◆　b　国々から成る共同体

### (1)　連邦国家

　保護条約は国家と国家類似の政治団体の共同体を構成する。この共同体は、その

---

(51)　ブリティッシュ・トーゴーランドに関する信託統治協定第5条は次の通りである。すなわち、「施政権者は、この地域に関して立法、行政および司法の全権を有するものする、また、地域的な条件により必要とされる修正を伴いかつ国連憲章およびこの協定の規定に従うことを条件として、自国法に従って自国領域の不可分の一部として当該地域を統治するものとする」。「自国領域の不可分の一部として」という方式はすべての信託統治協定に現れるわけではないけれども、それは施政権者との関係で全信託統治地域の法的地位を正確に表現している。

## 6　国際法主体としての国家の性格を持たない共同体

共同体の2構成国の外交事務の部分的または全体的な集権化によって特徴づけられるが、そのうちの一国のみが国際法の意味での完全な国家である。なぜなら、二つの政治団体の外交事務が相互に異なる独立した二つの機関によってではなく、全く同一の機関によって管理される時には、その外交事務の管理は集権化されるからである。もし外交事務の集権化が完全であるならば、国際法は保護権国と被保護政治団体との間で適用不可能になる。保護条約により設立された共同体は、2国によって締結された国際協定によるその創設に関してのみ国際的であって、その構造に関してではないからである。国際法の観点からは、外交事務の完全な集権化を伴う保護関係は保護権国の対内事項であって、保護権国のみが国際関係に現れる。もし集権化が部分的にすぎず、そのため、保護関係の下にある政治団体が外交事務に関して一定の権限を保持するならば、双方の構成員が国際法主体である。しかし、保護条約により設立される国際共同体は国際法の主体ではない(52)。

　2又は3以上の国々の外交事務管理の集権化は、締約諸国の条約により、それらの1カ国の機関に対してではなく、それらの国によって構成される共同体の機関に外交事務の管理を委ねることにより同じく達成することができる。というのは、共同体の憲法はその条約によって規定されるからである。そのような条約によって設立される共同体は国家の性格を持つ。すなわち、その憲法は、締約諸国の外交事務の管理ばかりでなく、他の機能が新共同体の機関に付与されるときに、つまり、設立条約により確立される集権化の程度が国家の特徴を備えるときに国内法の性格を持つ。これは連邦国家が設立されることがある方法である。そのような条約を締結することにより、また、連邦憲法に服することにより、締約諸国は国際法の意味での国家としてのその性格を失う。それらの国は、少なくとも部分的に国家の典型的な諸機能、すなわち、立法、行政および司法を保持するならば、いわゆる連邦国家の構成国である。というのは、これらの機能に関する権限は連邦と構成国の間で分割されるからである。外交事務の分野での集権化が完全ではないことがある。すなわち、構成諸国はこの点に関して何らかの残余的権限、たとえば、一定の分野に関して第三国と条約を締結する権限を持つことがある。そのとき、それらの国は限定的な人格を有する国際法主体と見なされるであろう。しかし、構成諸国は連邦憲法に従ってこの権限を有するのであるから、構成諸国の機関は、連邦憲法により付与された権限の範囲内で諸条約を締結するに際し連邦国家の間接的な機関であると同じく考慮されるであろう。したがって、これらの条約を締結する国際人格は一定の点で構成国を通じて行動する連邦国家であると見なされるであろう。

C  国際法の人的妥当範囲：国際法主体

## (2) 物 的 連 合

国家結合の別の種類として「物的連合」と「人的連合」を指摘することが通常で
ある。双方は一国の元首が同時に他国の元首である二つの君主国の結合である。し

---

(52)  ドイツ帝国とチェコスロバキア共和国によって 1939 年 3 月 15 日に締結された協定によっ
て設立されたいわゆるボヘミア・モラヴィア保護領は真の保護関係ではなかった。この協定
によって、チェコスロバキア共和国はドイツ帝国政府に対して、共和国の外交事務を処理す
るばかりでなく、保護権国が被保護共同体に関して有する権限をはるかに超える他の権限を
付与した。この協定により、チェコスロバキア共和国大統領は「チェコ国民及び国家の運命
を全幅の信頼をもってドイツ帝国総統の手に委ねた。総統はこの声明を受諾し、チェコ国民
をドイツ帝国の保護下におき、これに対してその固有の性質に従った自治的発展を保障する
決意を表明した」。これは、チェコスロバキア共和国はドイツ帝国に対して同共和国が国際法
の下で有するすべての法的権限を付与し、これに対してドイツ帝国はチェコ人民に自治を付
与する義務のみを負ったことを意味する。1939 年 3 月 15 日の協定はチェコスロバキア共和
国の領土および住民のドイツ帝国への編入、したがって、同共和国の終了を意味する。この
協定に基づきドイツ政府が 1939 年 3 月 16 日に一方的に発した命令は、とりわけ、以下の規
定を含んでいた。
　1939 年 3 月にドイツ軍により占領された前チェコスロバキア国の領域は今後大ドイツ帝国
の領域に属し、「ボヘミア・モラヴィア保護領」としてその保護下に入る。帝国の防衛が要求
する限度で、総統兼首相はこれらの領域の個別的部分に関してこの原則を逸脱することがあ
る処分を行う（第 1 条）。ボヘミア・モラヴィアは自治であり、自ら統治する。それは帝国の
政治的、軍事的および経済的な必要に従って保護領の枠組内で与えられる主権的権利を行使
する。それはこれらの主権的権利を自己の機関、自己の当局、自己の公務員を通じて行使す
る（第 3 条）。ボヘミア・モラヴィア保護領の自治行政の長は国家元首としての保護と権利を
享有する。保護領の長はその任務の履行に関して総統兼首相の信認を有しなければならない
（第 4 条）。ドイツ利益の保護者として、総統兼首相は「ボヘミア・モラヴィア保護領統監」
を任命する。統監府はプラハにおかれる。総統兼首相の代理人としてかつ帝国政府の全権と
して、保護領統監は総統兼首相により定められる政策指針が遵守されることを確保する任務
を有する。保護領政府の職員は保護領統監により信任される。この信任は撤回可能である。
保護領統監は保護領政府がとったあらゆる政策について通知されかつこれについて助言する
権限を与えられる。統監は帝国を損なうと推測される処置に反対し、遅延の虞があるときに
は、共通の利益のために必要な命令を自ら発することができる。法律、命令及びその他の立
法並びに行政措置及び有効な判決の執行は保護領統監が反対するときには停止される（第 5
条）。保護領の外交事務、特に在外国民の保護は帝国によって行われる。帝国は共通利益に一
致する方法で外交事務を指導する。保護領は「使節」（Gesandter）の正式称号を有する代表
を帝国政府に派遣する（第 6 条）。帝国は保護領に対して軍事的保護を与える。この保護を実
行するに際し、帝国は保護領に守備隊及び軍事基地を維持する。領内の内部的安全及び秩序
を維持するために、保護領は独自の機関を有する。その組織、兵力、兵数及び装備は帝国政
府によって決定される（第 7 条）。共通の利益が要求する限度で、帝国は保護領に適用しうる
法令を公布し、その行政諸部門を掌握し、それらに関して必要な帝国当局を設置する。帝国
政府は安全及び秩序の維持に必要な処置をとる（第 11 条）。
　チェコ人民に認められた自治の大幅な制限を考慮すると、命令の第 3 条の文言にもかかわ
らず、自治行政当局にはもちろんいかなる「主権的」権利も残されていない。

かし、物的連合の場合には、国家元首の同一性は両国に妥当する憲法に基礎づけられ、したがって、永続的であるのに対して、人的連合の場合には、その同一性はもっぱら偶然的で、暫定的である。物的連合は、外交事務や軍事事項のような2君主国の一定の権限が、その憲法に従って、外務大臣や国防大臣等のような他の中央機関と協力して君主により完全にまたは部分的に集権化されかつ管理されるならば、連邦国家の性質とそれほど異ならない。第一次世界大戦の結果として解散されたオーストリア・ハンガリー帝国はそのような物的連合であった。もし国際事項の集権化がオーストリア・ハンガリー帝国の場合にそうであったように完全であるならば、物的連合それ自体だけが国際法の主体であって、2結合国のいずれも国際法の主体ではない。いわゆる人的連合は国際法の主体ではない。すなわち、共通の君主によって結合される国々だけが国際法の主体である。

## (3) 国 家 連 合

　連邦国家において全体国家（the total state）の権限または法的権能は中央政府と複数の地方政府との間で分配される。したがって、連邦国家の構造は全体国家が中心団体、つまり連邦と、いくつかの地方団体、つまり構成諸国とから成るという事実によって特徴づけられる。連邦と構成国はすべて部分共同体である。それらは合わせて全体共同体、すなわち連邦国家を構成する。これらの部分共同体のそれぞれが独自の立法機関と執行機関、そして時として独自の司法機関を有する。しかし、連邦の諸機関は同時に全体共同体、つまり連邦国家の諸機関である。このため、連邦は、通常、全体共同体としての連邦国家から部分共同体として区別されない。

　全体共同体が国際共同体ではなくて、国家共同体、つまり国家であって、国々の単なる連合でないのは、その集権化の程度のためである。また、その分権化の程度のために国家の性格を持たない国際共同体は、構成国の機関とは異なる特別な機関を持つことがある。2または3以上の国家によって締結されたあらゆる条約は、（国際法が共同体の構成国の間の関係に依然として適用される限りで）国際共同体を設立するのであるから、2種類の国際共同体、すなわち、組織的な国際共同体と未組織的な国際共同体が区別されなければならない。組織的な国際共同体は、その国際共同体の設立目的を追求するために特別な共同体機関を設置する条約によって創設される。この共同体は「国際」共同体である。というのは、それは国家の性格を持たないからである。構成条約で規定された法秩序は、もしその集権化が国家の特徴を示す程度に達していないならば、国内法ではなくて、国際法の性格を有する。組

C　国際法の人的妥当範囲：国際法主体

織化された国際共同体は国際組織である。連邦国家とは対照的に、それは国々の連合である。「連合国家」（*Bundesstaat*）と「国家連合」（*Staatenbund*）を区別するドイツ語の用語はいっそう正確である。

　国々の「連合」または「連合諸国」という言葉は、ドイツ連合（*der Deutsche Bund*, 1815-1866 年）または連邦国家（1787 年のアメリカ合衆国または 1848 年のスイス連邦）になる以前のスイス連合とアメリカ連合諸邦のような特定の歴史的な国々の組織に通常は留保される。しかし、国々のこれらの連合と連邦国家を構成するほど集権化されていない他の組織的な国々の共同体（国際組織）との間には本質的な違いは存在しない。国々の連合（国々の組織的共同体または国際組織）の構成国は、国際関係に関して構成条約がかれらに課す一定の義務に服するけれども、外交事務に関して制限されない権能を有する。もし構成条約が国際共同体に特別な目的のためにその機関を通じて構成国または非構成国と国際協定を締結する権限を付与するならば、その組織自体が国際法の主体である。

　国際法主体であることは国際法に服従しなければならないことを意味する。もし国々の国際共同体が国際法主体であるとするならば、その共同体は、その構成条約およびその締結した条約によって確立された義務および権利のみならず、一般国際法により確立された一定の義務および権利を有する。国々の組織的な国際共同体（すなわち国際組織）が一般国際法の下で持つ義務および権利、あるいは、同じことであるが、一般国際法が国際法主体としてのそのような国々の国際共同体に適用可能な範囲は、国際共同体に付与された権限、つまり、構成条約によって当該共同体の特別な機関に付与された権限によって決まる。国際法の主体である国際共同体は常にその共同体によって締結された条約を尊重する国際法上の義務を負う。なぜなら、国際共同体は、その憲法が当該共同体に少なくとも条約締結権限を付与する場合にのみ、国際法の主体であるからである。もし国際共同体が国際法主体であるならば、それは能動的および受動的な使節権を行使するであろう。すなわち、その共同体は外交使節を派遣し、またこれを接受するであろう。もしその憲法が、国際共同体に、構成諸国の領域と異なる特定の領域をその中央機関によって統治する権限を付与するならば（あるいは、通常公式化されるように、一定領域に対する主権を国際共同体に付与するならば）、そのときには、しかもそのときにのみ、国際共同体はその領土保全が尊重される権利を持つ。もし国際共同体がその憲法の下で構成国の軍隊とは異なる独自の軍隊を保有する権限を持ち、したがって、戦争を行うことができるならば、その国際共同体は一般国際法が戦争に関して確立するすべての義務お

および権利を持つ。もし国際組織が独自の軍隊を持つならば、それは制裁としての戦争、つまり、権利の侵害に対するリアクションとしての戦争に訴えることができる。また、もし独自の軍隊を持たないならば、その国際組織は復仇を適用することができる。国際法主体である国々の共同体に対してこれらの制裁を向ける可能性について言えば、復仇は、そのような共同体が権利、つまり保護された利益を持つ限りで、当該共同体に向けられることができる。というのは、復仇はそのような権利の侵害であるからである。制裁としての戦争に関して言えば、戦争は、国際法主体である国際共同体に対して、（その構成国の軍隊とは異なる）国際共同体の軍隊に対する反撃戦争としてのみ、あるいは、国際共同体がその構成国とは異なる自己の領域を持つならばその領域に対する反撃戦争としてのみ向けられうると思われる。

国際共同体を設立する条約が構成国を法的に拘束する決定を採択する権限、または、構成国によって行われた構成条約の違反または他の国際違法行為に対するリアクションとして復仇または戦争の性格を持つ強制行動をとる権限をその共同体の機関に付与するならば、そのときにはこれらの決定により確立される義務および権利は国際的な義務および権利であり、当該組織によりとられる強制行動は国際的な制裁である。そのような義務および権利を確立し、そのような制裁を適用する権限を持つ国際組織はこの点に関してもやはり国際法の主体として考慮されるべきである。

### ◆ c　国際連盟と国際連合

二度の世界大戦に関連して20世紀に設立された二つの最も重要な国際組織は国際連盟と国際連合である。

#### (1)　国 際 連 盟

国際連盟は、1919年から1920年にかけて、ヴェルサイユでドイツと、サンジェルマンでオーストリアと、トリアノンでハンガリーと、メイーでブルガリアと締結された諸講和条約の第1編を形成した国際連盟規約で設立された。主たる目的は国際平和の維持である。しかし、国際連盟は1946年にこの組織の解散をもたらした第二次世界大戦を阻止することができなかった。規約第1条に従えば、国際連盟の原連盟国は規約付属書に列挙される署名国であった。これらはたった今述べた4国と戦争状態にあった同盟および連合国であった。しかし、アメリカ合衆国は「署名国」であり、したがって、規約第1条の文言に従えば原連盟国であったけれども、

C 国際法の人的妥当範囲：国際法主体

諸講和条約を批准しなかったために国際連盟の構成国にならなかった。原連盟国は、また、付属書に列挙されかつ規約実施後2カ月以内に連盟事務局に寄託される一方的宣言によって規約への加盟を招請される一部の中立国であった。それ以後の連盟国の加盟は連盟国の3分の2によって行われる総会の決定により達成された。いずれの連盟国も2年の予告の後に（第1条3項）またはその連盟国の不同意であった規約の改正の場合には直ちに（第26条2項）連盟から脱退することができた。

国際連盟の主要機関は総会と理事会であった。総会は連盟国の代表から構成された。各連盟国は1個の表決権を持ち、3名を超えない代表者を出すことができた（第3条）。第4条に従えば、理事会は、いわゆる主たる同盟および連合国、すなわち、常任理事国であったアメリカ合衆国、英帝国、フランス、イタリアおよび日本と総会によって選定される他の4連盟国の代表者によって構成された。合衆国は講和条約を批准しなかったために、同国は第4条の文言に反して理事国にはならなかった。理事会は、総会の過半数の同意があるときには常に代表を出すべき連盟国を追加指定することができた。理事会は、同会に代表させるようにするため、総会よって選定されるべき連盟国の数を同様の同意をもって増加させることができた（第4条2項）。理事会に代表されない連盟各国は、特にその連盟国の利益に関係する事項の審議中、理事会の会議に理事会員として出席する代表を派遣するよう招請されなければならなかった（第4条5項）。理事会に代表される連盟各国は、理事会の会議において、1個の表決権を持ちかつ1名の代表を出すことができた（第4条6項）。総会と理事会の表決手続について言えば、別段の明文規定がある場合を除き、非手続事項に関する決定は会議に代表される連盟国の全会一致が要求された。手続事項は会議に代表される連盟国の過半数で決定することができた（第5条）。

紛争に関係する決定の場合には紛争当事国の表決権は算定されてはならなかった（第15条6項および7項）。類似の原則は連盟からの連盟国の除名決定にも適用された（第16条4項）。

平和を維持する目的に関する連盟の主要機能は紛争の解決と規約違反に対してとられるべき強制行動であった。後者は本書の第1部で扱われた[53]。前者は本書の第3部で論じられるであろう。

---

[53] 本書前掲36頁以下を参照せよ。

6　国際法主体としての国家の性格を持たない共同体

## (2)　国際連合

国際連合は第二次世界大戦を終了させる諸講和条約とは無関係に確立された。それは 1945 年 6 月 26 日にサン・フランシスコで署名された国際連合憲章によって設立された。その主要目的は国際連盟のそれと同じである。すなわち、平和の維持である。その組織は先行者のそれと良く似ている。原加盟国に関して、第 3 条は、「国際連合の原加盟国とは、サン・フランシスコにおける国際機構に関する連合国会議に参加した国又はさきに 1942 年 1 月 1 日の連合国宣言に署名した国で、この憲章に署名し、且つ、第 110 条に従ってこれを批准するものをいう」と規定する。ポーランドだけは、サン・フランシスコで憲章に署名しなかったが、連合国宣言に署名したために、国際連合の原加盟国になることを許された。その後の加盟国に関して、第 4 条は次のように規定する。すなわち、「1　国際連合における加盟国の地位は、この憲章に掲げる義務を受諾し、且つ、この機構によってこの義務を履行する能力及び意思があると認められる他のすべての平和愛好国に開放されている。2　前記の国が国際連合加盟国となることの承認は、安全保障理事会の勧告に基づいて、総会の決定によって行われる[54]」。1952 年までに、9 カ国が国際連合への加盟を認められた。したがって、その機構は 60 の加盟国を持つ[55]。連盟規約とは対照的に、憲章はその機構からの脱退に関する規定を含まない。それゆえ、加盟国の

---

[54]　第 4 条 1 項は、国際連合への加盟（第 4 条）に関する 1948 年 5 月 28 日の国際司法裁判所の勧告的意見において以下のように解釈された。すなわち、「裁判所の意見は、9 票対 6 票により次の通りである。憲章第 4 条により、安全保障理事会または総会で国の国際連合への加盟に関して、その投票により意見を表明することを求められる国際連合加盟国は、法的にその加入承認に関する同意を同条第 1 項に明示的に定められていない条件にかからせることはできない。また、特に、この機構の加盟国は、その規定で定められる条件が当該国によって満たされることを認めながら、その国と同時に他の国々も国際連合加盟国になることを承認されるという追加的条件にその賛成投票を従わせることはできない」(International Court of Justice, Reports, 1948, p. 65.)。

第 4 条 2 項に関して、国際司法裁判所は、国際連合への加盟に関する総会の権限に関する 1950 年 3 月 3 日の勧告的意見において、次のように述べた。すなわち、「裁判所はこの本文に関していかなる疑問も持っていない。それは加盟を承認することに関して二つのこと、つまり、安全保障理事会の『勧告』と総会の『決定』を要求する。勧告が決定の前提であることは理の当然である。『勧告』という言葉、および、それに先行する『に基づいて』という言葉は、勧告が加盟決定の基礎であり、決定が勧告に依存することを意味する。これら双方の行為は第 4 条 1 項が言及するこの機構の判断を形成するために不可欠である。問題の本文は、総会が安全保障理事会の勧告に基づいてのみ決定しうることを意味する。すなわち、それは、加盟が承認される以前にその結合された行為が必要とされる二つの機関のそれぞれの役割を定めている。言い換えると、理事会の勧告は、加盟がそれにより承認される総会の決定の先行条件である」(International Court of Justice, Reports, 1950, p. 4.)。

*147*

C 国際法の人的妥当範囲：国際法主体

脱退は憲章の文言に基礎づけることができない。しかし、サン・フランシスコ会議の第1委員会の決議で宣言された解釈に従えば、加盟国は「例外的な事情」の場合に機構から脱退することができる[56]。

国際連合の主要機関は総会と安全保障理事会である。総会に関して、第9条は「1　総会は、すべての国際連合加盟国で構成する。2　各加盟国は、総会において5人以下の代表者を有するものとする」と規定する。第18条は次のように規定する。すなわち、「1　総会の各構成国は、1個の投票権を有する。2　重要問題に関する総会の決定は、出席し且つ投票する構成国の3分の2の多数によって行われる。重要問題には、国際の平和及び安全の維持に関する勧告、安全保障理事会の非常任理事国の選挙、経済社会理事会の理事国の選挙、第86条1cによる信託統治理事会の理事国の選挙、新加盟国の国際連合への加盟の承認、加盟国としての権利及び特権の停止、加盟国の除名、信託統治制度の運用に関する問題並びに予算問題が含まれる」。第20条は、「総会は、年次通常会期として、また、必要のある場合に特別会期として会合する。特別会期は、安全保障理事会の要請又は国際連合加盟国の過半数の要請があったとき、事務総長が招集する」と規定する。(「平和のための結集決議」と呼ばれる1950年11月3日の総会決議によって改正された) 総会手続規則に従えば、緊急特別会期は、安全保障理事会からのそのような会期の要請または国際連合加盟国の過半数からの要請を事務総長が受理した時から24時間以内に招集されるものとする。

安全保障理事会に関して、第23条は次のように規定する。すなわち、「1　安全保障理事会は11の国際連合加盟国で構成する。中華民国、フランス、ソヴィエト社会主義共和国連邦、グレート・ブリテン及び北部アイルランド連合王国及びアメリカ合衆国は、安全保障理事会の常任理事国となる。総会は、第一に国際の平和及び安全の維持とこの機構のその他の目的とに対する国際連合加盟国の貢献に、更に

---

(55) 次の諸国が国連加盟国である。すなわち、アフガニスタン、アルゼンチン、オーストラリア、ベルギー、ボリビア、ブラジル、ビルマ、白ロシア、カナダ、チリ、中国、コロンビア、コスタリカ、キューバ、チェコスロバキア、デンマーク、ドミニカ共和国、エクアドル、エジプト、エルサルバドル、エチオピア、フランス、ギリシャ、グアテマラ、ハイチ、ホンジュラス、アイスランド、インド、インドネシア、イラン、イラク、イスラエル、レバノン、リベリア、ルクセンブルグ、メキシコ、オランダ、ニュー・ジーランド、ニカラグア、ノルウェー、パキスタン、パナマ、パラグアイ、ペルー、フィリピン、ポーランド、サウジアラビア、スウェーデン、シリア、タイ、トルコ、ウクライナ、南ア連合、ソ連、連合王国、合衆国、ウルグアイ、ヴェネズエラ、イエメン、ユーゴスラビア。

(56) 本書後掲275頁を参照せよ。

衡平な地理的分配に特に妥当な考慮を払って、安全保障理事会の非常任理事国となる他の6の国際連合加盟国を選挙する。2　安全保障理事会の非常任理事国は、2年の任期で選挙される。但し、第一回の非常任理事国の選挙では、3国は1年の任期で選ばれる。退任理事国は、引き続いて再選される資格がない。3　安全保障理事会の各理事国は、1人の代表者を有する」。連盟規約とは対照的に、国連憲章は憲章により規定された常任理事国または非常任理事国の数の増加を許さない。安全保障理事会は、総会と異なり、継続的に任務を行う。第28条1項は「安全保障理事会は、継続して任務を行うことができるように組織する。このために、安全保障理事会の各理事国はこの機構の所在地に常に代表者をおかなければならない」と規定する。表決手続に関して、第27条は次のように規定する。すなわち、「1　安全保障理事会の各理事国は、1個の投票権を有する。2　手続事項に関する安全保障理事会の決定は7理事国の賛成投票によって行われる。3　その他のすべての事項に関する安全保障理事会の決定は常任理事国の同意投票を含む7理事国の賛成投票によって行われる。但し、第6章及び第52条3に基く決定については、紛争当事国は、投票を棄権しなければならない」。第3項の最後の一文に規定される原則は紛争にのみ適用されて、他の事態には適用されない。したがって、この一文において明示的に言及された決定にのみ適用され、憲章第7章の下でとられる決定（平和に対する脅威、平和の破壊及び侵略行為に関する決定）には適用されない。それは総会の手続に適用されない。

　連盟規約と国連憲章の最も顕著な相違は、後者が機構の二つの主要機関の手続に関して過半数投票原則を受け入れるという事実にある。全会一致原則は安全保障理事会の5常任理事国の間でのみ、しかも非手続事項に関してだけ存在するに違いない。これはいわゆる常任理事国の拒否権である。非手続事項に関するこの機関のいかなる決定も1の常任理事国の投票に反して行うことができない。

　非手続事項に関する決定について5常任理事国すべての同意投票が必要か、つまり、1の常任理事国の棄権または欠席はそのような事項に関する有効な決定を妨げるか、の問題に関して、国連憲章の英語本文の言葉づかい[57]は肯定的な解答も否定的な解答も許容する。安全保障理事会の慣行は第2の解釈に有利な傾向を明らか

―――――――
(57)　第27条3項の英語本文は「常任理事国の同意投票を含む」(including the concurring votes of the permanent members) と書いてあるのに対して、フランス語本文は「『全』常任理事国の投票」(les voix de tous les membres permanents) と書いてある。第27条3項のその他の正文はフランス語本文と同じ言葉づかいをしている。憲章第111条に従えば、五つの本文（中国語、フランス語、ロシア語、英語及びスペイン語）は「ひとしく正文」である。

C　国際法の人的妥当範囲：国際法主体

にする。したがって、決定は出席しかつ投票する常任理事国の同意投票を含む7理事国の賛成投票によって行われるであろう。安全保障理事会の常任理事国の全会一致の原則はまた安全保障理事会の手続の外でも適用される。憲章第110条に従えば、国連憲章は、安全保障理事会の常任理事国の議席を付与された5カ国とその他の署名国の過半数が批准書を寄託した時に初めて効力を生ずる。第108条と第109条に従えば、国連憲章の改正は、この目的のために招集された、総会の構成国または国際連合加盟国の3分の2の投票によって採択され、かつ、安全保障理事会のすべての常任理事国を含む国際連合加盟国の3分の2によって批准された時に効力を生ずる。第108条、第109条および第110条は、第27条3項の英語本文とは対照的に、安全保障理事会の常任理事国である5カ国すべての協力を規定する。

　安全保障理事会の理事国でない国は一定の事情の下で安全保障理事会の討議に参加することができる。この点に関して、第31条と第32条が考慮される。第31条は、「安全保障理事会の理事国でない国際連合加盟国は、安全保障理事会に付託された問題について、理事国がこの加盟国の利害に特に影響があると認めるときにはいつでも、この問題の討議に投票権なしで参加することができる」と規定する。また、第32条は、「安全保障理事会の理事国でない国際連合加盟国又は国際連合加盟国でない国は、安全保障理事会の審議中の紛争の当事者であるときは、この紛争に関する討議に投票権なしで参加するように勧誘されなければならない。安全保障理事会は、国際連合加盟国でない国の参加のために公正と認める条件を定める」と規定する。安全保障理事会の理事国でない加盟国が安全保障理事会の決定に参加することのできる一つの場合が存在する。第44条は次のように規定する。すなわち、「安全保障理事会は、兵力を用いることを決定したときは、理事会に代表されていない加盟国に対して第43条に基づいて負った義務の履行として兵力を提供するように要請する前に、その加盟国が希望すれば、その加盟国の兵力中の割当部隊の使用に関する安全保障理事会の決定に参加するようにその加盟国を勧誘しなければならない」。

　平和を維持する目的に関する安全保障理事会と総会の主たる機能は、紛争の解決と強制行動をとることである。前者の任務に関して二つの機関は競合する権限を持つ。この機能は本書の第4部で分析されるであろう[58]。平和に対する脅威または平和の破壊の場合にとられるべき強制行動に関して、安全保障理事会は、憲章起草

―――――――――――
〔58〕　本書後掲300頁以下を参照せよ。

者の意図に従うならば、排他的権限を有する。しかし、1950年11月3日のいわゆる「平和のための結集」決議によれば、総会は、加盟国に対して実力の使用、そして、平和の破壊または侵略行為の場合には兵力の使用を勧告することができる。この機能は本書の第1部で論じられた[59]。

総会の権威の下で経済的および社会的な協力を達成するために、憲章は、経済社会理事会を設置した。第61条は次のように規定する。すなわち、「1　経済社会理事会は、総会によって選挙される18の国際連合加盟国で構成する。2　3の規定を留保して、経済社会理事会の6理事国は、3年の任期で毎年選挙される。退任理事国は引き続いて再選される資格がある。3　第一回の選挙では経済社会理事会の18理事国が選ばれる。こうして選ばれるもののうち、6理事国の任期は1年の終りに、他の6理事国の任期は2年の終りに、総会の定める取極に従って終了する。4．経済社会理事会の各理事国は、1人の代表者を有する」。総会と安全保障理事会の権威の下で、国際連合の信託統治制度の下におかれる地域の施政を監督する目的上、信託統治理事会が設置される。第86条は次のように規定する。すなわち、「1　信託統治理事会は、次の国際連合加盟国で構成する。a　信託統治地域の施政を行う加盟国、b　第23条に名を掲げる加盟国で信託統治地域の施政を行っていないもの、c　総会によって3年の任期で選挙されるその他の加盟国。その数は信託統治理事会の理事国の総数を、信託統治地域の施政を行う国際連合加盟国とこれを行っていないものとの間に均分するのに必要な数とする。2．信託統治理事会の各理事国は、理事会で自国を代表する特別な資格を有する者1人を指名しなければならない」。

第97条に従えば、事務総長は、安全保障理事会の勧告に基づき総会によって任命される[60]。事務総長は、総会、安全保障理事会、経済社会理事会および信託統治理事会のすべての会議において事務総長の資格で行動し、かつ、これらの機関から委託される他の任務を遂行する。事務総長はこの機構の事業について総会に年次報告を行う（第97条、第98条）。事務総長は、事務局の他の構成員、つまり、総会が設ける規則に従って事務総長が任命する職員によって援助される（第101条1項）。

憲章第52条は、「この取極又は機関及びその行動が国際連合の目的及び原則と一致することを条件」として、国連加盟国に、国際の平和および安全の維持に関する

---

(59)　本書前掲44頁以下を参照せよ。

C 国際法の人的妥当範囲：国際法主体

事項で地域的行動に適当なものを処理するために地域的取極を締結し、またはそのような取極によって地域的機関を設置することを授権する（第52条1項）。地域的機構は国際連合の間接的な機関と考慮されるであろう。安全保障理事会は前記の地域的取極またはそのような地域的機関による地方的紛争の平和的解決の発達を奨励しなければならない（第52条3項）。また、安全保障理事会は、その権威の下における強制行動のために、適当な場合には、前記の地域的取極または地域的機関を利用しなければならない（第53条1項）。

憲章は国際連合が国連加盟国および非加盟国ならびに他の国際機構と国際協定を締結することを授権する。そのような協定は、たとえば、第43条で言及される各加盟国の兵力の割当部隊を安全保障理事会の自由に任せる目的で安全保障理事会と加盟国との間で締結される「特別協定」、加盟国によって国際連合、その代表者および職員に付与される第105条で言及される特権および免除に関する条約、第75条、第79条、第83条および第85条に従って総会または安全保障理事会が直接関係国と締結した信託統治協定、非加盟国が当事者である紛争の討議への当該非加盟国の参加のために第32条に基づき安全保障理事会が定める条件の非加盟国による受諾を構成する協定、第57条および第63条に従って専門機関が国際連合と連携関係をもたされる協定などである。国際連合に条約締結権を付与することにより、国連憲章はこの機構に国際人格を付与する[61]。

### ◆ d 国際労働機関

国際連合により創設されたのではないが、経済的、社会的、文化的、教育的、保健的および関連分野で活動する他の国際機構は、経済社会理事会により代表される国際連合が各機構と締結する協定を通じて国際連合と連携関係を持たされなければ

---

(60) 最初の事務総長の任期は1951年2月1日に終了した。かれは、安全保障理事会の前段階の勧告なしに、1950年11月1日に採択された総会決議により3年の任期で再任された。その決議は次のようなものである。すなわち、「総会は、安全保障理事会議長から、理事会は事務総長の任命に関して総会への勧告に合意できなかったとの1950年10月12日および25日付けの通告を受領したので、憲章が事務総長オフィスに付与した職務の中断されない執行を確保する必要性を考慮して、また、安全保障理事会が総会の第1回通常会期にノルウェーのトリグヴェ・リー氏の事務総長としての任命を勧告したこと、および、総会が1946年2月1日にトリグヴェ・リー氏を5年の任期で任命したことを考慮して、現事務総長が3年の期間について職務を継続することを決定する」。「現事務総長が3年の期間について職務を継続する」という趣旨の決定は、初代事務総長の再任になる。憲章は任命と再任を区別していない。1950年3月3日の国際司法裁判所の勧告的意見、本書前掲147頁注(54)を参照せよ。

6　国際法主体としての国家の性格を持たない共同体

ならないのであり、また一部の機構は現に持たされてきた。協定は総会によって承認されなければならない。国連憲章はこれらの機構を「専門機関」と呼ぶ（第57条、第63条）。国際連合と連携関係を持たされた専門機関のうちで最も重要なのは国際労働機関である。同機関は、初めは第一次世界大戦を終了させた四つの講和条約の第13編で創設され、また、いくつかの点で国際連盟と結合された。国際連盟の解散後、国際労働機関は独立の国際機関として存在し続けた。国際連盟の解散以前でさえ、国際労働機関に関する講和条約の条文は番号を付け替えられて「国際労

---

(61)　国際連合の勤務中に被った損害の賠償に関する1949年4月11日の勧告的意見において（International Court of Justice, Reports, 1949, p. 174）、国際司法裁判所は、国際連合が国際人格を有するかどうかの問題に肯定的に解答した。裁判所は以下のように述べた。すなわち、「憲章はその創設した機構を単に『これらの共通の目的の達成に当って諸国の行動を調和するための中心』にするだけで満足しなかった（第1条4項）。憲章はその中心に機関を据え、そして、それに特別な任務を与えた。憲章は、加盟国に機構が引き受けたいかなる行動についてもあらゆる援助を与え（第2条5項）、安全保障理事会の決定を受諾し、かつ、履行することを要求し、総会に加盟国に対して勧告する権限を付与し、各加盟国の領域において機構に法律上の能力、特権および免除を与え、また、機構とその加盟国との間での条約の締結につき規定することにより、機構に対する加盟国の役割を明確に定めた。実行は、特に機構を一方の当事者とする条約の締結によって、いくつかの点で加盟国から独立した地位を占め、そして必要な場合には加盟国に対して一定の義務を想起させるべき責務を負うこの機構の性格を確認してきた。付言されなければならないのは、この機構は重要な性格の、しかも広範な範囲に及ぶ政治的任務、すなわち、国際の平和および安全の維持、諸国間の友好関係の発展、並びに経済的、社会的、文化的または人道的性質を有する国際問題を解決することについての国際協力の達成、を負うことである（第1条）。そして、この機構は加盟国に対処する際に政治的手段を用いる。1946年の『国際連合の特権及び免除に関する条約』は、各署名国と機構との間に権利および義務を創設している（第35節）。そのような条約は、国際的平面でかつ国際人格を有する当事者の間で作用する以外にどのように作用しうるのか理解しがたい。
　　裁判所の意見では、機構は、実際に、広範な国際人格および国際的平面での行為能力に基づいてのみ説明されうる任務を実際に遂行しかつ権利を享有している。それは現在において最高のタイプの国際機構であり、もしそれが国際人格を欠くとしたならば、その創設者の意思に沿うことにはならないであろう。承認されなければならないのは、その加盟国が、機構に対して一定の任務を、付随する義務および責任と共に与えることにより、それらの任務を効果的に履行することを可能にするために必要な権限を付与したということである。
　　したがって、裁判所はこの機構が国際人格であるという結論に達する。これは機構が国であるとか―確かにそうではない―また、権利および義務が国のそれと同じであるというのではない。ましてや、それが、『超国家』―その表現が何を意味しようとも―であるというのではない。それは、国の権利および義務が国際的な平面上におかれていなければならないように、すべての権利および義務が国際的な平面におかれていなければならないことさえ意味しない。それが意味するのは、機構は国際法の主体であり、権利および義務を有しうるのであり、そして、国際請求を提出することによりその権利を主張する能力を有するということである」。

C　国際法の人的妥当範囲：国際法主体

働機関憲章」の表題の下に別個の文書で具体化された。

　国際労働機関の目的は産業および労働の分野で国際協力を達成することである。国際労働機関が国際連盟と結合された限りで、連盟国の地位は、それによって同機関における加盟国の地位を伴った。現在、国際労働機関憲章の第1条2項から6項までは次のように規定する。すなわち、「2　国際労働機関の加盟国は1945年11月1日にこの機関の加盟国であった国並びにこの条の第3項及び第4項の規定に従って加盟国となる他の国とする。3　国際連合の原加盟国及び国連憲章に従い国際連合総会の決定によって国際連合の加盟国になることを認められた国は、国際労働機関憲章の義務の正式な受諾を国際労働事務局長に通知することによって、国際労働機関の加盟国になることができる。4　また、国際労働機関の総会は出席し且つ投票する政府代表の3分の2の賛成投票を含む会期に参加している代表の3分2の賛成投票によって、この機関への加盟を承認することができる。この加盟は国際労働事務局長に新加盟国の政府によるこの機関の憲章の義務の正式の受諾の通知があった時に効力を生ずる。5　国際労働機関の加盟国は、脱退する意思を国際労働事務局長に通告しなければこの機関から脱退することができない。この通告は、事務局長が受領した日の後2年で効力を生ずる。但し、この時にその加盟国が加盟国としての地位から生ずるすべての財政的義務を果していることを条件とする。この脱退は、加盟国がいずれかの国際労働条約を批准しているときは、その条約で定めた期間中は、その条約から生じ又はその条約に関係するすべての義務の継続的効力に影響を及ぼさない。6　いずれかの国がこの機関の加盟国でなくなった場合には、その再加盟については、それぞれこの条の第3項又は第4項の規定によるものとする」。

　国際労働機関の主要な機関は総会、理事会および国際労働事務局である。労働機関憲章第3条1項に従えば、総会は「必要に応じて随時に、且つ、少なくとも毎年1回開催する。総会は、各加盟国の4人の代表者で構成する。そのうちの2人は政府代表とし、他の2人は各加盟国の使用者及び労働者をそれぞれ代表する代表とする」。第3条5項は、加盟国に、各自の国に使用者または労働者をそれぞれ最もよく代表する産業上の団体がある場合には、それらの団体と合意して選んだ民間の代表および顧問を指名することを義務づける。通常は、政府代表のみが国際機関に代表され、また、その代表を任命する方法は当該政府の裁量に委ねられるけれども、国際労働機関憲章、すなわち、国際協定は、加盟国の4人の代表者のうち2人について産業団体の側の合意を要求することにより、任命方法を直接的に規定する。そ

154

の結果、任命政府またはその国家ばかりでなく、産業団体も総会に代表されると考慮されるであろう。第7条に従えば、理事会は32人で構成される。すなわち、政府を代表する16人、使用者を代表する8人、労働者を代表する8人である。政府を代表する16人のうち、8人は主要産業国たる加盟国によって任命されなければならない。また、他の8人は、上記の8の加盟国を除く総会における政府代表によってこのために選定された加盟国によって任命されなければならない。国際労働事務局は、第8条に従って理事会によって任命され、かつ、理事会の指示の下で国際労働事務局の能率的な運営および他の委託されることのある任務について責任を負う事務総長によって率いられる。国際労働事務局の職員は、事務総長が理事会の承認した規則に基づいて任命する（第9条）。

# 7　一般国際法と特別国際法

　指摘されたように、国際法の人的妥当範囲はそれ自体としてより高次の法秩序のいかなる規範によっても制限されない。しかし、国際法秩序の諸規範はそれらが義務を課し権利を付与する人々に関してすべて同じ妥当範囲を持つわけではない。われわれは一般（または共通）国際法と特別国際法を区別することに慣れている。「一般国際法」という言葉は世界のすべての国に対して妥当する国際法規範を意味する。これに対して、「特別国際法」という言葉は特定国に対してのみ妥当する国際法規範を意味する。一般国際法は、実際は慣習法である。条約は原則として締約国のみを拘束するのであるから、また、世界のすべての国によって締結されたまたは加盟された条約は存在しないのであるから、一般慣習国際法のみが存在し、一般条約国際法は存在しない。国連憲章、すなわち、すべての国ではなくて、多くの国が締約国である条約は、確かに、少なくともその諸規定の一部に関してすべての国を拘束する、したがって、一般国際法の性格を持つと主張する。この問題は本書第4部で論じられるであろう[62]。特別国際法は、通常、条約によって定立される。しかし、それはまた一部の国だけがその成立に参加する特別慣習によっても定立されることがある。

　すべての国に対して妥当する国際法規範が存在するという言明は、これらの規範がすべての国を現実に拘束していることを意味しない。すなわち、それは、これら

---

[62]　本書後掲282頁以下を参照せよ。

### D 国際法の実質的妥当範囲

の規範がすべての国を潜在的に拘束していること、つまり、それらの規範はいずれかの国がそれらが拘束的であると主張する条件を満たすならばその国を拘束していることを意味するにすぎない。一般国際法に基づき、沿岸国は、現実には内陸国が持たないが、しかし、内陸国が海岸を伴う領域を取得するや直ちに持つであろう義務および権利を持つ。一般国際法をすべての国を拘束する法と定義することにより、われわれは、国家以外の人が国際法主体である可能性を排除しない。すでに指摘したように、すべての国に対して潜在的に妥当し、一定の条件に基づき諸個人に制裁を科すことを国家に授権しまたは義務づける一定の規範は同じくこれらの人を拘束している。すなわち、潜在的にすべての国家に妥当する一定の規範は、ローマ・カトリック教会、一定の国家類似の共同体および国家連合にも同じく妥当する。したがって、一般国際法は、国際共同体全体に潜在的に妥当する国際法規範であると定義されるであろう。

特別国際法の規範は国際共同体のすべての主体ではなくて、限定された数の国家にのみ直接に妥当するけれども、それらの規範は、それ自体としてすべての他の国家によって尊重されなければならない法的状態を創設するであろう。あらゆる国は国際法に基づき取得された他国の権利を尊重する義務を負う。こうして、国々は、たとえば、他国の領土保全を尊重することを義務づけられる。これは、国々はある他の国家が一定領域に対して持つ権利を尊重することを義務づけられることを意味する。国際法に基づき取得された他国の権利を尊重する国々の義務は、既得権を創設する特別国際法は常に一般国際法の規則に基づき定立されるという事実の結果である。それゆえ、特別国際法は国際法秩序のすべての主体を間接的に拘束する。たとえば、A国はB国と割譲条約を締結する。この条約の執行として、A国は割譲された領域からその機関を撤収し、そして、B国は当該領域を占有する。こうして、当該領域はB国の領域の一部になる。今や当該領域が法的にB国に属するという事実に存するこの法的状態は、もっぱら2国間で締結された条約により、つまり、特別国際法の規範によって創設される。しかし、特別条約国際法は、一般（慣習）国際法規則である「合意は拘束する」(*pacta sunt servanda*) の規則に基づき定立される。割譲された領域がB国に属するという法的事実は、条約締約国である2国に対してばかりでなく、すべての他の国家に対しても存在する。すべての他の国家は、特別国際法の規範によって創設されたこの新たな法的状態を尊重することを義務づけられる。その条約のこの法的効果は、当該条約が発効した後に、B国以外の他のいかなる国家も法に違反することなく当該領域を占有することができないという事

実に現れる。2国間で締結された特別国際法を定立する条約はすべての他の国家に対して法的効力を有する[63]。

一部の国家にのみ直接的に妥当する特別国際法、あるいは、特別国際法によって創造された法的状態は、その法定立事実の確立に参加しなかったすべての他の国家によっても尊重されなければならないという原則は、もう一つの原則、すなわち、特別国際法がそれにより定立された事実が実際に存在するかどうかを決定するのは他の諸国の各々であるという原則を排除しない。もし、たとえば、一国が他国の領域を編入するならば、第三国は自らこの編入を「承認する」、つまり、一般国際法に従って領域的変更をもたらすであろう事実が存在することを直接または間接に認める場合にのみ、新たな法的状態を尊重することを義務づけられる[64]。

したがって、言葉の絶対的な意味において「特別国際法」は存在しない。国際法は、その規範の大部分が言葉の相対的な意味において特別法の性格を有するけれども、すべての法と同じく一般法である。

◆ D　国際法の実質的妥当範囲

人的、領域的および時間的な妥当範囲と同じように、国際法の実質的な妥当範囲は無制限である。それゆえ、国際法規範はあらゆる主題事項、特に、通常は国内法によって規律される事項に関係する。

# 1　国際管轄権と国内管轄権

国際法の実質的妥当範囲の問題は、国際法の実質的妥当範囲と国内法の実質的妥当範囲の間に一線を引くことが可能であるかどうかの問題として提出されるであろう。それは、まさしくその性質により、国際法規範によってもっぱらかつ排他的に規律されうる事項、および、まさしくその性質により、国内法によってもっぱらかつ排他的に規律されうる事項が存在するかどうかの問題である。法がある事項を「規律する」ということは、この文脈では、法が当該事項に関して一定の方法で行動する義務を規定することを意味する。法秩序の規範は一般規範かまたは個別規範である。最も重要な個別規範は司法的または準司法的な決定である。ある事項が国

---

(63)　本書後掲281頁以下を参照せよ。

(64)　本書後掲219頁および220頁以下を参照せよ。

## D　国際法の実質的妥当範囲

際法によって規律されうるということは、その事項が慣習国際法または条約国際法の規則により、あるいは、国際機関、特に国際裁判所の決定によって規律されうることを意味する。ある事項が国内法によってのみ規律されうるということは、その事項に関して一定の方法で行動する義務は国際機関の決定によるのではなくて、一国の慣習法または制定法によって、あるいはその国家の裁判所の決定によってのみ規律されることを意味する。そのような事項は、まさしくその性質により、もっぱらまたは排他的に一国の国内管轄権内にある事項として通常は性格づけられる。それは、国際法の一般または個別の規範によるそれらの事項の規律が排除されること、そして、その国家の排他的権限（管轄権）が確立されることを意味する。しかしながら、まさしくその性質により、国内法による規律に留保され、国際法による規律を許さないいかなる事項も存在しない。まさしくその性質により、一国の国内管轄権内にもっぱら（排他的に）ある事項、すなわち、まさしくその性質により、国際法の一般または個別の規範によって規律されえない事項、つまり、国際法の一般または個別の規範によっていかなる義務も規定されえない事項は、存在しない。国際法はすべての事項を―通常はもっぱら国内法によって規律され、したがって「国内」事項と見なされる事項でさえ―規律することがある。国内事項とは、たとえば、政府の形態、国籍の得喪、労働問題、社会政策の全分野、宗教問題、移民と関税問題、刑法および刑事手続の問題、民法および民事手続の問題である。

　これらすべての事項は国際法の規範によって規律されることがある。また、それらの事項は、たとえばそれらが国際合意の対象であるときのように、実際に国際法によって規律されている。条約により、国家は、共和制的または君主制的な統治形態を採用しまたは維持する義務、一定の条件に基づいてのみ他国の市民を帰化させる義務、1日8時間労働を確立する義務、自国民の宗教の自由を認める義務、他国の市民に移民を許可する義務、特定国からの一定の商品の輸入に特別な関税を課す義務、自国の刑法または民事法を国際条約で合意されたモデルに一致させる義務などを負うことがある。もし紛争がそのような事項から生ずるならば、その紛争は、もし条約によって国際機関が設置されるならば、そのような国際機関、特に国際裁判所によって解決されるであろう。これらすべての場合において、通常は国内法規範によってもっぱらかつ排他的に規律される事項は、今度は国際法の諸規範によって、あるいは少なくとも国際法のある規範によって同じく規律される。

## 2　国内法による国際法の実施

　法はある事項に関して一定の方法で行為するよう規定することにより積極的に当該事項を規律するばかりでなく、その事項に関して義務を規定することを慎むことにより消極的にこの事項を規律することがある。そのため、この法に服する人々はこの事項に関して法的に思い通りに行動することができる。法的に禁止されないことは法的に許容される。この意味で、国内法であれ国際法であれ、法により「規律され」ない事項は存在しない。一定の事項に関して国家に義務を課すいかなる国際法規範も存在しないならば、国家が思い通りに自由に行動できること、すなわち、この事項がその国内管轄権内にあることはまさしく国際法によってである。

　ある事項は国際法規範によって積極的に規律されると同時に国内法によっても積極的に規律されることがある。国際法規範は国内法規範による実施を要求することがある。たとえば、一般国際法規範は国家に対して敵対行為に訴える前に正式な戦争宣言を行う義務を課す。この義務の履行は戦争宣言を行う権限を有する機関を定める関係国の国内法の規定なくしてありえない。国内法による国際法の実施のもう一つの例は、条約の内容に一致する引渡しを規定する法律を公布する義務のみを締約国に課す犯罪人引渡し条約である。条約が国家機関によってその国民に適用されるためには、当該条約は、国の立法機関によって定立される国内制定法によって最初に実施されなければならない。しかし、条約は、締約国に対して、一定の内容を有する犯罪人引渡法を制定する義務ではなくて、条約で規定された個人を同じく条約で規定された条件に従って引渡す義務を課すことがある。すなわち、犯罪人引渡し条約は締約国の立法機関ではなくて、その行政機関または司法機関を義務づけることがある。そのため、犯罪人引渡し条約は、国内法の立法行為による国際法の実施を必要とすることなく、締約国の行政機関または司法機関によって適用されることができる。しかし、犯罪人引渡し条約を適用する権限のある行政機関または司法機関は国内法により規定されなければならない。もし国内法秩序が引渡しを規律する規範をすでに含んでいるならば、国際法規範の更なる実施は不要である。国際法規範は、その規範により特定された犯罪を行った個人の処罰を国家に義務づけまたは授権することがあるが、しかし、たとえば、海賊の場合のように、刑罰の決定を国々に委ねることがある。刑罰を決定する国内法の規範は国々に特定の個人の処罰を義務づけまたは授権する国際法規範の実施である。国際法規範は、国家に義務を

D 国際法の実質的妥当範囲

課しまたは権利を付与することがあると同時に、義務を履行しまたは権利を行使しなければならない国家機関を規定することがある。たとえば、条約は、締約国の刑事裁判所が条約により規定された犯罪を行った個人に対して、同じく条約により規定された刑罰を科さなければならないことを定めることがある。事実問題として、国内法は常に刑事裁判所を設立する規範を含む。そこで、これらの国内法規範は国際法規範の必須的な実施を構成する。一部の学者は一般国際法の規範は国家元首に条約の締結を授権すると仮定する。しかし、国家元首として考慮されるべき個人を決定するのは国内法である。この意味で、国家に対して義務を課しまたは権利を付与するすべての国際法規範は国内法による実施を必要とする。というのは、これらの国際的な義務と権利は国家機関によってのみ履行されまたは行使されうるからであり、また、これらの機関は国内法によって設置されなければならないからである。しかし、もし国内法が国際法の適用を可能にする規範をすでに含むならば、更なる実施は必要とされない。国内法による更なる実施なしに国家機関により適用可能な国際法規範は自動実施的な規範（self-executing norm）と呼ばれるであろう。

# 3 国際法の国内法への変型

国内法による国際法の実施は、いわゆる国際法の国内法への変型とは区別されなければならない。一国の憲法の下で、行政機関、そして特に司法機関は、国内法のみを、つまり、立法機関により制定された法律または権限ある行政機関によって発せられた命令のみを適用するよう義務づけられる。そのため、国際法は、たとえそれが実施を要求しないとしても、法律または命令に「変型」された場合にのみ、すなわち、国際法規範の内容が国内法規範の内容にされた場合にのみ、国の行政機関または司法機関によって適用可能になる。そのような変型は国際法の観点からは必要とされない[65]。国家は、たとえ国際法違反の唯一の理由がその憲法により要求される国際法の国内法への変型が行われなかったということであるとしても、その

---

[65] ダンチッヒ裁判所の管轄権に関する勧告的意見において、1928年に常設国際司法裁判所は次のように宣言した。すなわち、国際協定は「そのようなものとして私的個人に対して直接的な権利及び義務を創設することはできない。しかし、締約国の意思に従えば、まさしく締約国の意思が個人の権利及び義務を創設し、かつ、国内裁判所により実現されうる何らかの規則の採択であろうことは疑うことができない」。そこで、裁判所はその具体的事件において国際協定はダンチッヒ裁判所により「直接に適用可能」であるという結論に達した。(Publications of the Permanent Court of International Justice, Series B, No. 15, pp. 17f.)

違反に対して責任を負う[66]。国際法の国内法への変型は国内法の観点からのみ必要とされるであろう。しかし、国に特定の立法行為を義務づけまたは授権する慣習国際法規範または条約国際法規範のいかなる変型もありえない。関係法律を制定することにより、国家は、単にその国際的義務を履行しまたはその国際的権利を行使するにすぎない。すなわち、その国家は国際法を国内法に「変型」しない。国家の行政的または司法的な行為を規定する国際法規範のみが変型を必要とする。これは、行政機関または司法機関が憲法によりもっぱら国内法を適用することを義務づけられる場合に他ならない。一国の成文または不文の憲法が、国際法は国内法の一部であるという規定を含むことがある[67]。この規定は国際法の国内法への一般的な変型を構成すると解釈されるであろう。この場合に、国際法の特定規範の変型、とりわけ、条約の変型は何ら必要とされない[68]。

# 4 国連憲章第2条7項

まさしくその性格により一国の国内管轄権内にもっぱら（排他的に）ある、したがって国際法の一般規範または個別規範による規律から排除される事項が存在する、すなわち、国際法はまさしくその性格によりそのような事項に関して義務を規定することができない、という誤った仮説は以前の関連ですでに指摘された国際連合憲章の重要な規定の背景である[69]。それは第2条7項の規定である。同項に従えば、機構が「本質上いずれかの国の国内管轄権内にある事項に」干渉することは、憲章第7章に基づき、つまり、安全保障理事会が平和に対する脅威または平和の破壊を決定した後で、同理事会によりとられる強制措置による干渉を除いて禁止

---

[66]　ダンチッヒにおけるポーランド人の待遇に関する勧告的意見において、1932年に常設国際司法裁判所は、次のように宣言した。すなわち、「一方で、一般に受け入れられた原則に従えば、一国は他国に対して当該他国の憲法ではなくて、正式に受け入れられた国際法および国際義務に依拠しうるにすぎないけれども、他方で逆に、一国は有効な国際法および条約に基づき自国が負った義務を回避するために他国に対して自国憲法を援用することができない」。(Publications of the Permanent Court of International Justice, Series A/B, No. 44, p. 24.)

[67]　英米諸国では、国際法は国内法の一部であるという原則はコモン・ローの規則として承認されている。ドイツ連邦共和国憲法（ボン憲法）第25条は次のように規定する。すなわち、「国際法の一般規則は連邦法の一部である。それらは、法律に優先し、連邦領域の住民に対して権利及び義務を直接に創設する」。

[68]　条約の国内法への変型に関しては、本書後掲285頁以下を参照せよ。

[69]　本書前掲54頁以下を参照せよ。

*161*

## D　国際法の実質的妥当範囲

される。この規定は、若干の修正を伴って連盟規約から引き継がれた。連盟規約第15条8項は次の通りである。すなわち、「紛争当事国ノ一国ニ於テ、紛争カ国際法上専ラ該当事国ノ管轄ニ属スル事項ニ付生シタルモノナルコトヲ主張シ、聯盟理事会之ヲ是認シタルトキハ、聯盟理事会ハ、其ノ旨ヲ報告シ、且之カ解決ニ関シ何等ノ勧告ヲモ為ササルモノトス」。第8項の作成者はまさしくその性質上一国の国内管轄に属し、したがって、国際法による規律から除外される事項が存在するという前提から出発した。かれらは特に移民および関税事項を専ら国内管轄に属すると考慮した。その結果、かれらはもし紛争がそのような事項に関係するならば、連盟理事会、すなわち国際機関は国際的な法律行為の性格を持つ決定によって当該紛争を解決する権限を持つべきではないし、また持ちえないという結論に達した(70)。

　しかしながら、まさしくその性質上、「専ラ該当事国ノ管轄ニ」属する事項は存在しないのであるから、第15条8項の適用の不可避的結果はその言葉づかいと抵触する。もし2国間に紛争が存在するならば、つまり、一国が他国に対して一定の行為を要求し、他国がこれを拒否するならば、二つの可能性のみが存在する。すなわち、被申立国に申立国が要求するように行動する義務を課す慣習国際法または条約国際法の規範が存在する。そこで、紛争がそこから発生した事項は被申立国の国内管轄に属さない。あるいは、そのような慣習国際法または条約国際法の規範は存在しない。そのため、当該事項は被申立国の国内管轄に属する。当該事項は、まさしくその性質によってではなくて、その時点でいかなる国際法規範も紛争がそれから発生した事項につき一定の方法で行為する国家の義務を確立することによりその事項を規律していないために、国内管轄に属する。もし国家が国際法により一定の方法で行為することを義務づけられないならば、その国家は「国際法により」自由である。すなわち、その国家は国際法に基づき思い通りに行為する権利を持つ。そのため、いかなる他の国家も一定の行為を義務づけられない国家に対してその行為を要求する権利を持たない。その結果、理事会に付託された事件に関して、被申立国が国内管轄に依拠して申立国の主張を否認するときにはその被申立国は正当であり、また、申立国は被申立国が義務づけられない行為を主張することによって誤っている。もし理事会が当該事項は紛争国の一方の「専ラ国内管轄」に属すると認定するならば、理事会は、実定国際法に従って当該一方の国家は正当であり、他方の国家は不当であると宣言する。このことは、理事会が事件を解決することを意味する。ただし、第15条8項に従えば、理事会はその解決に関していかなる勧告も行ってはならない。

4　国連憲章第2条7項

国連憲章第2条7項は次の点で連盟規約第15条8項と異なる。すなわち、(1)干
渉の禁止は安全保障理事会による紛争への干渉に限定されない。その禁止は、第7
章の下でとられる強制措置を例外として、機構の全機関のあらゆる活動に及ぶ。(2)
機構が干渉を禁止される事項は、「国際法上専ラ」性格づけられるのではなくて、
国際法への言及なしに、「本質上いずれかの国」の国内管轄権内にあるものとして
性格づけられる。(3)規約第15条8項に従えば、ある事項がもっぱら国内管轄に属

---

(70)　チュニスとモロッコの国籍法事件において、1923年に常設国際司法裁判所は連盟規約第
15条8項を以下のように解釈した。
　「ある意味からすると、一国の管轄権は、国際法―この表現を広い意味、すなわち、慣習法
と一般及び特別の条約法を包含する意味で用いる―によって定められた制限内で、排他的で
あると正当に言えるであろう。しかし、第15条8項の慎重な吟味は同項で排他的管轄権と言
及されるのはこの意味ではないことを証明する。『専ラ該当事国ノ管轄ニ』に属すると言われ
ている言葉は、むしろ2国以上の利益に密接に関係するが、原則として国際法により規律さ
れない一定の事項を意図するように思われる。そのような事項に関して各国が裁判官である。
　ある事項がもっぱら一国の国内管轄権に属するか否かの問題は、本質上、相対的な問題で
ある。それは国際関係の発展に依存する。こうして、本裁判所の意見では、国際法の現状に
おいて、国籍法の問題はこの留保領域に属する。
　この意見の目的上、国籍事項のように、原則として国際法により規律されない事項に関し
て、一国の裁量権は、それにもかかわらず、他国に対して引き受けられることがある義務に
よって制限されることが十分に起こりうることを認めれば十分である。そのような場合、原
則としてもっぱら当該国に属する管轄権は国際法により制限される。そのときには、第15条
8項は、当該権利を援用する権利を持つ国家に対して適用されなくなり、一国が一定の措置
をとる権利を持つか否かの問題に関する紛争はこれらの事情の下で国際的性質の紛争となり、
かくして、本項に掲げられる例外に入らないことになる。一国が排他的管轄権を持たないと
決定することは、当該国家がそのような措置をとる権利を持つかどうかの終局的な決定を何
ら損なわない」(Publications of the Permanent Court of International Justice, Series B, No. 4,
pp. 23f.)。
　この解釈は極めて問題である。まさしくその性質により「専ら」国の国内管轄権内にある
事項が存在しないのと全く同じように、まさしくその性質により「原則として」国際法に
よって規律されない事項も存在しない。一定の事項が国際法によって規律されえないまたは
規律されてはならないという「原則」は決して存在しない。裁判所は、「原則として」国際法
によって規律されない事項は、条約により規律されるときには現実に国際法によって規律さ
れており、したがって、そのときには、当該事項はもっぱら関係国の国内管轄権内に存在し
なくなると認める。指摘されたように、もしその言葉（規律されるという言葉）がその積極
的意味のみならず、その消極的意味で理解されるならば、現実に国際法によって「規律され」
ない事項は何ら存在しない。一定の事項に関して一定の方法で行動する義務を国家に課す慣
習国際法または条約国際法の規範が存在しない事項のみが存在する。そのとき、そして、そ
のときにのみ、当該事項は当該国の国内管轄権内にもっぱらまたは排他的に―ただし「本質
上」ではなく―ある。それは、当該国家はこの事項に関して法的に思い通りに自由に行動で
きることを意味する。連盟規約第15条8項は、「国際法上」もっぱら国の国内管轄に属する
事項について極めて正確に語る。

163

D　国際法の実質的妥当範囲

するかどうかの問題は理事会によって決定されなければならなかったのに対して、第2条7項は安全保障理事会または他の国連機関のいずれにもこの問題を決定する権限を付与しない。その結果、その決定は関係国に委ねられる。しかしながら、もし当該事項が一方の当事国によって安全保障理事会、総会または国際司法裁判所に付託され、そして、他方の当事国が当該事項は本質上国内管轄権内にあると主張することにより国際機関の管轄権を否認するならば、これらの国連機関は当該事項が本質上その管轄権を主張する国家の国内管轄権内にあるかどうかの質問に答える権限を有する。そこで、その質問につき判断するに際して、当該機関は、当該事項が国内管轄権内にあると主張する当事国の声明によって拘束されるかどうかの問題が生じる。この問題は肯定的にも否定的にも解答されるであろう。前者の場合には、いかなる国家も自国の国内管轄権を援用してあらゆる場合に機構の管轄権を排除することができる。後者の場合には、当該事項が本質上関係国の国内管轄権内にあるかどうかの問題に関する決定は国際連合の各機関の裁量に委ねられる。一方または他方の解釈のいずれも満足できる結果を導かない。なぜなら、まさしくその性質上「専ラ」一国の国内管轄に属する事項が存在しないのと全く同じように、「本質上」一国の国内管轄権内にある事項も存在しないからである。「国際法」に一切言及しないことと合わせ、「専ラ」という言葉を「本質上」という言葉に置き換えたことは次のような結果を持つ。すなわち、国際法により規律される事項、たとえば、条約により国に課される義務がそれに関して存在する事項でさえ―「専ラ」でも「国際法上」でもないけれども―その国内管轄権を援用する国の管轄権内に「本質上」あると宣言されることがある。これは全く道理に合わない[71]。

　「国内管轄」事項を国際機構の干渉から排除することは、これらの事項に関して紛争国の一方に義務を課す国際法規則が存在するかどうかの問題が争われる場合でさえ、正当化されない。というのは、もしこの問題が争われるならば、また、もし

---

[71]　（ブルガリア、ハンガリー及びルーマニアと締結された）諸平和条約の解釈に関する1950年3月30日の勧告的意見において、国際司法裁判所は、総会により行われた裁判所の勧告的意見の要請に対して以下のように述べた。すなわち、「要請の目的は、ブルガリアとの条約第36条、ハンガリーとの条約第40条及びルーマニアとの条約第38条の明文で規定された委員会による紛争解決手続の適用可能性に関して裁判所から法的性質のある明確化を得ることに向けられる。このための条約規定の解釈は本質上一国の管轄権内にある事項とは見なされないであろう。それは、まさしくその性質上裁判所の管轄権内にある事項である。これらの考慮は、また、国内管轄権の原則に基礎づけられ、かつ、裁判所の権限に特に向けられた抗弁、すなわち、国際連合の機関として裁判所は第2条7項を含む憲章規定を遵守することを義務づけられる、を処理するに十分である」（International Court of Justice, Reports, 1950, p. 65.）。

164

紛争当事者がいかなる合意にも達することができないならば、国際機関の決定による以外に紛争を平和的に解決する他のいかなる方法も存在しないからである。憲章第2条7項の2文に従えば、国際連合は憲章第7章に基づく強制措置を適用することにより国内管轄事項に干渉することができる。これは、国連加盟国であるか否かを問わず、一国内で発生する内戦の場合に特に重要である。ただし、そのような干渉は、第39条に基づき安全保障理事会が当該内戦は国際の平和に対する脅威を構成するとあらかじめ決定した場合にのみ可能である。

# 5　国際法の定義

　まさしくその性質により、専らまたは本質上、国の国内管轄権内にある、つまり国際法規範によっては規律されず、国内法規範によってのみ規律されうるいかなる事項も存在しないとするならば、そのときにはすべての事項が国際法によって規律されうる。国際法の実質的な妥当範囲は無制限である。したがって、国際法の概念を、その対象により、つまりその規範が言及するまたは規律する事項によって定義することは不可能である。(一部の学者が定義するように) 国際法を国の内部事項、つまり国内事項を規律する国内法とは対照的に、国々の対外事項、つまり国家間関係を規律する諸規範の体系として定義することは不可能である。あらゆる内部または国内事項は、もしそれが国際条約の対象になるならば対外事項、つまり国家間の事項になる。ある事項はそれが対外事項であるために国際法によって規律されると述べること、また、ある事項はそれが内部事項であるために国内法によって規律されると述べることは正確でない。それどころか、ある事項は、それが国際法によって規律されるために対外事項、つまり国家間の事項である。また、ある事項はそれが国内法のみによって積極的に規律されるために、そしてその限りで、一国内の事項、つまり「国内」事項である。

　それにもかかわらず、もし国際法が国家間の法と定義されることがあるとするならば、それは、この定義が国際法の特別な対象に依拠するのではなくて、その定立手続に依拠するためである。この手続は国際法規範が2以上の国家の協力により定立されるという事実によって性格づけられる。これは慣習国際法ばかりでなく条約国際法にも当てはまる。しかしながら、国内法は、いやしくもそれが国家行為により定立される限りで、「一」国だけの行為によって定立される。しかし、慣習国内法や法律行為によって定立される法のように国家の行為によって定立されない法も

D　国際法の実質的妥当範囲

存在する。

# **6**　排他的国際管轄権

　国際法によって規律されえない事項は存在しないが、しかし、国際法のみによって規律され、国内法、すなわち、その妥当性が一定の領域およびその住民に限定される一国の法によっては規律されえない事項が存在する。国際法の本来的な傾向、いわば、その第一次的機能は国内法秩序の領域的、人的、時間的および実質的な妥当範囲を決定し、そのようにしてそれらを調整することである。確かに、これは国際法のみが果しうる機能である。一国の法としての、つまり、その妥当性が一定の領域とその領域で生活する住民に限定される法秩序としての国内法はこの機能を果すことができない。われわれはこの国際法の機能を第3部で検討するであろう。

　国際法だけによって規律されうる、そして国内法によっては規律されえないもう一つの事項は、国内法が一国の法として、つまり、その妥当性が特定の領域とその住民に限定される法秩序として認識される限りで、国際法の定立および適用、とりわけ、条約の締結や国際裁判所の設置等である。

　国際法は、初めは国内法によってのみ積極的に規律された事項を規律する傾向、すなわち、国々のいわゆる国内管轄権をますます制限する傾向をいよいよ示す。というのは、いわゆる国内管轄事項は条約による規制にますます服するからである。もしそれらの事項が同時に関係条約に一致する国内法の規範によって規律されるならば、われわれは、国際法と国内法の同時的存在的な権限に直面する。われわれはこの現象を、法を国際化するための、国内法規範の内容を国際法によって規定するための、または、国内法を条約によって定立された国際法によって置き換えるための増大する傾向と性格づけるであろう。

## ● 第3部 ●

## 国際法の本質的機能：国際法秩序による国内法秩序の妥当範囲の決定
### （国家の法的存在）

国際法の妥当範囲に関する前述の考察は、国際法が国家機関としての個人を義務づけ、そのような個人に授権し、そして、この個人の決定を国内法秩序に委ねることを明らかにした。ごく例外的に、国際法は個人を直接に義務づけ、また、個人に直接に授権する。国際法規範はほとんどの場合に不完全な規範である。それらは国内法規範による完成を必要とする。国際法秩序は国内法秩序の存在を前提とする。国内法秩序が存在しないならば、国際法秩序は適用不可能な法秩序の断片であろう。それゆえ、国内法を参照することは国際法規範の趣旨において本来的である。この意味で国際法秩序は自己の規範の完成を国内法に委任する。

　もしわれわれが現行国際法の諸規範をそれらが規律する主題事項に関して検討するならば、われわれはそれらを二つの異なるグループに分けることができる。すなわち、第1のグループは、国際法によってのみ積極的に規律されうる、したがって、その妥当性が一定の領域およびその住民に限定される一国の法として認識される国内法による積極的な規律を許さない、諸事項に関係する諸規範である。これらの規範の場合、国際法の本質的機能は明白である。第2のグループは、国内法によっても規律されうる、実際には慣習国際法または条約国際法が積極的に、つまり、（たとえば、市民権の得喪に関する諸規範のように）当該事項に関して義務を設定することにより規律しない限りで国内法によってのみ規律される、諸事項に関係する諸規範である。後者は場合によっては国際法規範であることがある諸規範であるが、前者は必ず国際法規範である諸規範である。

　諸規範がまさしくその性質上国内法によって規律されえない主題事項に関係するために、必然的に国際法規範に分類されるときには、国際法と国内法の関係に関するある仮説が前提とされる。それは国際法は国内法に上位するという仮説である。この仮説の意味、そして、国際法は国内法に上位するのではなく、国内法の一部としてのみ妥当するという正反対の仮説の意味は、本書の最後の部で検討されるであろう[1]。しかし、たとえ国際法は国内法に上位すると仮定されないとしても、国家によりあるいは同じことであるが国内法の上で承認される場合にのみ妥当するという理由で国際法はもっぱら国内法の一部として妥当すると仮定されるとすれば、義務、責任および権利の主体としての国家は―国際法であれ「自国の」国内法であれ―法に服すると認められなければならない[2]。もしわれわれが国家を社会秩序、要するに、法秩序、すなわち、国内法秩序として認識するとするならば、この国内法

---

(1)　後掲 328 頁以下を参照せよ。

(2)　後掲 359 頁以下を参照せよ。

A　国際法による国内法秩序の領域的妥当範囲の決定（国家領域）

秩序の妥当範囲は、国際法秩序が国内法秩序に上位すると仮定されるかあるいは国内法秩序の一部と仮定されるかにかかわりなく、国際法秩序によって決定されると認められなければならない。もし国際法が国内法の一部としてのみ妥当すると仮定されるならば、国際法である国内法秩序の諸規範と、この性格を持たない、したがって、（国際法を含まない）言葉の狭いかつ特殊な意味での国内法である国内法秩序の諸規範とを区別することが必要である。そのとき、この狭義の国内法秩序の妥当範囲は（広義の国内法の一部としての）国際法によって決定される。

　いわゆる国家の諸要素を検討するに際して、われわれは、国家存在の範囲は少なくとも領域的および人的な点に関して画定されると理解するであろう。各国は空間の一部のみを「自国領」として主張しうるし、また、人類の一部のみを「自国民」として主張しうる。一国による他国の領域的および人的な範囲への干渉、たとえば、他国の同意なしにその領域で強制行為を行うことまたは他国の市民を兵役に服すよう強制することは、禁止され、他国の「権利」の「侵害」と見なされる。厳密な検討は、国家の時間的存在とその法により規律されるべき主題事項もまた規範的秩序によって決定されることを証明する。国家存在のそのような規範的な境界画定、または、同じことであるが、国際規範秩序による諸国内法秩序の妥当範囲の決定は、国際秩序の法的性格を否定する者によってでさえ認められている。国々が同等の諸主体として並んで共存する、つまり、等しく国際秩序に服するものと考慮されうることを可能にするのはまさしくこの規範的な境界画定に他ならない。

　この境界画定は国際法の特殊な機能である。国内法秩序の時間的および実質的な妥当範囲と同じく領域的および人的な妥当範囲が決定されるのは、実際上、国際法によってである。これらの主題事項を規律する諸規範は本質的かつ必然的に国際法規範である。

◆　A　国際法による国内法秩序の領域的妥当範囲の決定（国家領域）

## 1　国内法秩序の領域的妥当範囲としての国家領域

　伝統的理論は、国家の3要素、すなわち、領域、人民、および、独立的かつ実効的な政府により行使される権限、を区別する。国家が一定の限定された領域を占有することは国家の本質であると仮定されなければならない。社会的な統一体として

認識される国家は、同じく地理的な統一体を意味すると思われる。すなわち、1国家、1領域である。しかしながら、厳密な検討は、国家領域の統一性が決して地理的統一性ではないことを証明する。一国の領域は必ずしも1区画の土地からなる必要はない。そのような種類の領域は「完全な領域」と呼ばれる。国家領域は「分断される」ことがある。時には、物理的に接続せずに、他国またはいかなる国家にも属さない地域によって相互に隔てられる区域が同一国の領域に属する。海洋によって隔てられることがある植民地、そしてまた、他国の領域によって完全に囲まれるいわゆる「囲い地」が一国に属する。これらの地理的に分断された区域は、同一の法秩序がそれらすべてに妥当する限りでのみ統一体を形成する。国家領域の統一性、したがって、国家の領域的統一性は法的統一性であって、地理的な自然的統一性ではない。というのは、国家領域は、法的には、国家と呼ばれる国内法秩序の領域的妥当範囲にすぎないからである。

　国家と呼ばれるこれらの規範秩序はそれらの領域的妥当範囲が限定されるという事実によってまさしく特徴づけられる。これは、それらの規範秩序を他の社会秩序、とりわけ国際法から区別する。国際法は、その領域的妥当範囲が限定されていないために、いたるところで妥当すると主張する。

　国家と呼ばれる強制秩序の妥当範囲を特定領域に限定することは、この法秩序、すなわち、国内法秩序が国際法に従って、原則として、国内法秩序により規定される強制行為の実施をその領域、すなわち当該国家の領域に限定しなければならないことを意味する。現実には、特定国の法秩序の一般的または個別的な規範が、強制行為は他国の領域内で実施され、そして前者の国家の機関がこの規範を執行すると規定することは不可能ではない。しかし、そのような規範が（他国の同意なしに）一国によって定立されまたは執行されるならば、そのような規範の定立および執行、すなわち、他国領域内での強制行為の実施は違法であろう。これらの行為により侵害される法秩序は国際法である。というのは、さまざまな国内法秩序の領域的妥当範囲を決定し、このようにしてそれらの範囲を互いに画定するのは実定国際法であるからである。もしそれらの領域的妥当範囲が法的に画定されなかったならば、また、もし国々が定まった境界を持たなかったならば、さまざまな国内法秩序、つまり、多数の国家はおそらく衝突なしに共存することができなかったであろう。

　国内法秩序の領域的妥当範囲のこの画定、つまり、国家の法的存在を—少なくとも原則として—その境界内の空間に限定することは、指摘されたように、規範的な

### A 国際法による国内法秩序の領域的妥当範囲の決定（国家領域）

性格を持つ。国家領域は、国家の行為、特に強制行為が現実に行われる区域ではない。たった一つの国家行為が特定の領域で行われるという事実によって、この領域はその機関が当該行為を行った国家の領域にならない。国家の行為は他国の領域で違法に実行されることがある。国家領域は、一般国際法によって国家行為、特に強制行為がその内部で行われることの許される空間、つまり、国家の行為がその内部で合法的に行われうる空間である。

しかし、例外として、国家は他国の領域において合法的に行為し、特に強制行為を行うことがある。これは、(1)国家が、特別国際法、たとえば、他国と締結した条約によって当該他国の領域において当該条約で規定された一定の行為を行うことを授権される場合、および、(2)戦時に国家が敵国の領域の一部を占領する場合である。その場合、占領国は、一般国際法が占領地に関して規定する一定の行為を行うことを同法により授権される。当該占領地はそれによって占領国の領域になるわけではない。それゆえ、われわれは、国家領域を、国家がその国内法によって規定されたすべての行為をその内部で行うことを一般国際法により授権される空間、あるいは、同じことになるが、国内法秩序により規定された機関が一般国際法に従ってこの秩序をその内部で完成することを授権される空間である定義することができる。国際法秩序は、国内法秩序の妥当性がどのようにして一定の空間に限定されるか、また、この空間の境界は何であるか、を決定する。

## 2 国内法秩序の領域的妥当範囲の制限

国内法秩序の妥当性が国際法秩序によって一定の空間、すなわち、いわゆる国家領域に制限されるということは、国内法秩序がこの空間内で生ずる諸個人の行動だけを規律するよう授権されていることを意味しない。この制限は、まず第一に、国内法秩序によって規定される強制行為とこれらの行為を導く手続に関係する。

この法は制裁を反対の行為、つまり違法行為に結びつけることにより人間行動を規律する。しかし、違法行為は、指摘されたように、制裁の唯一の条件ではない。たとえば、典型的な民事的違法行為の場合には、その不履行が違法行為を構成する法律行為、すなわち契約が締結されていたに違いない。一般的に承認された国際法の規則に従えば、一国の領域に所在するすべての個人はその国の法に服する。それゆえ、この国家法は、原則として、違法行為および他の条件付け事実がどこで発生しようとも、この点に関して一定の制限が一般国際法の他の規則から生じない限

## 2 国内法秩序の領域的妥当範囲の制限

り、当該国の領域に所在する個人に対して科されるべき制裁を（他の条件付け事実と共に）当該違法行為に結合するであろう。そのような他の規則は国家に他国の市民を一定の方法で取り扱うように義務づける規範である。一国の法が制裁を結びつける違法行為の場所と他の条件付け事実に関して、当該国の市民と他国の市民との間には違いが存在する。自国市民に関してはいかなる制限も存在しない。一国の法の下で、外国で行われた何らかの種類の違法行為を理由に、当該一国の市民に制裁が科されることがある。しかし、違法行為が他国の市民によって行われるならば、一国の法によって制裁の要件にされてはならない当該一国の領域外に存在する一定の事実とその領域外で行われた一定の行為がある。こうして、一国の法律が他国の市民に納税義務を課したならば、言い換えると、税金の未納の場合に、たとえば、外国人がその本国の領域に持つ不動産に対して制裁を規定したならば、あるいは、もし一国の法律が、たとえば、重婚のように、当該行為が外国の市民によってその領域で行われる場合に、当該他国の法律によれば犯罪を構成しない行為に処罰を結びつけたならば、それは国際法の違反を構成するであろう。その外国人の裁判と処罰はその者の本国によって同国権利の侵害と考慮されるであろう。しかし、これらの事例を決定する明確な規則は存在しない。特に、外国人により外国で行われた犯罪に対する諸国の管轄権に関して国際法学者の間に意見の一致が存在しない。一部の学者は、自国領域外で行われた犯罪を処罰する国家の権限は自国市民の処罰に限定されると主張する。しかし、この見解は国家慣行と一致しない。一国は少なくとも以下の場合にその領域外で他国の市民により行われた犯罪に対して管轄権を持つと仮定されるであろう。すなわち、(1)当該行為が管轄権を主張する国家において行われたまたは行おうと企てられた共通犯罪の準備およびそれへの加担として行われる場合、または、(2)これらの行為によって管轄権を主張する国家の国民が侵害される場合、(3)これらの行為が自国の安全に向けられる場合、である[3]。

　あらゆる場合にその刑事管轄権を行使する国家の領域で行われなければならない一国によるその管轄権の行使、特に刑事的制裁の執行は確かに市民と外国人を一切区別しない。

　国の法的権限が自国領域内に限定されるということは国家の行為が当該国の領域外で合法的に行われえないことを意味しない。この制限は原則として強制行為の準備を含む広義の強制行為に関係する。しかし、これらの行為は他国の同意なしに当該他国の領域で行われてはならない。そのような同意が存在しないならば、それらは国際法の違反を構成する。しかし、他国の同意を求めることなしに、当該他国の

*173*

## A 国際法による国内法秩序の領域的妥当範囲の決定（国家領域）

領域で行われる国家行為が存在する。こうして、たとえば、国家元首は、外国滞在中に、条約を締結し、法律を公布し、または関係文書に署名して官吏を任命することができる。これらすべては、かれが訪問中である国家の権利を侵害しない。しかし、もし国家元首がかれが賓客である国家でかれの警察にかれの国民の1人を逮捕させるならば、その国家元首は国際法に違反するであろう。しかしながら、他国領域で行われる一国の国家行為に関して当該他国の同意を必要とする国家行為とこれを必要としない国家行為との間に明確な一線を引くことはできない。

---

(3) Oppenheim, *op.cit.*, Vol.1, §147 を参照せよ。A.K. カッティング事件（*A.K. Cutting*, Moore, Digest of International Law, II, 228ff.）において、1886年に、メキシコ裁判所は、アメリカ市民がメキシコ市民を名誉毀損で侵害したと主張される記事をテキサスで公表したことを理由に、当該アメリカ市民に対して刑事管轄権を行使した。その記事はメキシコで公表されなかった。合衆国政府が行った抗議声明にもかかわらず、その管轄権は、以下のように規定するメキシコ制定法を典拠としてメキシコ裁判所により支持され、またメキシコ政府によっても是認された。すなわち、「メキシコ人に対して外国で外国人により行われた犯罪は」、「被疑者が、任意的にメキシコに来たか、犯罪人引渡手続により出頭させられたかを問わず、メキシコ共和国に存在すること」を条件として、「この共和国においてかつその法律に従って処罰される」。しかし、1890年に合衆国とメキシコによって締結された犯罪人引渡条約は第3条で「各締約国は他国の領域内でもっぱら行われた犯罪を処罰する管轄権を引き受けないことに合意する」と規定した。

ロチュース号事件（Publications of the Permanent Court of International Justice, Series A, No. 10）において、常設国際司法裁判所は、1927年に、国家が自国領域外で行われた犯罪に関して外国人に対して管轄権を行使することを禁止する国際法規則は存在しないという意見を表明した。すなわち、「あらゆる法制度において刑法の属地的性質の原則は基本的であることは真実であるとしても、すべてまたはほとんどすべての法制度がそれらの作用をそれらを採用する国家の領域外で行われた犯罪に拡大していることは同様に真実である。しかも、それらは国ごとに異なる方法でそうなのである。それゆえ、刑法の属地性は国際法の絶対的な原則ではなく、したがって、領域主権と一致するものでは決してない」（p. 20）。しかし、裁判所構成員の1人は、反対意見において、「国家は申し立てられた犯罪の時点で外国人が決して服さなかった法の申し立てられた違反を理由に当該外国人を正当に処罰することはできない」と述べた。

ベイヨ事件（*In re Bayot*, France, Court of Cassation, Criminal Chambet, 1923; Annual Digest 1923-1924, case No. 54）において、ベルギー国民のベイヨは、第一次世界大戦中にドイツ当局のためにベルギー内であらゆる種類の金属および物品を調達しかつ実質的な報酬を得るために、ドイツの官吏および警官による隠匿物資の発見に協力したことを理由に告発された。これらの告発に基づき、かれは、フランスで逮捕され、訴追され、そして有罪の判決を宣告された。裁判所は次のように判示した。すなわち、「たとえ主権に由来する刑罰権が原則として領域的限界を越えて拡大しないとしても、刑事訴訟法典第7条により与えられる事例において正反対の規則が得られる。正当防衛権に基礎づけられる同条は、フランス裁判所に対して、フランスにおいて逮捕された外国人がフランスの領域外で行った国家の安全に向けられた犯罪を審理する管轄権を付与する」。

## 3　狭義の国家領域と広義の国家領域

### ◆ a　国境：実効性の原則

　国内法秩序の領域的妥当範囲としてのいわゆる国家領域内で、つまり、特定の国家が一般国際法によりその国内法を執行することを授権される空間内で、われわれは狭義の国家領域と広義の国家領域を区別しなければならない。狭義の国家領域は、原則として、一国のみが、つまり当該領域が属する国家がその内部でその法的権限を行使することのできる、特に、強制行為を行うことのできるその空間、すなわち、すべての他の国がそこから排除される空間である。それは一般国際法に従えば、一つの特定の国内法秩序のみが強制行為を規定することを授権される空間、つまり、この秩序により規定された強制行為のみが行われる空間である。それはいわゆる国境内の空間である。

　国境は国際法において重要な役割を果す実効性の原則に従って定まる。国内法秩序の排他的妥当性は、国際法に従い、この法秩序が確固として確立される、つまり、全体として実効的である限度まで、すなわち、国内法秩序が恒久的に遵守されかつ適用される限度まで及ぶ。

　伝統的理論は、「自然的」境界と、「人為的」境界、つまり法的境界とを区別する。しかし、国境は、それらが、たとえば、河や山脈のような「自然的」境界に一致するか否かにかかわりなく、常に、法的性格を有する。水域から成るいわゆる自然境界にはさまざまな種類がある。すなわち、河川、湖、閉鎖海および海帯である。

### ◆ b　領域の取得

　国境は条約によって規定されることがある。そのような条約によって、実効性の原則に従って確立された現行境界が確認されることがある。しかし、そのような条約によって、たとえば、割譲条約により新境界が確立されることがある。そのような条約は領域が割譲された国家、すなわち譲受国に対して割譲国に対する法的権原を与える。前者は割譲条約によって割譲された領域を占有する権利、つまり、自国法秩序の妥当性と実効性をその領域に拡大する権利を取得する。しかしながら、割譲された領域は、譲受国がその領域を現実に占有するまで割譲国の領域の一部であ

A　国際法による国内法秩序の領域的妥当範囲の決定（国家領域）

ることを止めて譲受国の領域の一部にならない。もし割譲国が条約義務に違反して割譲された領域から撤退することを拒否するならば、その国は国際違法行為を行い、したがって、譲受国は一般国際法によって違法行為国に対して強制行動をとることを授権される。ただし、当該領域は違法行為国の領域にとどまり、いかなる領域的変更も生じない。この法的状態は、もし国内法が財産の移転に関して売買契約に加え実効的な占有の取得を要求するとするならば、その国内法の下で存在する法的状態と全く同じである。

　国家は国際法の違反を構成する行為によって領域を保持するばかりでなく、これを取得することがある。これは多くの学者によっていわゆる時効取得、つまり、国家が一定期間ずっと領域を平穏に占有する場合に認められる。そのような領域は、たとえ実効的な占有が違法な行為によって行われたとしても、法的に占有国の領域であると見なされる。これもまた実効性の原則の適用である。

　違法行為による領域の取得はいわゆる征服の場合にも生ずることがある。もし国家が戦争中に敵の領域を占領し、当該敵国をその側でのさらなる抵抗が不可能なほど完全に打倒するならば、戦勝国は征服した領域に対する支配権を確固として確立した後に、これを自国領域に編入することができる。正当な所有者の同意なしに行われる領域の編入は併合と呼ばれる。征服された国家の領域は、それを永久的に編入する意図で、あるいは、たとえば、それを第三国に割譲することによりまたはそこに新国家を樹立することにより、遅かれ早かれそれを処分する意図で、戦勝国によって併合されることがある。征服国の意図がどうであれ、併合された領域は、たとえ戦勝国により被征服国に対して行われた戦争が違法な戦争であったとしても、また、被征服国の併合が国際違法行為であったとしても、合法的に征服国の領域になる。それは、再び、この領域的変更がその下で生ずる国際法原則としての実効性の原則である。

　実効性の原則は、一国が先占によっていかなる国にも属さない地域（無主地）を取得するときに明確に現れる。そのような先占はそれが実効的である場合にのみ、つまり、当該国が当該領域を現実に占有し、そこにある種の統治を確立する場合にのみ、領域取得の効果を持つ。今日、領域の単なる発見が権原を創造しないことは一般に認められている。一部の学者は単なる発見は「不完全な」権原を与えると主張する。これは、当該領域の発見後に実効的な占有を確立するために必要な期間中、他の諸国は当該領域の占有を法的に排除されることを意味する(4)。

　一般国際法の下で実効性の原則は、国内法、すなわち国家法の下でよりもいっそ

う広範に普及する。というのは、集権的な強制制度の下で、法的状態は、法的共同体の中央機関が行使する執行権限の介入によって維持され、また、違法に変更されるときには、この介入によって回復されうるからである。このことは締約国の領土保全を実効的に保障する特別条約国際法によって確立された集権的な国際共同体の場合にも当てはまるであろう。一般国際法の下で、国家は他国の領土保全の尊重を義務づけられる。しかし、この義務の違反は法的状態の変更を排除しない。一部の学者によって強く主張される「違法より権利は生じない」（*ex injuria jus non oritur*）の原則は、国際法において適用されないかまたは重要な例外なしには適用されない。

## ◆ c 領域的至上権

国境により囲まれた領域が法的に当該国に属するということ、または、通常性格づけられるように、領域が当該国の領域的な至上権または主権の下にあるということは、この領域に所在するすべての個人は原則として当該国の法的権限に、しかも当該国の法的権限にのみ服することを意味する。これは、「だれかが余の領域に入るならば、その者は余に従う」（*Qui in territorio meo est, etiam meus subditus est*）という規則で表明される。それは当該領域が国家の財産であることを意味しない。財産は物に関する個人（または諸個人の集団）とすべての他の個人との間の特別な関係

---

(4) パルマス島仲裁裁判（22 *American Journal of International Law*［1928］867 ff.）において、仲裁人は次のように述べた。すなわち、「今日の国際法における領域主権の取得権原は、先占または征服のような実効的把握行為に基礎づけられるか、あるいは、割譲のように、割譲国と譲受国または少なくともそれらの一方が割譲された領域を実効的に処理する能力を持つことを前提とする。同様に、自然的な添付は、その作用の範囲内に入る地点に拡大しうる現実の主権が存在する領域部分の添付として初めて理解されうる。したがって、主権の設定にとって必須的な要素は主権の継続が欠如すべきでないということは当然であると考えられる。これが自明であるために、学説ならびに慣行は、異なる法的定式の下でしかも必要とされる要件に関し、かなりの相違を伴ってではあるけれども、（他国との関係で平和的な）領域主権の継続的かつ平穏な表示は権原に等しいと認める。国際法は、18世紀半ば以来、占有が実効的であることをたえず要求してきたとますます強調することは、もし実効性が取得行為に関してのみ要求され、権利の維持に関しては要求されないとするならば、とうてい信じられないであろう。…所与の地域内での国家機能の継続的で平穏な発現は国家主権の構成要素であるという原則は、（政治史の経験によって証明されるような）独立諸国とそれらの境界成立の諸条件ならびに広く受け入れられた国際判例と学説にのみ基礎づけられるのではない。すなわち、この原則は、必要とされるとき、構成国間の内部的国家関係に国際法規則を適用するために管轄権が確立される2以上の連邦国家でさらに承認されてきた」。クリッパートン島仲裁裁判（*Clipperton Island Arbitration*）も参照せよ。本書後掲185頁注(16)。

*177*

## A　国際法による国内法秩序の領域的妥当範囲の決定（国家領域）

である。この関係の本質は、所有権者は当該物を処分する権利を持ち、すべての他の個人はこの処分に干渉しないことを義務づけられるということである。この関係は、通常は国内法によって確立される。すなわち、それは国内法の下での諸個人間の関係である。そのような関係は、特定の領域は特定の国家に属するという言明によって決して明示されない。「国家の領域」は国内法の一定の属性、つまり、その領域的妥当範囲を表す比喩的な表現であって、その法の下での個人間の関係を表すものではない。国家領域は物ではない。特にそれは土地または一部の土地ではない。すなわち、それは国際法によって規定される空間である。この空間内の土地所有権は法人としての国家の財産であったりなかったりすることがある。しかし、国家は自国の空間内、つまり、自国法の領域的妥当範囲内でまたは自国の領域的至上権もしくは主権の下で土地を所有するばかりでなく、他国の領域内で、つまり、他国の領域的至上権または主権の下で土地を所有することがある。

　国家領域が国家の財産であるという誤った考えは国際法が国家に権利を付与し他国に義務を課すという事実におそらくその起源を持つ。それは財産に関係する権利および義務とのある類推を表す。すべての国家はいわゆる他国の領土保全の尊重を義務づけられる。それは、国々が他国の「領域」である空間内で一定の行為を行うことを慎むよう義務づけられることを意味する。国際法は各国にその領域を処分する権利を付与する。国際法の下で、ある領域がその国境内に存在する国だけがこの領域を処分する資格を持つ。それは、一般国際法に従って、国内法秩序の機関だけがその国内法秩序の領域的妥当範囲である領域に関係する国際的な法律行為を行う権限を持つことを意味する。これらの法律行為は、他の国々（または国際共同体）がこの空間内でまたはこの空間内の特定部分で国家機能の一部またはすべてさえ行使する権利を獲得するという効果を持つことがある。もし一国が自国領域の一部で国家のすべての機能を恒久的に行使する権利を―この権利を他の諸国に譲渡する（当該領域を処分する）権利を含め―他国に付与するならば、それは割譲について語ることである。もし一国が自国領域の一部で国家のすべての機能を行使する権利を特定の期間に関してのみかつこの権利を他の諸国に譲渡する権利を含めずに他国に付与するならば、当該領域の単なる租借が確立される。一国の領域またはその一部に関するその他の国際的な法律行為は、当該領域またはその一部が国際連合の信託統治制度（または、かつての、国際連盟の委任統治制度）下におかれる条約、一国が他国に対して自国領域に要塞を築きまたは軍隊を駐留させる権利を付与する条約[5]等である。

## ◈ d 国家の「不可入性」

　国内法秩序が一定の領域、つまり、狭義の国家領域に対して排他的妥当性を持つ、すなわち、この領域内ですべての個人はこの国内法秩序またはこの国家の強制権限にもっぱらかつ排他的に服するという原則は、通常は、一国のみが同一領域に存在しうると、または、物理学の言葉を借りれば、その国家が「不可入的」（impenetrable）であると述べることにより表現される。しかしながら、この原則には例外がある。一般国際法に従えば、一国の領域に滞在しながら、当該国家の法的権限に服さない、特にその強制権限に服さない一定の個人、すなわち、いわゆる治外法権の特権を享有する個人が存在する。この問題は、同じくこの特権によって制限される国内法秩序の人的妥当範囲[6]に関連して議論されるであろう。もっぱら国内法秩序の領域的妥当範囲が制限される。あるいは、同じことであるが、一国が条約により他国に対して一定の機能を行使する権利、特にその一国の領域において強制行為、つまり、さもなければ一般国際法の下で許されないであろう行為を行う権利を付与する場合には、その他国は当該一国の領域に現に存在する。戦時に一国は、一般国際法によってでさえ、その軍事的に占領する外国領域で強制行為を行うことを許される（戦時占領）。

　もう一つの例外は、同一の領域に対して２（またはそれ以上）の国家により行われるいわゆる「共同統治」（condominium）である。この領域に対して妥当する法

---

⑸　1951 年 9 月 8 日に合衆国と日本により署名された条約は以下のように規定する。すなわち、「第 1 条　平和条約及びこの条約の発生と同時に、アメリカ合衆国の陸軍、空軍及び海軍を日本国内及びその附近に配備する権利を、日本国は、許与し、アメリカ合衆国は、これを受諾する。この軍隊は、極東における国際の平和と安全に寄与し、並びに、1 又は 2 以上の外部の国による教唆又は干渉によって引き起こされた日本国における大規模の内乱及び騒じょうを鎮圧するため日本国政府の明示の要請に応じて与えられる援助を含めて、外部からの武力攻撃に対する日本国の安全に寄与するために使用することができる。第 2 条　第 1 条に掲げる権利が行使されている間は、日本国は、アメリカ合衆国の事前の同意なくして、基地、基地における若しくは基地に関する権利、権力若しくは権能、駐兵若しくは演習の権利又は陸軍、空軍若しくは海軍の通過の権利を第三国に許与しない。第 3 条　アメリカ合衆国の軍隊の日本国内及びその附近における配備を規律する条件は、両政府間の行政協定で決定する。第 4 条　この条約は、国際連合又はその他による日本区域における国際の平和と安全の維持のため十分な定めをする国際連合の措置又はこれに代る個別的又は集団的の安全保障措置が効力を生じたと日本国及びアメリカ合衆国が認めた時にはいつでも効力を失うものとする。第 5 条　この条約は、日本国及びアメリカ合衆国政府によって批准されなければならない。この条約は批准書が両国によってワシントンで批准された時に効力を生ずる」。

⑹　本書後掲 187 頁以下を参照せよ。

A  国際法による国内法秩序の領域的妥当範囲の決定（国家領域）

秩序は共同統治を行う国々の法秩序の共通部分である。この法秩序の規範は共同統治を行う国家間の合意によって確立され、これらの国の共同の機関によって適用される。共同統治の領域はこれらの国家の共同の領域、つまり、それらの国内法秩序の共通の領域的妥当範囲である。

連邦国家は時として更なる例外として引用される。すなわち、各構成国の領域は、同時に連邦国家の領域であると主張される。しかし、いわゆる連邦国家の構成国は国際法の意味での国家ではない。また、それらの構成国が条約を締結する限定的な権利を持つときでさえ、それらはそのような条約によって他の諸国に領有権を付与する権限を決して持たない。

## ◆ e  領　海

狭義の国家領域、すなわち、原則として一国のみがその内部で法的権限を行使することを授権される領域は、すべての国が一定の制限を伴ってその国内法により規定される強制行為を実施するためにその法的権限を行使することを許される区域とは区別されるべきである。そのような区域は公海（open sea or high sea）と法律上いかなる特定国にも属さないために無主地の性格を持つ地域である。

公海は領海（territorial waters or maritame belt）を越えて存在する海洋の一部である。領海は国家の実効的な支配の下にある当該国家の海岸に接続する海洋の一部である。領海が沿岸国に属することはグロティウスによってさえ承認された国際法の規則である。かれは、「海洋の一部に対する主権」は「海岸に沿った海洋の一部を航行する者が陸地から拘束されうる限度で陸地により」獲得されうると主張した[7]。バインケルスフークは、かれの著書『海洋領有論』（*De Dominio Maris*[8]）において、しばしば引用される一節において関係規則を公式化した。すなわち、「陸地の支配権は武力の尽きるところで尽きる」（*Terrae potestas finitur ubi finitur vis armorum*）。かれは「海に対する陸地の支配は大砲の届くところまで拡大する」と結論した。これは低潮線から測定された３カイリの距離であると考えられた[9]。19世紀中および20世紀初期には、３カイリ規則はそれが最小限の距離を規定した限りでのみ一般に認められた。多くの国家はいっそう広い区域に対する至上権を主張した。また、一部の学者は、各国はその領海の範囲を自ら決定する権利を持つと主張した。今日では、３カイリ規則は確実にすたれている。しかし、領海は沿岸国が実効的に支配しうる海域部分を越えて拡大しないという原則は依然として有効である[10]。

領海は、指摘されたように、沿岸国領域の一部である。しかし、一般国際法は、沿岸国に対して平時にすべての他の国家の商船の無害通航を許可しなければならない義務を課す。軍艦に関してそのような義務は存在するのか、また、それはどの程度存在するのか、は論争の主題である。たとえば、オッペンハイムは国際交通の主要ルートの一部を構成する領海部分を通過する外国軍艦の無害通航を許可することを沿岸国に義務づける規則が存在すると主張する[11]。国家の領海に投錨する外国商船は当該国家の管轄権の下にある。領海に停泊するのではなくて、単に通過する商船が沿岸国の管轄権の下にあるかは疑わしい[12]。しかし、軍艦およびその他の公船[13]がこの管轄権から常に免除されることは一般に認められている。

　内水（national waters）、すなわち、湖沼、河口と合わせた河川、港および停泊所は領海と異なる。内水は法的には狭義の国家領域に属する。内水に関して国家は一般国際法によるいかなる制限にも服さない。しかし、領海と内水はそれらが付属物

---

⑺　Grotius, *De jure belli ac pacis*（1625）, Bk. II, Chap. III, sec. 13. 1949 年のコルフ海峡事件（International Court of Justice, Reports, 1949, p. 4）において、国際司法裁判所は次のような判決を言い渡した。すなわち、「アルバニア共和国は 1946 年 10 月 22 日にアルバニア領海において発生した爆発とそれにより生じた損害および人命損失に関して国際法上責任がある」。裁判所は「1946 年 10 月 22 日の爆発を引き起こした機雷原の施設はアルバニア政府に知られることなく行われたはずがない」と判断した。裁判所は、アルバニアは「航海の利益一般のためにアルバニア領海内に機雷原があること」を知らせ、かつ、接近しつつあるイギリス軍艦に急迫した危険を警告する義務に違反したという意見であった。裁判所はアルバニアの責任を「他国の権利に反する行為のためにその領域が使用されるのを故意に許してはならないすべての国家の義務」に基礎づけた。こうして、裁判所はアルバニア領水をアルバニアの領域と宣言した。その結果、裁判所は、「アルバニア政府のはっきりと表明された意思に反して」1946 年 11 月 12 日と 13 日にイギリス軍艦によって実施された機雷掃海作業を国際法の違反であると判断した。裁判所は、「1946 年 11 月 12 日と 13 日の作業中、アルバニア領海におけるイギリス海軍の行動によって、連合王国はアルバニア人民共和国の主権を侵害した。また、裁判所によるこの宣言はそれ自体として適切な満足を構成する」という判決を言い渡した。

⑻　Bynkershoek, *De domono maris*（1702）, Chap. II. 上記に引用した一節には次のような文章が続く。「というのは、それはわれわれが支配権と所有権の双方を持つと思われる限度であるからである。しかしながら、私は、それらの戦争手段を使用するわれわれの時代について述べている。さもなければ、私は、一般的な言葉で陸地からの支配は人々の兵器の威力が尽きるところで尽きる述べるべきである。というのは、われわれが述べてきたように、所有権を保証するのはこれであるからである」。

⑼　アンナ号事件（*The Anna*, 5 C. Robinson's Reports 373）において、1805 年に、イギリス海事高等裁判所は次のように判示した。すなわち、「われわれのだれもがこの主題に関する法規が『陸地の支配権は武力の尽きるところで尽きる』（*terrae dominium finitur ubi finitur armorum vis*）であることを知っている。火器の導入以来、その距離は、通常は海岸からおよそ 3 カイリであると認められてきた」。

A　国際法による国内法秩序の領域的妥当範囲の決定（国家領域）

であると考慮される接続する陸地と併せてはじめて譲渡可能であることに注意しな
ければならない。

## ◆　f　公　海

公海はあらゆる国家があらゆる行為を行うこと、すなわち、自国船舶内で、つま

---

(10)　エリダ号事件（*The Elida*, Germany, Imperial Supreme Prize Court, 1915; 1 Entscheidun-
gen des Oberprisengerichts 9）において、木材を積載するスウェーデン船エリダ号は、戦時
禁制品の輸送を理由に、スウェーデン海岸から4カイリの内側、ただし3カイリ限界の外側
でドイツ水雷艇によって拿捕された。捕獲審検所は次のように述べた。すなわち、「かなりの
数の国家が一般的にかまたは特定の権利に関してか国内法により3カイリ限界を越えて領域
管轄権を拡大していることは確かである。これはその領水を4カイリの距離に拡大したス
ウェーデンとノルウェーに特に当てはまる。若干の他の国家はこの点に関してさらに遠くに
拡大しさえする。しかし、ドイツ帝国に関して有効な、したがって、この捕獲審検所が考慮
すべき特別な国際的権原は存在しない。というのは、現在に至るまでスウェーデンの主張は
ノルウェー政府によってのみ承認されてきたからである。ドイツ外務省からの公式通知に従
えば、ドイツは、特に1874年に行われたこの問題に関する論議においてスウェーデンの見解
を受け入れずに、領水問題を未解決の問題として扱った。一方、イギリスは3カイリ限界を
主張した。同様に、1897年、スウェーデン政府がストックホルムのドイツ公使館に宛てて漁
業管轄権に関する通告を行ったとき、ドイツ政府はスウェーデンの4カイリ漁業境界主張に
対して抗議しないことに限定した。このため、戦時におけるこの水域の中立化問題はそれに
より影響を受けない。したがって、これらの事情に基づき、決定はドイツ捕獲令に基礎づけ
られなければならない。同捕獲令第3条aは中立国沿岸から単に3カイリの水域内でのみ捕
獲令の適用を禁ずる」。しかし、審検所は、積荷が戦時禁制品でなかったために捕獲の合法性
を否定した。

　　パナマ共和国（国営海運会社）対アメリカ合衆国事件（*Republic of Panama* (*Compañía de
Navigación Nacional*) *v. United States of America*, United States-Panama, General Claims
Commission, 1933, Hunt, Report of American and Panamanian Arbitration [1934], p. 812）にお
いて、委員会は次のように述べた。すなわち、「3カイリ水域に主権を拡大する一般規則は明
確に確立されている。この主権の完全性の例外は明確な典拠によって確立されている。この
主権が無害通航権として知られるものによって制限され、また、この制限は主権者がその領
海を通過する外国商船の無害通航を禁止することを現実に許さないという趣旨の典拠の優越
が存在する。すなわち、そのような船舶が領海を通過するときに民事訴訟被告の逮捕を免れ
るという趣旨の典拠の優越は存在しない。そのような典拠が存在しない場合には、委員会は、
国家は一般国際法規則の下でその領海を通過する商船を民事訴訟手続に基づき差し押さえる
権利を主張してはならないと述べることはできない」。

(11)　Oppenheim, *l.c.* 1, §188. コルフ海峡事件（本書前掲181頁注(7)を参照せよ）において、国
際司法裁判所は「国際法上国家は平時に海峡に含まれない領海を通過する軍艦を派遣する権
利を持つか」の一般問題を検討しなかった。しかし、裁判所は次のように宣言した。すなわ
ち、「裁判所の意見では、国々が平時にその軍艦を沿岸国の同意を得ないで公海の二つの部分
の間の国際航行のために用いられる海峡を通過させる権利を持つことは、その通過が無害で
あることを条件として、一般に承認され、かつ、国際慣習に一致する。国際条約で別段の規
定がなされない限り、沿岸国は平時にそのような海峡の通航を禁止する権利を持たない」。

り自国国旗を掲げて正当に航行する船舶内でその管轄権、とくにその強制権限を行使することができる区域である。公海上の船舶の法的地位を記述する通常の方法は当該船舶はその本国の浮遊する一部と見なされなければならないというものである。そのことは、公海上の船舶は当該船舶がその旗の下で正当に航行する国家の排他的な管轄権の下にあることを意味する。排他的管轄権は、旗国以外のいかなる他の国家もその旗の下で正当に航行する船舶内で強制権限を行使しえないことを意味する。船舶がその本国の浮遊する一部であると考慮されるということは更に次のことを意味する。すなわち、旗国の国内法は、子供の出生、法律行為、犯罪等のような当該船舶内で発生する何事も旗国の領域内で発生したかのように考慮されなければならないと規定することがある[14]。

---

(12) 1930年の国際法典編纂会議の最終文書は領海を通過する船舶に対する刑事および民事管轄権に関する次のような規則を含む。すなわち、「第8条 沿岸国は以下の場合を除き、領海を通航中の外国船舶内で行われた犯罪を理由にいずれかの者を逮捕しまたは何らかの捜査を行うために当該船舶内でいかなる措置もとってはならない。(1)犯罪の結果が船舶外に拡大する場合、(2)犯罪が沿岸国の平和又は領海の善良な秩序を乱すような性質の場合、(3)当該船舶の船長又は当該船舶の旗国の領事が沿岸国当局の援助を求めた場合。第9条 沿岸国は領海を通航中の外国船舶内の者に関して民事管轄権を行使するために当該船舶を停止させ又はその航路を変更させてはならない。沿岸国は沿岸国水域を航行している間に又はその水域を航行するためにその船舶に生じた債務又は責任に関する場合を除き、その船舶に対して民事上の強制執行又は当該船舶の差押えを行うことができない」。

(13) パルルマン・ベルジュ号事件 (*The Parlement Belge*, 1819, 4 Law Reports, Probate Division 197 ff.) において、イギリス控訴院は、次のように判示した。すなわち、「外国の主権者に属し、かれが任命した公務員により管理されかつ郵便の輸送に用いられる非武装の郵便船（パルルマン・ベルジュ号）は衝突に関する賠償を回復するための対物訴訟に服すべきではない。この免除は郵便船が同じく商品や旅客を輸送するという理由によって失われない」。

(14) 国王対ゴードン・フィンレーソン事件 (*Rex v. Gordon-Finlayson*, England, High Court, King'Bench Division; Annual Digest 1941-1942, Case No. 67) において、1881年イギリス陸軍法の「陸軍法に服する者は連合王国内で行われた反逆罪、謀殺、故殺、反逆罪的重罪、強姦を理由に軍法会議で裁判されてはならない」という規定が公海上のイギリス船内でイギリス軍の将校によって行われた殺人事件に適用可能であるかの問題がイギリス裁判所で生じた。1941年に裁判所は、公海上のイギリス船は陸軍法第41条但し書きの範囲内の連合王国ではなかったのであるから、申し立てられている犯罪は連合王国で行われなかったと判示した。裁判所は次のように述べた。すなわち、「これらの事情の下で、その者はイギリスで犯罪を行わなかったけれども、すべての者がイギリス臣民の権利および特権とイギリス法に対する責任を伴うイギリス国旗の保護の下にあるイギリス船上で、かれが犯罪を行ったと申し立てられているという理由で、イギリスで犯罪を行ったと同じ方法でかれを裁判するための管轄権が存在すると判示され、そして長年にわたってそのように判示されてきたのは、イギリス船上で行われた犯罪に対していずれかの裁判所が管轄権を有することが必要なためである」。

## A 国際法による国内法秩序の領域的妥当範囲の決定（国家領域）

国が公海で有する管轄権は、その行使が外国船内または外国船に対して許されない限りで制限される。特に、一国の船舶の乗組員による他国船内でのまたは他国船に対する強制行為は禁止される。しかし、この規則には例外がある。一定の事情の下で軍艦によって行動する国家は公海で他国の船舶に対して実力を行使することができる。すなわち、(1)沿岸国は自国領海内で自国法に違反した外国商船を公海まで追跡し、これに裁判を受けさせるために拿捕することが許される。(2)各国は自国国旗を違法に掲げて航行する外国船舶を拿捕し、これに裁判を受けさせることが許される。(3)交戦国は封鎖を侵破するまたは戦時禁制品を輸送する中立商船に裁判を受けさせるためにこれを拿捕することが許される。(4)最後に、その国旗を掲げて正当に航行する軍艦または何らかのその他の船舶によって行動するすべての国は、海賊を処罰するために海賊船を拿捕することが許される。

これらの例外は別として、いかなる国も公海上で他国に対して、つまり、他国の船舶に対して実力を行使することは許されない。したがって、いかなる国も、公海の一部を占有し、他国による漁業権の確立または電信電話ケーブル等の敷設を妨害して自国の排他的利用のためにこれを保存することは国際法上許されない。これらの規則はグロティウスによって宣明された「海洋の自由」を構成する。かれは、その性質上、海洋は国家の財産となりえないと主張した(15)。現代国際法理論において、公海の自由は、公海のいかなる部分もいずれかの国に服することはありえず、したがって、占有によりいかなる国の領域に編入されることもありえないという原則に基づき公式化されている。このことは、国々が公海においてその「主権」または法的権限を行使しえないことを意味しない。それどころか、各国は、一般国際法によってそうすること、すなわち、公海上で自国法を執行すること、特に強制行為

---

(15) Hugo Grotius, *Mare Liberum* (1608) (English translation: *The Freedom of the Sea*, Carnegie Endowment for International Peace, 1916). 同書第 5 章は次の通りである。すなわち、「これまで述べたところから二つの結論が引き出されるであろう。第一に、占有されえない物またはこれまでに決して占有されなかった物はだれの財産でもない。なぜなら、すべての財産は占有から生じているからである。第二に、ある者には役立つけれども、本来すべての他の者の共通の利用にとって十分であるように創設されたすべての物はそれが本来最初に創造されたときと同じ条件で今日とどまり、また永久にそのようにとどまるべきである。…空気は二つの理由でこの種類の物に属する。第一に、それは占有することができない。第二に、その共通の利用はすべての人々に宛てられる。まったく同じ理由で、海洋はすべての者に共通である。なぜなら、海洋は無限であるためにいかなる者にも占有されないからである。また、海洋は、われわれがそれを航行または漁業のいずれの観点から考慮するにせよ、すべての者の利用のために適合されるからである」。

を実施することを授権される。ただし、それは自国船内においてだけであって、一定の例外を除き、他国の船舶に対してではない。公海はすべての国の区域であるが、しかし、それは一国の排他的な区域ではないし、また、一国の国内法秩序の領域的妥当範囲でもない。それは、いわば、各国の国内法秩序の領域的妥当範囲が相互に浸透する空間である。

### ◆ g　無主地

無主地は、あらゆる国家が自国領域、つまり、その国境内の地域と同じようにその法的権限を行使することが許される限りで、公海の法的地位と類似した地位を持つ地域である。しかし、本質的な違いが存在する。すなわち、無主地は、実効的な占有を通じて、つまり、実効性の原則に従っていずれの国家もこれを合法的に取得することができる[16]。

### ◆ h　底土および空間

国家領域は、通常、地球の表面上の限定された部分であると考慮される。この考えは誤っている。国内法秩序の領域的妥当範囲としての国家領域は、平面ではなくて、三次元の空間である。国内法秩序の妥当性と実効性は幅および長さだけでなく、深さおよび高さにも拡大する。伝統的理論が「国家領域」、つまり国境によって画定される地球の表面部分として定義するものは国家の三次元的な空間の横断面

---

[16]　クリッパートン島仲裁裁判（*Clipperton Island Arbitration*, France-Mexico, 1931; 26 *American Journal of International Law* [1932] 390）において、仲裁人のイタリア国王は、クリッパートン島事件はフランスに属すると決定した。その意見で、国王は次のように述べた。すなわち、「1858 年 11 月にフランスがクリッパートン島に対する主権を宣言した時に、同島は『無主地』（*territorium nullius*）の法的地位にあり、したがって先占可能であったことを認める根拠がある。フランスは実効的な占有に進み、この種の領域取得の有効性のために国際法が要求する条件を満たしたかどうかの問題が残る。…『占有意思』（*animus occupandi*）以外に、法の効力を有する超記憶的慣行によって、名目的ではない現実の占有が先占の必要条件であることは疑いない。この先占は、占有国が当該地域をその占有に圧縮して、そこで排他的な権限を行使するための措置をとる行為または一連の行為から成る。厳密に言えば、そして、通常の場合、このことは、国家が当該領域自体に自国の法律を尊重させることのできる組織を確立する時にのみ生ずる。しかし、この措置は、厳密に言えば、先占を実施する手続的な手段にすぎず、したがって、先占と同じではない。この方法に訴えることが不必要な場合もあるであろう。たとえば、もしある領域が完全に無人であるという事実によって占有国がそこに出現した当初からその国家の完全かつ争われない処理に服するとするならば、その時点から占有奪取は達成されたと考慮されなければならない。したがって、先占はこれによって完成する」。

によって形成される可視的平面にすぎない。

伝統的理論に従えば、国家領域としてのこの平面の下の空間は当該国家に属し、原則として、隣国の領域の下の類似の空間によってのみ画定され、また、沿岸の場合には公海の下の空間によって画定される地球の中心にまで拡大する。国の領海の下の底土は狭義の国家領域と同じ法的地位を持つ。同じ原則は国家領域上の空間に適用される。この空間は伝統的理論に従えば無限である。この理論に従い、1919年に締結された国際航空条約第1条は「各國カ其ノ版圖上ノ空間ニ於テ完全且排他的ノ主権ヲ有スル」と規定する[17]。この理論は実効性の原則を無視する。しかし、一般国際法上、国家領域の下部および上部の空間がその実効的支配にかかわりなく、したがって実効的支配を無視して当該国家に属すると主張することはほとんど不可能である。

公海上の空域は公海の法的地位を持つ。しかし、公海の海底および底土は無主地の法的地位を持つ。それは実効的な占有により取得されることがある。これはトンネルや炭坑等に関して重要である。しかし、公海の自由を脅かしかねない公海の海底および底土の利用は違法である。

## ◆ B 国際法による国内法秩序の人的妥当範囲の決定(国家の人民)

# 1 国内法秩序の人的妥当範囲としての国家の人民

伝統的理論に従えば、国家の第2の要素は国家領域内に所在する人間として通常定義される人民である。かれらは統一体として見なされる。国家は一つの領域のみを持つように、一つの人民のみを持つ。また、領域の統一体は法的統一体であって、自然的な統一体でないように、人民の統一体は法的統一体であって自然的な統一体ではない。国家は、国家の人民として見なされる諸個人に対して妥当する法秩序の統一体によって構成される。異なる人種、言語および宗教を有する諸個人はしばしば現実に一つの人民、つまり一国の人民を形成する。かれらは、すべてのこれらおよびその他の相違にもかかわらず、一つの人民を構成する。なぜなら、国家の人民は、その行為が国内法秩序によって規律される諸個人、つまり、この秩序の人

---

(17) 1944年12月7日の国際民間航空会議最終文書は1919年の国際航空条約第1条で規定される原則に影響を与えない。

的妥当範囲であるからである。

　国内法秩序の領域的妥当範囲が制限されるのと全く同じように、国内法秩序の人的妥当範囲も制限される。個人はかれがその法秩序の人的妥当範囲に含まれるならば、その国家の人民に属する。あらゆる現代国家は一部の空間のみを含むように、それはまた、人類の一部のみを含む。そして、国内法秩序の領域的妥当範囲が国際法によって決定されるように、国内法秩序の人的妥当範囲も国際法によって決定される。

　国際法は国内法秩序の人的妥当範囲をどのように決定するのであろうか。国内法は国際法によってだれの行動を規律することを授権されるのであろうか。あるいは、言い換えると、国家は、国際法に違反することなく、したがって他国の権利を侵害することなく、いかなる個人をその法的権限、つまり、強制権限に従わせることができるのであろうか。

　一般国際法に従えば、国内法秩序によって規定される強制行為は、国家領域内、つまり、国際法が国内法秩序の領域的妥当範囲として決定する空間内に存在する諸個人に対してのみ向けられる。国際法による国家領域の決定は、前章において述べられた。国際法は、国家領域を決定することにより、国家の人民をもっぱら間接的に決定する。国家の人民は国家領域に由来する。

## 2　治 外 法 権

　国家は原則としてその領域内のだれにたいしてもその強制権限を行使することができる。国家領域内に所在するすべての個人はその強制権限に服する。それは、国内法秩序の領域的妥当範囲内に所在するすべての個人は、この秩序によって規定される強制行為の執行に関してこの秩序に服従させられることを意味する[18]。しかし、この規則には例外がある。それは上述の規則を制限するいわゆる治外法権の国際制度である。

---

(18)　この規則は通常は次のように公式化される。すなわち、一国はその領域内のすべての人および物に対して管轄権を有する、と。こうして、たとえば、ヴァスコンガード海運会社対クリスチナ号事件（*Compañia Naviera Vascongado v. The Cristina*, 1938 Law Reports, A.C. 485, at pp. 496f.）において、1938年にイギリス貴族院でマクミラン卿は次のように述べた。すなわち、「国家がその領域的範囲内のすべての人および物に対してならびにこの範囲内で生じるすべての民事および刑事事件に関して管轄権を有することはすべての独立主権国と同じくこの王国の主権の本質的属性である」。物に対する管轄権は、結局、人に対する管轄権である。

B 国際法による国内法秩序の人的妥当範囲の決定（国家の人民）

## ◆ a 国内法秩序の人的妥当範囲の制限としての治外法権

　一般国際法に従えば、一定の人は強制行為から、あるいは、通常言われるように、かれらが所在する領域国の刑事管轄権、民事管轄権および行政管轄権からの免除特権を享有する。いかなる強制行為も、強制行為を目的とする法的手続でさえも、これらの個人に向けることは許されない。この特権は国内法秩序の人的妥当範囲の直接的な制限を構成するばかりでなく、国が自国領域でこれらの個人に対して強制権限を行使することを適法に阻止される限りで、その国内法秩序の領域的妥当範囲の間接的な制限を構成する。「治外法権」という言葉を説明するのはまさしく特権のこの側面である。その言葉は、当該諸個人はその強制権限が制限される国家の領域に存在しないかのように待遇されなければならないという擬制を意味する。

　治外法権を享有する諸個人は、その所在する領域国の強制権限から免除されるが、それにもかかわらずこの国家法に従属する、つまり、その規定を遵守することを義務づけられると通常主張される。これは、それらの個人が特権を享有する期間中に行った法違反を理由にかれらを訴追することが、かれらがその特権的地位を失うや直ちに可能である限りで真実である。この意味で、治外法権の特権は特権を与えられた個人に対する強制権限の行使が停止されるにすぎないことを表す。しかし、これは、その強制権限が制限される接受国の法秩序のすべての規範にではなく、一定の規範に関してのみ当てはまる。こうして、たとえば、いかなる接受国も自国に派遣された外交使節であった者に対してその任務の終了後にその在職中に所得税を支払わなかったことを理由に課税することは許されない。しかし、接受国は元外交官をその外交使節の期間中に行った犯罪を理由に訴追することがある。訴追はまた管轄権からの免除が派遣国[19]によって放棄された場合にも可能である。

　訴追が免除される違法行為に関して、治外法権の特権が、特権を有する個人が私的個人として行う行為に適用されることを指摘しておくことは重要である。かれら

---

(19)　ディキンソン対デル・ソラール事件（*Dickinson v. Del Solar*, Annual Digest 1929-1930, Case No. 190）において、1929 年にイギリス高等法院（王座部）は次のように述べた。すなわち、「外交代表はそのようなものとしての特権によりあらゆる違法行為に関して法的責任から免除される。正確な言明は、かれらは裁判権に服さない限り、イギリス裁判所において訴訟を提起されることはないというものである。外交特権は法的責任からの免除を意味するのではなくて、所在国の裁判権からの免除のみを意味する。この特権は信任状を与えて外交代表を派遣した主権者の特権である。したがって、この特権は主権者または当該外交代表の上司の承認により放棄されることがある」。

が国家機関としてのその資格において行う行為、つまり、その国家の行為である行為に関して訴追されえないことは、かれらの治外法権の結果ではなくて、いかなる国家も他国の行為に対して管轄権を持たないという一般国際法の規則の結果である（後述 193 頁以下を見よ）。

## ◆ b　治外法権の特権を享有する主体としての外国元首および外交代表

　治外法権の特権は一般国際法により外国国家の元首と外交代表に与えられる。

　国家元首は一定の特別な機能が当該国家の憲法により付与される機関である。これらの機能は、通常、立法または立法へのある種の参加、条約の締結、宣戦布告、外交使節および領事の接受と派遣、最高司令官としての軍の統帥、恩赦権の行使、国家のすべてまたは上級の公務員の任命、を含む。これらの機能は、国家元首単独でまたは議会もしくは内閣のような他の機関と協力して行使されることがある。国家元首は個人または合議的な機関であることがある。第一に、この公職は世襲であることがある。他の任命方法は前任者による指名、国民による選挙または議会による選挙である。もしこの公職が世襲であり、国家元首の称号が皇帝または国王等であるならば、かれは君主と呼ばれる。もしかれが選挙で、特に特定の期間に関してのみ選ばれるならば、かれは共和国の大統領と呼ばれる。もし皇帝または国王の称号を伴って終身で選ばれるならば、かれもまた君主と呼ばれる。

　君主を国家主権の代表者として、したがって、かれ自身を「主権者」として考慮することは通常である。もし国際法の下でいやしくも主権が可能であるとするならば、それは国家の属性であって、その機関の一つの属性ではありえない。一部の学者は「主権者」に対して共和国の大統領よりもいっそう多くの特権を与えると主張するが、しかし、このことは君主に対して当然に与えられ、共和国の大統領に対しては与えられない一定の名誉に関してのみ当てはまる。法的観点からはこの相違は何ら重要ではない。

　一部の学者は、国際法は元首を持つことを国家に義務づけると主張する。そのような規則の存在はほとんど証明されない。国の憲法は国家元首と呼ばれる機関の権限に結合される機能をいくつかの機関に付与することがある。そのため、国家元首は存在しない。一般国際法は国家の組織化を国内法秩序に委ねる。しかし、各国は他の国々との関係で自国を代表しうる機関または諸機関を持たなければならない。そのような機関は、国家元首—もし国家元首が存在するとすれば—ばかりでなく、

### B　国際法による国内法秩序の人的妥当範囲の決定（国家の人民）

外務大臣および外交代表もそうである。

　国際法の意味での国家である各共同体は、能動的および受動的な使節権、つまり、外交代表を派遣し、接受する権利を持つ。しかし、国際連盟やその後の国際連合のような、国際的な事務処理に従事する、特に条約を締結する権限を有する諸国の共同体も同じく使節権を持つ。

　治外法権の特権は上記の人々に異なる度合いで付与される。特権はすべての場合に直接的個人課税からの免除を含め、民事管轄権、刑事管轄権および行政管轄権からの免除を包含するが、しかし関税からの免除を含まない。その特権は国家元首および外交代表の場合にはその住居に拡大する（住居の免除特権）。つまり、それは、当該国の公務員が特権を付与された個人の同意なしに公的行為を行うためにその住居に立ち入ることを許されないことを意味する。住居の免除特権は接受国により訴追された人々に庇護を与える権利を含まない[20]。関係国家法の領域的妥当範囲の限定が最も顕著であるのは住居の免除に関してである。外国国家の元首および外交使節の治外法権の特権はその随員、つまり、公的または私的な役務でかれらに随行する個人にも及ぶ。しかし、特権が私的使用人に、特にかれらが接受国の国民であるときに付与される範囲に関しては一致が存在しない。国家元首の場合には、治外法権の特権はかれの妻にも及ぶ。しかし、一部の学者によれば、かれの家族の他の構成員には及ばない。だが一方、大多数の学者によれば、外交使節の場合には治外法権の特権は、かれの妻および同一所帯で生活するかれの家族の他の構成員に及ぶ。ただし、外交使節の場合には、外交使節の妻だけが当該使節自身と同程度の治外法権を有する。同一所帯で生活するかれの家族の他の構成員は刑事管轄権と民事管轄権からの免除のみを享有する。

### ◆　c　特権を有する他の人々

　一国の軍隊が、戦時または平時のいずれかに、一方の締約国に他方の締約国の領域に部隊を駐留させるまたは当該領域を通過して部隊を派遣する権利を付与する条約に基づき、当該他国の領域にとどまることがある。これらの場合に、軍隊構成員はその領域にとどまる国家の管轄権から免除され、本国の管轄権の下にとどまる。

---

　(20)　そのような権利が特別な条約によって規定されることがある。たとえば、1928年2月20日にハバナで署名された条約第2条1項は次のように規定する。すなわち、「公使館、軍艦、軍事基地または軍用機内で政治犯罪人に対して与えられる庇護は、権利としてもしくは人道的な寛容を通じて、慣行、条約または与えられる国家の国内法によりおよび以下の規定に従って…認められる限度で尊重されるものとする」。

## 2 治外法権

通常、外国の水域（領海および内水）の軍艦は治外法権を有すると言われる。この言明により、（外国軍艦の）法的地位は、当該軍艦がその水域に停泊する国はその軍艦に対して管轄権を持たず、したがって、当該軍艦内であらゆる種類の強制権限の行使を慎むよう義務づけられるという事実によって明示されかつ特徴づけられる[21]。この特権は関係国の領域的妥当範囲の制限を構成するのであって、人的妥当範囲の制限を構成するのではない。というのは、もし軍艦の乗組員が上陸するならば、かれらは上陸国の管轄権の下にあるからである。しかしながら、一部の学者は、もし乗組員が公務で上陸するならば、かれらは滞在する領域国の管轄権から免除されると主張する。

---

[21]　スクーナー船エクスチェンジ号対マックファデン事件（*The Schooner Exchange v. McFadden*, 7 Cranch 116）において、合衆国最高裁判所は 1812 年に「そこで、受入れのために開かれた友好国の港に入港する軍艦が当該国家の同意によりその管轄権から免除されると考慮されるべきであることは、本裁判所にとって、公法の原則であると思われる」と宣言した。裁判所は国際法の原則として次のように仮定した。すなわち、「自国領域内で国家の管轄権は必然的に排他的かつ絶対的である。国家は自ら課したのではないいかなる制限にも服さない。…それゆえ、自国領域内での国家の十分かつ完全な権限に対する例外は当該国家自身の同意にまでさかのぼらなければならない」。外国軍艦に治外法権の特権を付与する一般国際法の規則を適用するためには、裁判所は、もし国家が外国軍艦の入港を許すならば、その管轄権からの免除に対する同意が黙示されると仮定しなければならなかった。「それゆえ、そのような船舶がそれに基づき友好港に入港する黙示的許可は、当該船舶が歓待の儀礼を要求するその領域で、主権者の管轄権からの免除を含むと合理的に解釈されるであろうし、また、そのように解釈されるべきであると裁判所には思われる」。この解釈は法的擬制である。それは不要である。なぜなら、当該特権は各国のいかなる同意もなしに一般国際法の規則によって確立されているからである。

チュン・チ・チェン対国王事件（*Chung Chi Cheung v. The King*, Annual Digest 1938-1940, Case No. 87）において、枢密院司法委員会は次のような意見を表明した。すなわち、「管轄権の問題に関して、二つの理論が国際法原則に関する知見を公言する人々の支持を得てきた。一つの理論は、国の公船はあらゆる目的上他国によってその船舶が属する国の領域の一部であるまたは一部として取り扱われるべきであるというものである。当該船舶がその領水内に存在するいずれかの国の国内法はこの概念によって導かれるであろう。それゆえ、管轄権が当該国内領域で行われた、発見されたまたは所在する問題の行為または手続の当事者に依存するいずれの裁判所にも、管轄権は事実上決して存在しないであろう。もう一つの理論は外国の領水にある公船はその本国の領域ではないまたは領域として扱われないというものである。すなわち、国内裁判所は国際法原則に従って当該船舶、乗組員およびその内容物に一定の免除を与える。その免除の一部は明確に定まっているが、その他の部分はそうではない、と。この見解によれば、免除は客観的な治外法権に依存するのではなくて、国内法の推定に依存する。それらは条件付きであり、また、いずれにせよ、公船が属する国家によって放棄されうる」。免除が公船の属する国家によって放棄可能であるという事実は、船舶の治外法権は一般国際法の客観的な規則によって確立されており、また、この規則は任意法（*jus dispositivum*）の性格を持つという見解と完全に両立する。

B　国際法による国内法秩序の人的妥当範囲の決定（国家の人民）

　軍艦以外の国有船舶は原則として軍艦と同じ特権を享有する。国有商船に関して国家慣行は一貫していない。通商に従事する国有船舶の治外法権の特権を廃止する傾向が存在する[22]。1926 年 4 月 10 日にブリュッセルで署名され、ほんの数カ国によって批准されたにすぎない条約は次の規定を含んでいる。すなわち、「国により所有されまたは運航される遠洋船舶、国により所有される貨物、政府船舶により運送される貨物および旅客、ならびに、そのような船舶を所有しもしくは運航するまたはそのような貨物を所有する国家は、そのような船舶の運航またはそのような貨物の運送に関して、私的な船舶、貨物および装備に適用可能なものと同じ責任規則および義務に服する」。しかし、この規定を軍艦および非商業公船に対して適用することはできない。

　国々は、国際裁判所の構成員や領事のように一般国際法の下でその管轄権からの免除を享有しない人々に対して国際合意によりそのような免除を付与することがある。領事はその主目的が他国の領域で自国の通商利益を保護することである機関である。領事は外交代表の性格を持たない。したがって、領事は、特別な条約によって外交特権が明示的に付与されない限り、かれらが活動する領域国の管轄権から免除されるそのような特権を享有しない。かつて、特定のキリスト教国の領事は、特定の非キリスト教国の領域で自国の市民に対して刑事管轄権および民事管轄権を有していた。しかし、この域外領事管轄権を確立する条約（いわゆる領事裁判条約 capitulations[23]）は今日では廃止されている。

# 3　いかなる国家も他国に対して管轄権を持たない

　国内法秩序の人的および領域的な妥当範囲の極めて重要な制限、つまり、同じこ

---

[22]　パルルマン・ベルジュ号事件（本書前掲 183 頁）を見よ。ベリッツィ兄弟会社対ペサロ号事件（*Berizzi Brothers* Co. *v. S.S. Pesaro*, 271 U.S. 562）において、イタリア政府によって、所有され、占有されかつ運航されるペサロ号に関して同じ問題が生じた。1926 年に合衆国最高裁判所はこの事件に同様の判決を下した。メキシコ共和国対ホフマン（バハ・カリフルニア号）事件（*Republic of Mexico v. Hoffman*（*The Baja California*）, 39 *American Journal of International Law* [1945] 585 ff.）において、合衆国最高裁判所は 1945 年に次のように判示した。すなわち、諮問されたにもかかわらず、政府の政治部門がそのような免除を承認しなかった場合には、裁判所は、外国政府によって所有されるが、しかし占有されかつ運航されていない船舶に対して対物管轄権からの免除を認めてはならない、と。

[23]　「域外」（exraterritorial）管轄権は国がその領域の外で、つまり他国の領域で行使する管轄権を意味する。「治外法権」（exterritoriality）は管轄権からの免除を意味する。

とであるが、国家管轄権の最も重要な制限は、いかなる国家も他国に対して管轄権を持たないという国際法の一般原則から生ずる。この原則は、通常、平等の基本権の結果として提示され、また、「同等なる者は同等なる者に対して管轄権を持たない」（*par in parem non habet imperium*）として公式化される。この原則が関係する管轄権は国の裁判所によって行使される管轄権である。いかなる国家も他国が明示的に同意しない限り自国の裁判所を通じて当該他国に対して管轄権を行使することを許されない。しかし、国家は他国に対して別の方法で管轄権を行使することがある。これは、一国が一般国際法に基づき他国が自国の権利を侵害したことを確定し、国際法の制裁として復仇または戦争に訴える場合である。しかし、一国は、他国の裁判所で訴訟を提起されることはありえないけれども、他国の裁判所に訴訟を提起することがある。一国は、国家機関としてのその資格で人間により行われる行為を通じてのみ、つまり、国家の行為を通じてのみその法的存在を表明するのであるから、いかなる国家も他国に対して管轄権を持たないという原則は、一国は、他国が同意しない限り、自国の裁判所を通じて当該他国の行為に対して管轄権を行使してはならないことを意味すると解釈されなければならない。したがって、この原則は、国家がそのようなものとして他国の裁判所で訴訟を提起される場合だけでなく、個人が被告または被告人で、しかも当該個人が訴追される民事的または刑事的な違法行為が国家行為の性格を持つ場合にも適用される。こうして、違法行為は個人にではなくして、国家に帰属しなければならない。また、違法行為国に対するリアクションとして国際法により規定される制裁、つまり復仇と戦争だけが適用可能である[24]。それゆえ、いかなる国家も他国に対して管轄権を持たないという原則は国家行為に関する民事的または刑事的な個人責任を排除する。そのような責任は個人がその国家行為に関して責任を負わされる当該国家の同意によってのみ確立される[25]。いかなる国家も他国に対して管轄権を持たないという原則は、同じく、いかなる国内裁判所も個人が他国の機関としてのその資格で行った違法行為の結果としてまたは当該違法行為に関連して他国の財産に対して強制措置を命じる管轄権を行使することが許されないことを意味する。

　いかなる国家も他国に対して管轄権を持たないという原則は、国際協定の締約当事者ではない国家の行為に関して当該協定により設置された裁判所の管轄権にも適用される。非締約国との関係においてそのような裁判所は「国際」裁判所ではなくて、当該協定当事諸国の共同裁判所である。これは、欧州枢軸諸国が締約国ではない欧州枢軸諸国の戦争犯罪人を訴追するための 1945 年ロンドン協定によって設

C 国際法による国内法秩序の実質的妥当範囲の決定（国家の権限）

置されたいわゆる国際軍事裁判所の場合であった。それにもかかわらず、ロンドン協定は、これらの枢軸国の機関としてのその資格において同協定により犯罪と宣言された一定の行為を行ったことを理由に個人を処罰する権限を裁判所に付与する

⑷　1837年のカナダでの反乱中に反徒により備船され、イギリス軍により捕獲された船舶であるカロライン号事件において、2名のアメリカ人が捕獲の際に殺害された。イギリス軍の一員であって、1840年にニューヨークで商業に従事していたアレクサンダー・マックロウドは、それらのアメリカ人のうちの1名の殺害を理由に逮捕され、起訴された。司法長官に対する覚書において、合衆国国務長官は次のように述べた。すなわち「カロライン号に対する攻撃は復仇または全面戦争さえ正当化することがある国家行為として認められるのであるから、また、合衆国政府がその事件または自国の義務に関して行う判断においてそのように決定することが適切であるとしても、それにもかかわらず、その攻撃は完全に公的で政治的な問題、すなわち、独立国間の問題を提起するのであり、したがって、それに関係した個人は国内法違反の場合のように、逮捕されて国内裁判に付されえないということである。もしカロライン号に対する攻撃が、本政府が主張してきたように、正当化されないとするならば、違反された法は国際法である。そのため、求められるべき救済手段はそのような場合にその法典によって正当と認められた救済手段である」（Moore, *Digest of International Law*, II, 26）

　アンダーヒル対ヘルナンデス事件（*Underhill v. Hernandez*, 168 U.S. 250）において、1892年にベネズエラのボリバー市で水道設備の管理を委託されていたアメリカ市民である原告は、被告はベネズエラ革命政府（後に合衆国によって承認された）の軍隊の司令官としてのその資格において原告が同市を退去することを妨害し、かれに革命軍のために水道施設を運営することを強制したという事実を理由に損害賠償の訴えを提起した。1897年に合衆国最高裁判所は、当該行為が法律上または事実上の政府を代表する政府によって行われるかどうかにかかわりなく、「一国の裁判所は他国の領域内で行われた他国の行為に行為に関して裁判する地位にない」という理由で被告を支持する判決を下した。

　早くも1797年に、合衆国司法長官は、コロット総督事件（*Governor Collot*）—フランス領ガウデロウプ島の総督であったコロットが総督として活動していた期間中に命じた船舶の差押えと公用収用宣告に関して提起された民事訴訟—において次のように宣言した。すなわち、「私は、もし船舶の差押えが総督としてかれに付与された権限によりまたはその外見の下で被告により行われた公的行為であったと認められるとするならば、以下のように考えたいと思う。すなわち、それはそれ自体で原告の訴えに対する十分な答えであろう。被告はわが国の裁判所でかれの権限行使の単なる手続違背について責任を負うべきではない。また、かれの権限の範囲は適切性または便宜によりかれの本国の適法に任命された政府職員によってのみ決定されることができる」（Moore. *op. cit.*, II, 23.）。

　インヴィンシブル号事件（*The Invincible*, United States Circuit Court, D. Massachusetts, 1814, *2* Gallison 29）において、裁判所は次のように宣言した。すなわち、「ある主権者の下で行われた行為は決して別の主権者の裁判所による改訂に服さない。また、そのような行為の当事者はかれらの私的な資格においてそれに関して責任を負うのではない」。また、ザモラ号事件（*The Zamora*, 1916 Law Reports, 2 A.C. 77）において、枢密院司法委員会は、この声明に言及した後に、次のように宣言した。すなわち、「捕獲審検所が存在しなかったならば、戦時に交戦国の行為（すなわち、国家行為）によって侵害された者はだれも国際親善を攪乱する危険を冒して外交経路を通じる以外に救済を得ることはできないということになる」。

ことにより、これらの国家の行為について裁判することをこの裁判所に授権した[26]。

いかなる国家も他国の行為に対して管轄権を持たないという原則は一国の裁判所は他国の管轄権内で行われた当該他国の行為の有効性を争うことはできないという原則を意味する[27]。しかし、一国の裁判所は他国の法令が当該一国の公序に反する場合には当該他国の法令に効果を与えることを通常は拒否する[28]。「公序」または「公の政策」によって国内法秩序の基本原則が意味される。

### ◆ C 国際法による国内法秩序の実質的妥当範囲の決定（国家の権限）

国内法秩序がそれに対して妥当する空間と諸個人に関する諸問題に加え、この秩序が規律する主題事項に関して問題が生ずる。それは、通常は国家権限の問題として提示される国内法秩序の実質的妥当範囲の問題である。

## 1 国家の権限の本質的無限定

国内法秩序は、人間行動をさまざまな点で、またさまざまな程度に規律しうる。国内法秩序はさまざまな主題事項を規律し、また、そうすることによって諸個人の個人的自由を多かれ少なかれ制限することができる。主題事項が法秩序によって積極的に規律されればされるほど、その法秩序の実質的妥当範囲はますます拡大する。すなわち、国家の権限が拡大すればするほど、その国民の個人的自由はますます制限される。この自由の適切な範囲に関する問題（これは国内法秩序が特定の方法で行為する義務を確立することにより規律したりしなかったりすることがある主題事項に

---

ビゲロウ対ズィズィアノフ事件（*Bigelow v. Zizianoff*, 23 American Journal of International Law「1929」172ff）において、パリのアメリカ総領事館の旅券業務の管理者であったビギロウ氏は、その後に新聞で公表されたズィズィアノフ王女のビザ申請は彼女が国際スパイであるために拒否されたという報道情報を記者達に与えた。フランス軽罪裁判所に召喚された時に、ビギロウ氏はかれの職務の履行として情報を与えたという理由で裁判所の管轄権を否認した。この陳述は合衆国政府によって確認された。それにもかかわらず、フランス控訴院はビギロウ氏の控訴主張を却けた。「フランス裁判所はビギロウ領事がかれの職務の範囲内で行動したと考える合衆国政府の意見により拘束されることはありえない」というフランス法務大臣の声明に従って、控訴院は、ビギロウ領事によって与えられた情報を「公的行為の履行」と考慮することはできないと宣言し、この情報によって構成される違法行為は「ビギロウ氏によって履行される職務と明らかに無関係であった」と宣言した。

## C 国際法による国内法秩序の実質的妥当範囲の決定（国家の権限）

関する問題である）は異なる政治制度によってさまざまに解答されている。自由主義は、特に経済と宗教に関して、国内法秩序の実質的妥当範囲の最大限の制限を支持する。社会主義のような他の政治制度は正反対の見解を支持する（「国家社会主義」、全体主義）。

---

(25) 国家の商事行為が他国の管轄権から免除されるかどうかの問題に関して、合衆国対ドイツ加里シンジケート組合事件（*United States v. Deutsche Kalisyndikat Gesellscaft*, 31 Federal Reporter [2d] 199）は興味深い。合衆国政府はドイツ加里シンジケート組合、加里商事会社等による反トラスト法違反を禁止する訴訟を提起した。フランス共和国大使が訴訟参加した。裁判所け管轄権を持たないという理由で訴状の送達を拒否する申立てが行われた。合衆国国務長官に対する書簡において、フランス大使は次のように主張した。すなわち、「アルザス加里商事会社は加里鉱山を管理する目的でフランス共和国政府によって創設されかつ管理される団体である。その鉱山の一部は1919年のヴェルサイユ講和条約によるアルザス・ロレーヌの譲渡に基づきフランス政府によって取得された。また、その一部はフランス国民に属する。アルザス加里商事会社、その役員および代理人に対して開始された訴訟は事実上フランス政府に対して開始された」。1929年、ニューヨーク南部地区裁判所はこの訴えを却けた。裁判所はとりわけ以下のように判示した。すなわち、「商事会社はあらゆる他の営業法人と同じようにフランスの一般会社法の下にある。その株主は公務員ばかりでなく私人を含む。その会社はフランス共和国だけでなく他の人々に対しても加里を売却する。会社が設立された法律およびその設立証書は同社が訴訟を提起されることがあることを規定する。それゆえ、同社はさもなければ享有することがあるあらゆる主権免除を剥奪された。…フランスは同社は同国の裁判所の訴訟手続に従うべきであると考える。フランス法は、合衆国法と同じように、会社を株主とは区別される実体と見なす。会社に対する訴訟は当該会社が政府の指示によって設立され、政府の代理人として用いられ、その株式が政府によって単に所有されるという単なる理由で政府に対する訴訟であるわけではない。…被告会社は株主とは別個の実体なのであるから、同会社とフランス政府がなんらかの点で同一であるという単なる理由で同会社が自らまたは同会社のために免除を主張することはできない。政府が利益を有する会社、そして私的利益が存在する機関は政府の機関ではない。…フランス政府の代理人として行動しているという理由で、免除は、被告会社によってもしくは被告会社に代ってまたはその役員、代理人もしくは被用者のいずれかによってまたはそれに代ってこれを主張することができない。代理人は、たとえ政府の機関であるとしても、かれが代理人であるという理由で違法行為に関して個人として責任を負うことを止めない。…会社の役員および代理人は株主の役員または代理人ではない。…したがって、主権国家が株主である会社の役員または代理人に対する訴訟は事実上主権国家に対する訴訟であると都合よく主張することはできない。…外国主権者は、かれの代理人に他国の管轄権内でその法律に違反することまたは他国の主権者の領域内でその主権者の同意なしに何らかの主権的または政府的な行為を行うことを許可することはできない。…それゆえ、外国主権者は、礼譲またはその他の問題としてそのような場合に申し立てられる代理人の行為が主権者の行為であり、代理人に対する訴訟は事実上主権者に対する訴訟であると主張することはできない」。同じく、パルルマン・ベルジュ号事件、本書前掲183頁注(13)および192頁、ベリッツィ兄弟会社対ペサロ号事件およびバハ・カリフォルニア号事件、本書前掲192頁注(22)、を参照せよ。

いかなる国家も他の国家に対して管轄権を持たないという原則に対する他の例外（間諜）に関しては、本書前掲109頁を参照せよ。

1　国家の権限の本質的無限定

　まさしく国家の本質と人間個人の本性から国家の権限がそれを超えて拡大されて
はならない限界、すなわち、個人の自由は制限されてはならない、を引き出す企て
が何度も行われてきた。この企ては自然法理論に特徴的である。国家に関する科学

(26)　本書前掲112頁以下を参照せよ。1945年の欧州枢軸諸国の戦争犯罪人の訴追に関するロ
　　ンドン協定によって設立された国際軍事裁判所（本書前掲113頁以下を参照せよ。）は、その
　　判決において、個人は他国が同意する場合にのみ当該他国の機関としてのその資格において
　　行った行為に関して一国の裁判所（または数カ国の共通裁判所）によって責任を問われうる
　　という原則を認めなかった。裁判所は次のように述べた。すなわち、「国際法は主権国家の行
　　為に関係し、個人に対するいかなる処罰も規定しない、さらに、問題の行為が国家の行為で
　　ある場合には、その行為を行った者は個人的に責任を負うのではなくて、国家主権の理論に
　　よって保護されると申し立てられた。裁判所の意見によれば、これらの申立ては却けられな
　　ければならない。国際法が国家に対してばかりでなく個人に対しても義務および責任を課す
　　ことは長く認められてきた。…一定の事情の下で国家の代表を保護するという国際法原則が
　　国際法により犯罪として非難される行為に適用されることはありえない。その行為者である
　　本人は適正な手続における処罰から免れるためにその公的地位の背後に隠れることはできな
　　い」。国際法は国家にのみ関係するのであって個人には関係しないという言明は確かに正し
　　い。個人の行為はいかなる条件に基づき国際法上「犯罪」と考慮されるべきか、つまり、個
　　人はいかなる条件に基づき国際法上刑事責任を負うべきか、の問題に関しては、本書前掲、
　　105頁以下を参照せよ。
　　　第二次世界大戦に関連して同盟および連合国により実施された多数の戦争裁判において、
　　国家機関としての資格においてまたは自国法に従って行為したという被告人の答弁は防御を
　　構成しないものと見なされてきた。国際連合戦争犯罪委員会によって選択されかつ準備され
　　た *Law Reports of Trials of War Criminals*（1949）, XV, 160-161 を参照せよ。
(27)　ルーター会社対サゴール事件（*A.M. Luther Company v. Sagor & Co*, 1921 Law reports, 3
　　King's Bench Division 532ff.）において、イギリス控訴院は次のように述べた。すなわち「そ
　　の管轄権内の財産および人に関する独立国の行為の有効性はわが国の裁判所で争われえない
　　ことは十分に確立されている」。
　　　ベルンシュタイン対ヴァン・ヘイゲン兄弟株式会社事件（*Bernstein v. Van Heyghen Frères
　　S.A.*, 163 Federal Reports, 2d Series, 249）において、第2巡回控訴裁判所は1947年に次のよ
　　うに述べた。すなわち「われわれは、法廷地の裁判所はそのようなものとして行動すること
　　を意図した他国の公務員の行為の当該他国の国内法の下での有効性について判断することを
　　引き受けないであろうと少なくとも30年もの期間にわたって繰り返し宣言してきた」。
(28)　ドゥハーティ対衡平牛命保険協会事件（*Dougherty v. Equitable Life Insurance Society*,
　　United States, Court of Appeals of New York, 1934, 266, N.Y. 71, 193 N.E. 897）において、裁判
　　所は「政府の承認は、もし外国法がわれわれの公序に反するならば、われわれの裁判所にそ
　　れらの法に効力を与えることを強いない」と述べた。ロシア国対ロピ商会事件（*État Russe v.
　　Cie. Ropit.*, Annual Digest 1925-1926）において、エックス裁判所（第1裁判部）は次のよう
　　に述べた。すなわち、法的承認の結果として裁判官はもはやソビエトの法令を無視し、それ
　　らを一括して（*en bloc*）否認することを許されないけれども、承認は、個別的案件において
　　当該裁判官がそれらの法令を検討し、もしその裁判官がそれらの法令はフランスの政治的お
　　よび社会的な組織の必須の諸原則に違反すると考慮するならば、それらに法的効果を与える
　　ことを拒否することを妨げる効力を持たない、と。

C 国際法による国内法秩序の実質的妥当範囲の決定（国家の権限）

的議論はその国民との関係で国家の権限に対して自然的限界を確立する立場にない。国家の本質または諸個人の本性には、国内法秩序による社会生活のどの分野のどの主題事項の規律に関しても、また、国内法秩序による個人の自由の制限程度に関しても、何らかの阻害要因として働くものは何一つない。国家の権限はその本質によって制限されない。また、歴史的現実においてさまざまな国家の実際の権限は多様である。19世紀の自由主義国家と今日の全体主義国家との間には多くの中間段階が存在する。

国家の権限が「本質」によって制限されないという事実は国内法秩序の実質的妥当範囲が法的に制限されることを妨げない。国内法秩序の領域的および人的な妥当範囲を制限する国際法はその実質的妥当範囲をも制限するのかの問題が生ずる。

国内法秩序の実質的妥当範囲または国家の権限は、一定の主題事項が国内法によって規律されずに国際法によってのみ規律されうる限りで国際法によって制限される。この問題は国際法の実質的妥当範囲に関連して検討されてきた。国内法秩序の実質的妥当範囲または国家の権限は、一定の主題事項が国内法によって規律されることがあるが、しかし、国際法に従って規律されなければならない限りで同じく制限される。国際法はこれらの事項の明確な規律を規定する。

確かに、国々は一般国際法の下でその領域的範囲に限定された秩序によって規律されうるすべての事項を原則として規律する権限を有する。しかし、国家は、国際法が特定の主題事項を積極的に規律しない限りでのみこの権限を保持する。ある主題事項が当該事項に関して義務を規定する国際法規範によって規律されるという事実は、この事項が国内法によってもはや恣意的に規律されえない効果を持つ。一般国際法に従って、また、特別国際法、特に条約に従って一定の方法で国内法により規律されなければならない主題事項が存在する。

# 2 外国国家の機関とその市民の保護

一般国際法は自国市民の待遇に関して当該国に対しいかなる義務も課さない。この点で国家は自由である。つまり、国内法秩序は、その法秩序によって構成される国家の市民である諸個人に対し、それが付与するまたは付与しなかったりする権利に関して、また、それが与えるまたは与えなかったりする保護に関して制限されない。国家は、特別な条約によってのみ、自国市民を一定の方法で取り扱い、かれらに一定の権利を付与し、またかれらに一定の保護を与える義務を負うことがある。

しかし、一般国際法は、国家に、自国領域内に所在するが、しかし他国の機関またはその市民として当該他国に属する諸個人を保護するよう義務づける。

平時に他国の政府の了解を得て当該他国に滞在する国家元首および他国によって接受された外交使節は、当該他国によって特別な保護を与えられなければならない。この保護は、関係政府がかれらの身体的尊厳と身体的安全および本国政府とかれらとの交通に対する侵害を防止するよう義務づけられ、また、もし防止できないと判明するならば、当該違法行為者を厳しく処罰するよう義務づけられることにある。これがいわゆる国家元首と外交使節の不可侵である。不可侵の特権は治外法権の特権または管轄権からの免除に関係するが、しかし、それとは異なる。後者は消極的な性質を持ち、前者は積極的な性格を持つ。

一般国際法の下で、国々は、派遣国と接受国が隣国同士でないために自国領域の通過を必要とするならば、他国によって第三国に派遣される外交使節に派遣国から接受国へとおもむく途上で自国領域の通過を許すことを義務づけられる。

国際法は、国々に、他国の元首および外交使節の保護を義務づけるばかりでなく、個人が—たとえば、他国の正統政府を実力で打倒することを目的として遠征隊を組織することのような—他国を侵害する行為を自国領域内で行うことを防止する義務を各国に課すことにより、外国国家自体の保護をも義務づける。

もし外国人が入国を認められるならば[29]、かれらが滞在する領域国の法秩序はこれらの個人に最小限の権利を認めなければならず、また、かれらに一定の義務を課してはならない。さもなければ、かれらが法的に属する国家の権利が侵害されると見なされる。権利に関係する限りで、各国は、外国人に対して少なくとも身体および財産の安全に関して自国民と同等の法の前の平等を認めることを一般国際法により義務づけられる。しかしながら、これは当該国の法令が外国人に自国民と同じ権利を付与しなければならないことを意味しない。外国人は、政治的権利、一定の職業、そして土地所有権を取得することさえ排除されることがある。しかし、外国人に認められる地位は文明の一定の最小限の基準を下回ってはならない。国内法により自国市民に認められる地位がこの基準に一致しないという事実は何の弁明にもならない[30]。たとえ一国の法に基づきその市民が公的目的のために補償なしでそ

---

(29)　西村事件（*Nishimura Ekiu*, 142 U.S. 659）において、1891年に、合衆国最高裁判所は次のように判示した。すなわち、「各主権国が主権に固有かつ自己保存に必須的なものとして、その領土への外国人の入国を禁止し、あるいは規定に相応しいと判断される場合にのみかつそのような条件に基づいてかれらの入国を認めることは国際法の受け入れられた公理である」。

### C 国際法による国内法秩序の実質的妥当範囲の決定（国家の権限）

の財産を奪われることがあるとしても、外国人の財産を没収することは国際法の違反である。当該外国人が属する国は補償を要求することが許される。国は自国市民に関する債務を無効にすることがある。しかし、もし債権者が他国の市民であるならば、当該他国は自国民を保護するために干渉することができる(31)。いかなる国家も他国の市民に対して兵役の義務を課すことは許されない。しかし、国家は外国

---

(30) H. ローバーツ事件 (*H. Roberts Case*, United States and Mexico, General Claims Commission, 1926 ; Annual Digest 1925-1926, Case No. 166) において、合衆国はアメリカ市民であるハリー・ロバーツのために、とりわけ勾留中の残酷で非人間的な取扱いに関して請求を提出した。メキシコの訴訟代理人は、ロバーツは拘置所に勾留された他の被拘束者に与えられる待遇と同じ待遇を与えられたと述べた。委員会は、メキシコは損害賠償の責任を負うと判示した。拘置所での虐待に関して、委員会は、勾留は残虐で非人間的であったと述べた。内外人平等待遇は、国際法に照らして外国人に関する当局の行為の適切性に関する最終的な基準を構成しない。この基準は、外国人が文明の一般的標準に従って取り扱われるかどうかである。

(31) 時として、契約から生じる紛争はその外国人が属する国家による外交的干渉の主題となるべきではないという趣旨の条項が政府と外国人との間で締結された当該契約に挿入される（いわゆるカルボー条項）。大多数の学者は、そのような条項が国際法に基づき国が自国民を保護するために持つ権利を当該国から奪う効果を持たないことで一致する。

メキシコ・ユニオン鉄道会社事件 (*Mexican Union Railway (Limited)*, Great Britain and Mexico, Claims Commission; Annual Digest 1929-1930, Case No. 129) において、イギリス政府は、メキシコで鉄道事業を営むイギリス会社であるメキシコ・ユニオン鉄道会社のために、1912 年から 1920 年の間にメキシコにおける革命騒動中に被った損害に関してイギリス・メキシコ請求委員会に請求を提出した。メキシコ政府から同会社に与えられたコッセッションには次の条項が含まれていた。すなわち、「かれら（会社）はメキシコ法がメキシコ人に与えるそのような権利とそれを主張する手段のみを有するものする。したがって、外国の外交機関はいかなる方法によっても干渉してはならない」。委員会は以下のように判示した。すなわち、「国際法の下で外国人はコンセッションに規定されたような約束を合法的に行うことができると判断するに際して、委員会の多数派は、同時に、いかなる個人もそのような条項によって、かれに損害をもたらした国際違法行為に対する国際救済手段を適用する疑問の余地のない権利を自国政府から奪うことができないと判断する。政府はそのような自国民本人が被った損害とは異なる自国民の一人が被った損害という見解をとることがある。政府が関係する場合には、損害を被った個人の私的利益の単なる保護よりも高次の原則が関係するであろう。政府にとって、契約は第三者間の作業物 (*res inter alios acta*) であって、それによって当該政府の行動の自由が損なわれることはありえない」。

しかし、テキサス北米浚渫会社事件 (*North American Dredging Company of Texas Case*, United States and Mexico, General Claims Commission, 1926; Annual Digest 1925-1926, Case No. 191) において、委員会は、合衆国の主張―いわゆるカルボー条項が、本件において、とりわけ、個人はいかなる場合にも私人に関係する国家の国際的な権利および義務に影響を与えることができないという理由で、委員会の管轄権を剥奪することは許されない―は却けられなければならないと判示した。その意見において、委員会は、いわゆるカルボー条項の合法性に関する問題は、国際裁判所の管轄権を剥奪するために、それがいかなる場合にも有効ではない、あるいは、それがいかなる場合にも有効であるという主張によって単純化されすぎていると述べた。各事件はその本案に関して検討されなければならない。

人による任意的な兵役を受け入れることがある。いわゆる外人部隊は国際法と両立しないわけではない(32)。しかし、国家は、任意に兵役に従事する外国人をかれの本国との軍事作戦に参加するよう強制してはならない。

　各国は外国人の待遇に関する国際法規則の違反に対して自国民を保護することができる。国際法の観点からは、これは国家の権利であって、個人の権利ではない(33)。すなわち、それは国家が自国民に関してのみ有する権利である(34)。ある国民が自国によって保護される権利を持つかどうかはその国の国内法によって決ま

---

(32)　ポリチス対コモンウェルスおよびその他事件、ならびに、カンディリオチス対コモンウェルスおよびその他事件（*Polites v. The Commonwealth and Another* and *Kandiliotes v. The Commonwealth and Another*, High Court of Australia, 1945; Annual Digest 1943-45, Case No. 61）において、ギリシャ国民であって、イギリス国民ではないけれども、原告は、コモンウェルスの軍隊に服務するよう命じる通知書を送達された。通知書は国家安全保障（外国人兵役）規則に従って発せられた。裁判所は、同規則およびそれに基づいて送達された通知書は有効であると判示した。その意見で、首席裁判官は次のことを認めた。すなわち、「規則はオーストラリア軍隊における外国人の強制的服務について規定し、当該外国人をオーストラリアにおいてイギリス国民と同じ地位におく。その規則は確立された国際法に反すると判断されなければならない」。しかし、同裁判官は「イギリス法におけるすべての先決例によって」承認された「裁判所はたとえその法令が国際法規則に違反するとしてもその国家の制定法に従わなければならない」という原則に言及した。かれはさらに次のように述べた。すなわち、この措置の政治的適切性について意見を表明するのは裁判所ではない。外国にたまたま所在するオーストラリア人がそこで兵役のために徴兵されるならば、異議を申し立てるいかなる根拠も持たないコモンウェルスの明白な危険を考慮して、その政治的重大性を考慮するのはコモンウェルスの政府である。議会は、私の見解によれば、国際的な困難を除去するであろう協定を他の諸国と締結するまたは創造されるそのような困難を引き受ける責任を行政府に負わせた。私の見解では、その規則は有効である…」。

(33)　マブロマチスのパレスチナ・コンセッション事件（*The Mavrommatis Palestine Concessions*, Publications of the Permanent Court of International Justice, Series A, No. 2, p. 12）において、常設国際司法裁判所は、1924 年に、次のように述べた。すなわち、「自国民の主張を取り上げて、かれのために外交的な行動または国際的な司法手続に訴えることにより、国家は実際には自己の権利、すなわち、自国民の身体において国際法規則の尊重を確保する権利を主張している」。

(34)　合衆国対ドイツ（請求国籍）事件（*United States v. Germany*（*Nationality of Claims*), Annual Digest 1923-1924, Case No. 100）において、1924 年に、合衆国・ドイツ混合請求裁判所は、国々は、他国に対する私的請求が原点として請求国の国籍を持たない限り、原則としてこの請求を支持しないと判示した。この規則の根拠は、国家は自国民に対する侵害を通じて侵害される、したがって、いかなる他の国家も侵害されないのであるから、当該国家だけが賠償を請求することができるということにある。すなわち、「被害国の他国に対する請求だけが審理されるであろう。それ以外の規則は、濫用のための門戸を広く開くであろうし、また、ある強国を、損害を被った後でその請求権を当該強国の国民に譲渡するまたはその請求に関する支持を獲得する目的で当該強国の帰化法を利用する人々のための請求機関に変えるかもしれない」。

C　国際法による国内法秩序の実質的妥当範囲の決定（国家の権限）

る[35]。国家が自国民を保護することができるのは特に裁判拒否に対してである。裁判拒否は裁判所による適正な保護の否定である（法の適正手続[36]）。しかし、外国人が属する国家が賠償請求をなしうる以前に、当該外国人が国際法違反の責任を負うべき国家の国内法の下で利用しうるすべての法的手続を尽くさなければならないことは一般に承認された規則である[37]。市民権を持たない個人、すなわち、無国籍者は国際法によって保護されない[38]。

# 3　市民権（国籍）

## ◆ a　法的地位としての市民権

市民権または国籍は特定国に法的に属するあるいは、比喩的に公式化すると、当該共同体の構成員である個人の地位である。この地位の得喪は、通常、この地位を一定の義務および権利の条件にする国内法秩序によって規律される。市民に対してのみ課されうるこれらの義務のうちで最も顕著なものは兵役の義務である。市民に

---

(35)　クシュヴィント対スイス連邦事件（*Gschwind v. Swiss Confederation*, Annual Digest 1931-1932, Case No. 120）において、スイス連邦裁判所は 1932 年に以下のように判示した。すなわち、「外国の当局または公務員により国際法規則を無視して自国民に加えられた侵害に関する外交的保護の容認は当該外国に対する本国の国際法に基づく単なる権利ではない。国内憲法の観点からは、外交的保護はまた一般に侵害を被った国民に対する行政的義務である。…そのような保護は国家統治の一部である。すべての市民は同一の条件と方法でその資格を付与される。しかしながら、この事項に関する公的機関の行為は一般的な適用のある客観的規則によって規律されなければならない。それゆえ、もしスイス国民が国際法違反の結果として損害を被ったと主張し、連邦参事院に外国とのあっせんを申し入れ、補償を得る目的での措置を求めるならば、そのような申請は当該事件について連邦当局の注意を引き、同当局に当該問題を検討させる目的のみを持ちうる。とられるべき措置は申請人の要請によって決まるのではなくて、そのような事項に関して権限ある当局の義務を規律する実体法によって決まる。かれが国際法違反によって侵害されたという事実は当該市民に対してかれが望む方法での連邦による援助の権利を付与しない。

(36)　言葉の最も広い意味で、「裁判拒否」は、国家が外国人の待遇に関して一般国際法の下で負う義務のあらゆる違反を意味する。言葉の最も狭い意味でそれは裁判所の利用の拒否を意味する。大多数の学者はこの概念を裁判所の利用の拒否を含む裁判所の行為に限定する。国際責任に関するハーバード条約草案第 9 条は次の定義を含む。すなわち、「裁判拒否は、裁判所利用の否定、不当な遅延または妨害、司法的または救済的手続の管理の重大な欠陥、司法の適切な運営に不可欠と一般に考えられるそれらの保証をあたえないこと、または、明らかに不当な判決が存在するときに存在する」（*Research in International Law*, Harvard Law School [1929], p. 173）。

対してのみ付与されうる権利のうちで最も顕著なものは政治的権利である。市民だけが原則として国家領域内で居住する権利、すなわち、そこから追放されない権利を持つ。政府はいつでもまたいかなる理由でも外国人を追放することができる。この権限は特別な条約によって制限されることがある。かつて一部の法制度は刑罰と

---

(37) ウィリアム・J. ブラムハルト対メキシコ事件 (*William J. Blumhardt v. Mexico*, John Bassett Moore, *History of International Arbitrations* [1895], III, 3146) において、原告は、メキシコの下級裁判官による不当な取扱いと違法な拘禁に対して損害賠償を請求した。審判人は次のように判示した。すなわち、「原告が司法的手段によって犯人を処罰し、その者から損害賠償を得るためにいかなる措置もとっていないときに、メキシコ政府が下級司法機関の違法行為によって引き起こされた損失に関して責任を負うことはありえない。審判人は、原告により提出された証拠から明らかである―アルバレス裁判官が当該問題で非難される人物であり、手続がとられるべきはかれに対してであったことを証明する―事情の下で、合衆国政府または世界のいずれかの国の政府がそのような責任を認めるであろうとは信じない」。

合衆国 (R.T. ロイ号) 対イギリス事件 (*United States (The R.T. Roy) v. Great Britain*, Nielsen's Report, p. 406) において、R.T. ロイ号とよばれるアメリカ漁船は北西オンタリオ漁業査察官によって拿捕され、カナダの港に引致された。1925年に、仲裁裁判所は、合衆国の請求は原告の側でかれに開かれたまたは自由に利用できた法的手続を通じて満足を得ることを怠ったのであるから許されてはならないと判示した。すなわち、「裁判所は、原告がその時点で問題の解決のために規定された正規の法的手続への付託を怠ったことを強調せざるをえない。ここで不服が申し立てられた拿捕は、もし通常の手続を踏むことを許されたならば、まさしくここで提出された争点が記録の検査と重要証人の反対尋問によってすべての事実を明らかにするための十分な機会を伴って検討されたであろう裁判所による審査を導いたであろう手続の第一段階であった。この手続は中断され、その論理的な完成は問題が適正かつ迅速に扱われたであろう唯一の管轄権から同船を退去させる際の原告代理人の肯定的な行為によって不可能になった。この事情は、裁判所がカナダ当局はそのような退去が行われた時に拿捕を断念したと判断することを正当化しない。さらに、手続は漁業査察官に対して直接にまたはカナダ政府に対して権利請願の方法でいつでも提起されたであろう」。

(38) ディキンソン車輪会社を代表するアメリカ合衆国とメキシコ合衆国事件 (*United States of America on Behalf of Dickson Car Wheel Company v. The United Mexican States*, United States and Mexico, Special Claims Commission, 1931; Annual Digest 1931-1932, Case no. 115) において、委員会は次のように述べた。すなわち、「2国のうちの一方が国際法違反の行為を行ったことによって当該2国間に形成された権利および義務の関係は国際法制度に服するそれらの国家間でのみ挙生する。この制度では、個人は国際法主体ではないという理由から、違反国と侵害された個人との間にはいかなる責任関係も存在しない。個人、すなわち、原告国の国民に加えられた、国際共同体の各構成国に対して国際法が課す義務の違反を意味する侵害は国際違法行為を構成する。なぜなら、それは個人が国籍のきずなによって結合される国家に対する違法行為を意味するからである。それゆえ、一国が他国に対して個人に関して国際法が規定する行為の履行を要求することを授権する唯一の関係は国籍のきずなである。これは国際法と個人の間に存在する唯一のきずなである。それを通じてのみ、個人は国家の保護を援用することができ、また、当該国家は個人のために干渉することができる。たとえば、国家は無国籍者に侵害を加える際に国際違法行為を行うのではない。いかなる国家も侵害行為の以前または以後にかれのために干渉または請求を提出することができない」。

C　国際法による国内法秩序の実質的妥当範囲の決定（国家の権限）

して自国市民の追放を規定した。これは「国外追放」と呼ばれた。今日でさえ、国際法は国外追放それ自体を禁止しないが、しかし、その実際的な適用可能性は制限される。というのは、国外追放された個人はいずれの他の国家でも外国人であり、また、各国は外国人の自国領域への入国を拒否する権利を持ち、そしていつでも外国人を追放できる権利を持つからである。追放された外国人の本国はその者の帰還の許可を拒否することによりこの権利を侵害するであろう。

　国内法に基づき、完全な市民、すなわち、完全な市民としてのすべての権利および義務を持つ国民と、法的に当該国家に所属するが、完全な市民としてのすべての権利および義務を持たない国民との間に差別が存在することがある。前者の国民だけが「市民」（citizens）と呼ばれることがある。この場合この言葉は狭義で用いられる。たとえば、1935 年のドイツ制定法に従えば、ドイツ人の血統を持つドイツ人だけが政治的権利を持ち、「帝国市民」（*Reichsbuerger*）と呼ばれた。これに対し、他の国民、特にユダヤ系国民は「帝国所属民」（*Reichsangehoerige*）と呼ばれた。個人は法的に植民地に属し、このようにして当該国に属するが、しかし、完全な市民の権利および義務、特に政治的権利を持たないために、その国の「市民」ではないことがある。そのような相違は国際法の観点からは無意味である。国際法の意味での市民権または国籍は法的にある国家に属する地位にすぎないのであって、国内法の下でこの地位に結合される権利および義務とは無関係である。国際法に基づき、国家は、自国の市民（国民）を他の国家によるかれらの一定利益の侵害から保護する権利を持つ。

### ◆　b　犯罪人の引渡し

　犯罪人の引渡しは国外追放とは異なる。一国は、引渡要求国の領域で個人が行った犯罪を理由にその者を合法的に訴追することを可能にするためにかれの引渡しを他国に求めることがある。国家は特別条約に基づいてのみその要求を認めることを義務づけられる。実際、多数の犯罪人引渡条約が存在する。通常、引渡しの対象である個人は引き渡される権利または引き渡されない権利を持たない。引き渡される個人の市民権は、一国が自国民のある者を犯罪人引渡法によって引き渡すことを許されないまたはその者を犯罪人引渡条約によって引き渡すことを義務づけられない場合にのみ関係する。引渡しが認められる犯罪は犯罪人引渡条約で規定されなければならない。犯罪人の引渡しは引渡しを求める国の法令と引渡しを求められる国の法令の双方で犯罪である行為に関してのみ認められるという条項を当該犯罪人引渡

条約に設けることが通常である。一般に、政治犯罪、つまり、政治的目的のために
または政治的動機から行われた犯罪について引渡しは認められない。この規則は重
大な制限、いわゆる「加害」条項を持つ。この条項に従えば、外国元首またはその
家族の構成員の殺害は政治犯罪と見なされない。

### ◆ c 市民権の取得と喪失

市民権の得喪は原則として国内法秩序によって規律される[39]。さまざまな法秩
序は市民権の得喪に関してかなり異なる規定を含む。通常、妻は夫と同じ市民権を
持ち、嫡出子はその父親と同じ国籍を持つ。そして、非嫡出子は母親と同じ国籍を
持つ。市民権はしばしば特定国での出生または一定期間の居住により取得される。
取得の他の根拠は（非嫡出子の）準正であり、あるいは養子縁組または人に対して
市民権を付与する立法的もしくは行政的な行為である。

帰化は外国人に市民権を付与する国家の行政行為である。しかし、外国人に対し
てその者の同意なしに市民権を付与することを禁ずる一般国際法の規則が存在す
る。それゆえ、帰化は外国人がそれを申請する場合にのみ許可される。その領域に
入るすべての外国人は当然にこの国家の市民であると規定する当該国家の法律は一
般国際法に反するであろう。しかしながら、一国の領域が割譲または併合により他
国の領域になるときには、割譲されたまたは併合された領域に居住する前者の国の
市民は当該領域を取得する国家の市民になる。新たな市民権を取得することによ
り、かれらは以前の国籍を喪失する。これらの場合、市民権の得喪は一般国際法に
よって規律される[40]。

一部の学者は併合されたまたは割譲された領域の住民は自動的に併合国または譲
受国の市民になることを否定する。かれらはもっぱら次のことを認める。すなわ
ち、国家の全領域が他国によって取得される場合には、後者の国家は消滅国の全市
民に対してその市民権を強いることができる。また、一国の領域の一部のみが他国

---

[39] シュテック対公的受託官事件（*Stoeck v. Public Trustee*, England, High Court of Justice,
　　Chancery Division, 1921; Annual Digest 1919-1922, Case No. 156）において、裁判所は「ある
　　人がある国の国民であるかどうかはその国の国内法によって決定されなければならない」と
　　判示した。

[40] ロマーノ対コンマ事件（*Romano v. Comma*, Annual Digest 1925-1926 Case No. 195）にお
　　いて、1925年に、エジプト混合控訴裁判所は、1780年にイタリアによって併合されたローマ
　　教皇領に関して、被併合国の全国民はかれらの側の明示的な宣言の必要なしに自動的に併合
　　国の国民になり、また、被併合国が完全に消滅するときには国籍の選択は不可能であると判
　　示した。

## C 国際法による国内法秩序の実質的妥当範囲の決定（国家の権限）

によって取得される場合には、後者の国家は、当該領域に住所を有するまたは当該領域と何らかの他の地方的な関係を持つ（たとえば、当該領域に存在する地方自治体に属する、つまり本国法 *Heimatsrecht* を持つ）他国の市民に対してその市民権を強いることができる。割譲条約は、「選択」と呼ばれる宣言により、割譲された領域の住民にかれらが譲受国の国民になるかまたは旧国籍を保持するかを決定する権利をしばしば付与する。後者の場合には、かれらは当該領域を退去せざるをえなくなることがある。

市民権の喪失はそれを取得する方法に対応する方法で行われる。国籍は移民、長期にわたる国外滞在により、または本国の許可なしに外国の兵役もしくは文官勤務に服することにより、他国の市民権を取得することによりまたはいわゆる国籍離脱によって失われることがある。国籍離脱は当該個人の申請に基づき認められる市民権からの解放である。最近、一部の政府は、国籍剥奪、すなわち、当該個人の同意なしでの行政行為または立法行為による市民権の剥奪を実践してきた。

新たな市民権の取得は、通常、すでに保持する市民権の喪失に依存しないまたはしばしばその喪失を引き起こさないのであるから、いかなる市民権も持たない個人ばかりでなく、2以上の市民権を持つ個人の例も稀ではない。もしある個人が2以上の国家の市民であるならば、これらの国のいずれもかれを自国市民と見なすことができるであろう[41]。しかし、これらの国のいずれも同じく国籍国である他国に対してかれを外交的に保護することができない。もしある個人がいかなる市民権も持たないならば、いかなる国家も他のあらゆる国家に対してその者を保護することができない。時として起こるように、事態は、ある個人が相互に戦争状態にある2国の市民であるときに特に困難になる。国際協定が二重または多重の市民権と市民権の完全な欠如（無国籍）を防止する目的で締結されてきた。

1930年4月12日にハーグで署名された国籍法の抵触に関するある種の問題に関する条約は次の一般原則を確立する。すなわち、「第1条　何人が自国民であるかを自国の法令に基づいて定めることは、各国の権能に属する。この法令は国際条約、国際慣習および国籍に関して一般的に認められた法の原則と一致する限り、他の国により承認される。第2条　個人がある国の国籍を有するかどうかに関するすべての問題は、その国の法令に従って決定する。第3条　この条約の規定に従うことを条件として、2以上の国籍を有する者は保持する国籍の所属国のそれぞれが自国の国民と認めることができる。第4条　国は自国民が同様に国籍を有している他の国に対して、その自国民のために外交的保護を与えることができない。第5条

3　市民権（国籍）

第三国では、2以上の国籍を有する者は1の国籍のみを有する者として取り扱われる。第三国は、身分に関する自国の法令および現行の条約の適用を害することな

----

(41)　合衆国（アレクサンダー・テレック）対オーストリア及びハンガリー事件（*United States (Alexander Tellech) v. Austria and Hungary*, United States-Austria and Hungary, Tripartite Claims Commission, 1928; Decisions and Opinions [1927], p. 71）において、オーストリア政府は血統によりオーストリア市民であり、また、出生により合衆国市民であるアレクサンダー・テレックを兵役に服させることができるか、の問題が判断されなければならなかった。委員会は以下のように判示した。すなわち、「オーストリア民政当局によりその警察権を行使してとられた、また、オーストリア・ハンガリー軍当局によりとられた―それに関して不服が申し立てられた―処分は、原告が任意的に居住するオーストリアにおいて、オーストリア市民である原告に対してとられた。市民権は国内法により定められた規則によって決定される。原告が任意的に服したオーストリア法の下でかれはオーストリア市民であった。オーストリア当局およびオーストリア・ハンガリー当局はかれをそのように扱うに際してかれらの権利を正当に行使した。二重国籍を有していたけれども、かれは、オーストリア領域に居住し、オーストリア国内法の下で生ずるオーストリア市民の権利および義務に服することに伴う危険を任意的に引き受けたのである」。

カネヴァロ事件（*Canevaro Case*, Tribunal of the Permanent Court of Arbitration, 1912; Scott, Hague Court Reports [1916] p. 284）において、裁判所は次のように判示した。すなわち、「したがって、ペルー制定法（憲法第34条）によれば、ラファエル・カネヴァロはペルー領域で生まれたのであるから出生によりペルー人である。また、他方で、かれは、イタリア法律（民法第4条）によれば、イタリア人父の子であったことからイタリア国籍を持つ。また、事実問題として、ラファエル・カネヴァロは、上院候補として何度か立候補することにより―それはペルー市民以外にはだれも認められない、そして、かれは再選を果すことに成功した―、また、特に、ペルー政府とペルー議会の承認を得た後でオランダのために総領事の職務を受諾することにより、何度もペルー市民として行動してきた。また、これらの事情の下で、国民としてのラファエロの地位がイタリアにおいてどうであれ、ペルー政府はかれをペルー市民と見なし、イタリア請求人としてのかれの地位を否定する権利を持つ…」。

フレデリック・ド・ボーン男爵対ユーゴスラビア国事件（*Baron Frederic de Born v. Yugoslavian State*, Yugoslavian-Hungarian Mixed Arbitral Tribunal, 1926; Annual Digest 1925-1926, Case No. 205）において、裁判所は、ある者が、ある国で一つの国籍を主張し、別の国でもう一つの国籍を主張する権利を持ち、そして、国際裁判所がその者により現実に主張される国籍が認められるべきかを決定するよう求められるときには、単に理論的ではなく実効的な国籍のきずなを創造する目的上、2国のうちのいずれに法的および事実的な必須的要素が存在するかを検討することは裁判所の責務である、と判示した。しかし、セイレム事件（*Salem Case*, United States and Egypt, 1932; Annual Digest 1931-1932, Case No. 98）において、仲裁裁判所は次のように判示した。すなわち、「エジプト政府によって援用されたいわゆる『実効的国籍』の原則は国際法上十分に確立されていると思われない。それは有名なカネヴァロ事件で用いられた。しかし、その時に任命された仲裁裁判所の判決は依然として孤立したままである。カネヴァロ事件にもかかわらず、いくつかの政府の慣行によれば、たとえば、ドイツの慣行は、もし2国の双方がある人を自国民として扱う権利を持つならば、これらの国家のいずれも他方の国家に対してその人の名において請求を提起することはできない…というものである」。

C 国際法による国内法秩序の実質的妥当範囲の決定（国家の権限）

く、その領域内では、その者が有する国籍のうちその者が通常かつ主に居住する国の国籍または、状況に応じてその者が事実上最も密接な関係を有すると思われる国の国籍のみを認める（いわゆる「実効的」または「積極的」国籍）。第6条 自己の志望によることなく取得した2の国籍を有する者は、放棄しようとする国籍の所属国の許可を得て国籍の1を放棄することができる。…この許可は右の者が放棄しようとする国籍の所属国の法令に定める条件が満たされている限り、外国に通常かつ主に居住する者に対して拒否されてはならない」。

# 4 法の抵触（国際私法）

（国際公法とは対照的に）いわゆる抵触法または国際私法の諸問題は多様な国内法秩序の領域的、人的および実質的な妥当範囲と密接に関係する。この概念は、通常は、2以上の領域と連結点を持つ事件の決定に際して二つの法制度の間で適用されるべき一まとまりの法規則と定義される。これらの規則の主要主題は、そのような事件においてどの法が優越するかに関する決定、すなわち当該事件に適用されるべき法の選択であると考慮される。

## ◆ a 関連問題：一国の機関による他国の法の適用

通常、国家の法適用機関、特に裁判所（ただし、裁判所に限らない）は、国際法は別として、国内法秩序の規範のみを、つまり、裁判所がその機関である国の法を適用することを法的に義務づけられる。この法は、当該国家の成文または不文の憲法に従って、慣習により、国の立法機関により、その裁判所によりまたは法を定立する権限を持つ他の諸機関により定立された法規範から成る。この原則の例外として、国の法適用機関、特にその裁判所は、他の国内法秩序の規範、つまり他国の法を自国法によって決定される一定の事例に適用することを義務づけられることがある。これらの事例は、それらが他国の国内法秩序の領域的または人的な妥当範囲と一定の関係があるという事実によって特徴づけられる。いわゆる抵触法または国際私法の典型的事例は外国領域で契約された婚姻の有効性、外国領域に所在する不動産に関する権利および義務、外国領域で行われた犯罪、管轄権を主張する国に居所を有する人の外国市民権の取得または喪失である。

国家機関により適用されるべき外国法の諸規範は他国の私法または公法の諸規範であることがある。後者の場合には、刑法または行政法の諸規範である。外国法の

適用を規定する諸規則が国際「私」法と呼ばれるとすれば、この用語は完全な誤りである。というのは、この意味で国際刑事法または国際行政法が同じく存在するからである。これらのすべての場合に法的問題は全く同じである。

　問題の本質的要点は他の国家の機関による一国の法令の適用であると思われる。しかし、もし自国法により拘束される一国の機関が特定の事例に外国法の規範を適用するならば、当該機関により適用される規範はその機関が当該規範を適用する国家の法秩序の規範になる。国家機関、特に裁判所は、自国法により、結局、成文または不文の憲法によりそうすることを義務づけられる場合にのみ、他国の法規範を適用する地位にある。国家機関により適用される規範はその適用が当該国家法により規定される場合にのみその国家法の妥当範囲に関して妥当する。その妥当性の根拠に関して言えば、それは当該国家の法制度の規範であるからに他ならない。一国の裁判所に対して一定の事件に外国法の適用を義務づける規則は当該外国法規範をその国家の国内法に編入する効果を持つ。

　一国の機関により適用される外国法規範はその内容に関してのみ「外国的」である。その妥当性の根拠について言えば、それは、その機関が適用を義務づけられる国家の法規範である。厳密に言えば、一国の機関は、国際法は別として、自国の法秩序の規範だけを適用する。したがって、ある国家法秩序の規則がその国家の機関に一定の場合に他国法秩序の規範の適用を義務づけるという言明は、含まれる法的事実の正確な記述ではない。いわゆる国際私法の規則の真の意味は次の通りである。すなわち、一国の法は、その機関に、一定の事例に対して自国の法規範であるが、しかし、他国の対応する規範と同一内容を有する規範の適用を命じる。この真の意味をたえず留意する場合にのみ、われわれは、一国が他国の法令を適用すると述べることができるであろう。

◈ b　いわゆる国際私法：国内法、例外的に国際法

　他の国家による一国の法令の適用に関しては、二つの異なる可能性が区別されるであろう。すなわち、(a)国家は一定の事例に対して法的に自由に他国の法令を適用したりまたはしなかったりすることができる。(b)国家は一般国際法または特別国際法により一定の事例に対して他国の法令を適用することを法的に義務づけられる。一部の学者は、一定の事例に関して国家に他国の法令の適用を義務づける一般国際法規則が存在することを否定する。このことは他国の私法規範の適用に関して当てはまると思われる。しかしながら、もし他国の私法のみならず公法の適用も考

D 国際法による国内法秩序の時間的妥当範囲の決定（国家の時間的存在）

慮されるならば、国家に一定の事例に関して他国の法令の適用を義務づける一般国際法の規範、たとえば、一国の裁判所は他国の管轄権内で行われた当該他国の行為の合法性に疑義をさしはさむことは許されないという一般国際法の規範が存在することは否定されえない。もし一国の裁判所が、たとえば、ある個人が没収命令によってかれの財産を合法的に奪われたか、または、ある会社が他国の国有化命令によって強制的に解散させられたか、あるいは、ある個人は帰化によって他国の国籍を取得したかどうかの問題を決定しなければならないとするならば、当該裁判所は、他国の法定立行為に従ってこの問題を決定しなければならない。このことは、当該裁判所が他国の法令の適用を一般国際法により義務づけられることを意味する[42]。しかし、他国の私法規範の適用でさえ、たとえば、外国人の待遇に関する一般国際法規範の結果として、義務的であることがある。一部の学者は、一国は外国人がかれの本国法の下で取得した権利の有効性をその本国法に従って判断することを一般国際法により義務づけられると主張する[43]。しかしながら、一般国際法がごく限られた範囲で外国法を適用する義務を課すのは確かである。国家に一定の事例に対して外国法の適用を義務づける条約が存在しないならば、その国家は原則としてこの点に関して法的に自由である。国は、自国法により、その十分、正当等

(42) ラザード兄弟対ミッドランド銀行事件 (*Lazard Bros. v. Midland Bank Ltd.*, 1933 Law Reports, A.C 289) において、貴族院はソビエト政府によって国有化されたロシア銀行はもはや存在しないと判示した。ライト卿は次のように述べた。すなわち、「銀行はロシア皇帝の法律により設立された会社である。しかし、イギリス裁判所で承認されるようにロシアにおける統治当局は、現在、そして 1917 年以来ソビエト国家である。したがって、ソビエト法はイギリスによるロシアにおける主権的権力としてのソビエト国家の 1921 年の事実上の承認、そして 1924 年の法律上の承認によって同じ期日から準拠法である。…それゆえ、問題は当該銀行はソビエト法によってその期日に存在する法人であったかである。…本裁判官は、（双方の側の専門家証人としてのロシア法律家により与えられた証拠は）同銀行が実質法であるソビエト法によって 1930 年にロシアに存在しなかったという事実問題に関する結論を強いると考える」。合衆国対ニューヨーク信託銀行会社事件 (*United States v. Bank of New York & Trust Co.*, 77 Federal Reporter [2d] 866) において、1935 年に、合衆国第二巡回控訴裁判所は、原告による差止めの申立ては、モスクワ火災保険会社がロシア国の命令により解散され、また、その権利、権原および利益のすべて、ならびに、その財産に対するその全株主のすべての権利、権原および利益はニューヨーク州保険局長への預託金を含めロシア国によって没収されかつ専有されたという推定に基づき否認されなければならないと判示した。裁判所は次のように述べた。すなわち、「行政部がソビエト政府を承認した時に、司法部はソビエト政権の始めからソビエト領域内でソビエト命令の有効性を承認するよう義務づけられるようになった」。ルーター対サゴール事件およびベルンシュタイン対ヴァン・ヘイゲン兄弟株式会社事件も参照せよ。本書前掲 197 頁注(27)を参照せよ。

(43) Alfred Verdross, *Voelkerrecht* (1937), p. 143 を参照せよ。

であると考慮する諸原則に従って一定の事例への外国法の適用を命じることがある。その結果、国際私法（国際刑事法、国際行政法）は、国家に一定の事例への外国法の適用を義務づける一般または特別の国際法が存在しない限りで、国際法ではなくて国内法である。原則として、いわゆる国際「公」法のみが国際法である。

◆ D　国際法による国内法秩序の時間的妥当範囲の決定（国家の時間的存在）

# 1　国家の要素としての時間

　空間、すなわち領域を国家の「要素」として考慮し、時間をそのように考慮しないのは伝統的理論の特徴である。しかしながら、国家は空間的に存在するばかりでなく、時間的にも存在する。もしわれわれが領域を国家の1要素として考慮するならば、そのときわれわれはその存在の期間もまた国家の1要素であると考慮しなければならない。せいぜい1カ国だけが所与の空間内に存在しうると言われるときには、それは、せいぜい1カ国だけが同一の空間内に同時に存在しうることを明らかに意味する。歴史が証明するように、異なる2国が同一の空間内に少なくとも部分的に相次いで存在しうることは自明と見なされる。

　領域が物体のように国家が占める自然的な空間という意味ではなくて、それが国内法秩序の領域的妥当範囲であるという意味においてのみ国家の1要素であるのと全く同じように、時間、つまりその存在の期間は、それが対応する時間的妥当範囲であるという意味においてのみ国家の1要素である。両者の範囲は制限される。国家が空間的に無限でないのと全く同じように、国家は時間的に永遠ではない。多くの国の空間的な共存とそれらの時間的な連続を規律するのはまさしく同一の秩序である。国内法秩序の時間的妥当範囲のみならず領域的妥当範囲を確定するのはまさしく国際法である。ある国家が存在し始める時点、つまり、ある国内法秩序が妥当し始める瞬間、ならびに、ある国家が存在しなくなる瞬間、つまり、ある国内法秩序が妥当することを終了する時点は実効性の原則に従って実定国際法によって決まる。国内法秩序の領域的および人的な妥当範囲が決まるのは同じ原則による。

D　国際法による国内法秩序の時間的妥当範囲の決定（国家の時間的存在）

# 2　国家の誕生と死亡

　国内法秩序の時間的妥当範囲の問題は、通常、国家の誕生と死亡の問題として示される。新新国家が誕生したか、または旧国家は存在を終了したかの問題は国際法に基づき答えられなければならないと一般に認められている。国際法の関連諸原則は一般に次のように述べられる。すなわち、国家は一定の領域に住む諸個人の集団が実効的で独立した政府の下に組織される時に出現する。また、国家はそれがその必須的要素、つまり、住民、領域または独立した実効的政府の一つを失うときに存在を終了する。政府は、もし法的に他国の影響下にないならば、独立している。また、政府は、もしその政府によって発せられる強制的命令への永続的な遵守を確保することができるならば、実効的である。国家は国内法秩序なのであるから、国家の誕生と死亡の問題は次の問題になることは明白である。すなわち、いかなる事情の下で国内法秩序は妥当することを開始し、妥当することを終了するのか、と。国家はいつ出現し、いつ存在を終了するのかの問題に対する通常の答えの真意は、国内法秩序はそれが全体として実効的になると同時に妥当することを開始し、その実効性を失うと同時に妥当することを止めるということである。

　もし国家は独立した政府により確立された強制秩序が特定の領域に住む諸個人の集団に対して実効的になるときに出現すると仮定されるとするならば、当該強制秩序が確立されている領域はそこに住む諸個人と合わせ、これまで一国の領域および住民を形成していなかったと仮定される。その領域は、そこに住む諸個人と合わせ、今までいかなる国家にも決して属さなかった、2以上の国家に属した、または、一国の領域および住民の一部のみを形成した領域でなければならない。もしすでに一国の領域および住民であったその領域および住民に対して当該秩序への恒久的な服従を獲得することのできるある政府が確立されたとするならば、すなわち、もし新政府が樹立される領域および住民が以前に別の政府が確立されていた領域および住民と同一であるとするならば、そのときには、国際法の意味でいかなる新国家も出現しなかった。すなわち、新政府が樹立されたにすぎない。しかしながら、この意味での新政府の存在はそれが革命またはクーデターによって樹立される場合にのみ仮定される。

# 3 　国家の同一性

　国家の同一性に関する問題、つまり、一国は国内法秩序の内容および妥当範囲の
かなりの変更にもかかわらず同一のままにとどまるかの問題は、第一に、一国の国
際的な義務、責任および権利はこれらの変更にもかかわらず同一のままにとどまる
かの問題に関して国際法上重要である。もし当該国が同一のままにとどまるなら
ば、その義務、責任および権利に関していかなる変更も生じない。国家の同一性の
問題に関して、伝統的理論はこれまでに明確で一般に受け入れられるどのような解
答にも達していない。その理由は、一つには、同一性の一般概念はきわめて不確実
なためであり[44]、もう一つには、国家の同一性の特殊問題は二つの異なる観点か
ら異なる方法で解答されることがあるためである。自国の国内法秩序の観点から、
国家は、この秩序の変更が、つまり、法規範の内容または領域的妥当範囲の根本的
な変更でさえ、もしその変更が国内法秩序全体の妥当性の終了を意味しないなら
ば、憲法に従って行われた行為の結果である限り、同一にとどまる。国内法秩序全
体の妥当性の終了は、たとえば、一国が自国の立法行為によって他国に併合される
場合である。このように、オーストリア共和国は 1918 年 11 月 12 日に国民議会に
より可決された法律（ただし、施行されなかった）によりドイツ帝国の一部であると
宣言された。1938 年 3 月 13 日に発せられた類似のオーストリア法律によりオース
トリアはドイツ帝国に編入された。

　国内法秩序自体の観点から、その継続性はこの法秩序によって構成される国家の
同一性に一致する。しかしながら、もしその変更が革命またはクーデターの結果で
あるならば、国家の同一性の問題は国際法秩序の観点からのみ肯定的に回答されう
る。国際法に従えば、革命またはクーデターの場合には、国家は、もしその領域が
本質的に同一にとどまるならば、同一にとどまる。そのとき、国家の時間的な同一
性は、領域の同一性に直接的に、そして当該領域に住む住民の同一性にもっぱら間
接的に基礎づけられる。

　もし領域的変更が国内法秩序の継続性の中断なしに、つまり、国家の国内法の観
点から合法的な方法で生じるならば、当該国家の同一性は国際法の観点からも影響
を受けないと考慮される。たとえば、ユーゴスラビアは、その国家領域が

---

[44]　一部の哲学者はいやしくも同一性のようなものが存在することを否定する。ヘラクレイト
　　 スの「あなたは同じ川に二度と踏み入ることはできない。」という格言はよく知られている。

D 国際法による国内法秩序の時間的妥当範囲の決定（国家の時間的存在）

1918-1919 年の条約によって著しく拡大したにもかかわらず、国際法の観点からはセルビアと同一の国家であると見なされる[45]。また、トルコ共和国は、その国家領域が第一次世界大戦の結果として著しく減少したという事実にもかかわらず、トルコ帝国と同一であると見なされる[46]。国名の同一性はその法人格の同一性にとって本質的ではない。国家はその同一性を失うことなしにその名称を変更することがある。他方、オーストリア共和国は、それが第一次世界大戦の結果として消滅した国家と同じ名称を持つにもかかわらず、オーストリア帝国と同一ではない[47]。

国際法の観点から国家は、政府の革命的な交替にもかかわらず、もし当該領域、そしてそこに住む住民が大体において同一にとどまるならば、同一にとどまるという原則は、国際法上その存在の継続性が中断されない場合にのみ適用される。国家存在の継続性は、たとえば、その領域が他国により併合されたために、また、その後に同じ住民の居住する同じ領域に新独立国が樹立されたために、当該国家が国際法に従って消滅するならば、中断される。旧国家の再建について語られることが良

---

(45) カッツ及びクランプ対ユーゴスラビア事件（*Katz and Klump v. Yugoslavia*, Annual Digest 1925-1926, Case No. 24）において、ドイツ・ユーゴスラビア混合仲裁裁判所は、1925 年に、セルブ・クロート・スロベニア王国はヴェルサイユ条約第 297 条(チ)の意味での「新国家」ではないと判断した。

(46) オスマン帝国債務仲裁裁判（*Ottoman Debt Arbitration*, Annual Digest 1925-1926, Case No. 57）において、仲裁人は、1925 年に、国際法上トルコ共和国は旧トルコ帝国の国際人格を継続すると考えられると判断した。

(47) サン・ジェルマン講和条約においてオーストリア共和国はオーストリア帝国と同一であると扱われた。オーストリア共和国は同盟および連合国と講和条約を締結することを強いられたが、これは同共和国がこれらの国と戦争状態にあったことを意味した。同講和条約第 177 条において、オーストリア共和国は「墺太利匈牙利及其ノ同盟國ノ攻撃ニ因リテ強ヒラレタル戦争ノ結果其ノ（同盟及聯合国）政府及國民ノ被リタル損失及損害ヲ生セシメタル責任…ヲ承認」する。これは、オーストリア共和国がオーストリア・ハンガリー帝国の一部としてオーストリア帝国により引き起こされた損害について責任を負わされたことを意味する。オーストリア共和国はオーストリア帝国の憲法に従って出現しなかったという事実にもかかわらず、また、共和国の領域は旧帝国のほんの小部分であったという事実にもかかわらず、すべてこのとおりである。しかし、オーストリア年金事件（*Austrian Pensions Case*, Annual Digest 1925-1926, Case No. 25）において、オーストリア最高裁判所は、1925 年に、オーストリア共和国はオーストリア帝国と同一の国家ではないと判示した。裁判所はサン・ジェルマン講和条約をこの見解に反しないものと解釈した。この解釈はどう考えても正しくない。軍人恩給事件（*Military Decoration Pension Case*, Annual Digest 1925-1926, Case No. 58）において、オーストリア憲法裁判所（*Verfassungsgerichtshof*）は、1926 年に、オーストリア共和国は、オーストリア共和国により締結された条約またはオーストリア共和国国内法によって別段の規定がなされる場合を除き、旧オーストリア帝国の責任によって拘束されないと判示した。このことはオーストリア共和国がオーストリア帝国と同一ではないことを意味した。

くあるけれども、国際法の観点からは出現したのは新国家である。たとえば、1938年、オーストリア共和国の領域はドイツ帝国に編入された。その結果、オーストリア共和国は消滅した。1945年、オーストリア共和国は「再建」された。すなわち、1938年にドイツ帝国によって併合され、依然として旧オーストリア住民が居住する領域に、オーストリア共和国は併合時に有効であった憲法と同一ではなくて、1929年に有効であった憲法と同一の内容を有する憲法に基づき樹立された。第二オーストリア共和国は新国家である。なぜなら、第一共和国と第二共和国との間には国内法の観点または国際法の観点のいずれからも法的継続性が存在しないからである。

　伝統的見解に従えば、国家は国家たる地位の必須的要素の一つを失う時には消滅する。国家は移民によりその住民を失うことがある。また、国家は、その領域が島である場合には、その島が地震の結果として海に飲み込まれてしまうことがある。国家は、また、その政府が実効的でなくなるときに、つまり、政府がそれまで当該領域に関して実効的であった強制秩序への忠誠をもはや確保することができなくなるときに、あるいは、政府が消滅するときに、つまり、その瞬間まで国家であった共同体が自己の独立した政府を失うときに、消滅する。国家は、もし他の諸国の諸政府から独立した、そして当該領域に対して妥当する強制秩序への永続的な忠誠を確保しうる政府がもはや存在しないならば、その独自政府の喪失によって消滅する。そのとき、当該領域は無主地になるか、または、併合により、つまり、他国の領域に確定的に編入されることにより、あるいは、何らかの他の方法で他国の主権、つまり統治の下におかれることにより、他国の領域の一部になることがある。もし異なる領域が法的に同一政府の下にあるならば、それらの領域は同一国家に属する。なぜなら、1国は、1国が1領域のみを持ちうるように、国際法の意味で1政府のみを持ちうるからである。したがって、1政府のみが存在するとすれば、1国のみが存在しうる。国家はその領域が2以上の国家の領域になるとき（解体）または2以上の国家の共通領域になるとき（共同統治）には、消滅するであろう。後者は、もし1国の領域が、その政府が消滅した後で、2以上の国家の統治の下におかれるならば、確立される。オーストリア帝国は第一次世界大戦の結果として解体により消滅した。その領域に新国家、つまり、チェコスロバキアとオーストリア共和国、そしてポーランド共和国の一部が樹立された。ドイツ帝国は第二次世界大戦の結果としてその政府の喪失により消滅した。最後のドイツ中央政府は廃止され、その構成員は戦争犯罪人として訴追された。その領域はこの領域を占領した4カ

### D　国際法による国内法秩序の時間的妥当範囲の決定（国家の時間的存在）

国、すなわち、合衆国、イギリス、フランスおよびソ連の共同統治の下におかれた。この４カ国は、４カ国の各々が１人の代表者によって代表される管理理事会によってかれらの領域のこの共通部分を統治した。西ドイツと東ドイツは、もしそれらが国際法の意味での国家であるとするならば、二つの新国家である。これは疑わしい。というのは、それらがその憲法の下で持つそれぞれの政府は法的に占領国から独立していないからである。

　もし当該領域が全体として一国の領域にとどまるならば、また、もし国際法の下で国家存在の継続性が中断されないならば、一国が消滅し、同一領域に他の国が出現したと仮定することは不可能である。存在し続けるのは、ただし、革命またはクーデターにより権力を獲得した新政府の下で存在し続けるのは、同じ国家である。

　上述の考察の結果は、その法秩序の内容および妥当性の範囲の変更にもかかわらず、国家は、変更が合憲的な方法でもたらされる場合、同一にとどまる（言い換えると、それらの変更にもかかわらず、国家の同一性は影響を受けない）が、しかし、変更が革命またはクーデターによってもたらされる場合には、国家は国際法の下でその存在の継続性が中断されないならば、その領域（およびそこに住む人々）が大体において同一である限り、同一にとどまるということである。勝利した革命または成功したクーデターはその領域的妥当範囲が同一にとどまるならば、それが変更する法秩序の同一性を破壊しない。革命またはクーデターにより確立された秩序は、もしこの秩序が同一の領域に対して妥当するならば、新秩序としてではなくて、旧秩序の修正として考慮されなければならない。違憲的な方法で永続的な権力を獲得した政府は、国際法に従えばその同一性がこれらの出来事によって影響を受けない国家の正統な政府である。それゆえ、国際法に従えば、勝利した革命または成功したクーデターは国内法秩序がそれにより変更されうる手段として解釈されなければならない。双方の出来事は、国際法に照らして考察するならば、法定立的事実である。単なる革命またはクーデターによって、法的継続性は、国内法の下では中断されるけれども、国際法の下では中断されない。再度、「権利は違法から生ずる」（*ex injuria jus oritur*）。したがって、適用されるのは再び実効性の原則である。

# 4　共同体の国家としての承認

### ◆ a　法により決定される事実の確定としての承認

　一般国際法は、ある共同体がその下で国家であり、そのようなものとして国際法主体である諸条件を規定する。もし国家が国際法主体であるならば、国際法は何が国家であるかを規定しなければならない。それは、国内法が、だれがそれにより規定される義務および権利の主体であるかを、たとえば、動物ではなくて人間だけが、または奴隷ではなくて自由人だけがその主体であると規定するのと全く同じである。もし国際法が何が国家であるかを規定しなかったならば、そのときにはその諸規範は適用不可能であろう。

　国際法に従えば、社会秩序はもしそれが人間行動を規律する比較的集権化された強制秩序であるならば、もしこの秩序がもっぱら国際法秩序の下位にあるならば、また、もしそれが一定の領域に対してのみ実効的であるならば、それは国内法秩序、すなわち、国家法である。もし同じ規則を擬人的な通常の言葉で表現するならば、次の通りである。すなわち、ある共同体は、もしその共同体に属する諸個人が一定の領域に住み、独立かつ実効的な政府の下に組織されるならば、国家である。これは「国際法の意味での国家」という事実である。それは、国際法がさまざまな重要な結果を結びつける事実である。

　もし法秩序が抽象的規則によって一定の事実に一定の結果を結びつけるならば、その秩序は、具体的場合においてこの事実の存在が権限ある当局により確定される手続を規定しなければならない。法領域において事実「それ自体」は存在しないし、直ちに明白ないかなる事実も存在しない。すなわち、法により規定された手続に従って権限ある当局により確定された事実のみが存在する。

　現代国内法の下で、法的に関連ある事実を確定する手続は、原則として集権化される。つまり、国内法はこの機能を果すために、とりわけ、刑事的な違法行為の存在を確定するために特別な機関を設置する。他の事実を確定する機能もまた、すくなくとも事実の存在が関係当事者により争われる場合には、特別な機関に付与される。こうして、たとえば、ある契約が締結されたかどうかの問題は契約当事者に委ねられる。しかし、もしかれらがそれについて一致しないならば、もしこの問題に関してかれらの間に紛争が存在し、一方が契約は締結されたと主張し、他方がこれ

### D 国際法による国内法秩序の時間的妥当範囲の決定（国家の時間的存在）

を否定するならば、そのときには民事裁判所がこの問題について決定することができる、つまり、関係事実を権威的な方法で確定することができる。

一般国際法は、国内法のように、法が一定の法的効果を結びつける事実を確定する権限を有する特別な機関を設置しないのであるから、（2以上の国家が関係するならば）この機能を合意により果すことは常に関係国、つまり当該事実に利害関係を持つ国家に委ねられる。しかし、もしそのようないかなる合意も達成されえないとするならば、各国は関係事実を自ら確定することを授権される。先の関連で指摘されたように[48]、これは一般国際法の下で国際違法行為を確定するための手続である。それは一般国際法に従ってあらゆる関連事実を確定するための手続である[49]。

一般国際法は一般規範から成るのであるから、それは抽象的な言葉でのみ「国家」という法的事実を規定しうる。しかし、一般国際法に従い問題はどのように決定されるべきなのであろうか。すなわち、「国際法の意味での国家」という法的事実は具体的場合に存在するのか。所与の人々の共同体は国際法主体に要求される属性を実際に持つのか。言い換えると、国際法は他の国々との関係でこの共同体に適用可能であるのか。「国際法の意味での国家」という事実が確定されうる手続は何

---

(48) 本書前掲 19 頁以下を参照せよ。

(49) もし関係国が事実の存在またはその法的資格づけに関して合意することができないならば、一般または特別国際法の規範によって解決されなければならない問題が発生するであろう（本書後掲 299 頁以下を参照せよ）。コロンビア・ペルー庇護事件（*Colombian-Peruvian Asylau case*, International Court of Justice, Reports, 1950, p. 266）において、1950 年に、国際司法裁判所は、ペルー政府によって訴追されたアヤ・デ・ラ・トーレに対して 1928 年 2 月 20 日にハバナで署名された条約（本書前掲 190 頁注(20)）に基づきリマ（ペルー）の自国公使館で庇護を与えたコロンビア政府はペルーを拘束する一方的かつ確定的な決定によって当該庇護の目的上犯罪の性質を決定することができたか、の問題について判断しなければならなかった。その判決で国際司法裁判所は一般国際法に関して次のように述べた。すなわち、「ある亡命者に庇護を与えるべきか否かを決定しなければならない外交代表はその亡命者が行ったと申し立てられる犯罪の暫定的な性質決定を行う権限を持たなければならない。当該外交代表は庇護を与えるための条件が満たされたかの問題を実際に検討しなければならない。領域国はこれによってこの性質決定を争う権利を奪われないであろう。両国間で意見が相違する場合には、紛争解決に関して当事国が規定した方法によって解決される紛争が発生するであろう」。裁判所は、さらに、「国際法の原則は外交的庇護を与える国による一方的かつ確定的な性質決定といういかなる規則も認めない」と述べた。また、裁判所は、「反対の規則が存在しない場合に各関係国に帰されなければならない性質決定に関する平等の権利」に言及した。1928 年のハバナ条約に関して裁判所は、「この条約は、外交的庇護に関する一定の規則を定めるが、しかし、庇護国に対して、確定的にかつ領域国を拘束する効力を伴って犯罪を性質決定する一方的権限を付与する規定を含まない」と述べた。裁判所は、コロンビアの申立てを「それが、庇護国としてコロンビアがペルーを拘束する一方的かつ確定的な決定により犯罪の性質決定を行う権利を含む限度で」却けた。

か。だれが当該事実を確定する権限を持つのか。具体的場合に「国際法の意味での国家」という事実を確定するために一般国際法が規定する手続は承認と呼ばれる。すなわち、この事実の存在を確定する権限を持つのは当該国家の存在に利害関係を持つ他国政府である。共同体の国家としての承認は、それがある共同体は国際法の意味での国家であるという事実の確定を意味する限りで、一般国際法が法的に関連ある事実を確定するために規定した手続の適用である。

## ◆ b 法的承認と政治的承認

共同体の国家としての承認と呼ばれる行為の性質は国際法理論において激しく議論される。一つの理論に従えば、承認行為は創設的性格を持つ。すなわち、その行為は国家の法的誕生にとって不可欠である。国家は他国の側のそのような承認なしには当該他国との関係で法的に存在しない。もう一つの理論に従えば、承認行為はそのような創設的な性格を持たない。すなわち、それは宣言的にすぎない。国家は他国の側のいかなる承認もなしに、また承認とは無関係に出現しうる。ある共同体を国家として承認することは、この共同体が国家として存在すること、つまり、承認国が被承認国の存在を認識する（take cognizance）ことを宣言するにすぎない。しかし、そのような宣言は法的効果を持たない[50]。当該国は、承認なしでさえ、特に未承認国との関係で法的に存在する[51]。一部の学者は承認を一方的行為と考える。他の学者は承認を承認国と被承認国により締結される条約と考える。

国際関係でしばしば行われる最も重要な行為の一つに関するこの奇妙な不一致はおそらく承認問題に関して普及するある混乱に起因する。この混乱の原因は人が双方とも「承認」と呼ばれる完全に異なる行為または同一行為の二つの異なる機能を明確に区別しないことである。これらの二つの行為または機能の一つの意味は、被承認共同体が国際法の意味での国家であることを承認国が確定する（ascertain）こ

---

(50) 筆者は，その *Théorie générale du droit international public*, Recueil des Cours, Académie de droit international, Vol. XLII（1932）において、承認の宣言的性格の理論を支持した。しかし、本書で行われた考察は著者にこの理論を放棄させた。

(51) ドイツ大陸ガス会社事件（*Deutsche Kontinental-Gasgesellschaft*, published in *Zeitschrift fuer auslaendisches oeffentliches Recht und Voelkerrecht*[1931] Vol. II, p. 14）において、ドイツ・ポーランド仲裁裁判所は次のように宣言した（フランス語原典からの翻訳）。すなわち、「国家の承認は創設的行為ではなくて、単なる宣言的な行為である。国家は独力で存在する。承認はその存在の確認（*constatation*）にすぎない」。しかし、反対意見を表明した裁判官は次のように述べた。「新国家の承認は承認国が被承認国に対して法人の属性を付与することを意味する。承認国は新国家を国際共同体の新構成員として認める」。

### D　国際法による国内法秩序の時間的妥当範囲の決定（国家の時間的存在）

とである。これは言葉の法的意味での承認である。他の行為または機能の意味は、承認国が被承認国と政治的およびその他の関係に、つまり、通常、国際社会の構成国間に存在する種類の関係に積極的に入ることである。この行為または機能が、もし承認と呼ばれるとすれば、それは、法的承認、つまり、「国際法の意味での国家」という事実の確定とは対照的に「政治的承認」と呼ばれるべきである。国家は、一般国際法に従い他国とそのような関係を維持すること、すなわち、外交使節を派遣または接受し、条約を締結する等を義務づけられないのであるから、国家の政治的承認は承認国の裁量的決定に属する行為である。

政治的承認の宣言それ自体は、特に被承認国の威信にとって政治的に極めて重要であるけれども、必ずしも法的結果を伴わない。国家による新国家と通常の政治的、経済的および外交的な関係に入りたいという宣言は、この趣旨の法的義務を負う意思なしに行われることがある。政治的承認は、それが被承認国によって受諾される場合にのみ、つまり、承認国と被承認国によって締結された一定の関係の樹立に関する条約が存在する場合にのみ、被承認国と通常の関係に入る承認国の義務を確立する。そのような条約は新国家の存在を前提とする。それゆえ、当該条約はこの存在に関して創設的な性格を持つことができない。

共同体の国家としての法的承認はその政治的承認とは全く異なる。すなわち、それは、国家がある共同体は国際法の意味での国家であることを確定する行為である。この行為は、その意図が直接的または間接的に、明示的または黙示的に表明されうるあらゆる形式で行われるであろう。事実問題として法的承認は、通常は同一の行為で政治的承認と結合される。これは、この「承認」と呼ばれる行為の持つ二つの根本的に異なる機能がなぜ伝統的国際法理論で明確に区別されてこなかったのか、また、この理論がなぜ承認の理論に関して最も望ましくない自己撞着に陥るかの理由である。

国際法に従えば、法的承認は実際に不可欠である。一般国際法はある共同体がいかなる条件の下で国家と見なされなければならないかを規定する。したがって、それは、具体的な場合においてある共同体がこれらの条件を満たすかどうか、それゆえ、国際法の意味での国家であるかどうかを決定する手続を規定する。国際法は、もし問題の共同体が国家であるならば、一般国際法に従ってその共同体との関係で義務および権利を持つ国々の政府に、この問題の決定を授権する。他国の存在または不存在に利害関係を持つ国の政府がこの問題を決定する客観的で公平な権威でないことは確かである。しかし、一般国際法は法を定立しかつ適用する特別な機関を

設置しないのであるから、法的事実の存在は利害関係国によってのみ確定されうる。この確定は「承認」と呼ばれる。共同体の国家としての法的承認は、指摘されたように、国際法が法的効果を結びつける事実の存在は具体的場合においてこれらの事実に利害関係を持つ政府により確定されなければならないという一般原則の特定事例にすぎない。これは国際法の広範囲に及ぶ分権化の帰結である。

## ◈ c 法的承認行為の創設的性格

国家であると主張する共同体が実際に国際法の意味での国家であるかの問題を決定するに際して、他の諸国の政府は決して自由ではない。もしある共同体が既存の諸国の意見に従えば国際法の要件を満たすとすれば、それらの諸国がその共同体を国家として承認することを法的に義務づけられるかは疑わしいであろう。しかし、もしある国家が他の共同体を国家として承認するならば、前者の国家が国家の必須的要素を一般的に規定する国際法によって拘束されることに疑問の余地はない。もしある国家が国際法の要件を満たさない共同体を国家として承認するならば、前者の国家は国際法に違反し、そのようにして他の諸国の権利を侵害する。ある国家がその政府を通じてある共同体が国際法の意味での国家であると認定するや直ちに、すなわち、ある国家が当該共同体を国家として承認するや直ちに、その承認国は被承認共同体に対して一般国際法が規定するすべての義務とすべての権利を有する。逆もまた同じである。国際法は承認国と被承認国との関係に適用可能になる。

国際法は、国際法が既存国家と新国家との間の関係に適用可能であるために新国家が既存国家によりそのようなものとして承認されることを要求する。しかし、国際法は、新国家に適用可能となるために国際法が当該新国家によって承認されることを要求しない。国際法は、新国家によって承認された場合にのみ当該新国家を拘束するという拘束的規範を含むことができない。国際法の妥当性の条件としての国際法の承認という要件はこれを国際法に基礎づけることができない。なぜなら、これは論理的な誤り、いわゆる「論点先取」(*petitio principi*) を意味するであろうからである。国際法は、ある国家が国際法を承認する場合にのみその国家に関して国際法が妥当すると規定することはできない。国際法がある国家に関して何かを「規定する」ということは、国際法がすでにその国家に関して妥当していることを意味する。実定国際法規範が国際法の承認を要求することはありえない。しかし、実定国際法規範がすでに国際法に従属する共同体によるある共同体の国家としての承認を要求することは可能である。事実問題として、国際法は、ある共同体が国家にな

### D　国際法による国内法秩序の時間的妥当範囲の決定（国家の時間的存在）

るためにはすでに国際法の下で存在する国家により国家としてして承認されなけれ
ばならないと規定する。その結果、国家としての承認により、被承認共同体は承認
国との関係で法的に出現する。それは、国際法の下での国家の法的存在は相対的な
存在である、すなわち、他の国際法主体との関係でのみ法的に存在することを意味
する。したがって、新たに確立された共同体は、ある国により承認されるために、
その国との関係では国家であるが、しかし、他の国によって承認されないために、
その国との関係では国家ではないということが可能であり、また、しばしばそうで
ある。その結果、国際法は前者との関係には適用されるが、後者との関係には適用
されない。

　これは一般国際法の完全な分権化の多くの不満足な結果の一つである。もちろ
ん、ある共同体が国際法の要件を満たしているかどうかに関する問題が国際共同体
の中央機関によって決定されなければならないとするならば、あるいは、ある共同
体が一定数の国家により国家として承認されるならば、その国家はすべての他の国
家によって国家と考慮されなければならないという一般国際法の規則が存在すると
するならば、それはいっそう満足できるであろう。しかし、そのような中央機関ま
たはそのような規則が存在しない限り、承認手続は完全に分権化されたままで残
る。

　承認行為が承認国と被承認国との間の関係に与える本質的な法的効果を考慮する
と、ある共同体の国家としての承認は、裁判所が契約は締結されたまたは犯罪は行
われたと確定する行為と全く同じように、創設的行為と考慮されなければならな
い(52)。いかなる事実もそれだけで法的効果を持たない。すなわち、それは当該行
為の存在が確定される行為と合わせてはじめて法的効果を持つ。この法的効果を持
つ行為は「創設的」である。

　もし共同体の国家としての承認が創設的行為であるならば、それは一方的行為で
なければならない。それは承認国と被承認共同体の間の条約ではありえない。なぜ
なら、被承認共同体は承認によってのみ承認国との関係で国家になり、また、条約
は国家によってのみ締結されるからである。しかし、国家として承認された後で、
被承認共同体はその側として承認国を承認しなければならない。承認は相互的でな
ければならない。被承認国による承認国の承認は実際的な問題ではない。それは新
共同体が自国に付与された承認を受諾する行為に黙示される。

　（言葉の法的意味において）承認の創設的性格は、いまだ国家として承認されてい
ない共同体に国際法違反に対する責任を負わせる点で、国家慣行と一致しないよう

222

に思われる。こうして、たとえば、イギリス政府は、1949年に、イギリスがいまだイスラエル政府を国家として承認していなかったにもかかわらず、イギリス航空機の撃墜についてイスラエル政府に賠償を請求するであろうと宣言した[53]。しかし、もし国家が当該共同体は自国との関係で国際法に違反し、したがって、違法行為について賠償する責任を負うと主張するならば、賠償請求国は当該共同体を国家として承認する。法的承認は、政治的承認が差し控えられるにもかかわらず、賠償請求行為によって黙示される。

---

(52)　ケネット対チェンバーズ事件（*Kennett v. Chambers*, United States, Supreme Court, 1852, 14 Howard 38）において、メキシコ政府に対してテキサス独立のために戦う革命軍の将軍と合衆国の一部市民との間で締結された契約の有効性は、その契約が締結された時にテキサスは独立国であったかどうかに依存した。裁判所をこの問題を否定的に解釈した。なぜなら、テキサスはその時に合衆国政府により国家として承認されていなかったからである。その意見において、裁判所は以下のように述べた。すなわち、「しかし、弁論において、テキサスは事実上独立しており、この合意の時点で主権国家であった、したがって、中立国の市民は、戦争に従事する者がその敵に対する敵対行為を続行しうるように、その者に合法的に金銭を貸与することが許されると主張された。本件において、独立であると認められる2国が戦争状態にあり、この国が中立である時に、合衆国裁判所がこのような契約をどの程度実現できるかを決定することは不要である。この議論に対しては、テキサスがその時に独立国になっていたかどうかの問題はわれわれの外交関係に責任を負う独りわれわれの政府部門の問題であると述べることが十分な答えである。したがって、その部門がそれを独立国と認める時期まで、この国の司法部門は古い秩序が継続したと考慮し、テキサスをメキシコ領域の一部と見なすことを義務づけられる。また、もしわれわれが、テキサスがそのようなものとして承認される以前に同国が条約締結権限によって事実において独立主権国であったかどうかの審査を企てるとすれば、われわれは、司法裁判所にとって完全に不適切な、また、憲法がもっぱら他の部門に付与した政治的権限の行使を自ら引き受けることになるであろう」。

ガガラ号事件（*The Gagara*, Annual Digest 1919-1922, Case No. 25）において、宣誓供述書でペトログラードに登録事務所を持つ法人であると述べられた原告の西ロシア汽船会社は、高等法院の海事部で対物令状を発して（1919年イングランド）、「現在はカヤック号の船名で航行している汽船ガガラ号」の占有を主張した。そこで直ちに、エストニア政府は不本意ながら出廷し、同政府はガガラ号の所有者であり、また、同政府は独立の主権的政府なのであるから、裁判所は管轄権を持たないという理由で、召喚令状、送達およびそれに続くすべての手続を撤回するよう申し立てた。申立てが海事裁判所で審理されたとき、裁判官はエストニア政府の地位に関して外務省の援助を求めた。そこで、法務官が出廷して、外務省に代わって次のように述べた。すなわち、「われわれの政府は（フランス政府およびイタリア政府と同じように）当分の間暫定的にかつ将来に関してあらゆる必要な留保を伴ってエストニア国民評議会を事実上の独立団体として承認し、したがって、ある紳士を暫定政府の非公式外交代表として接受した。この状態は必然的に暫定的かつ過渡的である」。この声明の意味はイギリス政府がエストニア共和国を国際法の意味での国家として承認しているということであった。本書後掲226頁を参照せよ。この承認を考慮して、裁判所は、いかなる裁判所も他国の行為に対して管轄権を持たないという原則に従って管轄権を行使することを拒否した。

D　国際法による国内法秩序の時間的妥当範囲の決定（国家の時間的存在）

### ◆　d　承認の撤回

　国家の承認はある共同体を国家として承認するだけではない。それは、また、国家であると主張する共同体が国際法の意味での国家ではないこと、あるいは、国家として承認された共同体が国際法の意味での国家であることを終了したことを直接または間接に、明示的または黙示的に確定することであることがある。後者の場合において、人は承認の撤回について語る。そのような承認の撤回は、通常、明示的に宣言されない。しかし、ある国家が他国によるその領域の併合の結果としてその政府を失うならば、また、第三国がこの事実を承認するならば、併合の承認は、消滅した国家に以前付与された承認の撤回を意味する。併合の承認は―それは被併合国の消滅の承認を意味するのであるが―被併合領域における領事の設置により黙示されることがある。というのは、特定領域における領事の設置はその領域の正統政府である当局の同意を得て初めて可能であるからである。この同意は「認可状」（exequatur）と呼ばれる。もしある政府が特定領域に設置される領事に対する認可状の交付を他の政府に求めるならば、前者の政府は後者の政府がその領域に対する正統政府であると、したがって、当該領域はその政府が認可状の交付を求められる国家の一部であると承認する。一部の学者は、一国の政府は特定の領域が領事認可状の交付を求められる他国政府に属することを承認することなく、当該領域に設置される予定の領事のために認可状の交付を当該他国政府に求めることがあると主張する。そのような不承認は、政治的性格のみを持つのであって法的性格を持たな

---

⒀　1949 年 1 月 8 日、国際連合に派遣されたイギリス代表は、国連安全保障理事会でイスラエル暫定政府の代表として行動するニューヨーク駐在イスラエル総領事に対して以下のような覚書を手交した。すなわち、「イギリス政府は、付属の声明に記録されたエジプト領域上空でユダヤ航空機による正当な理由のない攻撃の結果として 5 機のイギリス航空機の喪失をもたらした出来事を重大視する。イギリス政府は、この出来事に関して国連代理仲介人に通知した、そして、さらに、テルアビブのユダヤ当局に強く抗議し、賠償請求と事後の可能な行動に関するあらゆる権利を留保することを希望する。国際連合におけるイギリス代表は、ユダヤ代表にこの抗議を可及的速やかにテルアビブに伝達し、そして、その当局に付属声明の最後の一節に特別な注意を払うことを求めるよう指示された。この覚書と声明の写しはまたハイファのイギリス総領事を通じて伝達される」。

　同日、ハイファのイギリス総領事は（イスラエル外務省法律顧問の S. Rosenne 氏が筆者に与えた情報によれば）ハイファに常駐するイスラエル外務省の公務員に同一の覚書を手交した。上記の覚書は、イギリスがこの国を「承認」していないことを示すために、「テルアビブのユダヤ当局」に宛てられ、イスラエル暫定政府に宛てられなかったことが注目されるべきである。

い。すなわち、それは不承認国が併合された共同体を国際法の意味での国家であると依然として考えるという意図を表すことができない。

一国が、その政府を通じて、これまで国家として承認された共同体はもはや国際法の要件に一致しないと通知するとき、すなわち、一国がある共同体から承認を「撤回」するときに、後者の共同体は前者の国家との関係において国家としての法的存在を終了する。国家の法的存在はすでに指摘したように完全に相対的な性格を持つ。

承認行為が国際法に違反しうるのと全く同じように、承認を撤回する行為も同じく国際法に違反しうる。すなわち、承認も反対の行為（*actus contrarius*、承認の撤回行為）も国際法に違反して行われることがある。一国は、これまで国家であった共同体を、当該共同体が国際法によって規定されるすべての要件を依然として実際に満たすにもかかわらず、国家であることを終了していると宣言することがある。このようにして当該共同体の権利は侵害される。その法的存在に関する問題は当該共同体とその存在を否定する国家との間で争われる。その時には、一般国際法に従って、一国が他国の権利を侵害したかどうかの問題が争われる場合に適用されるべき規則と同じ規則が適用可能になる。

### ◈ e　条件付承認

国家の承認は法律行為として国際法により規定される事実の確定なのであるから、それは条件付きではありえない。所与の共同体が国際法の意味での国家であるかどうかの問いは「イエス」または「ノー」でのみ回答されうる。承認宣言の内容はあらゆる条件の可能性を排除する。国家の法的承認は無条件でのみでありうる。条件付承認、たとえば、A国による新国家Bを承認する宣言が、新国家がその住民のうちの一定の少数者に特定の権利を付与することを条件にするならば、その条件が、法的承認、すなわち、共同体Bが国際法の意味での国家であるという事実の確定に関係することはありえない。条件は政治的承認にのみ関係しうる。政治的承認はこの場合には全く同じ行為をもってする法的承認に関係づけられる。もし国家として承認された共同体BがA国の宣言を受け入れたとするならば、すなわち、もしB国がその住民のうちの一定の少数者に特定の権利を付与する義務を負い、この義務を履行しなかったとするならば、そのとき、B国は一般国際法に従い法違反のあらゆる結果を伴ってA国の権利を侵害する。というのは、この法違反は、法的承認に基礎づけられるA国との関係でのB国の法的存在にいかなる影響も及ぼさないか

D　国際法による国内法秩序の時間的妥当範囲の決定（国家の時間的存在）

らである。

## ◆ f　法律上の承認と事実上の承認（*de jure* and *de facto* recognition）

　法律上の承認と事実上の承認を区別することは理論上もまた慣行上も普通のことである。この区別の意義は十分に明白ではない。一般に、法律上の承認は決定的であるのに対して、事実上の承認は暫定的にすぎず、したがって、撤回可能であると仮定される。もしそのような区別が政治的承認に関して行われるとするならば、新国家と通常の政治的および経済的な関係に入ることを望む意思の宣言は必ずしも法的義務を創設するわけではないと考慮されなければならない。たとえこの政治的承認が暫定的な性格を持たなくとも、それは法律行為ではなく、したがって、この意味で「法律上」（*de jure*）ではない。政治的承認が一方的に撤回されてはならないためには、それは、承認国と被承認国の間の条約の形式をとらなければならない。条約は法的義務を創設するからである。そのときには、政治的承認は、「事実上」（*de facto*）、つまり暫定的であると宣言されても、「法律上」である。

　問題の区別は、いわゆる事実上の承認はそれが法的効果を持つのであるからやはり法律上の承認であるという制限を付して初めて法的承認に当てはまる。しかし、ことによると、いわゆる事実上の承認のこの法的効果は、法律上の承認という言葉をより狭い意味で用いると、どういうわけか法律上の承認の効果とは異なるのであろうか。これは事実ではない。所与の共同体は国家であるために国際法が規定するすべての条件を満たしているかどうか、の問いに答えることが時として困難であるのは確かである。国家であると主張する新共同体が出現した直後に、ある場合には、当該事実が国際法の要件に完全に一致するかどうか、特に、新秩序は永続的に実効的かつ独立的であるかどうか、疑わしいことがある。もし法的な承認行為がこの段階で行われるならば、承認国は、その承認が単に「事実上」であることを宣言することにより、その行為によってあえてこの事態に言及しようとすることがある。この表現は、指摘されたように、十分に厳密ではない。というのは、そのような承認は法律行為であり、承認国と被承認国との関係で法律上の承認と同じ効果を持つことさえあるからである。もし被承認共同体が国際法により規定されたすべての条件を実際に満たしていないことがその後に判明するならば、承認国は、いつでもこれを確定することができる。しかし、このことは、やはり、承認が事実上の承認としてではなく、法律上の承認として声明されたならば可能である。いずれの国

家も一般国際法に従って、国際法の意味での国家であったある共同体がそのような
ものであることを終了した事実を確定することができる。なぜなら、その共同体は
一般国際法が規定する条件をもはや満たさないからである。もしそのような事実の
確定が承認の「撤回」と呼ばれるならば、いわゆる「承認の撤回」は承認行為と比
較すると「反対の行為」(*actus contrarius*) である。

　法学的な観点からは、法律上の承認と事実上の承認の区別はいかなる重要性も持
たない。

#### ◆ g　承認の遡及効

　一般国際法に従えば、国々はある共同体が国家であるかどうか、または国家であ
ることを終了したかどうかを決定することを義務づけられのではなくて、そうする
ことを授権されるにすぎないのであるから、国家存在の有無は、そのように決定す
る国家の判断で当該共同体が規定される条件を満たし始めた日付にかかわりなくい
つでも確証されうる。この事実を確定する権限を有する国家はその宣言で日付を定
めることができる。承認国は、当該共同体は承認または「反対の行為」の日付以前
に国際法によって規定された条件を満たし始めたまたは満たすことを終了したと宣
言することにより、遡及効を伴って承認または「反対の行為」を行うことがある。
承認行為またはその「反対の行為」がこの規則の例外を形成すると仮定する理由は
ない。これらの行為が遡及効を持つかどうかは行為国の意思に従って決定されなけ
ればならない。この意思は何らかの方法で表明されなければならない。一般国際法
はいかなる特別な形式も規定しない。それどころか、承認行為のための形式も存在
しなければ「反対の行為」のための形式も存在しない。

#### ◆ h　国際連合への加盟による承認

　一国は他国を承認するその権限を条約により別の国家または諸国家の連合もしく
はその機関に譲渡することができる。われわれは国際連合憲章第4条をまさしくこ
の意味において解釈しなければならない。すなわち、「1　国際連合における加盟
国の地位は、この憲章に掲げる義務を受諾し、且つ、この憲章によってこの義務を
履行する能力及び意思があると認められる他のすべての平和愛好国に開放される。
2　前記の国が国際連合加盟国となることの承認は、安全保障理事会に勧告に基づ
いて、総会の決定によって行われる」。

　この規定は、国際連合のすべての加盟国によって国家として承認された共同体の

### D 国際法による国内法秩序の時間的妥当範囲の決定（国家の時間的存在）

みが国際連合に加盟しうることを意味しない。たとえば、ある共同体は、たとえこの共同体がその加盟に賛成票または反対票を投じる加盟国によりいまだ国家として承認されていないとしても、国際連合の加盟国となることが可能である。国際連合への加盟の承認により、当該共同体は、すべての他の加盟国との関係において、新加盟国の加盟に反対票を投じた国家との関係においてさえ、憲章により規定される権利および義務の主体になる。また、他の国連加盟国は、加盟に反対票を投じた国家でさえ、憲章に定められる規則に従って新加盟国との関係で一定の権利を取得し一定の義務を負う。このことは、国際連合への加盟により新加盟国はいまだ同国を承認していない加盟国との関係で国家として承認されるという仮定に基づいて初めて可能である。新加盟国の加盟を承認する総会決議は新加盟国をいまだ国家として承認していない加盟国にとって承認行為を意味する。国連憲章に服することによって、国家は、総会および安全保障理事会に対して自国がいまだ承認していない共同体を国家として承認する権限、すなわち、当該共同体が国際法の意味での国家であるという事実を確定する権限を委譲する。しかしながら、この権限の委譲は当該共同体が国際連合への加盟を認められる場合に限定される。新連盟国の加盟に関する国際連盟規約第1条2項はこのように解釈されてきた。

ある共同体の国際連合への加盟が加盟諸国による承認を意味しないと主張されるとするならば、このことは、ある共同体の国際連合への加盟の承認が加盟諸国によるその共同体の政治的承認を意味しないこと、すなわち、それらの加盟国が国際連合への加盟を承認された共同体と通常の外交的、政治的および経済的な関係に入ることを義務づけられないことを意味するにすぎない。国連憲章の文言に従えば、加盟国はそうすることを実際に義務づけられない。しかし、そのような解釈が、その前文において、連合国の人民は「善良な隣人として」ともに生活することを決意すると宣言する憲章の精神と両立するか疑わしい[54]。

---

(54) 国際連合における代表の法的側面に関する国連事務総長の覚書において（UN Doc. S／1466）、国際連合への加盟は全加盟国による黙示的承認を構成するという見解は退けられた。この解釈は「承認」が法的承認ではなくて、政治的承認のみを意味する場合にのみ支持されうる。

# 5　政府の承認

共同体の国家としての承認とは区別される政府の承認は、新政府、つまり、革命またはクーデターによって樹立された政府の場合にのみ考慮される。憲法に一致して確立された政府の変更の場合には、原則として、承認は必要とされずまたは与えられもしない。

## ◆ a　政府の法的承認と政治的承認

個人または一団の諸個人を国家の政府として承認することはある共同体を国家として承認する問題と類似した問題を提起する。政府の法的承認は原則として政治的承認と区別されなければならない。前者は、個人または一団の諸個人が現実に一国の政府であるということの確定である。そして、個人または一団の諸個人は、当該個人または諸個人が独立で、特定領域に生活する住民を実効的に支配しているならば、国際法の意味で国家の政府である。政府の政治的承認はこの政府と相互的な関係に入る意思の表明である。国際法の意味での国家は政府を持たなければならず、また、政府を持たない共同体は国家ではないのであるから、ある共同体の国家としての承認は当該共同体が政府を持つことを意味する。一国が他の共同体を国際法の意味での国家であると認める限り、また、その国がこの国家は国家であることを終了したと宣言しない限り、その国はこの国家が政府を持たないと宣言することはできない。政府の承認または不承認は国家の承認または不承認と混同されてはならない[55]。もし国家としてのある共同体の承認と、国家の政府としてのある個人または一団の諸個人の承認とが明確に区別されないとすれば、政府の不承認―国家の不承認を意味しない―は、法的にいかなる政府も存在しないことを意味すると誤って解釈される可能性がある[56]。

内戦中には、政府であると主張するいずれかの個人または一団の諸個人が本当に政府であるか疑わしい場合がある。そのときには、新政府の法的承認は不可欠であ

---

[55]　リーハイ渓谷鉄道会社対ロシア国事件（*Lehight Valley Railroad Co. v. State of Russia*, United States, Circuit Court of Appeals, Second Circuit, 1927, 21 Federal Reporter [2d] 396）において、裁判所は次のように述べた。すなわち、「政府承認の付与または拒否は国家自体の承認とは無関係である。もし外国国家が旧来の国家の政府形態の変更の承認を拒否するならば、後者の国家はそれによって国際法人としてのその承認を失うわけではない」。

D　国際法による国内法秩序の時間的妥当範囲の決定（国家の時間的存在）

る。そのような承認は、承認政府との関係で被承認政府の法的存在に関して創設的
である。もしある政府が個人または一団の諸個人をそれが国際法の要件を満たして

---

(56)　この誤解は一つには、英語において「政府」の言葉が「国家」の言葉と同等なものとして
しばしば用いられることにある。こうして、たとえば、ウルフソーン対ロシア社会主義連邦
ソビエト共和国事件（*Wulfsohn v. Russian Socialist Federated Soviet Republic*, United States,
Court of Appeals of New York, 1923, 234 N.Y. 372, 138 N.E. 24）において、未承認のソビエト
政府下のソビエトロシア国が合衆国裁判所の管轄権から免除されるかの問題は次のように認
定された。すなわち、「合衆国政府によって主権国家として承認されてこなかった被告はこの
国の裁判所で外国会社として訴訟を提起されうるのか」。裁判所は以下のように述べた。「ロ
シア連邦ソビエト共和国はロシアの現存する事実上の政府である。…政府が自国領域内で、
その統治する人民によって服従され、独立国の義務を履行しかつ責務を果しうる、しかも、
軍事力でその主張を強制しうる権威を実現することのできる権力をまとって存在するかどう
かの問題は、事実であって理論ではない。というのは、その承認は、望ましいではあろうが、
国家を創造しないからである」。
　ロシア社会主義連邦ソビエト共和国対チブラーリオ事件（*Russian Socialist Federated Soviet
Republic v. Cibrario*, United States, Court of Appeals of New York, 1923, 235, N.Y. 255, 139 N.E.
259）において、裁判所は、ソビエト政府の特定の没収命令に関して次のように宣言した。す
なわち、「他国の国民の財産を補償なしで収用する政府が存在するならば、救済手段はそれを
主権国家として承認することを拒否することであろう」。「それを主権国家として承認するこ
とを拒否すること」は、明らかに政府の承認の拒否を意味するのであって、国家の承認の拒
否を意味するのではない。
　サカロフ対ナショナル・シティー・バンク事件（*Sokoloff v. National City Bank*, United
States, Court of Appeals of New York, 1924, 239 N.Y. 158, 145 N.E. 917）において、裁判所は、
「合衆国政府はロシア政府としてのソビエト共和国の承認を拒否する」と述べた。このこと
は、合衆国政府がソビエト共和国政府の承認を拒否することをもっぱら意味するのであって、
合衆国政府がソビエト共和国の承認を拒否することを意味するのではない。
　ドウハーティ対衡平生命保険協会事件（本書前掲 197 頁注(28)を参照せよ）において、裁判
所は、「1933 年 11 月 16 日、合衆国はソビエト共和国に正式な承認を与えた」と述べた。こ
のことは、合衆国政府がソビエト共和国政府に承認を与えたことを意味するのであって、ソ
ビエト共和国に国家としての承認を与えたことを意味するのではない。
　政府の承認は国家の承認として表明されるのであるから、国家の承認は政府の承認として
表明される。たとえば、ジョーンズ対ガルシア・デル・リオ事件（*Jones v. Garcia del Rio*,
Great Britain, High Court of Chancery, 1823, 1 Turner & Russell 297）において、スペインか
らの革命的な分離により国家として確立されたペルー政府の代表であると主張する人々に
よって締結された契約の有効性は、ペルーが国際法の意味での新国家であるかどうかの質問
に対する答えに依存した。裁判所は以下のように述べた。すなわち、「われわれすべてはペ
ルーがスペイン領土の一部であること、スペインとこの国（イギリス）が平和状態にあるこ
と、そして、この国がペルーの政府をこれまで承認していないことを知っている。すなわち、
私は、ペルーが決して再び結合されえないスペイン政府からこれまで解放されていたと仮定
するならば、国王の裁判所はペルー政府がこの国の政府によって承認されていない間にそも
そも関与しうるかを知りたい。国王の裁判官として、私は、国王が承認していない政府との
契約の主題について関与するいかなる権利を持つのであろうか」。

いないにもかかわらず政府として承認するならば、その国は国際法と関係国の権利
を侵害する。しかしながら、もし一国の政府が、他国の新政府として出現する個人
または一団の諸個人が独立的で当該領域と住民を実効的に支配していることにいか
なる疑いも持たないならば、前者の政府による後者の政府の不承認は、不承認政府
との関係で未承認政府が法的に存在しないことを意味しえない。承認を差し控える
ことにより、不承認国はその政府を承認していない国家との通常の関係に入ること
を拒否する。言い換えると、もし政府の不承認が、その政府が承認されていない共
同体は全く政府を持たない、それゆえ国家ではない、つまり国家であることを終了
したという意図を表そうとするのではないとするならば、政府の不承認は、政府の
存在に関していかなる法的効果も持たず、したがって、その限りで政治的性格を持
つにすぎない[57]。しかし、このことは、政府の不承認（国家としての当該共同体の
不承認を意味しない）がその他の法的効果を持つことがあるという事実を排除しな
い。これらの効果は後に論じられるであろう。

　各国は、いかなる理由にせよ、新政府と自由に政治的およびその他の関係に入り
あるいはこれを拒否することができる。というのは、いかなる国家も一般国際法に
より他国とそのような関係に入りまたは維持することを義務づけられないからであ
る。たとえば、一国は他国の新政府の政治的承認を当該政府が人民の大多数により
支持されるまたは革命的な交替が人民の大多数によって是認されるという事実に依

---

　スペイン政府対チャンスリー・レイン保管会社事件およびスペイン国対同一当事者事件
（*The Government of Spain v. The Chancery Lane Safe Deposit, Ltd.*, England , High Court, 1939;
Annual Digest 1941-1942, Case No. 7）において「政府」と「国家」の間に明確な区別が行わ
れた。前者の事件では、1939 年 2 月にイギリス政府によってスペインの法律上の政府として
承認されたフランコ将軍の政府は、イギリス裁判所にスペイン政府の名において提出された
訴訟、すなわち、スペイン共和国政府が依然としてスペインの法律上の政府であった期間に
行われた同政府の行為の否認に基礎づけられる請求を提出した。裁判所は、イギリスの裁判
所において 1939 年 2 月以後のフランコ将軍の政府とその期日以前の共和国政府は異なる人々
によって構成されたけれども、同じ法実体であったのであり、したがって、スペイン政府は
請求を自身の行為の違法性に基礎づけることはできなかったと判示した。
　後者の事件において、同じ請求がスペイン国の名で提起された。この請求は成功であった。
裁判所は、政府は国家機関であり、また、最も重要な機関であって、外部世界との関係で通
常は国家を代表するけれども、法的に国家と同一ではない。政府はその国家法の下でその権
限を違法にそして権限を踰越して行使することがある。したがって、国家はその政府の行為
が所与の時点で権限を踰越し違法であったと主張できる。その結果、所与の時点でのスペイ
ン政府の行為は違法であったとの主張に基づき、スペイン国の名でイギリス裁判所に訴訟を
提起することは可能であった。裁判所は、同一人が関係したけれども、スペイン政府の請求
とスペイン国の請求は別物であると述べた。

D 国際法による国内法秩序の時間的妥当範囲の決定（国家の時間的存在）

存させることがある。国家は、革命またはクーデターにより共産主義的なまたはファシスト的な政権が樹立された国家と通常の関係に入ることを望まないために、またはその他の理由によって、その承認を拒否することがある。

## ◆ b 不承認の効果

政治的不承認は、政府承認を差し控える国がその政府を承認しない国に外交代表もしくは領事を派遣しないであろうまたはそこから外交代表もしくは領事を接受しないであろう、また、当該国と条約を締結しないであろうという効果を生む。しかし、一般国際法によって、また、未承認政府の先行被承認政府と締結された条約に

---

(57) ティノコ仲裁裁判（*The Tinoco Arbitration*, Great Britain-Costa Rica, 1923, 18 American Journal of International Law〔1924〕147）において、仲裁人は、革命により権力を獲得し、1917年6月から1919年8月までコスタリカ領域を実効的に支配したフェデリコ・ティノコの政府は、イギリスが同政府を承認しなかったにもかかわらず、コスタリカの（事実上の）政府であったと判示した。その意見で仲裁人は次のように述べた。すなわち、「満2年間にわたってティノコとかれの下にある立法会議はコスタリカ政府の事務を平穏に処理した。したがって、その期間中に革命的性格の無秩序は存在しなかった。その国においていかなる種類の他の政府も権力を主張しなかった。裁判所は開廷し、議会は立法し、そして、政府は適切に運営された。その権力は十分に確立され、平穏に行使された。…国家人格であると主張する政府を他国政府が承認しないことは、通常は、当該政府が国際法によりそのようなものとして分類されることを資格づけられる独立と支配を達成していないことの十分な証拠である。しかし、当該諸国が政府の承認または不承認（*vel non*）をその事実上の主権および完全な統治に関する調査ではなくて、その起源の非正統性または不正規性に関する調査よって決定するときには、それらの国による不承認は国際法規則を適用する者のみが関係する争点に関してかなりの証拠力を失う。…しかしながら、いかなる理由にせよそのような不承認は、国際法が設定する基準に従い、ティノコ政府の事実上の性格に関して本仲裁人手元の記録によって明らかにされる証拠を上まわることはできない。…ここで、イギリス行政府は、その承認しなかったティノコ政府がそれにもかかわらず現在保護を求めるイギリス国民に対して権利を創造しえた事実上の政府であったという立場をとる」。この事件においてイギリス政府によるティノコ政府の不承認は、ティノコ政府がコスタリカの政府ではないというイギリス政府の意見を意味しなかった。

　しかし、サカロフ対ナショナル・シティー・バンク事件（本書前掲230頁注(56)を参照せよ）において、裁判所は、合衆国も裁判所も否定しなかったソ連邦の実効的支配下にあるソビエト政府に関して「法律上、未承認政府は承認を差し控える政府がこれをそのように見なすことを選択するならば、全く政府ではないと見なされるであろう」と判示した。しかし、裁判所は「しかしながら、実際には、法概念がその論理の極限まで押し進められることはまずないのであるから、同義性（equivalence）は絶対的ではなくて、常識と公正性の自制的な制限に服する…」。もしソビエト政府の不承認がソビエト・ロシア国の不承認を意味しなかったとすれば、そのときにはソビエト政府の法的不存在は不承認概念の論理的帰結では全くなかった。それどころか、ソビエト政府の法的存在はソビエト・ロシア国の継続的承認の論理的帰結であった。「常識と公正性」の考慮はこの帰結の受入れにとって完全に不要であった。

よって、確立された2国間の相互的な義務および権利に関してはどうなのであろうか。他国によって国家として承認されるが、しかし当該他国によってその政府が承認されない国家は、承認を差し控える国家との関係で一般国際法を遵守することを義務づけられないと主張することはほとんど不可能である。すなわち、その逆である。というのは、その政府が他国によって承認されない国家は当該他国との関係において相変わらず国家であるからである。したがって、一般国際法が依然として適用可能である。未承認政府が権力を獲得する以前に確立された条約上の義務および権利に関して、条約の拘束力は一般国際法の規則、すなわち「合意は拘束する」(*pacta sunt servanda*) に依拠することを見逃すべきではない。一方の国家が、他方の国家としての存在ではなくて、もっぱらその政府の承認を拒否する2国間関係において、この規則が有効であることを止めると仮定するいかなる理由も存在しない。

この点に関して、特に、多辺条約は重要である。国際連合の加盟国である国の政府の革命的交替は、いずれかの他の加盟国がこの新政府を承認するか否かにかかわりなく、この国が国連憲章の下で他の国連加盟国との関係で有する義務および権利を変更しない。すでに指摘したように[58]、国連加盟国によるある共同体の国家としての不承認でさえ、この共同体の国際連合への加盟を阻止することができない。また、そのことは憲章の2国間関係への適用を意味する。政府の革命的交替が国際連合の加盟国である国家内で生じるときには、新政府は自国が構成国である総会と理事会にその代表を疑いなく派遣することができる。また、これらの機関のそれぞれは新政府の代表の委任状を承認しなければならない。もし旧政府が国際連合の総会または理事会に代表を派遣することを依然として主張するならば、これらの機関のそれぞれは、その機関が新政府を代表する個人または一団の諸個人が国際法の要件を満たす、つまり、独立的で、加盟国の領域および住民を実効的に支配しているという意見であるならば、新政府の代表の委任状を承認し、旧政府の代表の委任状を撤回しなければならない。そのような場合に委任状の承認 (approval) は新政府の法的および政治的な承認 (recognition) を意味する。委任状の承認に黙示される承認は国連憲章の下でこれを否認することができない。憲章は、政府に対してではなく国家自体に対して国際連合の総会および理事会おける代表権を付与する。一方、新政府の政治的承認は一般国際法に基づきいずれの国家もこれを拒否すること

---

[58]　本書前掲 228 頁を参照せよ。

### D　国際法による国内法秩序の時間的妥当範囲の決定（国家の時間的存在）

ができる(59)。

　被承認国の政府の政治的不承認の効果に関して、その政府が他国によって承認されない国家が当該他国との関係において国際法の意味での国家であるという事実と両立する唯一の解釈は、次のようなものである。すなわち、政府が承認されない限り、2国間でいかなる外交および領事関係も設定されず、またいかなる条約も締結されないであろう。しかし、国家慣行と一部の学者によって主張される理論はこの見解と一致しない。それは以下のように主張される。すなわち、新政府が政権を獲得する以前に当該2国によって締結された条約は効力を持たない。条約は政府の承認の後にはじめて有効になる。その政府が他国によって承認されない国家は不承認国家の裁判所において裁判権からの免除を享有しない。未承認政府の下にある国家は、その政府の承認を拒否してきた国家の裁判所によってその政府行為の有効性が争われるべきでないと主張することができない。未承認政府の下にある国家は不承認国内に所在する財産の占有を主張してこれを受け取ることができない、と。このすべては、あたかも関係する特権および権利は政府の特権および権利であって、当該国家の特権および権利でないかのようである(60)。

　たとえこの理論が受け入れられるとしても、他国の新政府の承認を差し控える国家と当該他国との関係に関して、一般国際法と新政府の権力獲得以前に締結された条約により確立された相互的な義務および権利が効力を失うと主張することは不可能であって、これらの義務の履行と権利の行使は停止されると辛うじて主張しうる

---

(59)　1950年12月14日国連総会は以下の決議を採択した。「国連総会は、国際連合における代表の問題に関して難問が発生することがあることおよびその異なる機関で矛盾する決定に達する危険があることを考慮し、2以上の当局が国際連合において加盟国を代表する資格がある政府であると主張し、この問題が国際連合において議論の主題になる時はいつでも適用可能な手続に統一が存在すべきことは機構の適切な機能にとって利益であると考慮し、その構成の理由で総会は全体としての機構の機能に影響を与える事項に関して全加盟国の意見が最もよく検討される国際連合の機関であることを考慮して、(1) 2以上の当局が国際連合において加盟国を代表する資格がある政府であると主張し、この問題が国際連合において議論の主題になる時にはいつでも、この問題は憲章の目的および原則と各場合の事情に照らして審議されるべきであると勧告する、(2)何らかのそのような問題が発生する時には、その問題は総会によって、総会が閉会中の場合にはその中間委員会によって審議されるべきであると勧告する、(3)何らかのそのような問題に関して総会または中間委員会により決定された態度は国際連合のその他の機関および専門機関で考慮されるべきであると勧告する、(4)何らかのそのような問題に関して総会またはその中間委員会により決定された態度はそれ自体で各加盟国と当該関係国との直接的な関係に影響を与えないものとすると宣言する、(5)事務総長に対して本決議を適切なそのような行動のために国際連合の他の機関および専門機関に対して通知するよう要請する」。

5 政府の承認

だけである。被承認国の政府の不承認がそのような法的効果を持つという理論を支持する人々は、当該2国間関係においてすべての一般慣習と特別（条約）国際法が

(60) ウルフゾウン対ロシア社会主義連邦ソビエト共和国事件（本書前掲230頁注(56)）において、裁判所は、ソビエト連邦はその政府が合衆国によって承認されていないにもかかわらず合衆国裁判所による管轄権からの免除を享有するかの問いに肯定的に答えた。ロシア社会主義連邦ソビエト共和国対チブラーリオ事件（本書前掲230頁注(56)を参照せよ）において、裁判所は、一国はその政府が承認されていない他国に不承認国法廷への訴えの提起を許すよう義務づけられていないと判断した。裁判所は国際法に言及しないで「礼譲」に言及した。すなわち、「そこで、何らかの礼譲の規則はわれわれに未承認政権による訴訟を許すよう要求するのであろうか。われわれの政府の態度を考慮すると、われわれはソビエト政府により提起された訴訟を許すべきなのであろうか。双方の問いに対してわれわれは否定的な答えを与えなければならない」。裁判所が「礼譲」によって何を意味したかは十分に明らかではない。おそらく国際法と同じなのであろう。なぜなら、裁判所は、「礼譲の規則はかれらが実施する法の一部である」と述べたからである。

ソビエト政府対エリクソン事件（*The Soviet Government v. Ericsson*, Annual Digest 1919-1922, Case No. 30）において、スウェーデン最高裁判所は、1921年に、ストックホルム裁判所の次の判決を支持した。すなわち、訴訟はソビエト政府によって提起された。この政府はスウェーデン政府によって承認されなかった。さらに、ソビエト政府の構成に関するいかなる情報も存在しない。これらの事情により、ソビエト政府は裁判所に当事者として出廷することを許されなかった。

ルーター対サゴール事件（本書前掲197頁注(27)および211頁注(42)を参照せよ）において下級裁判所は（判決の時点で）いまだ承認されていないソビエト政府の国有化命令を審査することを拒否した。その結果、原告に有利な判決を下した。しかし、控訴院はこの判決を覆した。というのは、この間にイギリス政府はソビエト政府を承認したからである。サカロフ対ナショナル・シティー・バンク事件（前掲注(55)および注(57)において、裁判所は、ソビエト・ロシアの未承認政府の行為に対して国のいかなる裁判所も他国の行為の有効性を疑うことができないという国際法原則の適用を拒否して、未承認政府の行為は「もし正義の基本原則またはわれわれの公の政策に対する冒涜が行われていないならば、準政府的な有効性」を与えられるであろう宣言した。ペトログラード M. K. 銀行対ナショナル・シティー・バンク事件（*Petrogradsky M. K. Bank v. National City Bank*, 253 N.Y.[1930] 23）において、裁判所は、未承認ソビエト政府の命令を法的に無効であるとして承認することを拒否し、それらの命令はソビエト・ロシアにおいて法ですらないと述べさえした。しかし、サリモフ会社対ニューヨーク・スタンダード石油会社事件（*Salimoff & Co. v. Standard Oil Co. of New York*, United States, Court of Appeals of New York, 1933, 262 N.Y. 220）において、裁判所は次のように判示した。すなわち「現行政府は、ロシアにおけるその行為の有効性に関する限り、この国の裁判所によって無視されることはできない。もっとも、そのような行為を無効にし、ソビエト政府からのソビエト法に従ったロシア内の財産の有償譲受人であるアメリカ会社に対してロシア国民に有利に不法行為の訴訟原因を創造することがここで企てられている。…不承認は被告の主張に対する回答ではない、また、ロシアにおいてソビエト政府は明らかに存在したのであるから、実力で支配する未承認政府の法令が法的効力がないと見なすいかなる理由もない。『その自領域内でソビエトは主権的権力であった』…」。この事件で裁判所は合衆国国務長官により行われた以下の声明に言及した。

235

D 国際法による国内法秩序の時間的妥当範囲の決定（国家の時間的存在）

停止されるとは仮定しないように思われる。しかし、どの範囲でこの効果が生じるかは明らかでない。（当該共同体の国家としての不承認を意味しない）政府の不承認がいかなる効果を持とうとも、2当局が政府であると主張する上述の例を除いて、その後の政府承認は当該政府の法的存在に関して創設的ではなく、その限度で政治的性格を持つにすぎない。

# 6 いわゆる亡命政府

　指摘されたように、個人または一団の諸個人は、一般国際法に従えば、もしそれが独立している、つまり、他国の政府に法的に従属していないならば、そして、それが領域とそこに居住する住民を実効的に支配するならば、国家の政府である。支配はそれが確固として確立されているならば実効的である。しかしながら、この規則はいわゆる亡命政府には適用されない。したがって、この場合に、実効性の原則は決定的な基準とは考慮されないであろうと考えられる。

　戦争中に交戦国の領域が敵国の軍隊によって占領されるときには、戦時占領下にある国家の政府は同盟国の領域に暫定的に所在地を確立することがある。もちろんこれは当該同盟国の同意を得て初めて可能である[61]。戦時占領の期間中、当該領域は現実に占領権力の支配下にある。しかし、当該領域の地位が戦時占領の地位である限り、そして、そのことは被占領国と占領国の間の戦争状態が存在する限りであることを意味するのであるが、占領国によって行使される支配は「実効的」と考慮されえない。国際法によって制限されるという事実は別として、その支配は確固として確立されない。というのは、その目的が現在は亡命中の政府の実効的支配の再確立である戦争が進行中であるからである。他方で、亡命政府も当該領域を実効的に支配していない。それにもかかわらず、被占領国の機関として、外交使節の派遣および接受、条約の締結、とりわけ占領国との講和条約の締結および占領国に対

---

　　「1．合衆国政府はロシア臨時政府にロシア帝国政府の継承者としての承認を与えた、また、ロシア臨時政府の崩壊以来、ロシアにおけるいかなる政府にも承認を与えてこなかった。
　　2．国務省はソビエト政権が旧ロシア帝国の領域に支配と権力を行使している事実を認める。また、国務省はこの事実を無視するいかなる決定権も持たない。
　　3．合衆国によるソビエト政権の承認拒否はその政権が旧ロシア帝国領域に支配と権威を行使しないという理由に基づくのではなくて、他の事実に基づく」。
(61) 第二次世界大戦中、ドイツ軍によって占領されたいくつかの国の政府、たとえば、ポーランド、ベルギー、オランダ、ギリシャ、ユーゴスラビアはイギリスにその所在地を確立した。

する戦争での軍隊の自由な指揮のようなあらゆる国家機能を他国との関係で行使しうるのは、まさしくこの政府であって、占領国の政府ではない。亡命政府は立法的、行政的および司法的な機能を行使することさえある。最後に、亡命政府が樹立される領域国の政府によって管轄権からの免除のような一定の特権が亡命政府の構成員に付与されることがある[62]。当該亡命政府がその国家領域の支配を失ったという事実にもかかわらず、すべてこの通りである。しかしながら、亡命政府を戦時占領下にある国家の政府と見なすことは支配の喪失が暫定的にすぎないと考慮されうる限りでのみ可能である。したがって、それは、亡命政府が自己の軍隊を通じて行われる戦争によってまたは占領国に対して他国が行う戦争に参加することによって、自国の領域の実効的支配を回復する努力を行っている限りにおいてであることを意味する。領域の実効的支配という要件は実効的支配を回復する努力という要件により取って代わられる。この要件もまた実効性の原則の適用である。戦時占領下にある領域を回復するための亡命政府の努力は、封鎖が実効的でなければならないのと同じ意味で「実効的」でなければならない。封鎖は、敵国の海岸への接近を阻止するに十分な兵力により維持されるならば、実効的であって擬制的ではない（封鎖の例外的な侵破は原則として除外される）。支配を回復する亡命政府の努力は、もしそれが戦争によって、すなわち、占領国による支配が確固として確立されることを防止するために十分な兵力によって行われるならば、実効的である。一時的に領域の実効的支配を失ったという事実にもかかわらず、亡命政府が被占領国の政府であると考慮されるのは、この場合に実効性の原則が全く適用されないことを意味するのではない。すなわち、それは、実効性の原則が当該領域の支配に関係するのではなくて、そのような支配を回復する努力に関係することを意味するにすぎない。

いわゆる亡命政府を被占領国の政府と見なす決定的な理由は、その国家の領域に対する支配を獲得する実効的な努力にあるのであるから、この政府が憲法に従って樹立されているかどうかは無関係である。一国の領域が戦時占領下にあるという事実は、たとえば、国家元首が死亡または辞任して、憲法により規定される一般選挙が行われえない場合のように、政府の確立に関する憲法規定の遵守を不可能にすることがある。国際法は、自国領域に樹立された政府の合憲性を要求しないのと全く同じように、亡命政府の合憲性を要求しない。二つの場合の間の相違は、前者の場

---

[62]　1941年にイギリス議会によって可決された制定法、すなわち外交特権（拡大）法は、イギリスで樹立された亡命政府およびその公的職員ならびにそれらの政府に派遣された外交使節に対して外交特権を付与した。

D 国際法による国内法秩序の時間的妥当範囲の決定（国家の時間的存在）

合には領域の実効的支配が要求され、後者の場合にはそのような支配を獲得するための実効的な努力が要求されるということである。

亡命政府の承認に関しては、政府の承認一般に対して適用されるのと同じ原則が適用される。もし亡命政府が憲法に違反して樹立されるならば、承認は与えられたり与えられなかったりすることがある。承認は、一国がその領域における亡命政府の所在地の確立に同意する行為をもって黙示されることがある。

以上の分析から、いわゆる亡命政府は、戦争手段によって被占領国領域の支配を獲得する努力を継続する限りでのみ、当該被占領国の政府と見なされることになる。戦争が当該亡命政府がその領域の支配を獲得することなく終了するときには、たとえば、もしこの領域が征服により占領国に併合されてしまったならば、あるいは、もしそれが亡命政府とは異なる新たな国家政府の下におかれてしまったならば、その時には当該亡命政府はもはや一国の政府と見なされることができない。それを相変わらず政府と呼び、あたかも政府であるかのように取り扱う人々は擬制を用いている。同じことは、いわゆる亡命政府が戦争の終了後にまたは革命の成功後に初めて樹立される場合に当てはまる。

# 7 反乱団体の交戦権力としての承認

国家の承認と政府の承認に加え、反乱団体の交戦権力（belligerent power）としての承認もまた国際法上重要である。それは内戦を前提とする。国際法により決定される一定の条件の下で、この内戦は国際戦争の性格を帯びることがある。

それらは以下の条件である。すなわち、(1)反乱団体は独自の政府と軍事組織を持たなければならない。(2)反乱は戦争の法技術的形式で行われなければならない。つまり、それは小規模な反抗以上でなければならず、また、特に当事者が用いる破壊手段に関して戦争の真の特徴を持たなければならない。(3)反乱団体の政府は内戦が発生する国家の一定部分を事実上支配しなければならない。つまり、反乱団体により確立された秩序はこの国家の領域の一定部分に関して実効的でなければならない。

反乱団体の交戦権力としての法的承認は国際法により一般的に決定される上記の事実が所与の場合に存在することを意味する。この承認は他国の政府によってばかりでなく反乱が向けられる当該正統政府によって行われることがある。

この承認行為の二つの重要な効果は次の通りである。(1)承認国と交戦権力とし

て承認された共同体との間の関係に戦争行為および中立に関する国際法規範を適用
すること。それは、内戦があらゆる法的効果を伴って国際戦争に変形したことを意
味する。それらの効果はとりわけ以下の通りである。すなわち、国家は、反乱団体
を交戦権力として承認した後は反乱団体の政府と反乱が向けられる正統政府との関
係において中立国の義務を負う。また、正統政府が反乱団体を交戦権力として承認
した後、内戦に関係する個人は、かれらが相手側の手中に落ちたときは後者によ
り、とりわけ、内戦が向けられる正統政府によって大逆罪、謀殺罪等で訴追されて
はならず、国際法規則に従って捕虜として扱われなければならない。さらに、(2)
内戦に巻き込まれた国家内における政治権力の変更に対応する国際責任の規則。す
なわち、正統政府は反乱団体の支配する領域内で発生することがあるすべての出来
事に関する責任から解放され、反乱政権は今やこれらの出来事に対して責任を負
う。

　反乱団体の交戦権力としての承認は個人または一団の諸個人の政府としての承認
よりもある共同体の国家としての承認に似ている。内戦に巻き込まれた国家の領域
および人民の一部に対する反乱政権の実効的な支配により、国際法の意味での国家
に確かに似ている実体が形成される。

　反乱団体の交戦権力としての承認、すなわち、交戦団体の承認（recognition of
belligerency）は、いわゆる反乱団体の承認（recognition of insurgency）とは異なる。
時として、国家は、反乱団体が交戦権力としての承認が容認される条件を満たして
いないために、当該反乱団体を交戦権力として承認することなしに他国内における
反乱の存在を承認することがある。国家は反徒を犯罪人として扱うことを避けるた
めに反乱団体をそのようなものとして承認することがある。しかし、いわゆる反乱
団体の承認は当該反乱団体に国際法上の地位を付与することはできない[63]。

# 8　違法に確立された状態の承認および不承認（スティムソン主義）

　違法行為はいかなる法的結果も生み出すことができない、特にいかなる権利も取
得されない（不法からはいかなる権利も生じない。*ex injuria jus non oritur*[64]）という
疑わしい推定から出発することにより、一部の学者は、法的欠陥は他国による承認
によって治癒されることがあり、したがって、権利は、その起源の違法性にもかか
わらず、他国による承認によって取得されることがあると主張する。たとえば、もし
一国が国際法に違反して他国の領域を自国領域に編入するならば、その取得の違法

239

## D 国際法による国内法秩序の時間的妥当範囲の決定（国家の時間的存在）

性は第三国による承認により有効にされることがある。そのような承認は、共同体の国家としての法的承認、あるいは、個人または一団の諸個人の国家の政府としての法的承認とは全く異なる行為である。それは法的に関連する事実の確定ではない。それは、この理論に従えば、一国が他の2国間の関係に適用可能な法を定立する行為である。しかしながら、一国の一方的行為が他国間の関係に法的効果を持ちうるかはきわめて疑わしい。2国間における法的関係の変更、特に領域的変更は、もし合法的に達成されるとするならば、それが有効であるために第三国の承認を必要としないことは疑問の余地がない。また、もし変更が違法に達成されたとするならば、どうしてそれが他の諸国による介入によって有効とされうるのか理解に苦しむ。さらに、いかなる第三国も一国の行為が他国との関係で合法かまたは違法か、つまり、一国は他国の権利を侵害したか否かを決定することができない。しかしながら、もし問題の承認の効果が、一部の学者が主張するように、このように承認された権利と抵触する承認国の主張の放棄にもっぱらあるとするならば、承認国は「承認」と呼ばれるその同意によって有効にするのはまさしく自国権利に対する侵害である。他の国々との法的関係で変更の承認は政治的な効果を持つことがある。

(63) キューバにおける反乱中、1895年6月12日の大統領声明において、合衆国はこの反乱の存在を承認し、そして、すべての関係者に対して合衆国中立法のいかなる違反も慎むよう警告した。スリー・フレンズ号事件（*The Three Friends,* 166 U.S. 63）において、1897年に、合衆国最高裁判所は、合衆国政府が反乱団体を交戦権力として承認していなかったという事実にもかかわらず、合衆国中立法が適用可能であると決定した。裁判所は以下のように述べた。すなわち、「交戦団体の承認と政治的反乱状態の承認との間の区別、そして、実質的な意味での戦争の存在の承認と法的意味での戦争の存在の承認との間の区別は、目下の事件によって明確に例証される。というのは、この場合に、政治部門は、スペインと敵対行為に従事している事実上の交戦権力を承認していないが、しかし、没収を被ったと主張される以前に、そのように主張される時点でおよび主張されて以来広く行われている反乱戦争の存在を承認しているからである。…こうして、われわれは、政治部門により反乱団体の交戦団体としての承認は行われていないけれども、合衆国が平和および友好関係にある政府の権威に反抗する現実の武力闘争の存在を司法上通知されている。したがって、こうした事情で問題の法律が適用可能であることは疑われえない」。裁判所の判決は次のように規定する合衆国国内法の解釈に基礎づけられた。すなわち、「合衆国の境界内で合衆国が友好関係にあるいずれかの君主または国家、あるいはいずれかの植民地、地区または人民、臣民、市民または財産に対し巡邏の用に供しまたは敵対行為を行うために、いずれかの外国の君主または国家あるいはいずれかの植民地、地区または人民に服務して用いられることを意図するいずれかの船舶を艤装するすべての者は重罪を犯したものと見なされ、罰金を科されるものとする」。判決は「植民地、地区または人民」という言葉に本質的に基礎づけられた。裁判所は「なぜ『植民地、地区または人民』という言葉は交戦団体として承認された当事者にだけ限定されなければならないのか」と述べた。裁判所は、国際法ではなくて、国内法を適用した。

(64) 本書前掲177頁を参照せよ。

だが、その承認が一般国際法の下で法的効果を持つことはほとんどありえない。同じことは不承認に関しても当てはまる。

日本が満州地域に侵入した後で、1932年1月7日、合衆国国務長官（ヘンリー・H. スティムソン）は、日本と中国政府に対して同一内容の覚書を送った。その覚書においてかれは、合衆国は「日中両国および合衆国が当事国である1928年8月27日のパリ規約の誓約および義務に違反する手段により成立することがある一切の状態、条約または協定を承認する意思がない」（スティムソン主義）と述べた。1932年3月11日連盟総会は次のように宣言する決議を採択した。すなわち、「国際連盟規約またはパリ規約に反する手段により成立することがある一切の状態、条約または協定を承認しないことは連盟国の義務である」。国際連盟規約とケロッグ・ブリアン規約のいずれも、違法に達成された当事国間の法的関係の変更は承認によって有効にされる、あるいは、そのような変更は第三国による不承認によって妨げられうるとは規定していない。それゆえ、スティムソン宣言または連盟決議に従った単なる不承認は政治的効果のみを持ちうるのであって、法的効果を持ちえない。たとえば、もしケロッグ・ブリアン規約に違反して一国が他の国に訴えた戦争が、その違法な戦争の向けられた国がその領域の一部を戦勝国に割譲する講和条約を導くとするならば、そして、もし敗戦国がその条約の履行を拒否するとするならば、第三国によるその条約の不承認はこの事態に対してほとんど法的効果を持ちえないであろう。

# 9　国　家　承　継

一国の領域が条約によって他国または他の数カ国に任意的に併合されるとき、一国の全領域が他国または他の数カ国によって強制的に併合されるとき、または、数カ国が条約によって連邦国家を創設し、いわゆる構成国が国際人格を全く保持しないときには、当該一国の領域は他国または他の数カ国の領域の一部になることがある。一国の領域は、第一次世界大戦の結果としてオーストリア・ハンガリー帝国の領域がそうであったように、また、第二次世界大戦の結果としてドイツ帝国の領域がそうであったように、解体によっていくつかの新国家の領域になることがある。一国の領域の一部は、たとえば、ダンチッヒまたはバチカン市国のように条約によって、あるいは一国の住民の一部が分離してその居住する領域に新国家を樹立するときには革命によって、新国家の領域になることがある。一国の領域の一部は、

### D 国際法による国内法秩序の時間的妥当範囲の決定（国家の時間的存在）

割譲条約によって、または、他国による関係政府の同意に基づかない併合によって、他国の領域の一部になることがある。

一国の領域が全的にまたは部分的に他国または他の数カ国の領域の一部になるとき、一国の領域がいくつかの新国家の領域になるとき（解体）、または、一国の領域の一部が新国家の領域になるとき（革命的分離）には、一般国際法に従って先行国の義務および権利が承継国に移転するか、それはどの程度か、の問題が生ずる。これはいわゆる国家承継の問題である。一国の全領域は他の一国の領域になりうる。すなわち、2国の領域は、一国が、たとえば、他国に編入されることにより存在しなくなるときにのみ、または、後に、同一領域に新国家が出現するときにのみ、同一と考慮されうる(65)。もしそうでなければ、国家の同一性に影響を与えない政府の交替が生ずるにすぎない。この後者の場合には国家承継は一切考慮されない。前者の場合には、国家承継は排除されない。しかし、旧国家の義務および権利に関して新国家による承継を規定する何らかの実定一般国際法規則を主張することは決してできない。

一国の全領域が他の1または数カ国の領域の一部になる場合のように、または一国の全領域がいくつかの新国家の領域になる場合のように、先行国が存在しなくなるという事実は承継を妨げない。もし国家が消滅するならば、その義務および権利は消滅し、したがって、他国に移転しえないという一部の学者が提唱する主張は維持しがたい。というのは、一国の義務および権利の他国への移転はこれらの義務および権利の同一性を意味しないからである。すなわち、それは、一般国際法が、先行国の一定の義務および権利と同一内容を有する一定の義務および権利を承継国に対して課しかつ付与することを意味するにすぎない。これは、当該義務および権利がこれらの義務および権利の主体である国家が消滅するや直ちに消滅してしまったと仮定してさえ可能である。

承継は一般国際法によって国家に課された義務および付与された権利に関係しない。当該領域に関する承継国のこれらの義務および権利は一般国際法によって直接的に存在するのであって、承継によって存在するのではない。承継は、(1)特別国際法、特に条約によって、また、(2)たとえば、国家の公債のように、国内法によって確立された義務および権利にもっぱら関係する。一般国際法に従えば、承継は、承継国の領域になった領域に関係づけられるような先行国の国際的な義務およ

---

(65) 上述の第一および第二オーストリア共和国の例を参照せよ。

び権利に関して生ずると仮定される。承継国は、先行国が他国と締結した条約が、たとえば、境界線、河川航行等に関する義務のように、承継国の領域になった領域に固有の先行国の義務を確立したならば、当該条約によって拘束されるものと見なされる。しかし、そのような条約から生ずる権利もまた条約を締結した国家の承継国に移転する。

　一国の全領域が他国の領域の一部になるときには、承継はまた先行国の財政財産に関しても生ずる、そして、一国の領域の一部のみが他国の領域の一部または新国家の領域になるときには、承継は承継国の領域になる領域で発見される財政財産に関して生ずると仮定される。一部の学者は自動的な承継が生ずることを否定するが、しかし、かれらは承継国が自国法に基づき先行国の財産を専有することを認める。というのは、各国は国際法に基づき財産に関する立法権限を有するからである。もし一国が他国の領域を取得するならば、前者の国は取得時に当該領域で有効であった財産法を採用する、つまり、その国はこの法を自国法として採用することがある、あるいは、この法を新たな法によって代えることがある。実際的な理由から、承継国は、通常は新たな法が制定されるまで旧法が有効であることを認める(66)。したがって、旧法の下で国家が財産を保有していたならば、承継国はその法の下で所有権者になる。しかし、この場合にもまた承継国が先行国の財産の所有権者になるのは自国法に基づいてである。この見解は、国際法上、先行国の財産の承継が自動的に行われるという見解よりもいっそう正確であると思われる(67)。先行国の債務に関する限り、承継は、一国の全領域が他の一国または数カ国の領域になるときにのみ生ずる。あるいはもし一国の領域がいくつかの新国家の領域になるならば、承継は、債権者が承継国以外の他の国家の国民であるそれらの債務に関してのみ生ずる。その場合、債権者の本国は承継国にそれらの債務を引き継ぐよう要求することができる(68)。領域が2以上の国家の領域となり、先行国の財政財産に関して複数の承継国が存在するときには、原則は、債務の比例部分に従って各承継

---

(66) フィリピン砂糖園開発会社対合衆国事件（*Philippine Sugar Estates Development Company (Limited) v. United States,* United States, Court of Claims, 1904, 39, Ct. Cl. 225）において、裁判所は、「すべての征服されたまたは割譲された領域に関する一般国際法は、旧法は正式な権威によって廃止されるまで継続するということである」と述べた。そのような国際法規則は存在しない。もし旧法が存在するとするならば、それは、承継国が立法権限によって黙示的または明示的に旧法が自国法として、つまり、承継国の法として継続することを許すからに他ならない。法の内容は同一であるかもしれないが、その妥当性の根拠は変わった。その法は、以前は先行国の憲法に基づき妥当したのに対して、今や承継国の憲法に基づき妥当する。

D　国際法による国内法秩序の時間的妥当範囲の決定（国家の時間的存在）

国によって引き継がれなければならないということである[69]。しかしながら、これは各承継国によってこの目的のために締結された合意なしには不可能である。

---

(67)　ポーランドにおけるドイツ系農民事件（*German Settlers in Poland*, Publication of the Permanent Court of International Justice, 1923, Series B, No. 6）において、裁判所は、ドイツにより割譲された領域の承継国としてポーランドは旧ドイツ市民であって、割譲された領域に住所を有し、ポーランド国籍を取得した入植者によってドイツ法の下で取得された一定の権利を尊重するよう義務づけられるかの問題に関して意見を与えるよう求められた。裁判所は「現行法の下で取得された私権は主権の交替によって消滅しない」と述べた。これは法が変化しなかった場合にのみ当てはまる。裁判所は次のように続けた。「だれも実体的および手続的の双方でドイツ民法が当該領域において中断されることなく施行され続けてきたことを否定しない。法は存続するけれども、その下で取得された私権は消滅したと主張することはほとんど不可能である。そのような主張はいかなる原則にも基礎づけられず、また、ほとんど普遍的な意見および慣行に反するであろう」。裁判所は「国家はその主権的立法権によって私権を変更しまたは取り消すことができるか、また、いかなる事情の下でそうすることができるか」の問題を検討しなかった。なぜなら、裁判所は、ポーランドが 1919 年 6 月 28 日にヴェルサイユで署名された特別な条約の下で負った義務を扱ったからであり、また、同裁判所は、この条約に照らして、ポーランドは当該権利を尊重することを義務づけられると判断したからである。

(68)　ロバーツ・E. ブラウン請求事件（*Robert E. Brown Claim*, Nielsen's Report, pp. 162-202）において、英米仲裁委員会は、征服によって全領域を併合した国家（イギリス）は消滅国によって引き起こされた損害を賠償する義務を負わないと判示した。同じ原則は、裁判所により、一国（ハワイ共和国）の全領域の他国（合衆国）への条約に基づく併合の事例に関する 1925 年のハワイ請求事件（*Hawaiian Claims*, Nielsen's Report, p. 160）に関して適用された。

(69)　オーストリア帝国（承継）事件（*Austrian Empire (Succession) Case*, Annual Digest 1919-1922, Case No. 39）において、1919 年に、オーストリア憲法裁判所（Verfassungsgerichtshof）は、ある教師が 1917 年 10 月 1 日から 1918 年 9 月末まで体育教師としての労働に対して支払われるべき一定の特別手当の支払いを求めて文部大臣を相手取って提起した訴えを却けた。請求は今や消滅したオーストリア帝国に対する請求であると判示した。すなわち、「オーストリア国の領域に、新たな諸国民国家、すなわち、旧国家の承継者ではなく、またその義務に責任を負わない新諸国家が出現した。一般国際法に従えば、ある領域が一国によって他国に割譲される場合、または一国から数カ国が出現する場合には、その領域を取得する国家または新諸国はその国またはそれらの国が引き継いだ資産および先行国の活動の結果として創造されたまたはその保護の下にあった資産の割合に応じて当該先行国の義務の適切な部分を引き継ぐことを義務づけられる。しかしながら、個別的事例において、責任の引継ぎと引き継がれた責任の範囲の双方は国際合意によって、本件の場合は旧オーストリア領域の諸国民国家の間で決定されなければならない。この目的上、それらの国の代表によって構成され、かつ、資産および負債の状態を査定する任務を委ねられた清算委員会が設置された。ドイツ・オーストリア共和国の責任分担が決定された後に初めて原告は訴訟を提起することができるであろう」。

# ● 第 4 部 ●
# 国際法の定立と適用

1 法の「淵源」の概念

◆ A　国際法の定立（淵源）

# 1　法の「淵源」の概念

　法の「淵源」は比喩的できわめて曖昧な表現である。それは法を定立するさまざまな手段を明示するためばかりでなく、法の妥当性に関する根拠、特に究極的な根拠を記述するためにも用いられる。しかし、いっそう広い意味で、あらゆる法規範はそれが他の規範の定立を規律することから他の規範の淵源である。法が法自体の定立を規律することは、法一般の特徴的要素、したがって、国際法の特徴的要素でもある。一般規範の定立を規律することはとりわけ憲法の機能である。国内法の内部での特別な機関による一般規範の定立は立法と呼ばれる。一国の憲法は立法機関と立法手続を規定する。一般国際法または一般国際法によって構成された共同体もまたその「憲法」を持つ。国際共同体の憲法は国際法の定立を規律する、あるいは、言い換えると、国際法の「淵源」を規定する一まとまりの国際法規則である。

　他の諸規範の定立を規律する規範はその規範に従って定立される規範に「上位」する。他の規範の規定に従って定立される諸規範は当該他の規範よりも「下位」にある。この意味で、あらゆる上位の法規範は下位の法規範の淵源である。こうして、一国の憲法はその憲法に基づき定立された制定法の淵源であり、制定法はそれに基礎づけられる判決の淵源であり、判決はそれが当事者に課す義務の淵源である、等々である。

　伝統的法学は法定立機能を法適用機能に対置させる。それは、司法機関の機能を法適用としてのみ考慮し、立法機関の機能を法定立としてのみ考慮する。しかし、下位の規範の定立は同時に下位の規範の定立を規定する上位の規範の適用である。憲法を適用する際に、立法機関は制定法に含まれる一般規範を定立する。制定法を適用する際に、司法機関はその判決に含まれる個別規範を定立する。法の定立と適用は絶対的にではなく、もっぱら相対的に相互に対置される。法自体の定立を規律するに際して、法はまた法自体の適用を規律する。法の「淵源」によって、法定立の方法ばかりでなく、法適用の方法もまた理解される。

　最後に、法の「淵源」という表現はまた完全に非法律的な意味で用いられる。これによって法定立機関に実際に影響を与えるあらゆる観念、たとえば、道徳規範、

*247*

A　国際法の定立（淵源）

政治原則、法理論、法律専門家の意見等が意味される。先に言及された法の淵源とは対照的に、これらの淵源はそれ自体で法の性格を持たない。すなわち、それらはいかなる拘束力も持たない。

　法の「淵源」という言葉の曖昧さはこの言葉をむしろ不要にすると思われる。誤解を招きやすい比喩的表現の代わりに、人が留意する現象を明確かつ直接的に記述する表現が導入されるべきである。

# 2　いわゆる法の欠缺

　本書では国際法の「淵源」により国際法を定立する方法が意味される。国家法（国内法）を定立する二つの主要な方法は慣習と立法であるのに対し、国際法定立の二つの主要な方法は慣習と条約である。慣習は、国際法、つまり一般国際法のみならず特別国際法のより古いそしてより始原的な淵源である。現在、条約は国際法発達において重要な役割を果す。それゆえ、国際法秩序は慣習によって定立された規範、つまり慣習国際法と、条約によって定立された規範、つまり条約国際法とから成る。一般国際法は慣習法である。世界のすべての国家が締約国である条約は存在しない[1]。

　具体的事例への適用に関して、特別条約法（または特別慣習法）は一般慣習法に優先する。特定の事例に適用されるいかなる条約（または特別慣習法）も存在しないならば、一般慣習国際法が適用される。条約国際法と慣習国際法のいずれも具体的事例に対して適用不可能であるということは論理的にありえない。現行国際法は、具体的事例、つまり、国家（または他の国際法主体）は一定の方法で行動することを義務づけられるのか、それとも義務づけられないのか、の問題に常に適用可能である。もし国家（または他の国際法主体）に一定の方法で行動する義務を課す条約国際法または慣習国際法のいかなる規範も存在しないならば、当該主体は国際法上思い通りに自由に行動することができる。この趣旨の決定により現行国際法は当該事例に適用される。しかし、この規定は、論理的に可能ではあるが、道徳的または政治的に満足のいくものではないことがある。この意味でのみあらゆる法秩序と同じく国際法にも「欠缺」が存在する。

　法適用機関は現行の条約国際法または慣習国際法の規範以外の規範を特定の事例

---

[1]　国連憲章、すなわち、世界のすべての国が締約国であるわけではない条約が一般国際法の性格を持つかどうかの問題に関しては、本書後掲283頁を参照せよ。

に適用することによってそのような欠缺を補充することを授権されるという仮説は、法適用機関は、もし現行法の適用で不十分であると考慮するならば、具体的事例に関して新たな法を定立する権限を持つことを意味する。法実証主義の観点からすると、そのような立法権限は実定国際法の規則に基礎づけられなければならない。そのような一般国際法の規則が存在するかどうか疑わしい。もっとも、多くの学者は、現行国際法に欠缺が存在すること、そして国際法を適用する権限を有する国家または国際機関がこれらの欠缺を補充することを授権されることを当然のこととして認める(2)。しかし、かれらは、それらの欠缺は諸事例に当てはまるいかなる現行国際法規則も存在しないために現行法が論理的に適用されえないそうした事例に存在すると仮定する。ある事例に当てはまる規則が存在しないということは、国家（または他の国際法主体）に対してこの場合に一定の方法で行動する義務を課す規則が存在しないことを意味しうるにすぎない。そのような場合に現行法を適用することはできないと仮定する者は、法主体にとって法的に禁止されないことはその主体に法的に許容されるという基本原則を無視している。現行法の適用が論理的に可能ではあるけれども、道徳的または政治的に満足できない場合に現行法の適用で

---

(2) 合衆国とノルウェーとの間の紛争に関する仲裁裁判所（17 American Journal of International Law [1923] 384）は、1922 年に H. Lammasch, *Die Rechtskraft internationaler Schiedssprueche* (1913), p. 37 に言及して、「仲裁人は実定法規則が欠如する場合には、衡平、つまり衡平及び善に基づいて（*ex aequo et bono*）裁判しなければならない」と述べた。イギリス（イースタン・エクステンション電信会社請求）対合衆国事件（*Great Britain (Eastern Extension etc. Telegraph Co. Claim) v. United States*, United States-Great Britain, Claims Arbitration, 1923; Nielsen's Report, p. 73）において、裁判所は次のように述べた。すなわち、「本件を規律する普遍的に承認された規則の表明として公式化されたいかなる条約も国際法の特別規則も存在しなかったと仮定してさえ、適用可能ないかなる国際法規則も存在しないと述べることはできない。国内法のみならず国際法も特定の事件に関して決定的な明示的規則を含まないことがあるし、また一般に含んでいない。しかし、法学の機能は何らかの明示的法規定が欠如する場合に一般原則のコロラリーを適用することにより対立する権利および利益の衝突を解決し、そのようにして数学の場合と全く同じように問題の解決を発見することである。これは法学の方法である。すなわち、それはあらゆる国家で次第に発展させられて、私人間と同じく国家間でも法的関係の定義と解決に帰着した方法である」。もし裁判所が実定国際法規則を適用しないで「一般原則のコロラリー」を適用するならば、当該「一般原則」が現行国際法規則の一般化としてまたは国際司法裁判所規程第 38 条（ c ）の意味での法の一般原則として示されようとも、管掌する事件に関して新たな法を定立する。裁判所はまた次のように宣言した。すなわち、「この裁判所の義務は…新たな規則を定めることではない。そのような規則は遡及的な効果を持ちえないであろうし、2 政府だけからその権威を引き出す特別裁判所の構成員による個人的な見解の表明以上のものと考慮されることはありえないであろう」。

A 国際法の定立（淵源）

はなくて新たな法の定立を授権する規則は、法適用機関に対して並はずれた立法権限を付与する。「国際法における欠缺」という伝統的理論を信奉する学者が、国際法を適用する権限を有する国家および機関に対して欠缺を補充する権限を付与する一般国際法規則が存在すると主張するときに、かれらがこの理論の重大性に気付いているか疑わしい。そのような権限が条約により法適用機関に付与されることがあることは疑うことができない。国際司法裁判所規程第 38 条の規定はまさしくこの観点から理解されるべきである。すなわち、裁判所は、「付託される紛争を国際法に従って裁判することを任務とし」、条約国際法および慣習国際法のみならず「文明国が認めた法の一般原則」を適用する。これらの「法の一般原則」は、二つの他の淵源、つまり条約と慣習が適用されえないときに適用されるべき国際法の補充的淵源であるとおそらく仮定されるであろう[3]。

# **3** 慣 習

## ◆ a 慣習法と制定法

慣習法は慣習によって定立された法である。慣習は通常のまたは習慣的な行動方針であり、長期にわたって確立された慣行、つまり、国際関係において長期にわたって確立された国々の慣行である。しかし、行為の頻度、すなわち、一定の作為または不作為が一定の期間に繰り返し行われてきたという事実は、慣習と呼ばれる法定立事実の一つの要素にすぎない。第二の要素は、その行為が慣習を構成する諸個人はかれらの作為または不作為によって義務を履行しまたは権利を行使していることを確信しなければならないという事実である。かれらはかれらが規範を適用することを確信しなければならないが、しかし、かれらが適用するものは法規範であると確信する必要はない。かれらはかれらの行為を義務的または合法的であると考慮しなければならない。もし国家の行為が当該行為は義務的または合法的であるという意見を伴わなかったならば、それは法定立的な慣習ではなくて、いわゆる「慣例」が確立される。

慣習法の基礎は、われわれはわれわれの仲間が通常行動する、しかも一定期間にわたって行動することが常であったように行動すべきであるという一般原則であ

---

[3] 本書後掲 319 頁以下を参照せよ。

る。もしこの原則が規範の性質を帯びるならば、慣習は法定立事実になる。これは
国家間関係に当てはまる。ここでは、慣習、すなわち、国々の長期にわたって確立
された慣行は法を定立する。慣習は立法と全く同じように法を定立する。立法と慣
習の間には二つの違いがある。(1)立法は意識的かつ意図的な法定立である。すな
わち、立法者はかれらが法を定立していること、そしてかれらの活動により法定立
を意図していることを認識する。これに対して、慣習は無意識的かつ非意図的な立
法である。慣習を確立する際に、人々はかれらの行為によって法規則を定立するこ
とを必ずしも意識することもなければ、そうすることを必ずしも意図してもいな
い。法規則はかれらの行動の結果であって、目的ではない。(2)立法は、分業の原
則に従って、この目的のために設立された特別な機関による法定立である。この機
関はその機関によって定立された法に服する諸個人とは異なり、また多少ともかれ
らから独立している。慣習はその行為によって定立された法に服する諸個人自身に
よる法定立である。法を定立する諸個人と法に服する諸個人は少なくとも部分的に
同一である。慣習は分権的な法定立であり、立法は集権的な法定立である。立法に
よって定立された法は通常は制定法と呼ばれる。

　立法は特別な機関による意識的かつ意図的な唯一の種類の法定立ではない。特別
な機関によるもう一つの種類の意識的かつ意図的な立法は裁判所の判決による法定
立である。条約（国内法における契約）もまた意識的かつ意図的な法定立である。
しかし、それは特別な機関によらない法定立である。条約（または契約）を作成す
る諸個人、つまり締約当事者は条約（または契約）によって定立された規範に服す
る諸個人と原則として同一である。この点で、慣習と条約の間には一定の類似性が
存在する。その違いは、後者が意識的かつ意図的な法定立であるのに対し、前者は
無意識的かつ非意図的な法定立であることである。

### ◈ b　法定立事実としての慣習

　慣習は法定立事実であるという見解は、しかしながら、一般的に受け入れられて
いない。一部の学者は、慣習は法規範を定立することができないと主張する。すな
わち、慣習は法規範の存在の証拠にすぎない。この理論に従えば、慣習は創設的な
性格を持たず、宣言的な性格を持つにすぎない。この理論は明らかに常設国際司法
裁判所規程に影響を与えた。この規程の第38条、それは国際司法裁判所規程第38
条と同一であるが、裁判所によって適用されるべき国際法の淵源を定める。それは
次のように述べる。「裁判所は…次のものを適用する。a　一般又は特別の国際条

A　国際法の定立（淵源）

約で係争国が明らかに認めた規則を確立しているもの、b　法として認められた一般慣行の証拠としての国際慣習…」

　慣習は法を定立するのではなくて、法規範の存在の証拠にすぎないという理論は、この規範が慣習以外の別の事実によって定立される、つまり、法の真の定立者がいわば慣習の背後にあると仮定する。しかし、だれがこの真の立法者なのであろうか。この問いに対してはいろいろな答えが与えられる。19世紀中のドイツで非常に影響力のあった歴史学派の理論に従えば、国内法は民族精神（*Volksgeist*）によって創造される。慣習、すなわち、人々が通常一定の規則に従って行動するという事実は、民族精神の目に見えない神秘的な働きの所産として一般的な法規範がすでに存在することを示唆するにすぎない。この学派の最も傑出した代表者であるF. K. フォン・サヴィニーは国家のあらゆる立法権限を一貫して否定した[4]。フランスで普及する社会学的法理学派に従えば、「真の法」、すなわち、「客観法」（*droit objectif*）はこの学派が「社会連帯」（*solidarité sociale*）と呼ぶ事実によって創造される。その結果、たとえば、この学派の象徴的代表者であるレオン・デュギーが主張するように[5]、立法であれ慣習であれ、実定法を定立すると思われるあらゆる行為または事実は真の法定立ではなくて、社会連帯によって以前に創造された法規範の宣言的な声明（確認）である。社会連帯の所産である「客観」法に一致しない実定法は有効になる機会を持たない。

　民族精神の存在または社会連帯の存在のいずれも科学的な方法で証明されることができない。両者は社会的形而上学の仮説であり、その目的は、主観的価値判断に基礎づけられる道徳・政治的な要請を客観的に妥当する原則として提示することである。この点で、法の真の創造者としての民族精神に関するドイツ理論と社会連帯に関するフランス理論は、17世紀と18世紀を通じて支配的な法哲学であった、そして、現代の法思考に依然としてかなりの影響を与えている自然法理論に非常によく似ている。この理論に従えば[6]、慣習法であろうと制定法であろうと、実定法の背後およびその上には自然、すなわち、人間の本性、社会の本質または事物の本質からさえ推論することのできる絶対的に正しい法が存在する。至高の立法者として真の、つまり「自然」法を定立するのはまさしく自然である。したがって、すべて

---

(4)　Friedrich Karl von Savigny, *Vom Beruf unserer Zeit fuer Gesetzgebung und Rechtswissenschaft* (1815).

(5)　Léon Duguit, *L'État, le droit objectif, et la loi positive* (1901).

(6)　本書前掲125頁以下および198頁を参照せよ。

の実定法はこの自然法からその妥当性を引き出す。それゆえ、慣習、立法、条約、すなわち実定法の淵源は真の法を生産することができない。それらは、それらの生産物が拘束力を有するときにのみ法を再生産する。自然法理論が慣習、立法および条約を法定立事実であると考える法実証主義に対置されるのは、これらの法の淵源の性質に関してである⁽⁷⁾。

自然法理論は、自然に対するわれわれの洞察から、つまり、事実に関するわれわれの知識から、何が正しく何が不正であるかの知識を得ることが可能であるという幻想に基礎づけられる。あるものからあるべきものを推論することは論理的な誤りである。それゆえ、最も矛盾した諸原則が自然から「自然法」の諸規則として演繹されてきた。それらは、実は、その創造者の道徳的・政治的信念に従って異なる格言にすぎない。あらゆる立法者がその行動に際してそうした格言によって影響を受けることはもっともなことである。それゆえ、グロティウス⁽⁸⁾、プーフェンドルフ⁽⁹⁾、ヴァッテル⁽¹⁰⁾のような諸学者によって国家または国際共同体の本質から演繹されたいわゆる自然法⁽¹¹⁾として提示された諸原則が、慣習国際法を発達させてきた国家慣行に決定的な影響を与えたことは十分に理解できる。

---

(7) 国際法分野における自然法理論と法実証主義の対立は、海上奴隷貿易が一般国際法によって禁じられるかどうかの問題に関して下された二つのアメリカ裁判所の判決において明らかである。一つは合衆国対スクーナー船ラ・ジュンヌ・ユジェニエ号事件（*United States v. The Schooner La Jeune Eugénie*, 1822, 2 Mason's Reports 409）における合衆国巡回裁判所の判決であり、もう一つはアンテロープ号事件（*The Antelope*, 1825, 10 Wheaton 66）における合衆国最高裁判所の判決である。前者の事件で、裁判所は次のように述べた。すなわち、「不必要で、不当かつ非人間的」である奴隷貿易のような取引は「国際法が基礎をおく永遠の自然法によって支持」されえない、また、「いかなる慣行も正と不正のこの根本的な区別を抹消することはできず、また、各国は国々がその公的行為によってそのような慣行から後退し、かつ、その不正または残虐性を容認するときにはいつでも、他国に対して正しい原則を自由に適用することを許される」。裁判所は「その貿易を社会の普遍法（universal law of society）に対する犯罪と考慮」せざるをえないと宣言した。それ（社会の普遍法）は、多分、自然法を意味する。アンテロープ号事件において裁判所は、奴隷貿易は「自然法に反する」けれども国際法上違法ではないと宣言した。

(8) 本書前掲 24 頁、180 頁および 184 頁を参照せよ。

(9) Samuel Pufendorf, *De jure naturae et gentium*, libri octo (1688).

(10) 本書前掲 32 頁を参照せよ。

(11) ホイートンは、Henry Wheaton, *Elements of International Law* (1866) (Classics of International Law No. 19 [1936]), p. 20 において、国際法を「理性が正義に一致するものとして独立諸国間に存在する社会の本質から演繹する、ただし、一般的同意により確立されることがある定義と修正を伴った行為の諸規則」と定義する。

A　国際法の定立（淵源）

### ◆ c　国際法の基礎としての共通の同意

　慣習国際法規則が定立される事実に関する問いに答えるに際して、あるいは、同じことであるが、慣習法である一般国際法が基礎づけられる事実を明示するに際して、現代の学者達は、自然法理論とほとんど異ならない見解を主張する。かれらは慣習国際法は国々の共通の同意によって定立されると主張する。すると、この同意のいかなる明示的表明も存在しないことから、黙示的同意が仮定される。

### (1)　法定立的慣習の確立に参加していない国々を拘束する慣習法

　そのような同意がすべての国家によって現実に与えられてきたという仮説は、「民族精神」が実際に法を創造するというドイツ歴史学派の仮説または「社会連帯」が法を創造するというフランス社会学派の仮説と全く同じ性質の政治的擬制である。慣習国際法は、国際法規範の存在を証明する慣習が当該慣習法規範によって拘束されるすべての国の行為によって確立されること、または、慣習法規範はある国が自己の行為によって当該慣習の確立に参加した場合にのみその国を拘束すること、を証明しうる場合に初めて国々の同意によって定立されると解釈されるであろう。一般国際法は慣習法なのであるから、また、それは国際共同体のすべての国を拘束するのであるから、慣習は黙示的同意であるという理論に従えば、国際共同体のすべての国がその実際の行為により、すなわち、法を証明する慣習の確立に参加することにより一般国際法のすべての規範に同意したことを証明する必要があるであろう。そのような証明は国際法によって要求されない。また、その証明は、一般国際法が法定立的慣習の確立に参加する機会を決して持たなかった国々に適用されるすべての場合に免除される。

　海へのいかなるアクセスも持たない、またそのようなアクセスを一度も持ったことがない国が条約によって旧来の領域と海との間に位置する領域を獲得したと仮定してみよう。今や、その国家は海洋（沿岸）国になった。すなわち、港と商船および軍艦、そしてこれらの船舶が掲げて航行する海上旗を持つ。新領域の取得以前には、その国家は海法の諸規範、すなわち、海上での国家行為を規律する慣習国際法の諸規範を適用する機会を持たなかった。その国は、これらの国際法規範が定立されてきたまたは問題の理論に従えばそれらの規範の存在が証明される慣習に自国の行為によって寄与する機会を持たなかった。もしこれらの国際法規範は当該国が海洋国家になるまさしく最初からその国に適用可能であると考えられるとするなら

254

ば、これらの慣習国際法規範はそれが拘束するすべての国によって定立されることはできなかった。

　もう一つの顕著な例は新国家の誕生である。明らかに、新国家は、一般国際法のすべての規範、すなわち、新国家が出現するずっと以前に存在した諸規範がそれにより定立されてきた慣習の確立に参加するいかなる機会も持たなかった。もし新国家がその存在のまさしく最初から一般慣習国際法の規範に服すべきであると考えられるとするならば、そのときこれらの規範はすべての国家の共通の同意によって定立されることができなかった。

　最後に、一般国際法の規範、すなわち、国際共同体のすべての国を拘束する規範がそれにより定立される慣習は、すべての国の長期にわたって確立された慣行では必ずしもない。その権能、文化等に関してかなりの重要性を持つ国々を含む多数の国の長期にわたって確立された慣行で十分である。したがって、慣習法は国際共同体の構成員の共通の同意によって定立されたと解釈することができない。

　しかしながら、国際法はその定立に参加しなかった新国家が自国を拘束するものとして慣習国際法を承認した場合にのみその国家を拘束すると仮定されることがある。確かに、国際法は、国際法の意味での国家であるためには既存の国々によって承認されることを要求する[12]。しかし、指摘されたように、国際法は、新国家を拘束するためにその国際法が当該新国家によって承認されることを要求しない。それゆえ、国際法は、たとえ新国家が自国を拘束するものとして国際法を承認しないとしても、その新国家に適用されるであろう。国際法は、それがある国家により承認される場合にのみその国家に適用可能であるという言明は、国際法規範に基礎づけられない。すなわち、それは国際法と国内法の関係に関する明確な見解、すなわち、国際法は国内法の一部としてのみ拘束するという見解に基礎をおく仮説である。この見解は、後に検討するであろうように[13]、不可能ではない。しかし、国際法はすべての国により実際に承認されると仮定することは擬制である。もし国際法が一国により承認される場合にのみその国を拘束すると仮定されるとするならば、その仮説は、そのような承認の証拠なしに当該国に国際法を適用すること、そして、一国は国際法の不承認またはその承認の撤回によってこの法の適用を阻止しえないと認めることと矛盾する。

---

[12]　本書前掲 217 頁以下を参照せよ。
[13]　本書後掲 356 頁以下を参照せよ。

A　国際法の定立（淵源）

## (2)　条約国際法の基礎としての慣習国際法

　条約は国際法の第二の淵源である。国際法を定立するこの方法は次節で検討される[14]。ここでもっぱら指摘されなければならないのは、条約は相互的な行動に関する国々の同意の表明が確立される2または3以上の国家間の合意であるということである。この合意によって締約国が合意する相互的な行為に関してかれらに義務を課し権利を付与する規範が定立される。それゆえ、原則として条約は締約国に対してのみ法を定立する。条約が法定立的事実であるということ、条約によって義務および権利が確立されるということ、あるいは、言い換えると、条約が拘束力を有するということは、「合意は拘束する」（*pacta sunt servanda*）の定型句で通常表明される慣習国際法規則のためである。この規則は条約の妥当性の根拠であり、したがって、条約、つまり慣習国際法と対比していわゆる条約国際法によって定立されるすべての法の「淵源」である。その妥当性の根拠に関して条約国際法は慣習国際法の下位にある。後者は国際法秩序の階層的構造において前者よりも高次の段階を表す。

　しかしながら、慣習国際法の妥当性の根拠は何か。なぜ慣習国際法規則は拘束力を有するのか。慣習国際法の拘束力は結局のところ基本的前提、すなわち、国際慣習は法定立的事実であるという仮説に依存する。この仮説は根本規範と呼ばれるであろう。それは実定法の規範ではない。それは人間の意思行為によって定立されない。すなわち、それは国々の行為を法的に解釈する法律家によって前提とされる[15]。

## (3)　国際法における社会契約論

　しかしながら、以前に言及したもう一つの理論が存在する。この理論に従えば、慣習国際法は承認、かくしてその規範によって拘束される国々の同意に基礎づけられるために妥当する。それゆえ、この理論に従えば、それらの基礎、すなわち妥当性の根拠に関する限り、慣習国際法と、条約国際法、つまり、条約によって確立された規範との間に本質的な違いはない。条約は締約国の双方がかれらの合意によって定立された規範に同意したためにかれらを拘束する。条約の基礎、すなわち、条約規範の妥当性の根拠は締約国の共通の同意である。しかし、なぜ共通の同意、つまり同意のみが締約国を拘束するのか。この理論の基礎にある基本原則は個人的自

---

(14)　本書後掲259頁以下を参照せよ。

(15)　本書後掲332頁以下および340頁以下を参照せよ。

由の原則である。それは国家間関係において主権と呼ばれる。それは通常は自然法の規則として提示される原則である。その原則に従えば、個人は、まさしくその本性によって自由なのであるから、自己の意思によってのみ拘束されうる。それゆえ、個人をその意思に反して義務づけることはできない。個人が他の諸個人と共に生活するとき、そしてかれらの相互的な行動を規律する必要があるときに、社会秩序を確立しうる唯一の方法は、自由な諸個人間で締結される契約である。かれらはこの契約によって拘束される。というのは、この契約はかれらの共通の同意に基礎づけられるからである。これは個人的自由の観念に由来する社会契約論である。それは自然法理論の必須的要素であり、フランスの哲学者ジャン・ジャック・ルソーによって古典的な形式で提示された[16]。

　この理論が国々とそれらの相互的な関係に適用されるときには次のような教義として現れる。すなわち、国家は、まさしくその本質により主権者であり、その結果として、その行動を規律する規範に同意する場合にのみこの規範によって拘束されうる。このことは、もし当該諸国の相互的な行動が問題であるとするならば、それは条約によってのみ規律されうることを意味する。

　慣習国際法の存在をこの理論と調和させ、同時に、国家主権の観念を維持するためには、慣習国際法は国々によって直接または間接に承認される場合にのみかれらを拘束すると仮定すること、あるいは同じことであるが、一般慣習国際法の拘束力は国際共同体の構成員の共通の同意[17]またはかれらによって黙示的に締結された条約に基礎づけられると主張することが必要である。自然法理論が国家、つまり国家共同体はそれに属する個人によって任意的に締結された社会契約に基礎づけられると主張するのと全く同じように、大多数の国際法学者は国際共同体は契約、すな

---

(16)　Jean Jacques Rousseau, *Contrat social* (1762).

(17)　ウェスト・ランド中央金鉱山会社対国王事件（*West Rand Central Gold Mining Co., Ltd. v. The King*, 1905 Law Reports 2 King's Bench Division 391）において、裁判所は次のように述べた。すなわち、「国内法と国際行為に関する規則の体系または一団との間にはその確実性および明確性に関して根本的な違いが存在する。後者の規則の体系または一団は、いやしくもそれが存在する限りで（また、その存在が『国際法』という語句で仮定される限りで）、何らかの法典または約款に表明されないまたは紛争の場合にいかなる公認されたまたは有権的な解釈者も持たない、そして実際に何らかの明示的な国際合意が存在しない場合にはその歴史的な経過において類似の事件での国々の行動から得られる慣行の証拠によってのみ証明することのできる文明国のコンセンサスに依存する。発生することがある多くの問題に関して、そのようなコンセンサスが存在すると証明されうるかどうかにつき見解の相違の余地があるであろうことは明白である」。

A 国際法の定立（淵源）

わちこの共同体に属する国々の共通の同意に基礎づけられると主張する。この理論に従えば、慣習国際法の根本規範は条約国際法の根本規範と同じである。すなわち、自然法の規則としての *pacta sunt servanda* の原則は、われわれが国際法と呼ぶ全法体系の根本規範として機能する。この理論の本質的な機能は、国家は自己の意思、したがって、その行為を規律する諸規範に対するその同意によってのみ法的に拘束されうるという原則を支えることである。このように、この理論は国家主権のドグマを擁護する。

　この理論は国内法の分野でずっと以前に放棄された社会契約に関する古い自然法理論の一種に他ならないけれども、それは国際法の分野で依然として適用され、また、多くの傑出した国際法学者によって支持されている。その基本的な仮説、すなわち「国々、つまり国際共同体の構成員の共通の同意」は自然法理論の社会契約と全く同じ擬制である。すなわち、国際法に服する国々は、国内法秩序に服する諸個人がまさしくかれらの本性によって「自由」でないのと同じように、まさしくそれらの本質によって「主権者」ではない。　国々の共通の同意理論を国際法の基礎として主張する一部の学者は、明示的であれ黙示的であれ、一般国際法がそれに決して同意しなかった多くの国を拘束するという事実に気付いた。その結果、かれらは次のように主張してこの理論を修正した。すなわち、「共通の同意」によって、かれらは、「反対する国がいかなる重要性も持たず、また、その個々の構成員の意思とは対照的に実体としての共同体の意思を探求する者の観点からは反対国が消え失せる」国際共同体構成員のそのような圧倒的多数の黙示的同意のみを意味する[18]、と。これはジャン・ジャック・ルソーによる「一般意思」（*volonté générale*）と「全体意思」（*volonté de tous*）の間の古い擬制的な区別、すなわち、過半数票決定を全共同体の意思と解釈する意図で行われた区別であることを指摘することは極めて興味深い。そうすることによって、ルソーは、個人は「一般意思」に服するけれども、たとえかれが多数派に反対投票したとしても依然として「自由」であるという幻想を維持しようと努める。しかし、もし共同体のたった1人の構成員だけが同意しないならば、共通の同意は決して存在しない。それゆえ、すべての個人は自由であると主張することは擬制である。現実には、反対を唱える構成員は「消え失せ」ていない。もし国々の圧倒的多数のみが同意するとするならば、共通の同意が存在するという言明とすべての国が主権者であるという前提は擬制である。

---

(18)　Oppenheim, *op.cit.* I, § 11.

個人は国家法をかれを拘束するものとして承認する場合にのみこの法によって拘束されると仮定することが可能であるのと全く同じように、国家は自国を拘束するものとして国際法を承認する場合にのみこの法によって拘束されると仮定することは確かに可能である。言い換えると、個人は自由であり、したがって、かれ自身の意思によってのみ拘束されるという仮説から出発することが可能であるのと全く同じように、国家は主権者、つまり最高の法的権威であるという仮説から出発することが可能である。しかし、そのような仮説のすべての結果を受け入れる用意のある学者はほとんど見当たらない。

# 4 　条　約

## ◆ a　一般的見解

### (1)　条約の概念

条約は一般国際法に基づき通常は2または3以上の国家間で締結された合意である。もし2国のみが締約国であるならば、二辺条約と呼ばれる。もし3以上の国が締約国であるならば、多辺条約と呼ばれる。合意とは、合意に至る行為、すなわち、一致している状態、つまり、意見または意思の合致である。条約は意思の合致である。合意は、しるし、つまり話された言葉または書面にされた言葉で明示されなければならない。条約は2または3以上の国家の表明された意思の合致である。国家の「意思」は国家機関としてのその資格で行為する個人によって表明される。国際法秩序と同じく国内法秩序は2または3以上の個人の表明された合意に効果を付する。この合意を有効にするのが国内法秩序であるときに、われわれは契約について語る、また、それが国際法秩序であるときに、われわれは条約について語る[19]。時として、条約は、「国際協定」(international agreement)、「条約」(convention)、「議定書」(protocol)、「決定書」(act)、「宣言」(declaration) 等と呼ばれる。しかしながら、名称は決して重要ではない[20]。

契約と同じく条約は締約当事者が相互的な義務および権利を確立することを意図

---

[19]　セルビア公債事件（*Serbian Loans*, Publications of the Permanent Court of International Justice, Series A, Nos. 20-21, p. 41）において、常設国際司法裁判所は、1929 年に「国際法主体としてのその資格での国家間の契約ではないあらゆる契約はいずれかの国家の国内法に基礎づけられる」と述べた。

A 国際法の定立（淵源）

する法律行為である。法がこの法律行為（legal transaction）に付する法的効果は次のようなものである。すなわち、締約当事者はかれらが行動するであろうと宣言したように行動することを法的に義務づけられ、またこれに応じて行動することを資格づけられる。つまり、契約または条約は締約当事者によって意図された義務および権利を創造する、と。これは法律行為と、同じく法的効果を持つが、しかし法違反者によって意図された法的効果を持つのではない違法行為との違いである。締約当事者が契約または条約に一致して行動することを法的に義務づけられるということは、もしかれらがこのように行動しないならば、かれらは制裁の脅威にさらされることを意味する。契約または条約を締結することにより締約当事者はかれらの相互的な関係を法的に規律する。国家は条約を締結する権限を持つ。というのは、一般国際法は国々に対してかれらの相互的な関係を規律するために条約を締結することを授権するからである。国々は、一般国際法が国々にかれらが締結した条約を尊重しかつその条約によって確立された義務を履行するよう義務づけるためにかつその限りで、相互的な義務および権利を条約によって創造する権限を持つ。

## (2) Pacta sunt servanda の原則

条約を締結することにより、締約国は慣習国際法の規範、すなわち、*pacta sunt servanda* の規則を適用し、そして、同時に、国際法規範、すなわち、締約国の 1 またはすべての条約上の義務として、また、他の国または国々の条約上の権利として現れる規範を定立する。法的義務と法的権利は常に個人の行為を規定する法規範の機能である。「規範」という言葉はその主観的な現れが義務と権利である客観的な現象を意味する。条約が「拘束力」を有するという言明は、条約が締約国の義務

---

(20)　アメリカ法学では、大統領が憲法に従って上院の助言と承認を得て締結する「条約」（treaties）と大統領が上院の助言と承認なしにその権限により締結する条約であるいわゆる「行政協定」（executive agreements）を区別することが通常である（本書後掲 264 頁を参照せよ）。フォー・パッケッジス・オブ・カットダイアモンド対合衆国事件（*Four Packages of Cut Diamonds v. United States*, 256 Federal Reporter [1919] 305）において、郵政長官が大統領の助言と承認を得て締結した外国との郵便協定は、「上院の助言と承認を得て締結されなかったのであるから条約ではなく、また、それらは議会によって制定されたのでないのであるから法律でもない」と判示された。しかし、それ以前の B. アルトマン社対合衆国事件（*B. Altman & Co. v. United States*, 224 U.S. 583）において、最高裁判所は、1912 年に、次のように判示した。すなわち、「2 主権国の代表者の間で交渉され、締約国の名でかつ締約国に代って作成され、2 国間の重要な通商関係を扱い…大統領によって宣言された国際協定は」、たとえ「行政協定」であっても、国際的および憲法的の双方において条約である。

および権利を確立する規範であるまたはその規範を定立するということを意味するにすぎない。こうして、条約は法適用的な性格と同時に法定立的な性格を有する。条約は、条約のあらゆる締結が一般国際法規則である *pacta sunt servanda* の適用であるために法適用的な性格を持つ。また、条約は、あらゆる条約が条約の締結前にはいまだ存在しなかった義務および権利、つまり当該条約によって出現する義務および権利を創設するために法定立的な機能を持つ。

### (3) いわゆる「立法」条約

立法条約を法を定立しない他の条約から区別することが一般的である。この区別は、一部の条約は国々の間の行為規則を定めるために、つまり、法を定立する目的で締結されるのに対して、他の条約は別の目的で締結されるという見解に基礎づけられる。しかしながら、この区別は不正確である。というのは、法一般、そして特定的には条約法は目的のための手段であって、目的自体ではないからである。法を定立する、すなわち、一般規範であれ個別規範であれ、法規範を創造することはあらゆる条約の本質的機能である。国々の―政治的または経済的な―あらゆる目的は、条約によって追求されるときには法の形式で実現される。そのため、すべてのいわゆる立法条約は政治的または経済的な目的を持つ。したがって、条約の論理的に正しい分類、すなわち、国際法の観点からの分類は、さまざまな立法条約を区別すべきであって、立法条約と他の目的の条約を区別してはならない。実際に、多数の国家によって締結される条約（多辺条約）ともっぱら2国によって締結される条約（二辺条約）の間には顕著な相違が存在する。前者は、国際連盟規約や国連憲章のように、締約諸国の相互的な関係を規律する一般規範を定立する。後者は、たとえば、割譲条約のように、一方の国家の義務と他方の国家の権利を確立する個別規範を定立する。いわゆる立法条約は一般規範を定立する条約である。これに対し、他の条約は個別規範を定立する立法条約である。しかしながら、二つの類型の条約の間には多くの中間的な段階が存在する。「立法条約」という言葉は冗語句である。

### (4) 法的条約と政治的条約

立法条約と他の条約の論理的に誤った分類に関連して、法的条約と政治的条約の区別が存在する。この区別は、法的文書である条約と政治的文書である条約が存在し、法的文書とは対照的に、政治的文書は法原則に従ってではなく、政治原則に従って解釈されるべきであるという見解に基礎づけられる。条約は、たとえ政治目

A　国際法の定立（淵源）

的のために締結されたとしても、常に法的文書であり、法原則に従ってのみ解釈さ
れうる。条約を政治原則に従って解釈することは、条約を政治目的に従って、つま
り、締約国の意思に従って解釈することを意味する。しかし、これは法的解釈、す
なわち、法的文書を解釈する法的方法の一つである。

### (5)　条約の解釈

　法的文書の作成者の意思を確認するために、当該文書が確立された歴史的、すな
わち、政治的および経済的な事情が考慮されることがある。制定法の場合には、そ
れに先行する議会の議論が参照されることがある。条約の場合には、その締結を導
いた交渉が参照されることがある。法的文書一般、特定的には条約を解釈するもう
一つの方法は言葉づかいに従った解釈、いわゆる論理・文法的解釈である。法的文
書の言葉づかいはその作成者の確認しうる意思に一致しないことがある。言葉づか
いはかれらの意思を超えるか、またはその背後にとどまることがある。次に、その
作成者の意思に従う解釈は、言葉づかいに関して第一に制限的、第二に拡張的であ
ることがある。これらの解釈方法のいずれも他方を排除しない。法的文書に定めら
れた法を適用する権限を有する主体または機関は、法的文書それ自体の規範または
法的文書が属する法秩序の別の規範が特定の解釈方法を規定しない限り、当該文書
が制定法であるかまたは条約であるか、また、当該条約が政治目的またはその他の
目的で締結されるかを問わず、それらの解釈方法のうちから選択する。一般国際法
はそのような規範を含まないが、しかし、条約はその解釈に関する規則を規定する
ことがある。条約は、特に、締約国を拘束する条約解釈の権限を、国際機関、たと
えば、国際裁判所に付与することがある。時として、制定法または条約は、先の制
定法または条約を解釈する目的以外の他の目的を持たないことがある。もし解釈が
拘束力を持つならば、われわれは有権的な解釈について語る。

　法解釈一般に関する諸原則は条約の解釈にも同じく適用される。他の法的文書の
解釈に関する原則とは異なるいかなる条約解釈の原則も存在しない。

### (6)　国 際 立 法

　一部の学者は「国際立法」(international legislation) について語るが、この言葉は
締約国の行動を規律する一般規範を定立する多辺条約の確立を意味する。この専門
用語はあまり適切ではない。というのは、それは立法と契約または条約の締結との
間に存在する本質的な違いを無視するからである。

4 条 約

「条約」という言葉は、それが法定立行為、すなわち、それによって合意が達成される行為のみならず、この行為の結果、すなわち、この行為によって定立された規範、つまり、締約国の義務および権利を設定する条約規範をも意味する限りで、曖昧である。われわれが法源としての条約について語るとき、われわれは法定立行為、すなわち、条約規範がそれによって定立される手続を想定する。われわれが、条約は締結された、または、国は条約に従ってこれこれのことを行うよう義務づけられるあるいはこれこれのことを行うよう資格づけられると述べるとき、「条約」という言葉は、その本質的要素が意思の合致を達成することである手続、つまり、同じく「条約」（契約）と名づけられる法定立手続によって定立された規範を意味する。規範定立行為としての条約と特定の行為によって定立された規範としての条約とを明確に区別することが重要である。「条約」という言葉のこの二つの異なる意味の混同は伝統的条約理論の多くの誤解と誤りの原因である。

## ◆ b 法定立手続としての条約

### (1) 締約当事者

原則として、国際合意の締結当事者は国家である。しかし、例外的に、国際法の意味において国家の性格を持たない共同体もまた条約の締約当事者になることがある。われわれはすでにいわゆる政教協約の締約当事者としてのローマ・カトリック教会[21]、国際人格を付与された国際機構[22]、連邦国家の構成国としてのかなり国家に類似した共同体[23]および被保護国[24]を国際合意の可能な当事者として言及した。私的個人は現行国際法の下で条約を締結することができない。

一般国際法の下で条約を締結する国の権限は原則として無制限である。国家はその欲するいかなる事項に関しても条約を締結することができる。しかし、条約の内容は、任意規範（*jus dispositivum*）の性格ではなくて強行規範（*jus cogens*）の性格を持つ一般国際法の規範と抵触してはならない[25]。条約を締結する国の権限は特別国際法によって制限されることもある。こうして、たとえば、連盟国は、国際連盟規約と両立しない条約を締結しないことを義務づけられた（連盟規約第20条1項）。

---

(21) 本書前掲 134 頁以下を参照せよ。
(22) 本書前掲 140 頁以下を参照せよ。
(23) 本書前掲 135 頁を参照せよ。
(24) 本書前掲 136 頁を参照せよ。
(25) 本書前掲 75 頁を参照せよ。

A　国際法の定立（淵源）

## (2)　条約締結権限を有する国家機関

　原則として、一般国際法は当該国に代って条約を締結する権限を有する国家機関を直接的に規定しない。国際法はこの機関の決定を国内法秩序に委ねる。通常、国家元首は、単独でか、または議会、閣僚もしくは全内閣のような他の機関と協力してか、条約を締結することを憲法によって授権される。時として、憲法は異なるカテゴリーの条約、特に、一方で講和条約や政治的または経済的に重要な条約と他方でその他の条約とを区別し、前者を議会の承認に付す。これに対して、後者は、国家元首、内閣または内閣の一員（外務大臣）によって議会の協力なしに締結されることがある。そのような制限は大多数の国の憲法において重要な役割を果す。

　国際法は条約締結権限を有する機関または諸機関の決定を国家の憲法に委ねるという規則は、国際法が条約締結権限を有する機関の決定を国家の実質的憲法に委ねることを意味すると解釈されなければならない。国の実質的憲法は成文憲法と完全に同一でないことがある。条約の締結権限に関する慣行が成文憲法の規範とは異なることが十分に可能であり、また、しばしば異なっている。特徴的な例はアメリカ合衆国大統領によって締結されるいわゆる行政協定である。憲法第2条2節は条約を締結する権限を「上院の助言と承認」を得て初めて大統領に明示的に付与するけれども、政治的に重要な多数の条約は「行政協定」の名の下に上院の助言と承認なしに大統領によって締結される。

## (3)　条約の合憲性

　条約が憲法に従って締結されたかどうかの問いに対する答えは憲法の解釈によって決まる。また、他国と自国との関係で自国憲法を解釈するのは当該政府の権限に属する[26]。したがって、一国がその政府を通じて他国と条約を締結するときには当該他国の政府は当該一国の政府の行為の合憲性に疑義を差しはさむいかなる理由も、またいかなる資格も持たない。しかし、これは一国の政府が他国と条約を締結した後で当該条約が自国の憲法に違反して締結されたことを理由にこれを無効であると宣言することを妨げない[27]。しかしながら、一部の学者は、もし条約が通常は条約を締結する権限を有する機関、すなわち国家元首により締約国の憲法に反して締結されるならば、憲法違反の責任を負うべきその個人が当該国内法の下で制裁にさらされるとしても、当該条約は国際法上有効であると主張する。もしこれが、それは疑わしいけれども、実定国際法の規則であるとするならば、国際法は国際関係において国家を代表する権限を有する機関の決定をその国内法秩序に委ねるとい

う原則は条約の締結に関する規則によって制限されると考慮されなければならない[28]。

　そのような制限を構成すると思われるもう一つの事実は、一定の公務員は憲法によって明確に授権されることなしにかれらの権限の範囲内にあるもっぱら行政的または技術的な性格の諸事項に関して国家に代って実際に条約を締結するということである。こうして、たとえば、郵便事業の運営に関して責任を負う閣僚は、通常、そのような事項に関する条約を締結する。また、戦時において、軍司令官は一時的休戦、要塞地の引渡しに関する条約を締結する、などである。もしこれらの条約の

---

(26)　国際関係で国内法の解釈が問題になるときに受け入れられなければならないのは、当該国家の権限ある機関によるこの法の現実の解釈である。セルビア公債事件（本書前掲259頁注(19)を参照せよ。）において、常設国際司法裁判所はフランス法が本件に適用されると判断した後で以下のように述べた。すなわち、「裁判所は、本件の事情の下で国内法の意味および範囲について決定しなければならないので、次のことを述べておく。すなわち、現存の判決を暫時棚上げにして、最高の国内裁判所により国内的に与えられた、そして、その結果において本裁判所として合理的と思われる、そのような解釈と矛盾する危険を伴って、裁判所自身が国内法の解釈をみずから引き受けることは、本裁判所が設立された任務と適合せず、またその裁判官の選定を規律する諸原則と両立しないであろう。特に公の政策—これはその定義が特定国において所与の時点でその国自身で一般に行われる意見に主として依存する概念である—に関する場合、またいかなる関連規定も直接係争問題に関係を持たない場合にそうすることは、最高にデリケートな問題である。実際にフランス法を構成するのはフランスにおいて適用されるフランスの法律である」（p. 46）。

(27)　1920年8月14日にルーマニアとオーストリアとの間で締結された通商条約はルーマニアによりその憲法に従い議会によって承認されなかったために無効と宣言された。

(28)　本書前掲264頁を参照せよ。1906年10月20日ベルンで署名された通商条約のある規則の解釈に関するスイス・フランス間の紛争（*The dispute between Switzerland and France concerning the interpretation of a regulation of the commercial convention and report signed at Berne, October 20, 1906*）において、1912年に、仲裁裁判所は次のように述べた。すなわち、「通商条約と規則がその全権代表によって代表される締約国がこれに与えた裁可によって規律されることを考慮すると、裁判所は当該規則が立法部の承認に付されなければならなかったかどうかに関して審理することを求められない。それは国内法に属する事項である」（6 *American Journal of International Law* [1912] 1000）。

　　上部サボアとジェックス地区の自由地帯に関する事件（*Case of the Free Zones of Upper Savoy and District of Gex*, Publications of the Permanent Court of International Justice, Series A/B, No. 46, P. 170）において、1932年に、常設国際司法裁判所は、最近の審理中にスイス代理人が行った宣言に関して以下のように述べた。すなわち、「最近の審理中に、フランス代理人がスイス提案は受け入れがたいと宣言したことは確かである。しかし、かれがそれを特別協定の締結の申し込み、すなわち、この形式においてかれが受け入れる権限を持たない申し込みと見なしたことも確かである。また、フランス代理人が憲法の観点からスイス宣言の拘束的性格に関してある疑問を表明したことも確かである。しかしながら、この宣言が行われた事情を考慮すると、裁判所はそれがスイスを拘束するものと見なさなければならない」。

A　国際法の定立（淵源）

妥当性が当該国の不文憲法の規範に基礎づけられえないとするならば、それは上述の国際法規則にもっぱら基礎づけられる[29]。

### (4)　武力による威嚇または武力の行使の条約に対する効果

指摘されたように、条約は意思の合致である。国際法が条約に特別な効果を付すのはこの意思の合致に対してである。この意思の合致または相互的な合意は締約当事者の行為によって達成される。すなわち、一方が提案または申し込みを行い、他方がこの提案または申し込みを受諾する。一方の提案または申し込みが他方によって受諾されない限り、つまり、その受諾が前者に知らされない限り、いかなる条約も存在しない。

文明化された人民の最も重要な国内法原則の一つは契約の締結が双方にとって任意的でなければならないことである。実力による違法な威嚇または実力の違法な行使によって強制された契約は無効または取消可能である。しかしながら、この原則は条約に適用可能な実定国際法規則として一般に認められていない。講和条約は最も重要な条約のうちに入るのであるが、それは、原則として、戦勝国が敗戦国に対して行う武力の威嚇または武力の行使によって強制される。しかし、講和条約はこの理由で無効または取消可能とは考慮されない。この点で、一般国際法は原始的な法の性格を持つと思われる。原始的な法は、意思の表明は、もし強制されたならば、いかなる法的効果も持ちえないという原則や一方の締約当事者に対して行使された強制の結果として締結された条約は無効であるという原則を承認しない。ローマ法でさえ、強制により達成された法律行為は無効ではなくて、取消可能であるにすぎなかった。武力による威嚇または武力の行使が国際合意の無効または取消可能性の根拠として認められないということは、一般国際法上、国家間関係において武力（戦争）による威嚇またはその行使は違法ではないという理論の結果であると考慮されるであろう。しかしながら、国連憲章上、国際関係における武力による威嚇または武力の行使は違法なのであるから、国際連合の諸機関は武力によって強制された条約を無効または取消可能と考慮することがある。

---

[29]　東部グリーンランドの法的地位に関する事件（*Case of the Legal Status of Eastern Greenland*, Publications of the Permanent Court of International Justice, Series A／B, No. 53, p. 71）において、1933 年に、常設国際司法裁判所はノルウェー外務大臣がデンマーク外交代表に対して行った宣言に関して次のように述べた。すなわち、「裁判所は、外国外交代表の要請に応じて外務大臣によりその権限に属する事項に関してその政府に代って与えられたこの種の回答が同大臣の属する国家を拘束することは疑問の余地がないと考える」。

一部の学者は、武力による威嚇または武力の行使が条約の無効または取消しの原因ではないという規則を制限的に解釈する。この理論に従えば、条約は、もし武力による威嚇または武力の行使が国家の代表として条約を締結した個人の身体に向けられたならば（たとえば、その者を殺害するまたは拘束するという威嚇）、無効または取消可能である。しかし、国家自体に対して向けられた武力による威嚇または武力の行使（たとえば、武力により国家領域を占領するという威嚇）はこのように強制された条約の無効原因でも取消原因でもない。

### (5)　条約の形式（署名または批准）

　一般国際法は条約の締結のための明確な形式を規定しない。したがって、締約当事者はかれらの同意を書面または口頭により、たとえば白旗のようなシンボルによりまたは単なる身振りにより表明することができる。

　事実問題として、多くの条約は二段階によって特徴づけられる手続で締結される。第一段階は先行する交渉の結果としての条約本文を含む文書の署名である。第二段階は締約国の権限ある機関による署名済み条約本文の批准である。この手続は、とりわけ、国家元首または議会の機関のようなその憲法に基づき条約締結権限を有する国家機関が条約本文の交渉に参加できないときに、また特にかれらが条約締結権限を他の機関に委任できない場合に用いられる。その場合には、特別な機関、いわゆる全権委員は批准に付されなければならない条約本文を交渉しかつこれに署名する任務を負う。しかし、当該条約は憲法上権限ある機関を通じて行動する締約国による批准後に初めて有効になる。また、いかなる国家もその全権委員によって署名された条約を批准する義務を負わない。

　伝統的理論に従えば、条約は全権委員がその本文に署名するや直ちに締結される。しかしながら、その拘束力は批准が与えられるまで停止される。この理論に従えば、批准の機能は条約を拘束的にすることである。批准が与えられない限り、条約は、締結されるけれども、いまだ拘束的ではない。批准行為に関するこの解釈は正確ではない。もし条約が批准なくしては拘束的でないならば、また、条約本文はそれが拘束的である場合にのみ条約であるとするならば、条約が締結されるのは批准行為によってである。この見解に対しては以下の議論が提出される。すなわち、締約国は、条約は全権委員によって署名されたときに締結され、かれらの同意はその全権委員の署名によって与えられたと常に仮定されてきた。条約は全権委員の署名によって締結されるのであるから、それが部分的に批准されることはありえな

A　国際法の定立（淵源）

い。条約のいかなる変更も批准行為によっては不可能である。条約はその履行に
よって黙示的に批准されることがある。そして、最後になったが、条約は全権委員
による署名日から開始するのであって、その批准日から開始するのではない。

　しかしながら、これらの議論は説得力を欠く。それらの主張は次のことを証明す
るにすぎない。すなわち、諸政府は、条約が批准によってのみ発効するにもかかわ
らず、全権委員の署名によって締結されるという誤った見解を共有していること、
そして、この誤った理論が条約は全権委員によって署名された日から開始するとい
う慣行の原因である、と。この日付それ自体は何ら重要性を持たない。条約が部分
的に批准されることはできないこと、つまり、条約のいかなる変更も批准行為に
よっては不可能であるという事実は、もし一方の当事国が条約の一部のみを批准す
るとするならば、つまりその本文を変更するとするならば、いかなる同意も存在し
ないという事実によって説明されなければならないのであって、条約はすでに全権
委員の署名によって締結されているという事実によって説明されるのではない。条
約はその履行によって黙示的に批准されることがあるということは、国際法はいか
なる正式な批准も規定していないのであるから可能である。批准は締約国によって
要求される場合にのみ必要である。

　一部の学者は、条約署名国の政府は批准を義務づけられないけれども、批准まで
の間、その完成に反対することは許されず、その文言に違反しないことを義務づけ
られると主張する[30]。これらの義務はその性格からして道徳的義務以上のもので
はほとんどない。したがって、批准までの間、その全権代表によって署名された条
約の文言に違反するいかなることも行わない当該政府の法的義務が存在するとたと
え認められるとしても、そのような義務は、条約は批准行為によって締結されるの
であって、署名行為によって締結されるのではないという理論と完全に両立しうる
であろう。というのは、政府にこの義務を課すのは条約ではないからである。すな
わち、それは、この結果を署名行為に付する一般国際法の規範であって、*pacta
sunt servanda* の規則とは異なるのである。条約の文言に違反するいかなることも
行わない義務は条約を履行する義務とは異なる。条約を履行する義務は批准の効果
である。

　全権委員によって署名される条約本文は、発効するために当該条約は批准を必要
とするあるいは必要としないという趣旨の条項を含むことがある。これは拘束力の
ある条約規定ではないが、しかし、各署名の意味に関する署名国による宣言であ
る。条約が批准を必要とする条項を含む場合には、当該条約はまた批准が与えられ

なければならないまたは明示的に拒否されなければならない期間に関する規定を含むことがある。もしいかなる規定も設けられないならば、批准は法的にいつでも与えられうるが、しかし、実際には、もし批准が一定の期間内に与えられないならば、批准は拒否されたものと推定される。

代表によって署名された本文は、時として、ある特定の署名国によって批准された場合にのみ有効な条約の一部になる規定を含む。しかし、もしこの署名国が批准を拒否するならば、条約は他の国々に関して法的現実に一致しない本文を伴ってかれらの批准後に発効する。こうして、たとえば、国際連盟規約第1条は「本規約附属書列記ノ署名国…ヲ以テ、国際聯盟ノ現聯盟国トス」と規定し、第4条は「聯盟

---

(30) 1903年1月22日、パナマ運河に関する条約本文は合衆国とコロンビアにより署名された。この条約は合衆国によって批准されたが、しかし、コロンビア上院は批准を拒否した。合衆国政府に対する通告において、コロンビア政府は、1903年12月23日に、「わが国の法律に従い、政府によって締結された条約を承認しまたは否認する能力または権限を付与されたコロンビア議会はその条約を否認したときに完全な権利を行使した」と宣言した。1904年1月5日の回答で、合衆国国務長官は次のように述べた。すなわち、「本省は、条約はそれが批准されるまで決定的に拘束的でないという原則を否定するつもりはない。しかし、条約は、それが私的権利に関して作用する場合を除き、別段の規定が存在しない限り、その署名の日から締約国を拘束するということ、そして、そのような場合に、批准書を交換することはその日から条約を正式に認めることであるということはやはりよく知られた規則である。この規則は、2政府は正式に授権された代表を通じて条約に同意する際に、批准までの間、その完成に反対しないばかりでなく、その文言に違反するいかなることも行わないと誓約することを必然的に意味する」。(Papers relating to the Foreign Relations of the United States, 58th Cong., 2d Sess., House of Representatives, Document No. 1, pp. 285, 299)

ヴェルサイユ講和条約第256条は「獨逸國ノ領土ノ譲渡ヲ受クル諸國ハ其ノ譲受地内ニ在ル獨逸帝國又ハ其ノ各邦ニ属スル一切ノ財産及所有物ヲ取得スヘシ…」と規定する。上部シレジアのドイツ人の利益に関する事件(*Case concerning Certain German Interests in Polish Upper Silesia*, Publications of the Permanent Court of International Justice, Series A, No. 7)において、ポーランド政府は、1919年6月28日に署名された条約は、たとえ批准前であっても、ドイツに対してドイツ帝国からポーランドに譲渡された領域に所在するドイツ帝国またはその州の財産および所有物の移転を慎む義務をドイツに課したと主張した。常設国際司法裁判所は、1926年に、条約は当該領域が譲渡された国に主権の移転以前に譲渡国によって実施された(財産および所有物の)移転を無効と考慮する権利を与えなかった、すなわち、ドイツは公的財産の通常の管理の過程でその財産を処分する権利を保持したと判断した。しかし、裁判所はこの権利が濫用される可能性を認めた。すなわち、「そのような濫用は推定されえない。したがって、その主張を証明することはそのような濫用が存在したと主張する当事者にかかっている」(p. 30)。

メガリディス対トルコ事件(*Megalidis v. Turkey*, Annual Digest 1927-1928, Case No. 272)において、1928年にトルコ・ギリシャ仲裁裁判所は、1923年7月24日にトルコによって署名されたローザンヌ条約に関して、同条約の署名の日からかつその発効前に締約国はその条項の適用を損なう虞のあるいかなることも行わない義務を負うと判示した。

A　国際法の定立（淵源）

理事会ハ、主タル同盟及聯合国ノ代表者並他ノ４聯盟国ノ代表者ヲ以テ之ヲ組織ス」と規定する。アメリカ合衆国は附属書列記の署名国であり、当該条約の前文に従えば、「主タル同盟及聯合国」の１カ国であった。したがって、同国は第１条の文言に従えば、現連盟国であり、第４条の文言に従えば理事会の常任理事国であった。しかしながら、合衆国は、同条約を批准せず、その結果として署名国であるが、締約国ではなかったために、連盟国でも理事国でもなかった。当該本文の不適切性は署名国と締約国との間にいかなる区別も設けなかったことにある。これは批准を要求する条約は全権代表の署名によって締結されるという誤った考えの結果である。

　多辺条約の場合に、条約は、もし当該条約がそのような規定を含むならば、全署名国がそれを批准する前に発効するであろう。この規定もまた批准によってのみ発効する。こうして、たとえば、国連憲章第110条は次のように規定する。すなわち、「1　この憲章は署名国によって各自の憲法上の手続に従って批准されなければならない。2　批准書はアメリカ合衆国政府に寄託される。同政府は、すべての署名国及び、この機構の事務総長が任命された場合には、事務総長に対して各寄託を通告する。3　この憲章は、中華民国、フランス、ソヴィエト社会主義共和国連邦、グレート・ブリテン及び北部アイルランド連合王国、アメリカ合衆国及びその他の署名国の過半数が批准書を寄託した時に効力を生ずる。批准書寄託調書は、その時にアメリカ合衆国政府が作成し、その謄本をすべての署名国に送付する。4　この憲章の署名国で憲章が効力を生じた後に批准するものは、各自の批准書の寄託の日に国際連合の原加盟国となる」。

　もし条約の締結に関して明確な形式を規定するいかなる一般国際法の規則も存在しないならば、批准が必要かどうかに関する問いは締約国の意思に従って答えられなければならない。この意思は、条約は批准の後にのみ発効するという規定によって条約本文に明記されることができる。たとえ全権委員によって署名された本文がそのような条項を含まないとしても、署名の意味は、署名国の法的に拘束力のある意思の宣言という意味ではないであろう。というのは、全権委員はそのような行為を成し遂げることを授権されていないからである。そこで、この場合にもまた条約は批准によって締結される。19世紀および20世紀中の国々の慣行において、条約、特に多辺条約の大部分は批准が必要とされると明確に規定した事実を考慮して、多くの学者と裁判所は、法律上の推定として、もし条約が反対の規定を含まないならば、批准は必要であると推定する(31)。しかし、この慣行は、国々が批准を

要求する明示の条項が必要であると考慮したことをもっぱら証明すると主張されるであろう。それゆえ、反対の推定は排除されない。時として、次のような一般慣習国際法規則が存在すると主張されさえする。この規則に従えば、条約は、その憲法に従ってそのような条約の締結権限を有する国家機関によって、たとえば、その締結に他の機関の協力を必要としない条約の場合に国家元首によって、または、もっぱら行政的または技術的な性格の事項に関して別の国家機関が締結権限を有する条約の場合にその機関によって署名されまたは他の方法で同意されない限り、批准が必要とされる[32]。もしそのような一般国際法の規則が存在するとするならば、国際法は条約締結のための特定の形式を規定しないと主張することはほとんど不可能であろう。その結果として、批准を要求する条項を条約に設けることは不要であろう。しかしながら、一般的な慣行はこの見解を確認しない。

　一般国際法は批准行為の明確な形式を規定しないけれども、条約当事国と同数のそれぞれの国家元首および外務大臣によって署名された正式な文書を作成し、これらの文書を関係国間で交換するのが通常である。時には、批准書は交換されずに、上述の憲章第110条に従う場合のように、条約批准国の政府のうちの一つに寄託される。

　条件付きのまたは部分的な批准も留保を付した批准も認められない。しかし、多辺条約の場合に、国家は、その全権委員を通じ他の署名国の同意を得てではあるけれども、一定の留保を付して条約本文に署名することがある。あるいは、条約本文は条約を批准する際に政府が付すことを許される留保について規定することがある。こうして、そのような留保を付して行われる批准は留保によって修正された条約本文に関係する。そこで、締約国は同一の条約の下で異なる義務および権利を有

---

(31)　エリザ・アン号事件（本書前掲 26 頁注(8)を参照せよ。）において、裁判所は次のように述べた。すなわち、「条約は全権代表により署名されてきたけれども、最近の国家慣行は批准を要求してきた。現在普及する慣行に従えば、後続する批准は絶対的に必要である。この見解の真実性のゆるぎない確認はそれが明示的にそのように規定されない現代条約はほとんど存在しないことである。したがって、全権代表の権限は後続する批准条件によって制限されると今や推定されるべきである。批准は形式であるかもしれないが、しかしそれは必須的形式である。というのは、文書は法的効力の点で批准なくしては不完全であるからである」。

(32)　オーデル河国際委員会の領域的管轄権に関する事件（*Case relating to the Territorial Jurisdiction of the International Commission of the River Oder*, Publications of the Permanent Court of International Justice, Series A, No. 23, p. 20) において、常設国際司法裁判所は、1929 年に、「とりわけ、条約は、一定の例外的な事例を除き、その批准によってのみ拘束するという一般国際法の通常の規則」に言及した。

A　国際法の定立（淵源）

することがある。これが可能であるのは、条約がすべての国に同一の義務および権利を課すことが必要ではないからである。不可欠であるのはすべての締約国が条約の内容に合意することだけである。条約本文において許容されるまたは全権代表により署名の際に他の締約国の同意を得て付される留保は条約本文の一部と考慮されなければならない。同じ原則はもっぱら批准に際して付されその後に他の締約国によって同意される留保に適用される[33]。一部の学者が支持する見解に従えば、そのような留保に対して全締約国の同意は必要とされない。しかし、条約は留保を付する国家とそれに同意する国家との間でのみ効力を生ずる[34]。

### (6)　簡略化された手続

　多辺条約の締結に関する通常の手続（条約の締結を意図する諸国の会議、全権委員によって合意された本文の署名、署名された本文の政府による批准、批准書の交換）は複雑で緩慢であることから、これを単純化し短縮する企てが行われてきた。そのような簡略化された手続は以下の通りである。

　1．指摘されたように、批准書の交換ではなくて締約国のうちの1の政府へのまたは条約により設立された国際機構の機関への批准書の寄託が規定されることがある。そして、当該政府または機関は他の締約国に通告することを義務づけられる。たとえば、1948年3月7日にブリュッセルで署名された条約の第10条は次のように規定する。すなわち、「本条約は批准され、批准書はベルギー政府に可及的速やかに寄託されるものとする。…ベルギー政府は他の締約国に対し各批准書の寄託と各廃棄通告を通知するものとする」。

　2．すべての全権委員によって合意されかつ署名された本文は必ずしもすべての署名国ではなくて一部の国の批准後に当該批准国に関してのみ効力を生じる。1947年9月2日にリオ・デ・ジャネイロで署名された相互援助に関する米州条約の第

---

(33)　国際連盟の国際法典編纂会議の専門家委員会は連盟理事会に対する報告で次のように述べた。すなわち、「条約の条項に関していかなる留保であれそれが有効に行われるためには、それが交渉中に提出された場合にはそうであったであろうように、全締約国によって受諾されることが不可欠である。もしそうでなかったならば、留保は、それが付される署名と同じく無効である」（League of Nations Official Journal [1927], p. 881）。多辺条約に対する留保に関する国連事務総長報告（UN Doc. A/1372, September 20, 1950, p. 19）は次の声明を含む。すなわち、「事務総長によって支持される規則は…以下のように述べられる。すなわち、国家は、条約の発効以前には、発効の日までに批准したまたは加入したすべての国の同意を得てのみ条約への署名、批准または加入の際に留保を付すことができる。発効後は、それまでに批准または加入したすべての国の同意を得てのみそうすることができる」。

22 条および第 23 条は次のように規定する。すなわち、「本条約は署名国の 3 分の
2 の批准書が寄託されるや批准国の間で直ちに効力を生ずるものとする。…批准書
は署名国に各寄託を通知する汎米連合に寄託されるものとする。そのような通告は
批准書の交換と見なされるものとする」

　3.　会議を招集しかつ全権委員によって合意された本文に署名する代わりに、条
約本文はすべての締約国が代表される国際機構の機関の全会一致の決定で採択され
る。採択された本文は議定書の形式で諸政府による批准のために提出される。これ
は常設国際司法裁判所規程が効力を生じた方法である。連盟総会は規約第 14 条に
基づき理事会によって準備された常設国際司法裁判所の規程草案の承認を全会一致
で宣言した。次に、このように総会によって採択された規程草案は連盟国政府とそ
の他の諸国の政府に対して議定書の形式で採択のために提出された。議定書の本文
は次の通りである。すなわち、「正當ノ委任ヲ受ケタル下名ノ者ニ依リ代表セラレ
タル國際聯盟ノ聯盟國ハ 1920 年 12 月 13 日『ジュネーヴ』ニ於ケル聯盟總會ニ於
テ全員一致ニテ可決セラレタル添付ノ常設國際司法裁判所規程ヲ受諾スルコトヲ宣

⑶4　これは汎米連合によって支持された慣行である。1932 年 5 月 4 日に採択された理事会決
　議で留保を付して批准された条約に関して次の声明が行われた。「1．条約は留保を付さずに
　当該条約を批准する国家間では、それが最初に起草されかつ署名された文言で発効するもの
　とする。2．条約は留保を付して批准した国家とその留保を受諾する国家との間では当該留
　保によって修正された文言で発効するものとする。3．条約は留保付きで批准した政府とす
　でに批准を完了したが、そのような留保を受諾しない他の国家との間では発効しないものと
　する」（William Sanders, "Reservations to Multilateral Treaties made in the Act of Ratification
　or Adherence," 33 *American Journal of International law*〔1936〕490）。UN Doc. A/1372,
　September 20, 1950, p. 11 を参照せよ。
　　国際司法裁判所は、国連総会の要請に対して 1951 年 5 月 28 日に与えられたジェノサイド
　条約に対する留保に関する勧告的意見において以下のように述べた。すなわち、1．「条約の
　1 または 2 以上の当事国が異議を申し入れたが、他の当事国は異議を申し入れていない留保
　を表明し、かつ、維持している国は当該留保が条約の趣旨および目的と両立するときは、条
　約の当事国と見なされることができる。そうでない場合には、条約の当事国と見なされるこ
　とができない」。2．「(a)条約の当事国が条約の趣旨および目的と両立しないと考える留保に
　対して異議を申し入れるときは、その国は、実際上、その留保を表明した国を条約の当事国
　でないと見なすことができる。(b)他方、当事国が、留保を条約の趣旨および目的と両立する
　ものとして受諾するときは、その国は、実際上、その留保を表明した国を条約の当事国であ
　ると見なすことができる」。3．「(a)条約をまだ批准していない署名国が行った留保に対する
　異議申入れは、批准したときにのみ第 1 の問題に対する答えで示された法的効果を持ちうる。
　その時まで、その異議申入れは他国に対する署名国のありうべき態度の通告として役立つに
　すぎない。(b)署名または加入の権利を持ついまだ署名も加入もしていない国の留保に対する
　異議申入れはいかなる効果も持たない」（International Court of Justice, Reports, 1951, p. 15）。
　裁判所の見解は前掲注⑶3で引用した事務総長が支持する見解とは異なる。

A 国際法の定立（淵源）

言ス。依テ右諸國ハ前記規程ノ條項及條件ニ從ヒ裁判所ノ管轄ヲ受諾スルコトヲ茲ニ宣言ス。1920 年 12 月 13 日ノ國際聯盟總會ノ為シタル決定ニ從ヒ作成セラレタル本議定書ハ批准ヲ要ス各國ハ其ノ批准書ヲ國際聯盟事務總長ニ送付ス事務總長ハ右批准ヲ他ノ署名國ニ通告スル為必要ナル手續ヲ執ルヘシ批准書ハ國際聯盟ノ事務局ノ記錄中ニ寄託セラルヘシ。本議定書ハ國際聯盟ノ聯盟國及聯盟規約附屬書所載ノ諸國ノ署名ノ為開キ置クヘシ。裁判所規程ハ前記ノ決定ニ定ムル所ニ從ヒ之ヲ實施ス」。

4．国際機構の機関の過半数票によって採択されかつ構成国による批准に付される条約。本文は条約を批准した国家のみを拘束する。こうして、たとえば、国際労働機関憲章第 19 条に従えば、総会は拘束的な条約になるためには加盟国によって批准されなければならない条約草案を採択することを授権される。国際労働機関の加盟国による批准のための国際条約草案は総会の会合に出席する代表者の投票の 3 分の 2 の多数を必要とする（第 19 条 2 項）。条約草案の謄本は総会議長および事務局長の署名によって認証されなければならず、また、国際連合事務総長に寄託されなければならない。事務局長は認証謄本を各加盟国に送付する。正式に批准された条約は国際連合事務総長によって登録されるが、しかし、それを批准する国家のみを拘束する。

5．国際機構の機関により過半数投票によって採択された本文は当該機構の構成国の過半数により批准されたときに機構のすべての構成国に対して拘束的になる。この手続は国際機構の憲法の改正に関して用いられてきた。こうして、たとえば、国際連盟規約第 26 条は次のよう規定する。すなわち、「1　本規約ノ改正ハ、聯盟理事会ヲ構成スル代表者ヲ出ス聯盟各国及聯盟総会ヲ構成スル代表者ヲ出ス過半数ノ聯盟国之ヲ批准シタルトキ、其ノ効力ヲ生スルモノトス。2　右改正ハ、之ニ不同意ヲ表シタル聯盟国ヲ拘束スルコトナシ。但シ此ノ場合ニ於テ当該国ハ聯盟国タラサルニ至ルヘシ」。国際労働機関憲章第 36 条は次のように規定する。すなわち、「総会が出席代表の投票の 3 分の 2 の多数によって採択するこの憲章の改正は、この憲章の第 7 条第 3 項の規定に従って主要産業国たる加盟国として理事会に代表者を出している 10 加盟国のうちの 5 国を含むこの機関の 3 分の 2 によって批准され、又は受諾された時に効力を生ずる」。国連憲章第 108 条は次のように規定する。すなわち、「この憲章の改正は、総会の構成国の 3 分の 2 の多数で採択され、且つ、安全保障理事会のすべての常任理事国を含む国際連合加盟国の 3 分の 2 によって各自の憲法上の手続に従って批准された時に、すべての国際連合国に対して効力を生

ずる」。改正は総会の多数によって「採択され」かつ構成国の多数によって批准されたときに初めて国際連合のすべての構成国に対して効力を生ずる。国連憲章の第109条は次のように規定する。すなわち、「1　この憲章を再審議するための国際連合加盟国の全体会議は、総会の構成国の3分の2の多数及び安全保障理事会の7理事国の投票によって決定される日及び場所で開催することができる。各国際連合加盟国は、この会議において1個の投票権を有する。2　全体会議の3分の2の多数によって勧告されるこの憲章の変更は、安全保障理事会のすべての常任理事国を含む国際連合加盟国の3分の2によって各自の憲法上の手続に従って批准された時に効力を生ずる。3　この憲章の効力発生後の総会の第10回年次会期までに全体会議が開催されなかった場合には、これを招集する提案を総会の第10回年次会期の議事日程に加えなければならず、全体会議は総会の構成国の過半数及び安全保障理事会の7理事国の投票によって決定されたときに開催しなければならない」。改正は全体会議の多数によって「勧告され」かつ構成国の多数によって批准されたときに初めてすべての構成国に対して効力を生ずる。

　国際連盟規約とは対照的に、国際連合憲章は、改正はそれに不同意を表明する国家を拘束せず、したがって、機構からの脱退が許されるという趣旨の規定を含まない。しかし、サンフランシスコ会議の第一委員会により採用された解釈に従えば、加盟国は、改正が総会または全体会議におけるその反対投票にもかかわらず効力を生ずる場合及び加盟国が賛成投票しかつ批准した改正が効力を生じない場合にも脱退することが許される[35]。

　6．もし国際機構の憲法がその構成国のすべてまたは一部のみが代表される機関に一切批准に付されずに過半数投票によって構成国を拘束する規範を採択する権限を付与するならば、その手続は立法の性格を帯びる。このように、総会は国連憲章第22条に従って、また、安全保障理事会は国連憲章第30条に従って、それぞれの手続規則を採択する。同様に、総会は、1946年12月14日の第65会合において憲章第102条を実施する条約の登録と公表に関する規則を採択した。


## (7)　条約の登録

　国際連盟規約第18条は次のように規定する。すなわち、「聯盟国カ将来締結スヘキ一切ノ条約又ハ国際約定ハ、直ニ之ヲ聯盟事務局ニ登録シ、聯盟事務局ハ成ルヘ

---

(35)　本書後掲290頁以下を参照せよ。

A　国際法の定立（淵源）

ク速ニ之ヲ公表スヘシ。右条約又ハ国際約定ハ、前記ノ登録ヲ了スル迄、其ノ拘束力ヲ生スルコトナカルヘシ」。国連憲章第 102 条は次のように規定する。すなわち、「1　この憲章が効力を生じた後に国際連合加盟国が締結するすべての条約及びすべての国際協定は、なるべくすみやかに事務局に登録され、且つ、事務局によって公表されなければならない。2　前記の条約及び国際協定で本条 1 の規定に従って登録されていないものの当事国は、国際連合のいかなる機関に対しても当該条約又は協定を援用することができない」。

　連盟規約第 18 条により規定される義務の連盟国による不履行の結果は何であったのか。それは、第一に、おそらく、ただし必ずしもそうであるわけではないが、規約第 16 条 4 項で規定される一般的な制裁、すなわち理事会の決定による除名、第二に、規約第 18 条自体により規定される制裁、すなわち、未登録条約は拘束力を持つことができない、である。第 18 条は連盟国が連盟国と締結した条約と連盟国が非連盟国と締結した条約とを区別しなかったけれども、登録は連盟国間で締結された条約の場合にのみ条約の有効性の条件でありうる。非連盟国は規約に服さなかったのであり、したがって、第 18 条によって拘束されなかった。非連盟国が連盟国と条約を締結したときには、その非連盟国は、たとえ当該条約が事務局に登録されなかったとしても、その条約は当該連盟国を拘束すると考慮することができた。第 18 条の言葉づかいは明らかに一般国際法により規定される法的可能性を超えた[36]。

　規約第 18 条と同じく、憲章第 102 条は加盟国が加盟国または非加盟国と締結した条約に関係する。しかし、憲章は未登録条約が無効であるとは宣言しない。すなわち、憲章は、未登録条約が総会、安全保障理事会、そして特に国際司法裁判所のような国連機関によって有効なものと考慮されてはならないと規定するにすぎない。もし加盟国が第 102 条に基づくその義務に執ように違反するならば、第 6 条により確立される制裁（除名）が適用可能である。

---

(36)　（レバノンの）パブロ・ナジェラ事件（*Pablo Najera (of the Lebanon) Case*, France and Mexico, Mixed Claims Commission, 1928; Annual Digest 1927-1928, Case No. 271）において、委員会は次のように判示した。すなわち、第 18 条の一般的な意味に関して、その規定は、正式に批准された条約の当事国たる連盟国の間での拘束力を損なわない。したがって、登録を怠ったにもかかわらず、当事国はそれから脱退したりまたはそれと相容れない条約を第三国と締結したりすることができない。しかしながら、同条は、当事国が国際連盟の総会および理事会ばかりでなく、常設国際司法裁判所およびあらゆる他の国際裁判所において当該条約を義務的なものとして援用することを妨げるであろう、と。この解釈は第 18 条の言葉づかいとほとんど両立しない。

第102条は国際連合加盟国が加盟国もしくは非加盟国または国際連合もしくは他のいずれかの国際機構と締結した条約にのみ適用される。同条は、非加盟国が非加盟国または国際連合もしくはいずれかの他の国際機構と締結した条約に適用されない。しかし、1946年12月14日に総会によって採択された規則は憲章第102条によって規定されない条約の登録と公表に関する規定を同じく含む。

## ⑻　条約への加入

　他の諸国によりすでに締結された条約への一国によるいわゆる加入は条約の締結とは異なる。加入によって、一国は、条約全体に関してまたはその規定の一部に関してのみ条約当事国になる。後者の場合について、一部の学者は国が条約全体の当事国になる場合に生じる加入（accession）とは対照的な部分的加入（adhesion）について語る。加入と部分的加入は当該条約がその趣旨の規定を含む場合にのみ可能である。条約、特に多辺条約は、当該条約がすべての他の国家に対してまたは特定国もしくは一部の特定諸国に対してのみ開放されるという規定をしばしば含む。そのような加入は条約締約国の同意に依存したりまたはしなかったりすることがある。こうして、たとえば、1949年4月4日の北大西洋条約第10条は「締約国は、本条約の諸原則を促進しかつ北大西洋地域の安全に貢献する立場にある他のあらゆる欧州の国家を全会一致の合意によって本条約に加入するよう招請することができる」と規定する。

　伝統的理論に従えば、条約への加入は常に条約の締結を意味する。この見解は正しくない。条約への加入と条約の締結との間には本質的な相違が存在する。すなわち、⑴加入国は交渉によって条約の内容に影響を与えるいかなる機会も持たない。加入国はもとのままの条約を受諾するかまたはしないかの選択権しか持たない。そして、⑵条約の締結時に、締約当事者の意思の合致が、特に当事者の人格に関して存在しなければならない。各当事者は他の特定当事者と条約の締結に合意しなければならない。したがって、この意思の合致が条約の締結時に存在しなければならない。一国が加入条項によって既存条約に加入するときには、そのような意思の合致は不必要である。たとえ締約国、つまり既存条約の当事国のうちの一国が第三国による加入の可能性に関してその意思を変えたとしても、加入に対するその反対または抗議は加入条項が有効である限り見当外れである。すなわち、この条項は、条約のあらゆる他の規定と同じく締約国のうちの一国による意思の一方的な宣言によってこれを無効にすることはできない。加入条項による既存条約への加入は既存

A　国際法の定立（淵源）

条約の締約国との条約の締結ではない。それは、むしろ、他国によって締結された条約によって定立された先在する規範または先在する一連の規範への当該一国の服従である。条約への加入がこの条約または同一内容を有する新条約の締結と全く同じではないということは、国際共同体を設立し、そして新たな構成国が、たとえば、国際連盟規約第1条2項または国連憲章第4条2項のように、当該共同体の機関の多数投票決定によって承認されるという規定を含む多辺条約の場合に特に明白である。設立された国際共同体に加わることによりまたは受け入れられることにより当該共同体の構成員になることはその構成条約への加入に等しい。もしある国家が既存の構成国の代表者による多数投票決定によって新構成国として受け入れられるとするならば、新構成国がすべての他の構成国、そして、その加盟に反対票を投じた構成国とでさえ条約を締結したという擬制を維持することはほとんど不可能である。新構成国の加盟に関する条約規定は条約の拘束力が条約の非締約国にも拡大されることがある条件を定める。加入（加盟）により加入国は条約に規定される義務、責任および権利の主体になる。

### ◆ c　特別な手続により定立された法としての条約

あらゆる法規範と同じく、条約によって定立された規範は一定の妥当範囲を持つ。指摘されたように[37]、われわれは実質的妥当範囲、人的妥当範囲、領域的妥当範囲、および、時間的妥当範囲を区別しなければならない。

#### ⑴　条約の目的

伝統的理論は条約の目的の問題として条約によって定立された規範の実質的妥当範囲の問題を提起する。いかなる主題であろうとも条約はこれを規律することができると一般に認められている。原則として一般国際法は条約により定立された規範の実質的妥当範囲を制限しない。しかしながら、この原則はいくつかの例外を持つと思われる。物理的に不可能なことを履行する義務または非道徳的に行動する義務を課す条約は無効であると通常主張される。それは各当事者がこの理由でそのような条約を無効にしうることを意味する。しかし、何が物理的に不可能であるかまたは非道徳的であるかに関する問題は争われることがある。一般国際法の下でこの問題を決定することのできる客観的権威は存在しない。さらに、条約を締結し、その

---

[37]　本書前掲 79 頁以下を参照せよ。

後でその非道徳的な内容を理由に当該条約を無効と宣言することは確かにその条約自体に劣らず非道徳的である。

この関連で、条約はある締約国に対して一定の主題に関して別の条約を他の締約国または第三国と将来締結する義務を課すことができるかの問題が生じる。そのような条約は「合意を締結することに関する約束」（*pactum de contrahendo*）と呼ばれる。第三国と締結される条約に関して一国がそのような条約の締結を条約によって義務づけられないことは明らかである。というのは、条約の締結は一国の行為にではなくて、他の国家の協力に依存するからである。当該国は第三国と条約を締結するよう単に努めることだけを義務づけられるかもしれないが、しかし、そのような義務はきわめて疑わしい[38]。

もし条約が特定の主題に関する条約を将来相互に締結する義務を締約国に課すとするならば、二つの場合が区別されなければならない。すなわち、最初の条約は一定の点に関して合意を構成したりまたはしなかったりする。もし最初の条約がすでに一定の点に関して合意を構成するならば、それは、*pactum de contrahendo* ではなくて、締約国に対して実質的義務、すなわち、条約を締結する義務ではなくて、何かを行い何かを慎む義務を課す条約である。それは、一定の重要事項のみを規定するいわゆる予備条約であって、他の、それほど重要でない点を規定する後続のいわゆる確定条約で補足される必要があるであろう。もし最初の条約が一定の点に関して合意を構成しないならば、それは条約を締結する義務ではなくて、条約締結のための交渉に入る義務のみを確立する。そのような条約の疑わしい価値の典型例は

---

(38) リトアニアとポーランド間の鉄道輸送に関する事件（*Railway Traffic between Lithuania and Poland*, Publications of the Permanent Court of International Justice, Series A/B, No. 42）において、国際連盟理事会は 1927 年 12 月 10 日にリトアニアとポーランド政府に対して、「両隣接国間に『平和が依存する良好な了解』を確保するであろうそのような関係を確立するために可能な限り速やかに直接交渉に入るように」勧告した。常設国際司法裁判所は 1931 年 10 月 15 日の勧告的意見で次のように判示した。1927 年 12 月 10 日の理事会決議の採択に参加したリトアニアとポーランドの代表は理事会決議の採択に参加したのであるから、両政府は両国間の約束を構成した理事会決議の受諾によって拘束された。裁判所は決議に規定された交渉する義務が合意を達成する約束を構成したというポーランドの主張を受け入れることができなかった。すなわち、「実際、裁判所は、理事会決議に従って両政府に義務としてかかる約束は単に交渉を開始するだけでなく、協定を締結するためできる限り交渉を進めることであると考慮することを正当化される。…しかし、交渉する義務は合意に達する義務を含意するものではなく、また、特にリトアニアが交渉を約束することによって、ランドブロウ＝カシアドリース鉄道区間に関する輸送回復に不可欠な行政的技術協定を締結する約束を行い、したがって、それを締結する義務があることを含意するものではない」。

A　国際法の定立（淵源）

国連憲章第43条である。その言葉づかいによれば、同条は、加盟国に対して、安全保障理事会の裁量によって配置されるべき兵力の数および種類、その出動準備程度および一般的配置ならびに提供される便益および援助の性質に関して安全保障理事会によって代表される国際連合と特別協定を締結する義務を課す。憲章は発効して5年になるが、これらの特別協定はいまだ締結されておらず、またおそらく決して締結されないであろう。それにもかかわらず、加盟国が第43条に基づく義務に違反したと述べることはできない。

　条約の実質的妥当範囲に関するもう一つの問題は一般国際法の規範の適用が条約によって排除されうるかどうかである。あるいは、問題が通常公式化されるように、一般国際法の規範と矛盾する条約は妥当すると考慮されるべきかどうかである。それは、一般慣習国際法規範は強行法規（*jus cogens*）の性格を持つか、それとも任意法規（*jus dispositivum*）の性格を持つかの問題である。この問題に関する明確な答えを伝統的国際法理論に発見することはできない。一部の学者は、この点に関して完全なまたはほぼ完全な契約の自由が存在すると主張する。他の学者は、国際法の普遍的に承認された原則と矛盾する条約は無効であると主張する。しかし、かれらは *jus cogens* の性格を持つ、すなわち、条約によってその適用を排除することができない一般国際法の規範を正確に明示しないし、また明示することができない。おそらく、公海部分の占有を禁止する一般国際法の規範が課す義務から2または3以上の国を相互に免れさせる条約はこの事件を扱う国際裁判所によって無効と宣言されるであろう。しかし、国々がその相互の関係において有効な条約によって自国市民を保護する権利、すなわち、一般国際法が各国に付与する権利を放棄しうることを否定するのはほとんど不可能である[39]。

## (2)　条約により拘束される主体

　条約により確立された規範の人的妥当範囲に関する限り、通常、条約はもっぱら

---

(39)　Vattel, *op. cit.*, Introduction, pars. 7-9 は次のように述べる。すなわち、「われわれは自然法を諸国に適用することから帰結するその法に『必然国際法』の言葉を用いる。それは、諸国がそれを遵守することを絶対的に義務づけられるために『必然的』である。それは諸個人と同じく諸国を拘束する。したがって、必然国際法は自然法を国家に適用することにあるのであるから、また、自然法は事物の本質、特に人間の本性に基礎づけられるために変化に従わないのであるから、必然国際法は変化に従わないということになる。この法は変化に従わず、それが課す義務は必然的で不可欠なのであるから、諸国はそれを合意によって変更することはできず、また個別的にも相互的にもそれから免れることができない」。

かつ排他的に締約国に義務を課し権利を付与すると仮定される。「条約は第三者を益しもしなければ害しもしない」（*Pacta tertiis nec nocent nec prosunt*）。国際法学者によって主張されるもう一つの原則は条約は国家に対してのみ効力を持ちうるのであって、その国民、すなわち、私的個人に対しては効力を持ちえないというものである。しかしながら、双方の原則は実定国際法上重要な例外を持つ。

## (a) 第三国に義務を課す条約

1. いわゆる国家地役を設定する条約。地役という言葉は私法に由来する。通常の定義に従えば、地役は、ある土地に、他の所有者に属する別の土地の利用のために課される負担である。したがって、人は「承役」地と「要役」地について語る。たとえば、他の土地をより良く利用するためにある土地を通過する権利である。この法制度の本質は、承役地の所有者に課される義務は承役地のあらゆる承継的所有者に土地と共に移転し、対応する権利もその要役地のあらゆる承継的所有者に移転することである。この義務はいわば承役地に関して固定され、その権利は要役地に関して固定される。類似して、国家地役は、たとえば、一定の場所を要塞化しない義務のような、国家の領域に関する義務である。その義務は、当該領域を承継するいずれの他の国家も自動的にこの義務を承継するという効果を伴ってある国家に課される。対応する権利は義務がその有利に設定される国家の領域を承継するいずれの国家にも自動的に移転する。国家領域に固有なそのような義務および権利が条約によって設定されうるかは疑わしい[40]。もし可能であるとするならば、それらは、条約は締約国にのみ義務を課し権利を付与するという原則の例外を構成する。というのは、義務が内在する領域を承継する国家は自国が締約国でない条約によって拘束され、権利が内在する領域を承継する国家は自国が締約国ではない条約を通じて権利の主体になるからである。

2. すべての他の国家は、割譲国の退去の後に割譲領域を占有することを許されず、また、譲受国による占有の後に当該割譲領域を当該譲受国に法的に属すると考慮するよう義務づけられる限りで、領域的変更かそれによって確立される条約、特に割譲条約。

3. 新国家を創設し、同時に、条約当事国ではないその新国家に義務を課す条約、すなわち、ダンチッヒ（ヴェルサイユ条約）、ヴァチカン市国（ラテラノ条約）、トリエステ自由地域（イタリアとの平和条約）。

4. 国際機構を設立し、条約の改正が加盟国を構成する合議体の過半数票によって、または、たとえば国際連合憲章第108条および109条と国際労働機関憲章第

A　国際法の定立（淵源）

36条のように、加盟国の多数による批准によってすべての加盟国を拘束することになる条約[41]。

5．圧倒的多数の国が締約国であって、国際連盟規約または国際連合憲章のように世界の国際秩序を目指す多辺条約。

国際連盟規約第17条は次のように規定した。すなわち、「聯盟国ト非聯盟国トノ間又ハ非聯盟国相互ノ間ニ紛争ヲ生シタルトキハ、此ノ種紛争解決ノ為聯盟国ノ負フヘキ義務ヲ該非聯盟国カ聯盟理事会ノ正当ト認ムル条件ヲ以テ受諾スルコトヲ之

[40]　イギリス・合衆国間の北大西洋沿岸漁業事件（*North Atlantic Coast Fisheries Arbitration between Great Britain and the United States of America*, Tribunal of the Permanent Court of Arbitration, 1910; Scott, Hague Court Reports [1916], p. 160）において、裁判所は、1818年の条約によって合衆国に認められた漁業の自由はかれらに有利なイギリス領域に対する地役を構成したという合衆国の主張を却けた。裁判所は、とりわけ、次の理由でこの主張に同意することができなかった。すなわち、「現在それに帰そうと努めている意味での国際地役の理論は、土地所有者（*domini terrae*）が完全な主権者ではなかった神聖ローマ帝国で広く行われた特殊な、そして今日ではすたれてしまった事情に起源を持つ。すなわち、かれらはローマ帝国の下で領域を保有し、少なくとも理論上、また、いくつかの点で実際上も、その帝国の裁判所に服する。さらに、かれらの権利は公的な性質よりも民事的な性質を持ち、命令権（*imperium*）の性格よりも所有権（*dominium*）の性格を持った。そのゆえ、確かに完全な主権ではなかった。また、さまざまな時代に、さまざまな方法で取得され、どの点に関しても不完全であることによってまたは他の領域およびその所有者に有利に制限されることによって、その性格が損なわれなかった矛盾する属性を備えたこの準主権とは対照的に、現代国家、特にイギリスは、完全な主権と独立を要求する現代国家の憲法のために主権の分割を決して認めなかった」。また、「この理論は、イギリスおよび合衆国のような立憲的な統治制度の下にある諸国で行われている主権の原則とほとんど適合しないために、現代国際法学者からの支持をほとんど得られなかった。したがって、それは、諸国の共同体とこの条約の当事国の一般利益のために国際約定の明白な証拠に基づいてのみこの裁判所により肯定されるであろう…」。

ウィンブルドン号事件（*Wimbledon Case*, Publications of the Permanent Court of International Justice, Series A, No. 1）において、ドイツは、ヴェルサイユ講和条約第380条にもかかわらず、当時ロシアと戦争状態にあったポーランド向けの軍需品を輸送するイギリス汽船ウィンブルドン号のキール運河の通過を拒否した。同条は、「キール運河及其ノ入口ハ獨逸國ト和親ノ一切ノ國ノ商船及軍艦ノ為ニ全然均等ノ条件ニテ開放セラレ且常ニ自由タルヘシ」と規定した。1923年に裁判所は次のように述べた。すなわち、「本件において、第380条に基づくウィンブルドン号のキール運河の自由通航権を争うために、この権利は国際法上の地役に等しいのであり、主権の行使に対するあらゆる制限または限定と同じく、この地役は可能な限り縮小的に解釈され、とりわけ、武力紛争における中立に由来する権利に影響を与えることを許されるべきではないという意味で、その最も狭い範囲に限定されなければならないと主張された。裁判所は、国際法の分野に私法上の地位に類似した地役が存在するかというこのきわめて論争的な問題に関して明確な態度をとるよう求められていない」。裁判所は「被告国ドイツはウィンブルドン号の運河通過を違法に拒否した」という結論に達した。

[41]　本書前掲274頁以下を参照せよ。

ニ勧誘スヘシ。…勧誘ヲ受ケタル国カ此ノ種紛争解決ノ為聯盟国ノ負フヘキ義務ノ受諾ヲ拒ミ、聯盟国ニ対シ戦争ニ訴フル場合ニ於テハ、第16条ノ規定ハ該行動ヲ執ル国ニ之ヲ適用ス」。第16条は戦争に訴えない義務の違反に対する制裁を規定するのであるから、第17条はこの義務を非連盟国に拡大する。これは規約が同規約の締約国でない国を拘束すると主張することを意味する。

憲章第2条6項は、この機構は国際連合加盟国でない国が、国際の平和および安全の維持に必要な限り、第2条で規定される原則に従って行動することを確保しなければならないと規定する。最も重要な原則の一つは、武力による威嚇または武力の行使を慎みかつ国際紛争を平和的手段によって解決する義務である。非加盟国が憲章に従って行動することを確保する義務を機構に認めることにより、この条約は、加盟国に課される義務に反して行動する非加盟国に対し制裁として強制行動をとることを安全保障理事会に授権する。条約はこのようにしてこれらの義務を非加盟国に拡大する。それは憲章がこの条約の非締約国に対して効力を主張することを意味する。

義務を確立する契約的規範の人的妥当範囲の制限、たとえば、上述のような例外は別として、条約は締約国のみに義務を課すことができるという原則は国家主権の原則の結果である。それは、通常理解されるように、国家はその同意なくして法的に拘束されえないということを意味する。しかしながら、この原則を制限することは現代国際法の特徴的な傾向である。第三国に義務を課す条約は着実に増大していると一般に認められてきた。

(b) **第三国に権利を付与する条約**[42]

義務を確立する契約的規範の人的妥当範囲の制限の基礎にある原則は、権利を確立する契約的規範の人的妥当範囲の問題に含まれない。第三国に権利を付与するこ

---

[42] 上部シレジアのドイツ人の利益に関する事件（本書前掲 269 頁注[30]）において、1926 年に常設国際司法裁判所は、「条約はその当事国である国家間でのみ法を定立する。疑わしい場合には、いかなる権利も当該条約から第三国に有利に推論されることはありえない」と述べた (p. 29)。上部サボアとジェックス地区の自由地帯に関する事件（本書前掲 265 頁注[28]）において、常設国際司法裁判所は次のように述べた。すなわち、「第三国に有利な規定がその有利に現実の権利を創設する目的をもって採択されたと軽々に推定することはできない。しかしながら、主権国家の意思がこの目的と効果を持つことを妨げるものは何もない。それゆえ、他国間で作成された文書の下で取得された権利の存在に関する問題は各特定事件ごとに決定されるべき問題である。すなわち、第三国に有利な規定を設けた諸国は第三国がそのようなものとして受け取った現実の権利を当該第三国のために創設することを意図したかどうか、が確認されなければならない」(pp. 147f.)。

A　国際法の定立（淵源）

とにより、条約は、当該条約の締約国ではない国家のいわゆる主権を侵害することができない。条約は当該条約の締約国である国家に義務を課すことによってのみ第三国に権利を付与することができる。主権の原則に由来する契約的規範の人的妥当範囲を制限する唯一の規則は、条約は締約国にのみ義務を課しうるという規則である。そして、この規則は第三国に権利を付与する条約によって決して影響を受けない。事実問題として、第三国に有利な条約を排除するいかなる実定国際法原則も存在しない。そのような条約は以下の通りである。

　1．要役国の承継国のための権利を創設することにより国家地役を設定する条約。承継国はこの条約の当事国ではない。

　2．少数者の保護を確立し、かつ、条約の締約国ではない国に条約規定の違反を裁判所に対して援用する可能性を認める条約。そのような条約は、たとえば、1919年6月28日に主要同盟および連合国がポーランドと締結した条約、1919年9月10日に主要同盟および連合国がチェコスロバキアと締結した条約、1919年9月10日に主要同盟および連合国がセルブ・クロート・スロベヌ国と締結した条約、1919年12月9日に主要同盟および連合国がルーマニアと締結した条約、1920年8月10日に主要同盟および連合国がギリシャと締結した条約、である。

　3．運河または海峡がすべての国の船舶に開放されなければならないことを規定する当該運河または海峡に関する2国間条約。たとえば、1901年のイギリスと合衆国との間のヘイ・ポンスフォート条約、1903年のパナマ運河に関する合衆国とパナマとの間のヘイ・ヴァリア条約、あるいは、マゼラン海峡に関する1881年のアルゼンチンとチリとの間の条約、である。

　4．ヴェルサイユ条約は、第109条においてデンマークのための規定、第116条においてロシアのための規定、第358条においてスイスのための規定を含む。これらの3カ国はすべて同条約の締約国ではなかった。

　5．（1947年2月10日に署名された）イタリア講和条約は第76条において同条約の締約国ではない「イタリアと外交関係を断絶しかつ連合及び同盟国と協力して行動した連合国のいずれかに」有利な規定を含む。

　もし条約が締約国の意思に従って解釈されかつ適用されるとするならば、条約を適用する権限を有する当局は、もし第三国のための規定が締約国の意思を表すとすれば、当該規定が国際法に従って改正されまたは廃止されない限り、その規定を同じく適用することを義務づけられる。第三国のための規定の有効性に対する通常の反論—その規定は第三国の同意なしに改正されまたは廃止されうる—は見当外れで

ある。全く同じ事情は一国の国内法によって確立された諸権利に関して存在する。
これらの権利を付与する法律は、これらの権利の主体の同意なしに立法者によって
改正されまたは廃止されうるけれども、国内法によって権利が個人に付与されるこ
とをだれも疑わない。

### (c) 私的個人に義務および責任を課す条約

条約によって定められた一定の違法行為を行った個人に対して制裁を執行するこ
とを締約国に授権しまたは義務づける2または3以上の国家間で締結された条約
は、当該個人が締約国の市民であるか否かを問わず、かれらに対して国際的な義務
および責任を直接的に課す。そのような条約の例は国際法主体としての個人を扱う
節において与えられる[43]。

### (d) 私的個人に権利を付与する条約

私的個人が一定の利益を擁護するために国際裁判所に訴えることを授権される条
約は、私的個人に対して国際的な権利を直接に付与する。そのような条約は国際法
主体としての個人を扱う節において言及される[44]。

### (3) 条約の国内法への変型

国際条約の拘束力は締約国にのみ関係し、その国民には関係しないという原則か
ら、国際合意が私人に到達するためには当該合意を国内法に変型させる必要がある
と通常は推論される[45]。一部の学者は、そのような変型は条約を国家機関に対し
て拘束的にするために必要であると主張しさえする。かれらは国際法の主体は国家
なのであるから、条約はそのようなものとしての国家に対してのみ効力を持ちうる
と主張する。もし条約が締約国の国民または機関に言及して、たとえば、締約国の
国民または特定の機関、特に裁判所によって履行されるべき行為について規定する
ならば、締約国は条約規定をかれらの国民および機関に対して拘束的にするために
必要な措置をとらなければならない。さもなければ、条約を実施することはできな

---

(43) 本書前掲118頁以下を参照せよ。

(44) 本書前掲118頁以下を参照せよ。ゾポット交差点事件（*Zoppot Street-Crossing Case*, Annual
Digest 1933-1934, Case No. 104）において、1934年に、ダンチヒ高等裁判所は次のように判
示した。すなわち、「原則として国際協定はそれ自体として原告のような私人に対して権利お
よび義務を創設しないと認められるであろう。しかし、例外的な事例において、国際協定の
効果が当事国の意思に従って私人に対して権利および義務を創設し、国内裁判所にかれらに
関して管轄権を付与するようなものであることがある。これがそうであるかどうかは特定条
約の目的および意味に依存する。当該協定の内容とその適用方法から引き出される当事国の
意思はあらゆる場合に決定的である」。

A 国際法の定立（淵源）

い。どのような措置が必要であるかは当該国の憲法によって決まるであろう。官報での条約の単なる公布で十分であることがあるが、しかし、条約の内容を立法機関によって可決される制定法に挿入することが必要であることがある。

指摘されたように[46]、この見解を無制限に主張することはほとんどできない。あらゆる国際法規範、特に、国家に義務を課すあらゆる条約は国家のある機関によって履行されるべき行為を規定する。国家はその存在をもっぱらその機関によって行われる行為を通じて明示する。もし国際法が一般的に、そして条約が特定的に国家そのものだけを義務づけ、特定の国家機関を義務づけなかったとするならば、国際法はだれも義務づけないであろう。それゆえ、あらゆる条約は国内法へのある種の変型を必要とするであろう。しかし、国家慣行上一般国際法の規範はそのような変型なしに権限ある国家機関によって適用され、また、多くの条約、特に、政府と呼ばれる機関、すなわち、元首および内閣によって履行されるべき国家の行為を規定する条約は、そのような変型なしに国家の権限ある機関によって実施されるということに疑問の余地はない。そのような条約は、たとえば、同盟条約や仲裁条約である。もし国際法規範が国家の政府によって適用されるべきであるとするならば、ほとんどの学者は国家をその政府と同一視するために変型が必要であるとは考えない。そのため、もし条約が政府に従属する行政機関によって適用可能であり、

---

(45) たとえば、チェコスロバキア農地改革（スイス国民）事件（*Czechoslovak Agrarian Reform (Swiss Subjects) Case*, Annual Digest 1925-1926, Case No. 5）において、チェコスロバキア最高行政裁判所は、1926 年に、国際条約は同じく法源であるけれども締約国間でのみ法を定立すると述べた。その規定が締約国の国民の権利および義務に関係した場合には、条約はそのようなものとして対応する規定を編入するよう締約国をもっぱら義務づけ、このようにしてその条約規定を国内領域でも拘束力あるものにするであろう。チャコスロバキアに関して、条約の公布はこの義務を履行するために十分ではなかった。この目的上、条約規定は憲法が要求する形式でチェコスロバキア立法権の規定として、すなわち、法律または命令として公布されなければならなかった。また、ラインランド命令事件（*Rhineland Ordinances Case*, Annual Digest 1925-1926, Case No. 7）において、ドイツ帝国財務裁判所は、1926 年に、国際条約を含め国際法はそれが国内法に変型された限度でのみ裁判所と個人を拘束すると述べた。しかし、K 夫妻対ドイツ国有鉄道会社事件（*Eheleute K. v. Deutsche Reichsbahn-Gesellschaft*, Annual Digest 1929-1930, Case No. 226）において、1929 年に、ドイツ帝国裁判所はドイツとポーランドにより締結された条約に関して 1921 年 4 月 21 日の条約はヴェルサイユ条約の規定に従って締結されたと述べた。それゆえ、同条約はドイツ国内法の一部になった。その条約は、もし特定の規定がその内容、目的および文言を考慮すると私法領域で効果を生み出すと意図されていたとするならば、援用可能であっただろう。国際的または国内的な性質のさらなる措置は決して必要とされなかった。

(46) 本書前掲 97 頁以下および 160 頁以下を参照せよ。

当該政府がそれらの機関に条約の適用を命じることがあるとするならば、そのような命令が国際法の国内法への変型を構成すると解釈されない限り、条約の変型が必要であると考える理由は少しもない。もし条約が国家に対し立法行為によってのみ履行されうる義務を課すとするならば、この行為は、指摘されたように(47)、条約の適用を可能にする目的で行われる国際法の国内法への変型ではなくて、権限ある機関による条約の直接的な適用である。

条約規定が締約国の政府にかかわりなくその裁判所によって適用されるべきとき、また、国家の憲法が当該国の立法機関によって定立された法の適用のみを裁判所に授権する場合には、事情は異なる。そのときには、条約の制定法への真の変型が確かに必要である。しかし、一国の憲法が、当該国によりその憲法に従って締結された条約は、国の立法機関によって定立された制定法またはその他の法規範と同じように、条約の公布または他の種類の変型を必要とすることなく、当該国の機関および国民、特にその裁判所を拘束するものと考慮されなければならないという規定を含むことはありうることである。

こうして、たとえば、合衆国の憲法は次の規定を含む。すなわち、第6条2は「合衆国の権限に基づいて締結されるまたは将来締結されるすべての条約は、国の最高の法である。各州の裁判官は、各州の憲法または法律中に反対の定めある場合といえどもこれに拘束される」と規定する。この規定は、合衆国により締結されたあらゆる条約は立法機関、つまり連邦議会により可決された制定法と同じようにこの国の権限ある機関によって適用可能であることを意味すると解釈される。

条約は、当該条約自体の条項に従い、国内法への変型を必要とすることなく締約国の機関によって直接的に適用されることがさらに可能である(48)。次に、それに

---

(47)　本書前掲 160 頁以下を参照せよ。

(48)　このことは常設国際司法裁判所の勧告的意見第 15 号によって承認されてきた。本書前掲
　　160 頁以下を参照せよ。
　　　ペラのパパンドポウロス対アムステルダムのオランダ王国汽船株式会社事件（*S. Papado-poulos, of Pera v. N. V. Koninglijke Nederlandsche Stoomboot-Maatschappij, of Amsterdam,* Annual Digest 1927-1928, Case No. 285）において、アムステルダム控訴裁判所は、1928 年に、次のように判示した。すなわち、ローザンヌ条約は、その主権的権利の行使に関して締約国政府を義務づけるばかりでなく、その国民の権利および利益にも直接に関係する。したがって、条約は当該国の国内法の一部を形成する。また、同条約の第 137 条は占領国の決定および命令を確定的に法的効果を付与されたものとして受諾する結果になる。したがって、締約国の国民はこのように形成された法的状態を尊重するよう等しく義務づけられる。同じく、K 夫妻対ドイツ国有鉄道会社事件、本書前掲 286 頁注(45)を参照せよ。

A　国際法の定立（淵源）

もかかわらず、もし条約が裁判所により適用されるべきであるとするならば、また、もし裁判所が当該国の憲法に従ってその国の立法機関によって定立された法のみを適用しうるとするならば、変型は必要である[49]。多くの憲法は、すべてのまたは一定の条約は有効であるためには立法機関によって承認されなければならないと規定する。そのような承認は変型ではない。すなわち、それは条約の締結への立法機関の参加、つまり、国際法定立への立法機関の参加である。立法機関の承認を得て締結された条約が制定法への変型または行政府の命令を必要とするかどうかは当該国の憲法によって決まる。指摘されたように、変型の必要性は国際法の問題ではなくて国内法の問題である。

### ⑷　条約の妥当性の開始と終了

国際条約によって定立された規範の領域的妥当範囲は、原則として、締約国の領域である。時間的妥当範囲は条約規範が妥当する期間である。それは条約の妥当性の開始と終了に関する問題である。

条約は当事国の意思の合致が達成されたときに、言い換えれば、契約的規範が定立されるべき手続が完了したときに発効する。規範としての条約の妥当性の開始はわれわれが「条約」と呼ぶ手続の完了と一致する。その瞬間に条約は拘束力を獲得する。条約の拘束力は、条約自体が各当事国に条約が定める明確な条件に基づき脱退することを授権しない限り、条約が規定する義務から一方的に離脱することはできないということに現れる。そのような条約が有効であるということは、当事国は脱退が許される条件を規定する規範から一方的に離脱することができないことを意味する。もし当事国が条約からの脱退を無条件で許されるとすれば、そのときに

---

[49]　フォスター対ニールセン事件（Foster v. Neilson, 2 Peters 314）において、合衆国最高裁判所は 1829 年に次のように宣言した。すなわち、「われわれの憲法は条約を国内法であると宣言する。したがって、条約は、それがいかなる立法規定の援助もなしにそれ自体で作用するときには、裁判所において立法府の行為と等しいものと見なされなければならない。しかし、規定の文言が契約を意味するとき、つまり、当事国のいずれかが特定の行為を行うことを約束するときには、条約は司法部門ではなくて政治部門に向けられる。したがって、立法府は、契約が裁判所にとって規則となりうる前に、それを履行しなければならない」。カナダ法務長官対オンタリオ州法務長官事件（*Attorney-General for Canada v. Attorney-General for Ontario*, the Judicial Committee of the Privy Council, 1937 Law Reports A. C. 326）において、枢密院司法委員会は、「大英帝国の内部で、条約の締結は執行的行為であり、他方で、義務の履行は、もしそれが現行国内法の変更を必然的に伴うならば、立法行為を必要とするということは十分に確立された原則である」と判示した。

は、当事国を拘束する条約の存在を仮定する十分な理由は全く存在しない。

　条約は、確かに、その発効のための期日を定めることがある。この期日は条約が締結される手続の完了の後または以前、たとえば、批准の後または以前の期日であることがある。批准以前の期日の場合には、批准は遡及的な効果を持つ。しかし、もし条約がそのような規定を含むならば、その規定は少なくとも条約締結手続が完了した時点で発効していなければならない。さもなければその規定は法的効力を持たないであろう。

　条約が発効したということは当事国が当該条約の履行を直ちに義務づけられることを必ずしも意味しない。というのは、条約は、当該条約の履行がある条件またはある期日によって停止される趣旨の規定を含むことがあるからである。その条件は条約の履行がその発生または不発生に依存する将来の不確定な出来事であることがある。また、その期日は確定された時点、すなわち、その発生と共に履行が開始しなければならない一定の将来の出来事であることがある。たとえ条約の履行がこのように停止されるとしても、条約はそれが締結された（条約締結手続が完了した）後に直ちに発効しなければならない。さもなければ、履行の停止に関するその規定は法的効果を持ちえないであろう。

　条約規範の妥当性、あるいは、同じことであるが、条約の拘束力は、たとえば、同一締約国によって締結された別の条約によるように、一般国際法により直接に規定される事実によって、または、たとえば、条約が締結されてきた期間の満了のように、条約自体が規定する事実によって、終了することがある。われわれは条約によって定立された規範の妥当性を終了させる事実の二つの異なるグループを区別することができる。

　拘束力の終了は、この効果を得る意図をもって締約国の1または締約国のすべてによって行われる行為の効果、または、そのような行為とは異なる事実の効果であろう。最初の終了方法に関する限り、次の諸原則が適用される。すなわち、条約自体に別段の明示的規定がなされない限り、条約により定立された規範は同一締約国により締結された別の条約により廃止されるまで妥当する。この種の終了は通常「相互的な同意による条約の解除」という表現によって示される。そのような解除は条約が無期限で締結されるならば法的に排除される。無期限条約は、たとえば、連邦国家を創設する条約である。

　しかしながら、無期限条約が締約国の相互的な同意によって解除されることがあるという別の意見が存在する。この解釈は可能であるが、しかし必然的ではない。

## A　国際法の定立（淵源）

それは、国々は特定の無期限条約を締結した後でさえ条約締結権限を保持する（それは条約によって連邦国家が創設され、その構成諸国が条約締結権限を持たない場合ではない）という考えに基礎づけられる。すなわち、締約国はこの権限を保持するのであるから、かれらは前の条約の無期限条項を廃止する条約を締結することができる。無期限条約の締結という最初に述べられた解釈―それは当該条約が相互的な同意によって解除されえないという規定を持つことを意味する―は、当事国は無期限で締結された条約の主題に関してかれらに条約の締結を授権する規則を適用する可能性を当該条約によって放棄したという考えに基礎づけられる。同じ二通りの解釈は、原則として、未だ終了していない期間に関して締結された条約の場合に適用される。しかしながら、もし、そのような場合に、締約国が条約を解除する可能性を相互の同意により放棄したと仮定することができないとするならば、この可能性は否定されえない。ただし、当該条約は当事国の確認可能な意思に従って解釈されることを条件とする。

　指摘されたように、条約は締約国による一方的な脱退によって廃止されることがある。しかしながら、これは条約が一方的な脱退を許す条件を規定する場合にのみ可能である。そのような条件は廃棄行為、つまり、条約から脱退する意思の正式な宣言であることがある。また、この宣言は条約の効力を直ちにまたは一定の期間の後にのみ終了させる効果を持つことがある。そのような脱退の可能性は、たとえ明示的に規定されないとしても、それが締約国の確認可能な意思に一致するならば仮定されるであろう。そのような意思は、もし条約がその条項に従って、無期限に、または、講和条約、国境条約、ケロッグ・ブリアン規約、国連憲章等のように、永続的な状態を確立する意図をもって締結されるならば仮定されることができない。国際連盟規約は連盟国に連盟からの、つまり、連盟を設立する条約からの一方的行為による脱退を認める明示的な規定を含んでいた。第1条3項は「聯盟国ハ、2年ノ予告ヲ以テ聯盟ヲ脱退スルヲ得。但シ脱退ノ時迄ニ其ノ一切ノ国際上及本規約上ノ義務ハ履行セラレタルコトヲ要ス」と規定する。そして、第26条2項はもし規約の改正が効力を生じたならば、改正に同意しなかった連盟国はその不同意を表明すると規定した。その場合に「当該国ハ聯盟国タラサルニ至ルヘシ」。

　国連憲章は、すでに指摘したように、一方的行為によって機構からの脱退を認める規定を含まない。サンフランシスコ会議の第一委員会は、国連加盟国が「例外的な事情」の場合に機構から脱退することができるという趣旨の決議を採択した。そのような例外的事情の例は次のように述べられる。すなわち、それは「機構が平和

290

を維持することができないと判明するまたは法と正義を犠牲にしてのみそうすることができる場合、…加盟国が同意していない、しかも受諾することができないと気付く憲章の改正が効力を生ずる場合、総会または全体会議において必要な多数によって正式に受諾された改正がそのような改正を発効させるために必要な批准を確保できなかった場合[50]」である。この決議の本文は憲章に挿入されないのであるから、それは法的効力を持たない。厳密な法的観点からは、国連加盟国は当該機構からの脱退権を持たない。

　条約規範の妥当性は、締約国の１またはすべてにより行われるこの効果を獲得する意思を伴う行為（相互的な同意、通告による解除）とは異なる事実によって終了することがある。そのような事実は以下の通りである。

　１．一定の事実または不確定な出来事の発生、すなわち、到着点（*terminus ad quem*）、つまり、条約自体により定められる解除条件。

　２．条約により規定されたすべての義務の履行。たとえば、割譲される領域が譲渡国によって明け渡され、譲受国によって占有された後の割譲条約。条約により規定された義務の違法な不履行はその妥当性を終了させない。もし２国間条約が相互的義務を規定するならば、つまり、もしそれが双方の締約国に義務を課すならば、そして、締約国の一方がその条約義務を履行しないならば、他方の締約国は二つの選択肢を持つ。すなわち、自国の義務を履行し、そして一般国際法が国際違法行為の場合に規定する措置をとること、または、他方による不履行を理由に条約を解除することである。一部の学者は、条約を解除する権利は当該条約の不可欠な規定が他方の締約国によって違反される場合にのみ存在すると主張する。多辺条約の場合には、１の締約国によるその規定の不履行は他の締約国のうちの１カ国に条約を解除する権利を与えない。というのは、各締約国はすべての他の締約国との関係において条約を遵守することを義務づけられるからである。条約は依然として効力を有するが、条約締約国は、復仇として、条約に違反した締約国との関係において条約に基づくその義務の履行を拒否することができる。

　３．条約の履行がその締結後に不可能になるという事実。たとえば、国家が条約により島を他国に譲渡したが、この島が条約の履行以前に地震により消滅した場合である。もし履行の不能が条約の効力を終了させるならば、（条約の）不履行は違法と考慮されず、したがって、賠償義務を伴わない。

---

(50)　The United Nations Conference on International Organization, Doc. 1178, 1/2/76 (2), pp. 5f.

A 国際法の定立（淵源）

4．2国間条約の場合には、2締約国のうちの一方が存在しなくなったという事実。

## (5) 事情不変更条項（*clausula rebus sic stantibus*）

広く普及する意見に従えば、条約は、事情の重大な変化の効果として、すなわち、この原則が通常公式化されるように、*clausula rebus sic stantibus*（事情の重大な変化に関する条項）に従って有効でなくなる。条約締約国が、条約から一方的に脱退しうる原則、あるいは、同じことであるが、もしその下で条約を締結したまたは条約に加入した事情が本質的に変化したならば、もはや当該条約により拘束されないと考えると宣言しうる原則を正当化するために、一部の学者は、もし事情の変化が本質的であるために条約の遵守が締約国の存在そのものを損なうならば、当該締約国がその条約によって拘束されるとは考慮されえないと主張する。かれらによれば、国家の基本的な生存権は *pacta sunt servanda* の規則の下でその義務よりもいっそう重要である。それらの学者は、問題の原則は契約を締結した際の事情が本質的に変化したという理由で個人に契約の解除を許す多くの国内法秩序によって承認されているという事実に時として言及する。

しかし、国内法の一部としての *clausula rebus sic stantibus* と国際法の一部としての同原則との間には重大な違いがある。国内法の下では、事情の重大な変化が生じたかどうかの問題を判断するために客観的で公平な権威が確立される。ところが、一般国際法の下では条約当事国自身がこの問題を自ら判断する権限を持つ。条約が締結された事情が本質的に変化したときに当該条約は国際法規則に従ってその妥当性を失うという理論に対する最も深刻な反論は、変化する事情の流れの中で国家間の法的関係を安定させることは法一般の、そして特定的には条約の機能であるというものである。もし事情が変化しなかったとするならば、法が条約に与える拘束力はほとんど不必要であるだろう。*clausula rebus sic stantibus* は、国際法秩序の最も重要な目的の一つ、すなわち、国際関係の安定化というその目的に反する。

事実問題として、この条項（*clausula*）が実定国際法の一部であることを証明することはほとんど不可能である。1870年、ロシアが、黒海に艦隊を保有してはならない義務を同国に課した1856年のパリ条約から一方的に脱退しようとしたときに、パリ条約の当事国は1871年にロンドンで開催された会議において以下の宣言を採択した。すなわち、「いずれの国も、締約国の友好的な合意による同意なくして、条約により課された義務を免れまたはその条項を変更しえないことは国際法の

必須的原則である」。これは *clausula rebus sic stantibus* の公然たる拒絶である。
国々が条約義務の不遵守を正当化するために事情の本質的な変化に言及した比較的
少数の例は、実定国際法規則としての *clausula rebus sic stantibus* の証拠としてよ
りもむしろ国際法違反としてもっぱら解釈されるであろう。事実問題として、いか
なる国際裁判所もこれまでこの規則の存在を無条件で認めていない[51]。


## (6) 条約に対する戦争の効果

　戦争状態は、（戦争行為を規律する諸条約や休戦条約などのような）戦争に関してま
たは戦争中に締結される諸条約の効力に影響を与えない。その他の諸条約に関して
はいかなる一致も存在しない。多くの学者は、交戦国だけが締約国である諸条約と
非交戦国も締約国である諸条約を区別しなければならないと主張する。前者の条約
の効力は戦争の発生によって終了する。後者の条約の効力は交戦国によって停止さ
れることがある。この場合に、講和条約は修正を伴ってかまたは伴わずにかこれら
の条約の継続に関する規定を含むことがある。


## (7) 条約の改訂

　条約の改訂とは当該条約を変化した事情に適合させる目的で条約内容を変更する
手続であると理解される。国際連盟規約第19条はこの問題を扱おうと企てた。す
なわち、同条は「聯盟総会ハ、適用不能ト為リタル条約ノ再審議又ハ継続ノ結果世
界ノ平和ヲ危殆ナラシムヘキ国際状態ノ審議ヲ随時聯盟国ニ慫慂スルコトヲ得」と
規定する。この規定は連盟に条約を改定する権限を付与しなかった。条約を再審議
するという連盟総会の勧告はいかなる拘束力も持たなかった。さらに、第19条は
決して適用されなかった。国際連合憲章は条約の改訂に関する明示的規定を含まな
い。しかし、第14条は国連総会に以下のことを授権する。すなわち、「（総会は）

---

[51]　ト部サボアとジェックス地区の自由地帯事件に関する常設国際司法裁判所判決（本書前掲
　　265頁注(28)）は、時として *clausula rebus sic stantibus* を確認するものとして引用される。こ
　　の事件でフランスは条約義務を免れるためにこの条項（*clausula*）を引用した。しかし、裁判
　　所は同条項を実定国際法の規則と承認することなしにフランスは事情の本質的な変化を証明
　　することができなかったとだけ宣言した。
　　　ロスチャイルド・アンド・サンズ対エジプト政府事件（*Rothschild & Sons v. Egyptian
　　Government*, Mixed Court of Appeal in Egypt, 1926; Annual Digest 1925-1926, Case No. 14）に
　　おいて、第一審混合裁判所は、1925年に、国際法における *clausula rebus sic stantibus* は無期
　　限の契約および義務に適用されるのであって、固定または有期の契約および義務に適用され
　　ないと判示した。

A 国際法の定立（淵源）

起因にかかわりなく、一般的福祉又は諸国間の友好関係を害する虞があると認める
いかなる事態についても、これを平和的に調整するための措置を勧告することがで
きる。この事態には、国際連合の目的及び原則を定めるこの憲章の規定の違反から
生ずる事態が含まれる」。この規定は条約改訂のために適用されることが可能であ
る。第14条に基づき、国連総会は、一般的福祉および諸国間の友好関係を害する
虞がある事態を作り出す条約の改訂を勧告することができる。国連総会の勧告は拘
束力を持たない。しかし、連盟総会の勧告は全会一致の決定で初めて採択されたの
に対して、国連総会の勧告は３分の２の多数を要求するにすぎない。

### (8) 条約間の抵触

　二つの条約が相互に抵触することがある。そのような抵触に関して、われわれは
二つの異なる場合を区別しなければならない。すなわち、(1)抵触する二つの条約
が同じ締約国によって締結される場合と、(2)抵触する二つの条約が部分的に異な
る締約国によって締結される場合、たとえば、Ｂ国と条約を締結したＡ国が、その
後にＣ国と条約を締結し、Ｂ国との条約に基づくその義務と両立しない義務を負う
場合である。もし二つの条約が完全に異なる当事国によって締結されるならば、い
かなる抵触も生じない。Ａ国とＢ国との間で締結される条約はＣ国とＤ国との間で
締結された条約と抵触しえないからである。

　１．同一締約国により締結された抵触する条約。もし抵触する条約が同一締約国
によって締結されるならば、一般国際法の規則に従い「後法は前法を廃止する」
(*lex posterior derogat priori*) が適用される。しかしながら、条約はもう一つの原則、
すなわち、「前法は後法を廃止する」(*lex prior derogat posteriori*) に対応する規定を
含むことがある。その時には、後の条約は、もし前の条約と両立しえないならば、
無効または取消可能と考慮されなければならない。これは無期限で締結された条約
の意味である。特殊な問題は多辺条約とその多辺条約の締約国の一部の国によって
のみ締結された条約との間の抵触である。前の条約は、後の条約の当事国間関係に
おいてこの後の条約によって廃止されると主張されることがある。しかし、多辺条
約の各締約国は、その条約がすべての締約国によって締結された別の条約によって
廃止されまたは修正されない限り、すべての他の締約国は当該条約により依然とし
て拘束されると要求する資格があると同じく主張されるであろう。

　多辺条約は、締約国は当該条約の条項と相互に両立しない別の条約を締結するこ
とを禁じられるという趣旨の明示的規定を含むことがある。そこで、そのような条

約の締結は前の条約義務の違反であり、それゆえ、このように締結された条約は無効または取消可能である。国際連盟規約第20条は次のように規定した。すなわち、「聯盟国ハ、本規約ノ条項ト両立セサル聯盟国相互間ノ義務又ハ了解カ各自国ノ関スル限リ総テ本規約ニ依リ廃棄セラルヘキモノナルコトヲ承認シ、且今後本規約ノ条項ト両立セサル一切ノ約定ヲ締結セサルヘキコトヲ誓約ス」。この規定の前半部分は不要である。というのは、前に締結された条約の廃止は一般国際法に従って生ずるからである。後半部分は規約の締結国間の条約のみならず、規約の締結国と他の諸国によって締結された条約にも関係する。1949年4月4日の北大西洋条約第8条は、「各締約国は、自国と他のいずれかの締約国またはいずれかの第三国との間の効力を有するいかなる国際約束もこの条約の規定に抵触しないことを宣言し、かつ、この条約の規定に抵触するいかなる国際約束も締結しないことを約束する」と規定する。その言葉づかいに従えば、前半部分はもっぱら宣言的な性質を持つ。もしこの宣言が真正であるならば、それは不要である。もしそれが真正でないならば、それはいかなる法的効果も持たない。後半部分は、北大西洋条約の締結国間で締結された条約のみならず、北大西洋条約の締結国が第三国と締結した条約にも言及する。それは、規約第20条の後半部分が連盟国間で締結された条約のみならず、連盟国が非連盟国と締結した条約にも言及するのと全く同じである。この問題は次に検討される。

　　2．部分的に異なる締約国によって締結された抵触する条約。もしA国が、A国とB国の間で締結された前の条約と両立しない条約をC国と締結するならば、双方の条約は一般国際法に従い有効である。もしA国が二つの条約のうちの一方を履行するならば、同国は条約違反のあらゆる効果を伴って他方の条約に違反する。一部の国際法学者は、前の条約と両立しない条約の締結は違法行為であり、そのようなものとして法的な、すなわち、法定立的な効果を持ちえないと主張する。したがって、後の条約は無効である。この理論は「違法から権利は生じない」(*ex injuria jus non oritur*) の原則に基礎づけられる。しかし、この原則は、指摘されたように[52]、いやしくもそれが有効であるとするならば、多くの例外を伴って初めて有効である。したがって、後の条約の無効をその原則に基礎づけることはほとんど不可能である。さらに、前に締結された条約と両立しない条約の締結は、前の条約が締約国に対してその条約と両立しない後の条約を締結してはならない義務を課す規定を含

―――――――――――
(52)　本書前掲177頁および239頁を参照せよ。

A 国際法の定立（淵源）

む場合にのみ違法行為である。そのような義務が他の義務を確立する規定から引き出されることはありえない。そして、たとえある条約が、国際連盟規約または北大西洋条約のように、両立しない条約の締結を禁止する規定を含むとしても、この規定は当該規定を含む条約の締約国によってのみ違反されうるのであって、それが後の条約の締約国であって前の条約の締約国ではない国によって違反されることはありえない。後者の締約国に関して言えば、後の条約の締結は疑いなく違法行為ではない。

　時として、相互に両立しない二つの条約は論理矛盾を構成するのであるから、同時に妥当することはありえない、また、そのような矛盾は法制度内ではありえない、すなわち、同じことであるが、法の必須的統一性と両立しえないと主張される。しかしながら、部分的に異なる国家によって締結された抵触する二つの条約は双方とも妥当すると考慮されるという事実は、もしこの統一性が論理的統一性として理解されるならば、法の統一性と両立する(53)。問題の抵触は論理的な抵触ではない。それは論理的に相互に矛盾する言明を意味しない。というのは、問題の二つの条約が相互に矛盾しているという言明は次のことを意味するからである。すなわち、もしA国がB国との条約を履行するならば、C国はA国に対して制裁を向けることを授権される。もしA国がC国との条約を履行するならば、B国はA国に対して制裁を向けることを授権される、と。これらの二つの言明は論理的に矛盾しない。もちろん、この事態は満足のいくものではない。ロシアとトルコが1856年のパリ条約および1871年のロンドン条約と両立しないサンステファノ予備講和条約を1878年に締結したときに、イギリスが抗議し、そして、この抗議が正当化されたことは確かである。しかし、これはサンステファノ予備講和条約が一般国際法に従って無効であったことを意味するのではない。

　一国が第三国との前の条約によって負った義務と抵触する義務を後の条約によって負う場合には、その国は、一般国際法の下で後の条約に違反して前の条約を履行するかまたは前の条約に違反して後の条約を履行するかの選択権を持つ。条約法を法典化しかつこれを改正する一般条約によって、そのような抵触の場合に、前の条約の履行は後の条約の履行に優先する、また、後の条約の不履行によって損害を被った当事国は賠償を請求する資格を有するものとすると規定されるかもしれない。しかし、これは後の条約が有効と見なされなければならないことを意味する。

───────────

(53)　本書後掲346頁以下を参照せよ。

というのは、条約が有効である場合にのみ、その不履行は違法であるからである。そして、賠償義務は違法に引き起こされた損害を前提とする。

　国連憲章第103条は次のように規定する。すなわち、「国際連合加盟国のこの憲章に基づく義務と他のいずれかの国際協定に基づく義務とが抵触するときには、この憲章に基づく義務が優先する」。この規定は憲章の発効以前に締結された条約ならびにその後に締結された条約に関係する。また、それは、国連加盟国間で締結された条約ならびに国連加盟国と非加盟国間で締結された条約に関係する。連盟規約第20条と異なり、憲章第103条は憲章と両立しない条約を締結してはならない加盟国の義務を確立しない。抵触の場合には憲章に基づく義務が優先するという規定はこれらの義務の履行がいずれかの他の条約に基づく義務の履行に優先することを意味すると解釈されるであろう。この規定は、憲章が第2条6項に従い第三国を拘束する条約として解釈される場合にのみ憲章と両立しない条約の当事国である非加盟国を拘束しうる。加盟国のみが締約国である条約に関して言えば、第103条は不要である。そのような条約は、もし憲章よりも前であれば、憲章によって廃止され、そして、憲章よりも後であれば無効または取消可能である。なぜなら、それらは憲章の改正を企てるからであり、また、憲章の改正は第108条および第109条に従って行われた場合にのみ有効であるからである。

# 5　国際機関の決定

　慣習および条約に加え、国際機関の決定、とりわけ国際裁判所の決定は国際法の淵源である。一般国際法はそのような機関を設けていない。一般国際法は国々に義務を課し権利を付与する規範の適用をまさしくそれらの国家に委ねる。一般国際法が著しく分権化された法秩序であると判明するのはまさしくこの点に関してである。集権化、すなわち、国際法の適用のための特別な機関の設置は条約によってのみ可能である。

　慣習国際法または条約国際法の既存一般規範の具体的事例への適用に際して、そのような国際機関は国際法の個別規範を定立することがある[54]。しかし、条約により設置されたそのような特別な機関はさらに条約当事国を拘束する一般的な法規範を定立する権限を有することがある。条約により設置された機関は条約により創

---

[54]　本書前掲247頁以下を参照せよ。

B　国際法の適用

設された国際共同体の機関である。というのは、締約国はこの共同体の構成員であるからである。一般的な法規範を定立する権限を有する機関は、当該機関を設置する条約のすべての当事国の代表者、つまり、同じことであるが、条約によって創設された共同体のすべての構成員の代表者により、あるいは、それらの構成員の一部の代表者のみによって構成される。当該機関は全会一致の決定または多数決投票による決定により一般的な法規範を定立する権限を有する。したがって、このように定立された規範はその代表者が当該規範に反対票を投じた国家を同じく拘束する。当該機関を設立する条約のすべての当事国の代表者から成る国際機関の全会一致の決定により採択された一般規範は当該規範が拘束する国々によって締結された条約が定立する規範と異ならない。しかし、もし規範が当該機関を設立する条約の全当事国の代表者から成る機関の多数投票決定により、また、とりわけ、この条約の当事国の一部の代表者のみから成る機関の多数決投票決定により採択されるならば、その規範の定立は立法の性格を帯びる。

　国際共同体はそのような立法権限を付与された中央機関を持つことがある。国連憲章の下で、安全保障理事会ばかりでなく総会も限定的な立法権限を持つ[55]。しかしながら、もし機構の集権化、特に、構成国を拘束する一般的な法規範を定立する権限の集権化が一定の程度を超えるならば、国際共同体は国内共同体、すなわち、国家に変型される。そのため、中央機関によって定立された規範は国際法であることを止める。すなわち、その規範は国内法の性格を帯びる。国家連合の連邦国家への変型がその一例である。

　国際機関によって定立される法、特に、条約によって設置された国際裁判所によって定立される法は、その効力を条約から引き出す。次に、条約はその効力を慣習国際法の規範、すなわち、*pacta sunt servanda* から引き出す。慣習国際法の規範は国際法秩序の階層的構造の最高レベルを表す。慣習国際法の基礎、すなわち、慣習国際法の妥当性の根拠は、すでに指摘したように、基本的前提、つまり、根本規範と呼ばれる法学的な仮説である。それは、国々の慣行により確立された国際慣習は法定立事実であるという仮説である。それは、国際関係の法的解釈によって仮定される規範、すなわち、国々は国家慣行によって確立された規範に従って行動すべきであるという規範である[56]。

---

(55)　本書前掲 164 頁以下を参照せよ。

(56)　本書後掲 340 頁以下を参照せよ。

◆ B　国際法の適用

# 1　合意による国際紛争の解決

　国際機関はとりわけ国家間の紛争の平和的な解決のために設立される。もし一国が他国は一定の方法で行動すべきであると主張し、そして当該他国がその要求を拒否するならば、紛争が存在する。国際紛争は紛争当事国の合意によりまたは当事国を拘束する国際機関の決定により解決されることがある。

　合意は当事国の直接交渉により、あるいは、周旋または仲介と呼ばれる単数または複数の第三国の友好的な介入により達成されることがある。双方の手続の目的は紛争当事国の合意を実現することである。一部の学者は周旋と対比して仲介について述べる。仲介の場合には、単数（または複数）の第三国がその仲介人として行った具体的提案に基づき紛争当事国に合意を達成させるように努める。双方の場合に紛争当事国に対して行われる提案は非拘束的である。1907 年のハーグ国際紛争平和的処理条約において紛争当事国は紛争の場合に兵力に訴える前に「事情ノ許ス限其ノ交親国中ノ一国又ハ数国ノ周旋又ハ居中調停（仲介）」に訴える義務を負う（第 2 条）。第 3 条は「紛争以外ニ立ツ国ハ、交戦中ト雖、其ノ周旋又ハ居中調停ヲ提供スルノ権利ヲ有ス」と規定する。

　もし紛争が事実点の不一致に関して生ずるならば、それは紛争当事国間の特別協定によって設立された国際審査委員会に付託されることがある。審査委員会の機能は事実の報告に限定される。この報告書を受諾するか否かは当事国に委ねられる。ハーグ国際紛争平和的処理条約第 35 条は、国際審査委員会について規定し、また、同委員会に関する詳細な手続を含むのであるが、次のように付言する。すなわち、「委員会ノ報告書ハ、単ニ事実ノ認定ニ止リ、仲裁判決ノ性質ヲ有スルコトナシ。右認定ニ対シ如何ナル結果ヲ付スヘキカハ、全ク当事者ノ自由タルヘシ」。

　もし委員会が係争事実を確定するばかりでなく、紛争解決のために勧告することもできるならば、われわれはこれを調停と呼ぶ。調停委員会の構成に関しては1921 年 12 月 3 日にベルンでドイツとスイスによって署名された条約の第 14 条の規定が典型である。すなわち、「締約国は自国の選択によってそれぞれ 1 人の委員を任命し、そして相互の合意により 3 人の他の委員を任命するものとする。これら

B 国際法の適用

の3人の委員は締約国の国民であってはならず、また、締約国に居住しまたは締約国の公務に服する者であってもならない。締約国は相互の合意によりこれらの3人の委員から委員長を選任するものとする」。紛争の解決は当事国が委員会の勧告を受諾する場合にのみ達成される。これは当事国が合意に達することを意味する。

# 2 国際連盟および国際連合の諸機関による国際紛争の解決

## ◆ a 連盟理事会による解決

国際連盟規約第12条と第15条に従えば、連盟国はその紛争を国際裁判所または理事会のいずれかに付託することを義務づけられた。国際裁判所への付託は双方の紛争当事国の合意を前提とした。紛争を裁判所に付託するいかなる合意も存在しない場合には、各当事国は紛争を理事会に付託することができた。もし紛争が一方の当事国によって理事会に付託されたならば、他方の当事国は理事会の管轄権を承認するよう義務づけられた。規約第15条1項は次のように規定した。すなわち、「聯盟国間ニ国交断絶ニ至ルノ虞アル紛争発生シ、第13条ニ依ル仲裁裁判又ハ司法的解決ニ付セラレサルトキハ、聯盟国ハ、当該紛争ヲ聯盟理事会ニ付託スヘキコトヲ約ス。何レノ紛争当事国モ、紛争ノ存在ヲ事務総長ニ通告シ、以テ前記ノ付託ヲ為スコトヲ得。事務総長ハ之カ十分ナル取調及審理ニ必要ナル一切ノ準備ヲ為スモノトス」。

理事会はまず当事国の合意を達成することにより「紛争ノ解決ニ力ム」べきであると仮定された。しかしながら、もし紛争がこの方法で解決されえないならば、理事会は紛争を解決するために紛争当事国に勧告することを授権された。しかし、紛争当事国を除く理事会の構成国の全会一致で合意された勧告だけが同理事会の勧告に法的効果を与えた。この効果は勧告に応じる紛争当事国に対する戦争は禁止されることであった。第15条6項は次のように規定した。すなわち、「聯盟理事会ノ報告書カ紛争当事国ノ代表者ヲ除キ他ノ聯盟理事会員全部ノ同意ヲ得タルモノナルトキハ、聯盟国ハ、該報告書ノ勧告ニ応スル紛争当事国ニ対シ戦争ニ訴ヘサルヘキコトヲ約ス」。この規定の言葉づかいによれば、勧告に従わない当事国に対する戦争は排除されなかった。戦争は何れの当事国も勧告に従わなかった場合にもまた排除されなかった。理事会による全会一致の勧告に達しなかった場合にも、戦争は規約により明示的に許された。第15条7項は次のように規定した。すなわち、「聯盟理

事会ニ於テ、紛争当事国ノ代表者ヲ除キ、他ノ聯盟理事会員全部ノ同意アル報告書ヲ得ルニ至ラサルトキハ、聯盟国ハ、正義公道ヲ維持スル為必要ト認ムル処置ヲ執ルノ権利ヲ留保ス」。

戦争が規約の本文によって明確に排除されない第三の場合さえ存在した。第15条8項は次のように規定した。すなわち、「紛争当事国ノ一国ニ於テ、紛争カ国際法上専ラ該当事国ノ管轄ニ属スル事項ニ付生シタルモノナルコトヲ主張シ、聯盟理事会之ヲ是認シタルトキハ、聯盟理事会ハ、其ノ旨ヲ報告シ、且之カ解決ニ関シ何等ノ勧告ヲモ為ササルモノトス」。

規約本文に従えば、戦争は、それが明示的に許されないすべての場合（第15条7項）に禁止されるのか、それとも、それが明示的に禁止される場合（第15条6項）にのみ禁止されるのか、は判然としなかった。

第15条9項に基づいて、理事会は、同理事会に付託された紛争を総会に付託することを授権された。理事会は紛争当事国の一方の請求により紛争を総会に付託することを義務づけられた。ただし、そのような請求は紛争の理事会への付託後14日以内に行われるものとされた。

### ◆ b 安全保障理事会による解決

国連憲章第1条1項は、「国際連合の目的は…平和を破壊するに至る虞のある国際的の紛争又は事態の調整又は解決を平和的手段によって且つ正義及び国際法の原則に従って実現すること」であると規定する。実力の使用は原則として機構に留保されるのであるから、加盟国は平和的手段によってその紛争を解決することを義務づけられる。第2条3項は「すべての加盟国は、その国際紛争を平和的手段によって国際の平和及び安全並びに正義を危くしないように解決しなければならない」と規定する。

この義務は憲章第6章に明記される。同章は、「紛争の平和的解決」の表題を持つが、しかし、紛争の性質を持たない事態の調整も扱う。

第33条1項は次のように規定する。すなわち、「いかなる紛争でもその継続が国際の平和及び安全の維持を危くする虞のあるものについては、その当事者は、まず第一に、交渉、審査、仲介、調停、仲裁裁判、司法的解決、地域的機関又は地域的取極の利用その他当事者が選ぶ平和的手段による解決を求めなければならない」。

もし当事者が自ら選択する手段によってその紛争を解決することができないならば、第37条が適用される。すなわち、「1　第33条に掲げる性質の紛争の当事者

## B　国際法の適用

は、同条に示す手段によってこの紛争を解決することができなかったときは、これを安全保障理事会に付託しなければならない。2　安全保障理事会は、紛争の継続が国際の平和及び安全を危くする虞が実際にあると認めるときは、第36条に基づく行動をとるか、適当と認める解決条件を勧告するかのいずれかを決定しなければならない」。

　第37条1項の言葉づかいに従えば、当事者は紛争を安全保障理事会に付託しなければならない―それは両当事者が理事会への紛争付託に合意しなければならないと解釈されるであろう―けれども、この規定の起草者達の意図は各当事者が紛争を理事会に付託する権能を持たなければならないということであった。もし紛争がこの方法で理事会に付託されるならば、理事会は、紛争が国際の平和及び安全を危うくする虞があるかどうかを最初に決定しなければならない。理事会はこれを第34条に基づき紛争を調査することによって行うことができる。もしその調査の結果が紛争の継続は平和に対する脅威と見なされるということであるならば、理事会は二つの手段のうちから選択する。すなわち、理事会は適当な調整の手続または方法を勧告することができる。つまり、第33条により示される手段の一つによりその紛争を解決するように当事者に勧告することができる。あるいは、理事会は解決の条件を勧告することができる。双方の場合に理事会は紛争当事者を法的に拘束しない勧告のみを行うことができる。しかし、当事者のいずれも他方の当事者に対してその要求を強制することは許されない。もし当事者が安全保障理事会の勧告を受諾しないならば、その紛争は未解決のままである。しかし、第39条に基づき、安全保障理事会は、その勧告の不受諾が平和に対する脅威または平和の破壊を構成すると決定し、次に、平和を維持しまたは回復するために強制行動をとることができる。すなわち、理事会はその勧告を強制することができる。この場合に、その勧告は当事者に対して拘束力を持つ。したがって、その勧告はそれが単なる「勧告」ではないことを意味する。

　紛争は第38条に基づき同じく安全保障理事会に付託されることがある。第38条は「第33条から第37条までの規定にかかわらず、安全保障理事会は、いかなる紛争についても、すべての紛争当事者が要請すれば、その平和的解決のためにこの当事者に対して勧告をすることができる」と規定する。「いかなる紛争についても」という言葉は、第38条は第33条1項が言及しない紛争、つまり、その継続が国際の平和および安全の維持を危うくしない紛争を意味すると解釈されなければならない。もし紛争が国際の平和および安全の維持を危うくする虞があるならば、当事者

はその紛争を安全保障理事会に付託する前に、かれらが選ぶ平和的手段による解決を求めることを義務づけられる。紛争がそのような性質を持たない場合にのみ、当事者はその紛争の安全保障理事会への直接的な付託に合意することができる。この場合に理事会は解決条件を勧告することを授権される。

　安全保障理事会への紛争付託は紛争当事者ばかりでなく、安全保障理事会自身もこれを行うことができる。第34条は次のように規定する。すなわち、「安全保障理事会は、いかなる紛争についても、国際的摩擦に導き又は紛争を発生させる虞のあるいかなる事態についても、その紛争又は事態の継続が国際の平和及び安全の維持を危くする虞があるかどうかを決定するために調査することができる」。

　もし第34条に基づく調査が、安全保障理事会はその紛争または事態の継続が国際の平和および安全の維持を危うくする虞があると決定するという結果になるならば、安全保障理事会は第33条2項を適用することができる。同項は「安全保障理事会は、必要と認めるときは、当事者に対して、その紛争を前記の手段によって解決するように要請する」と規定する。

　この規定は調査に言及する第34条に先立つけれども、理事会は、第34条を適用した後でのみ、第33条2項を適用することができる。というのは、第33条2項に従った「要請」は第33条1項により規定される紛争、すなわち、「その継続が国際の平和及び安全の維持を危くする虞がある」紛争にのみ関係するからである。また、ある紛争が国際の平和および安全の維持を危うくする虞があることを決定するためには、第34条に基づく調査が必要であるからである。

　第34条は紛争の解決ばかりでなく、その他の事態の調整にも関係する。指摘されたように、紛争は、一国が他国に対してある主張を行い、他国がこの主張を拒否するならば、存在する。紛争の性格を持たない事態が国際の平和および安全を危うくすることがある。それが平和の破壊を構成することさえあるであろう。たとえば、一国内の内戦は、2国間の紛争であることなしに、国際の平和を危うくする事態であることがある。あるいは、一国が他国に対して行う侵略行為は、関係国間の紛争により先行されることなしに平和の破壊を構成する。

　もし第34条に基づき行われた調査が、安全保障理事会が紛争または事態が国際の平和および安全の維持を危うくする虞があると決定する結果になるならば、理事会は、（当事者が選ぶ手段による解決を当事者に要請する）第33条2項を適用する代わりに、次のように規定する第36条を適用する。すなわち、「1　安全保障理事会は、第33条に掲げる性質の紛争又は同様の性質の事態のいかなる段階においても、

B　国際法の適用

適当な調整の手続又は方法を勧告することができる。2　安全保障理事会は、当事者が既に採用した紛争解決の手続を考慮に入れなければならない。3　本条に基づいて勧告するに当っては、安全保障理事会は、法律的紛争が国際司法裁判所規程の規定に従い当事者によって原則として同裁判所に付託されなければならないことも考慮に入れなければならない」。

　この条文の1項に従えば、安全保障理事会は「適当な調整の手続又は方法」、つまり第33条1項で掲げられる平和的解決手段の一つを「勧告すること」だけを授権される。理事会は「解決条件」を勧告することを授権されない。理事会は、第6章の言葉づかいに従えば、（事態ではなくて）紛争が紛争当事者により第37条または第38条に基づき理事会に付託された場合にのみ、または、理事会が第39条に基づき平和に対する脅威または平和の破壊を決定した場合にのみ、「解決条件」を勧告することを授権される。適当な手続または方法の勧告は、一方で解決条件の勧告、そして、他方で当事者に対してその紛争を第33条2項に基づく平和的手段によって解決するように要請することから明確に区別されなければならない。当事者に対してその紛争を平和的手段によって解決するように要請することは、第33条1項により確立される当事者の義務を当事者全般に想起させることを意味すると解釈されなければならない。適当な調整の手続または方法の勧告は、たとえば、調停または仲裁裁判のような特定の手続または方法を勧告することを意味する。それゆえ、第36条2項は、安全保障理事会は当事者がすでに採用した紛争解決手続を考慮しなければならないと規定するのである。

　第36条3項で言及される法律的紛争と非法律的紛争、つまり政治的紛争との区別は他の関連で議論されるであろう[57]。当事者が原則として法律的紛争を国際司法裁判所に付託しなければならないことは厳格な義務ではない。それは憲章によって行われる提案にすぎない。紛争の国際司法裁判所への付託はすべての紛争当事者によって達成される任意的な合意に基づいて初めて可能である[58]。

　紛争または他の事態はいずれの国連加盟国によってもまたは非加盟国によってさえ安全保障理事会に同じく付託されることがある。これに関して、第35条は次のように規定する。すなわち、「1　国際連合加盟国は、いかなる紛争についても、第34条に掲げる性質のいかなる事態についても、安全保障理事会又は総会の注意を促すことができる。2　国際連合加盟国でない国は、自国が当事者であるいかな

──────────
⑸7　本書後掲309頁以下を参照せよ。

⑸8　本書後掲317頁以下を参照せよ。

る紛争についても、この憲章に定める平和的解決の義務をこの紛争についてあらかじめ受諾すれば、安全保障理事会又は総会の注意を促すことができる。3　本条に基づいて注意を促された事項に関する総会の手続は、第11条及び第12条の規定に従うものとする」。

　第35条に基づき、加盟国は紛争のみならず、その継続が国際の平和を危うくする虞のある他のいかなる事態も安全保障理事会または総会に付託することができる。非加盟国は自国が当事者である紛争だけを付託することができる。紛争または事態が第35条に基づき理事会に付託された場合には、理事会は第34条に基づき当該紛争を調査したり調査しなかったりすることができる。そして、理事会は、調査した後に、第36条を適用する、すなわち、（解決条件ではなくて）適当な調整の手続または調整の方法を勧告する。

　紛争または平和を危うくするあらゆる他の事態は事務総長によって同じく安全保障理事会に付託されることができる。第99条は「事務総長は、国際の平和及び安全の維持を脅威すると認める事項について、安全保障理事会の注意を促すことができる」と規定する。

　事務総長が第99条に基づき紛争または他の事態について安全保障理事会の注意を促したときには、安全保障理事会は第34条に基づき調査を開始したりしなかったりすることができる。理事会は、当該紛争または事態を調査した後に、第36条を適用することができる。

　最後に、紛争または他の事態は総会によって安全保障理事会に付託されることがある。第11条3項は、「総会は、国際の平和及び安全を危くする虞のある事態について安全保障理事会の注意を促すことができる」と規定する。「事態」という言葉は紛争を含むと解釈されるであろう。総会は、総会により討議される紛争または事態が行動を必要とする性質のものである場合には、これを安全保障理事会に付託することを義務づけられる。これは第11条2項により規定される。

　安全保障理事会の審議中の紛争の当事者は国連加盟国または国連加盟国ない国であることがある。また、当事者は安全保障理事会の理事国であったりなかったりする。この点に関して、第32条は次のように規定する。すなわち、「安全保障理事会の理事国でない国際連合加盟国又は国際連合加盟国でない国は、安全保障理事会の審議中の紛争の当事国であるときは、この紛争に関する討議に投票権なしで参加するように勧誘されなければならない。安全保障理事会は、国際連合加盟国でない国の参加のために公正と認める条件を定める」。安全保障理事会の投票手続に関して、

B 国際法の適用

第27条3項は、第6章に基づく決定（および第52条3項に基づく決定、すなわち、安全保障理事会が地方的紛争、つまり地域的機構の構成員間の紛争を地域的機関に付託する決定）に関して、紛争の当事者である安全保障理事会の理事国は「投票を棄権しなければならない」と規定する。この規定は紛争の性格を持たない事態に関する決定には適用されない。

　紛争の解決と他の事態の調整に関して安全保障理事会と総会の競合管轄権が存在する。第10条は、総会に対して、憲章の範囲内にあるあらゆる問題および事項に関して討議し、それらの問題および事項について国際連合加盟国もしくは安全保障理事会、またはこの両者に対して勧告することを授権する。これらの問題または事項は国際の平和および安全を危うくする虞のある紛争または事態であるであろう。第11条2項は総会に対して「国際連合加盟国若しくは安全保障理事会によって、又は第35条2項に従い国際連合加盟国でない国によって総会に付託される国際の平和及び安全の維持に関するいかなる問題も討議」することを授権する。総会は「このような問題について、1若しくは2以上の関係国又は安全保障理事会あるいは両者に対して勧告する」権限を有する。「問題」によって紛争または事態が理解されるであろう。総会により行われる勧告と安全保障理事会により行われる勧告との間の抵触を回避するために、第12条は、総会は「安全保障理事会がこの憲章によって与えられた任務をいずれかの紛争又は事態について遂行している間は」この紛争または事態についていかなる勧告もしてはならないと規定する。紛争の解決と事態の調整に関する総会の管轄権は第14条で同じく言及される。同条は、「総会は、起因にかかわりなく、一般的福祉又は諸国間の友好関係を害する虞があると認めるいかなる事態についても、これを平和的に調整するための措置を勧告することができる…」と規定する。留意されなければならないのは、第32条の規定に類似した国連加盟国でない紛争当事者に総会の討議に参加することを許可するいかなる規定も存在しないこと、そして、総会の投票から紛争当事者を排除する第27条3項に類似したいかなる規定も存在しないことである。

# 3 国際裁判所による国際紛争の解決

## ◆ a 仲裁裁判と司法的解決

国際機関の決定による紛争の解決は、当事者間の直接交渉または周旋、仲介、審

査委員会、調停委員会により、あるいは、国際連盟または国際連合の諸機関の勧告により達成される当事者間の合意による紛争の解決とは全く異なる。

　もし国々が紛争を国際機関の決定に付託するならば、当該諸国はたとえその決定に同意しなくてもそれを履行することを義務づけられる。国際機関は裁判所の性格を持つこともあれば持たないこともある。国際機関、つまり、国際合意によって創設される機関は、(1)もしその機関の構成員が裁判官であるならば、(2)もしその機関が国際法を適用することにより国際紛争を解決する権限を有するならば、(3)その機関が合議的機関である場合に、もしそれが過半数票決定により紛争を解決する権限を有するならば、裁判所である。

　紛争を解決するために任命される個人または諸個人は、もしかれらが独立的である、とりわけ、かれらを任命した政府から独立しているならば、言葉の真の意味での裁判官である。そのことは、かれらが裁判所により採択されるべき決定に関して指図により法的に拘束されないことを意味する。もしかれらが独立的であるとすれば、かれらはかれらを任命した国家の代表ではない。もしかれらがかれらの決定の内容に関して指図により法的に拘束されるために法的に独立的でないならば、かれらは、裁判官ではなくて、任命国の代表、つまり任命国の代理人である。もし国際機関が実定国際法原則以外の他の原則を適用して紛争を解決する権限を持つならば、そして、その機関が合議的機関である場合に過半数票によってではなく、全会一致によって紛争を解決する権限を有するならば、それは通常は裁判所と呼ばれない。しかしながら、その用語法はさほど一貫していない。過半数票により紛争を解決する権限を有する国際機関は国際裁判所、さらには法廷と呼ばれることさえある。それにもかかわらず、それらの機関は一定の事情の下で実定法の原則以外の原則を適用することを授権されることがある。こうして、たとえば、国際司法裁判所は、事件の当事者が合意するならば「衡平及び善に基づいて」(*ex aequo et bono*)当該事件を裁判することができる（国際司法裁判所規程第 38 条）。

　裁判所は 1 人で構成されることもあれば、合議的団体であることもある。紛争の当事者は合意により第三国の元首、その外務大臣、その最高裁判所の裁判長、あるいはいずれかの他の人に、かれらを拘束する決定によって紛争を解決する権限を付与することがある。もし裁判所が合議的な団体であるならば、それは通常は奇数の裁判官によって構成される。裁判所の典型的な構成は、ハーグ国際紛争平和的処理条約第 45 条により示唆される構成である。すなわち、各当事者はそのうちの 1 人が自国民である 2 人の裁判官を任命する。これらの裁判官が合同して 5 人目の裁判

B　国際法の適用

官を任命する。

　国際裁判所の決定による紛争の解決は、通常、仲裁裁判と呼ばれる。また、この目的のために締結された合意は仲裁条約と呼ばれる。そのような条約は紛争が発生した後に、しかも当該紛争の解決のためにのみ締結されることがある。条約は、締約国間でおそらく発生するであろう一定のカテゴリーの紛争またはすべての紛争のいずれかを解決するために、将来発生するであろう紛争に関して締結されることがある。当事国は、条約によって、紛争が発生する場合に裁判所を設置し、かつ、この裁判所に将来発生することがある単一のまたは複数の紛争を付託する義務のみを負うことがある。あるいは、当事国は、直ちに裁判所を設置し、将来発生することがある単一のまたは複数の紛争をこの裁判所に付託することに合意することがある。

　もし裁判所が、裁判所の設立以前に発生した一つの紛争だけでなく、その設立後に発生することがある不特定の数の紛争を決定する権限を有するならば、その裁判所は多少とも常設的な性格を有する。そのような常設国際裁判所は、既存のまたは将来の紛争の当事者間で締結される条約によってではなく、紛争が発生するごとに紛争当事者によって締結される特別協定によって当該裁判所に紛争を付託する機会を締約当事者に与える意図をもって多数の国によって設立されることがある。また、裁判所の構成員は裁判所がその機関である国際共同体の機関によって任命されることがある。そのような常設裁判所は 1920 年 12 月 16 日にジュネーヴで署名された署名議定書により設立された常設国際司法裁判所であった。この裁判所は、今日、国連憲章によって設立された国際司法裁判所により取って代わられている。

　これらの二つの裁判所の決定と他の国際裁判所の決定を区別するために、仲裁裁判所と対比して紛争の司法的解決に関して述べることが通常である（たとえば、連盟規約第 12 条、国連憲章第 33 条）。しかし、仲裁裁判と紛争の司法的解決との間の相違は二つの裁判所と他の国際裁判所の機能に関係するのではなくて、その組織に関係する。常設国際司法裁判所の裁判官は国際連盟の総会と理事会によって選挙された。また、国際司法裁判所の裁判官は国際連合の総会と安全保障理事会によって選挙される。これに対して、他の国際裁判所—いわゆる仲裁裁判所—の裁判官は、裁判所によって決定されるべき単一のまたは複数の紛争の当事者によって一部は直接に、一部は間接に任命される。

　国際裁判所の管轄権は裁判所を設立する条約によって規定される。常設裁判所は強制的管轄権を有することがある。そのような強制的管轄権は、事件が当事国の一

方によってまたは裁判所がその機関である国際共同体の機関によってあるいは条約が規定するいずれかの他の方法によって付託されるかを問わず、裁判所を設立する条約が締約国にその関係するあらゆる事件に関して裁判所管轄権を承認する義務を課すならば、存在する。一般国際法の下で、いかなる国家も他国との紛争を国際裁判所に付託することを義務づけられない。そのような付託は紛争当事者の同意を必要とする[59]。

　国際裁判所により適用されるべき規範に関して言えば、構成条約が、裁判所は、たとえば衡平または正義の原則などのような他の規範を適用しなければならないと規定しない限り、当該裁判所が紛争の解決に際して適用しなければならないのは現行の慣習国際法と条約国際法である。

## ◈　b　法律的紛争と政治的紛争

　広く普及する見解に従えば、現行国際法は国家間で発生することがあるすべての紛争に適用可能であるわけではない。というのは、まさしく紛争の性質上、現行国際法を適用する国際裁判所の決定によって解決されえない紛争が存在するからである。そのような紛争、すなわち、仲裁諸条約においてそれらの条約により設置された裁判所の管轄権からしばしば排除される紛争は、紛争当事国の重大なる利益、独立または名誉に影響を及ぼす紛争である。国際裁判所の管轄権から一定のカテゴリーの紛争を排除する国々の慣行は法律的紛争と政治的紛争の間には本質的な相違が存在するという理論によって裏付けられる。この相違と密接に関連して司法判断適合的な紛争と司法判断不適合的な紛争との区別が行われる。

　法律的紛争のみが司法判断適合的であり、したがって、仲裁裁判または司法的解決への付託に適しているのに対して、政治的紛争は武力行使によってまたは当事者の直接交渉もしくは他の手段、特に調停により達成される合意によってもっぱら解決されうるという見解が広く普及している。当事者が法律的紛争を仲裁裁判または司法的解決に、そして、政治的紛争を調停に付託する義務を負う条約が存在する。

---

[59]　東部カレリア事件（*Eastern Carelia Case*, Publications of the Permanent Court of International Justice, Series B, No. 5, p. 27）の勧告的意見において、1923 年に、常設国際司法裁判所は次のように述べた。すなわち、「いかなる国家もその同意なしに他国との紛争を仲介、仲裁裁判または何らかの他の種類の平和的解決に付託することを義務づけられないことは国際法上十分に確立されている。そのような同意は自由に引き受けられた義務の形式で一度だけ与えられることができる。しかし、それは、反対に、あらゆる既存の義務とは別に、特別な事件に関して与えられることもできる」。

B　国際法の適用

そのような条約は、たとえば、1921年12月3日にベルンでドイツとスイスにより締結された調停および仲裁裁判条約やいわゆるロカルノ諸条約、つまり、1925年12月1日にロンドンで、一方ドイツ、他方ベルギー、チェコスロバキア、フランスおよびポーランドによって署名された調停および仲裁裁判条約である。しかし、政治的紛争は、もし調停が当事者の合意を導かないならば、実定国際法以外の原則に従って解決されるべき仲裁裁判または司法的解決に付託されるものとすると規定する条約も存在する。そうした条約は、たとえば、1925年11月2日にオスロでノルウェーとスウェーデンにより署名された条約である。同条約は、法律的紛争は常設国際司法裁判所に付託され、その他の紛争は、最初に調停に付託されることを条件として、法および衡平の諸原則に従って解決されるべき仲裁裁判に付託されるものとすると規定した。また、1926年4月30日にブリュッセルでベルギーとスウェーデンによって署名された条約は、すべての法律的紛争は常設国際司法裁判所に付託され、他の紛争は調停に付託されるものとすると規定した。そして、もし調停が当事者の合意をもたらさないならば、それらの紛争は「衡平及び善に基づいて」(*ex aequo et bono*) 裁判する仲裁裁判所に付託されるものとすると規定した。国際連合憲章は、交渉、審査、仲介、調停、または、安全保障理事会もしくは総会の勧告により達成される当事者の合意による紛争の解決を規定する。しかし、憲章は、第36条3項で「法律的紛争が…原則として（国際司法）裁判所に付託されなければならない」と規定する。ただし、そのような紛争を別の国際裁判所に付託する可能性は排除されない（第95条）。

　紛争の法律的または政治的な性格は、伝統的理論が仮定すると思われるように、紛争の性質、すなわち、紛争が関係する主題事項に依存するのではなくて、当該紛争に適用されるべき規範の性質に依存する。紛争は、もしそれが法規範の適用によって、つまり、現行法の適用によって解決されるべきであるとするならば、法律的紛争である。紛争は、もしそれが衡平、正義等の他の規範の適用によって解決されるべきであるとするならば、政治的紛争—それは法律的紛争ではない—である。一般国際法の下で、国々はその紛争を現行国際法に従って解決することを義務づけられるが、しかし、かれらはその紛争を国際機関の決定に付託することを義務づけられない。国々はその紛争をそのような機関に付託したり、しなかったりすることができる。もし国々が付託するならば、かれらは当該機関がいかなる規範を適用しなければならないか—現行国際法の規範かそれとも他の規範か—を自由に決定することができる。もし現行国際法の規範以外の規範により解決される紛争が政治的紛

*310*

争と呼ばれるとするならば、法律的紛争と政治的紛争の相違は単なる相対的な相違にすぎないことが見過ごされるべきではない。もし紛争が条約に基づき、正義および衡平等の規範を適用して当該紛争を解決することを授権された機関、特に裁判所によって解決されるとするならば、その裁判所の判決は個別的法規範を構成する。というのは、当該紛争の当事者はその判決を遵守することを法的に義務づけられるからである。そのような場合、法律的紛争と政治的紛争の違いは、既存の国際法によって解決されるべき紛争とこの紛争の解決のために裁判所により定立される国際法によって解決されるべき紛争との間の違いにすぎない。

　法律的紛争に関する通常の定義は上で言及したいわゆるロカルノ諸条約[60]によって採用された定義である。これらの条約の第1条で法律的紛争は、「当事国が互いに権利を争うあらゆる種類の紛争」と定義される。この方式は十分に満足できるものではない。というのは、それは「権利」にのみ言及するからである。「権利」は「法律的な」権利であることもあるし、またないこともある。特に、権利はまず第一に含まれる法的義務に言及しないからである。一国は他国が対応する義務を負う場合にのみ権利を有する。したがって、一国が権利を有すると主張し、他国が対応する義務を負っていることを否定する場合にのみ紛争が存在する。紛争の法的性格は当事国の態度によって決まる。すなわち、一方の当事国はその主張を現行国際法に依拠して正当化し、他方の当事国がこの主張を現行国際法に依拠して否認するかどうかである。

　いかなる紛争であれ、もし紛争当事者が当該紛争は現行国際法の適用により解決されなければならないと合意しないならば、現行国際法を適用する国際裁判所によるそのような解決の可能性は存在しない。しかし、それは現行国際法が当該紛争に完全に適用不可能であることを意味しない[61]。現行国際法は確かに適用可能である。そのため、当事者は現行国際法の規範以外の規範の適用に合意しないならば、現行国際法を適用することを義務づけられる。政治的紛争は司法判断不適合的であるという言明がその紛争は国際裁判所の決定により解決されえないことをもっぱら意味するとするならば、そのときには、もし当事者が現行国際法に従って紛争を解決する権限を有する裁判所に紛争を付託することに合意しないならば、あらゆる紛争は司法判断不適合的である。しかしながら、もしある紛争が司法判断不適合的であるという言明は現行国際法が紛争のまさしく性質のために適用されえないことを

---

〔60〕　本書前掲 310 頁を参照せよ。

〔61〕　本書前掲 249 頁以下を参照せよ。

B 国際法の適用

意味するとするならば、そのときには司法判断不適合的な紛争は存在しない。もっぱら二つの可能性が存在する。すなわち、現行国際法は被告たる当事者の一方に対して、原告たる他方の当事者の主張に従って行動する義務を課す。そのときには、現行国際法を適用するに際して、裁判所は原告に有利に当該事件を判断しなければならない。あるいは、現行国際法は被告に対して原告が主張するように行動する義務を課さない。そのときには、国際法を適用するに際して、やはり、裁判所は被告に有利に当該事件を判断しなければならない。つまり、原告の主張を却けなければならない。法によって禁止されないことは法によって許容される。もし国家が一定の方法で行動する義務を負わないとするならば、その国家は法的に思い通りに自由に行動することができる。

それゆえ、現行国際法を適用した決定による解決の可能性がまさしく紛争の性質によって排除されるいかなる紛争も存在しない。しかし、現行国際法の適用はあれこれの観点から不十分であると考慮されることがある。これは紛争を国際裁判所に付託しない理由であることがあるが、しかし、それは、他の規範の適用によって紛争を解決する合意が当事者間に存在しない限り、当事者自身による紛争の解決に現行国際法の適用を排除する理由とはなりえない。

さらに、現行法の適用は満足がいかないという言明は、あらゆる法秩序のあらゆる法規範に関して表明されることがある高度に主観的で道徳的・政治的な価値判断である。概して、利益紛争に対する現行法の適用は必ず一方の当事者にとって満足のいくものであり、他方の当事者にとって満足のいかないものである。また、現行国際法は客観的観点から多くの点で不十分であると認められるとしても、国際法のそのような不完全性は、司法判断適合的な紛争と司法判断不適合的な紛争との区別の基礎にある見解、すなわち、国家間には、まさしくその性質上、現行国際法の適用によっては解決されえない紛争が存在するという見解を決して正当化することができない。

この見解は他の関連で考察された[62]法の欠缺が存在するという理論と密接に関係する。この点についてきわめて特徴的なのは1928年9月26日に第9回国際連盟総会で採択された国際紛争の平和的解決に関する一般議定書である。同議定書は、法律的紛争は仲裁裁判または司法的解決に付託され、その他の紛争は、調停が当事者の合意を導かない場合には常設国際司法裁判所規程第38条に列挙される規則——

---

(62) 本書前掲 248 頁以下を参照せよ。

それは現行法の規則を意味する—を適用する仲裁裁判所に付託されるものとすると規定した[63]。しかし、以下のことが付け加えられる。すなわち、「当該紛争に適用できる準則が存在しない場合には、仲裁裁判所は衡平及び善に基づいて（ex aequo et bono）裁判を行う」。一般議定書は、現行法が事件に関係する規則を含まないためこの法を適用することができない事例が存在する、言い換えれば、法の欠缺が存在する、と仮定する[64]。

しかしながら、もし法的に禁止されないことは法的に許容されるという原則が承認されるとすれば、いわゆる法の欠缺は法適用の論理的な不可能性を構成するのではなくて、現行法の道徳的・政治的な不十分性を構成する。そのような欠陥は、現行法は望ましいと考えられる義務を確立しないまたはあまりに限定的と考えられる義務を確立するという事実に帰せられるばかりでなく、現行法は法の道徳的・政治的な評価の観点から望ましくないまたはあまりに一般的と考えられる義務を確立するという事実にも帰せられるであろう。しかし、伝統的理論は、それほど一貫しているわけではないが、前者の場合にのみ法の欠缺を仮定する。しかしながら、双方の場合において現行法は論理的に適用可能である。したがって、その不適用は、事件の性質によって、すなわち、当該事件をまさしくその性質により司法判断不適合的な事件であると性格づけることによって、これを正当化することはできない。

紛争の法的性格、したがって、その司法判断適合性は紛争が関係する主題に依存するという誤った見解は国際連盟規約第13条で規定される定義を導いた。すなわち、「1　聯盟国ハ、聯盟国間ニ仲裁裁判又ハ司法的解決ニ付シ得ト認ムル紛争ヲ生シ、其ノ紛争カ外交手段ニ依リテ満足ナル解決ヲ得ルコト能ハサルトキハ、当該事件全部ヲ仲裁裁判又ハ司法的解決ニ付スヘキコトヲ約ス。2　条約ノ解釈、国際法上ノ問題、国際義務ノ違反ト為ルヘキ事実ノ存否並該違反ニ対スル賠償ノ範囲及性質ニ関スル紛争ハ、一般ニ仲裁裁判又ハ司法的解決ニ付シ得ル事項ニ属スルモノ

---

(63)　本書後掲319頁以下を参照せよ。

(64)　1949年4月28日の第199回全体会合で総会により採択された決議268（Ⅲ）A（1928年9月26日の一般議定書、その当初効力の回復）は、事務総長に対して、その決議で述べられる一定の改正を含め「一般議定書の改正本文を準備すること」、「および『国際紛争の平和的解決に関する改正一般議定書』の表題の下でそれを国々による加入のために開放すること」を指示した。同決議で言及された改正は、「このようにして改正された一般議定書に加入した国家間でのみ適用されるであろう、したがって、1928年9月26日に確立された議定書の当事国であって、その議定書が依然として有効である限りでそれを援用することを主張する諸国の権利に影響を与えないであろう」。上で言及された一般議定書の規定は、「常設国際司法裁判所」の言葉が「国際司法裁判所」により取って代わられる限度でのみ改正される。

B 国際法の適用

ナルコトヲ声明ス」。この方式は常設国際司法裁判所規程および国際司法裁判所規程に引き継がれた。後者は第 36 条 2 項で「法律的紛争」に言及し、規約第 13 条 2 項で言及される事項に関する紛争を列挙する。

　論理上、この列挙には極めて問題がある。というのは、列挙された事項の一つ、すなわち、「国際法上の問題」は他の三つの事項を包含するからである。さらに、もし紛争当事者が現行国際法に従って紛争を解決する権限を有する国際司法裁判所または他の国際裁判所に当該紛争を付託することに合意するならば、その紛争はその主題が何であれ法律的紛争である。また、もし紛争当事者が紛争が現行国際法に従って解決されるべきことに合意しないならば、その紛争は、たとえ条約の解釈または賠償の問題に関係するとしても、法律的紛争ではない。加えて、もし当事者が国際司法裁判所に紛争を付託するが、しかし、同裁判所が規程第 38 条 2 項[65]に従って「衡平及び善に基づいて」裁判することに合意するならば、その紛争は通常の定義の意味においても、あるいは本書で提案された定義の意味においても法律的紛争ではない。

## ◆ c 国際司法裁判所による紛争の解決

### ⑴ 常設仲裁裁判所と常設国際司法裁判所

　常設国際裁判所を創設する最初の試みはハーグ国際紛争平和的処理条約によって行われた。1899 年の最初の条約第 20 条に従えば、締約国は「何時タリトモ依頼スルヲ得ヘキ且紛争國間ニ反対ノ規約ナキ限リハ本條約ニ掲ケタル手續ニ依リテ其ノ職務ヲ行フヘキ常設仲裁裁判所ヲ構成スルコト」を約束した。1907 年条約第 41 条により締約国はこの裁判所を維持することに合意した。1907 年条約第 44 条に従えば、「各締約國ハ、国際法上ノ問題ニ堪能ノ名アリテ徳望高ク且仲裁裁判官ノ任務ヲ受諾スルノ意アル者 4 人以下ヲ任命ス。前項ニ依リ任命セラレタル者ハ、裁判所裁判官トシテ名簿ニ記入シ、右名簿ハ、事務局ヨリ之ヲ各締約國ニ通告スヘシ。…裁判所裁判官ノ任期ハ 6 年トス。但シ、再任セラルルコトヲ得」。第 45 条は次のように規定する。すなわち、「締約國カ其ノ相互間ニ生シタル紛争ヲ処理セムカ為常設裁判所ニ訴ヘムト欲スル場合ニ於テ、其ノ紛争ヲ判定スルニ付当該裁判部ヲ組織スヘキ仲裁裁判官ノ選定ハ、裁判所裁判官ノ総名簿ニ就キテ之ヲ為スコトヲ要ス。仲裁裁判部ノ構成ニ付、当事者ノ合意ナキ場合ニ於テハ、左ノ方法ニ依ル。当事者

---

〔65〕 本書後掲 319 頁を参照せよ。

ハ、各自 2 人ノ仲裁裁判官ヲ指定スヘシ。其ノ内 1 人ニ限リ、自国民又ハ自国カ常設裁判所裁判官トシテ任命シタル者ノ中ヨリ之ヲ選定スルコトヲ得。右仲裁裁判官ハ、合同シテ 1 人ノ上級仲裁裁判官ヲ選定ス」。いわゆる常設仲裁裁判所は仲裁裁判所の裁判官がそこから選定される人々の名簿にすぎなかった。当該条約の目的は第 41 条が明確に述べたように機能する裁判所を直接に設立するのではなくて、国際紛争の仲裁裁判への直接的な付託を容易にすることであった[66]。

これは国際連盟規約とそれに基づく特別条約、すなわち、1920 年 12 月 16 日のいわゆる常設国際司法裁判所署名議定書によって行われた。規約第 14 条は理事会に「常設国際司法裁判所設置案ヲ作成シ、之ヲ聯盟国ノ採択ニ付ス」ことを授権した。理事会によって任命された法律家諮問委員会によって準備された裁判所規程草案は理事会による検討の後に 1920 年 12 月 13 日の総会決議で承認された。この決議は次のように規定した。すなわち、規程は「正當ニ批准セラルヘキ議定書ノ形式ニ於テ採擇ノ為能フ限リ速ニ國際聯盟ノ聯盟國ニ提出セラルヘシ…前記議定書ハ聯盟規約附属書所載ノ國ノ署名ノ為等シク開キ置カルヘシ」（この付属書には、原連盟国であると意図される諸国と規約への加入を招請される諸国が掲げられていた）。この基礎に基づき設立された常設国際司法裁判所は連盟の機関ではなく、連盟とは異なる 1920 年 12 月 16 日の議定書により創設された共同体の機関であった。この共同体のすべての構成国が連盟国であったわけではなく、また、すべての連盟国がこの共同体の構成国であったわけではない。

## (2) 国際司法裁判所

常設国際司法裁判所は国際連合の機関である国際司法裁判所によって取って代わ

---

[66] 1907 年 12 月 20 日、コスタリカ、グアテマラ、ホンジュラス、ニカラグア、および、エルサルバドルの中央アメリカ 5 カ国はワシントンにおいて中米司法裁判所を設立する条約に署名した。裁判所は各締約国によって任命される 5 人の裁判官で構成された（第 6 条）。条約は、「各外務省が了解に達することができなかった場合には、その性質および起源を問わず、締約国間で発生することがあるすべての紛争または問題」を裁判所に付託する義務を締約国に課した（第 1 条）。裁判所は「自国政府が請求を支持するか否かを問わず、各国の法律がそのような違反に対して与える救済手段が尽くされたならば、または、裁判拒否が証明されたならば、1 の中米国の個人が条約または協定の違反を理由に他の締約政府のいずれかに対して提起することのできる問題を同じく」審理しなければならない（第 2 条）。裁判所は 10 年の期間で設立された（第 27 条）。この期間が 1918 年に満了した後、裁判所は存在を終了した。この条約の全文は 2 *American Journal of International Law*（1908），Supplement, pp. 231ff. を参照せよ。

B　国際法の適用

られた。国際連合憲章の不可欠の一部を構成するこの裁判所の規程は常設国際司法裁判所規程とほぼ同一である。新規程の主要規定は以下の通りである。

### (a)　裁判所の構成

「裁判所は、徳望が高く、且つ、各自の国で最高の司法官に任ぜられるのに必要な資格を有する者又は国際法に有能の名のある法律家のうちから、国籍のいかんを問わず、選挙される独立の裁判官の一団で構成する」（第2条）。「裁判所は15人の裁判官で構成し、そのうちのいずれの2人も、同一国の国民であってはならない」（第3条1項）。「裁判所の裁判官は、常設仲裁裁判所の国別裁判官団によって指名される者の名簿の中から…総会及び安全保障理事会が選挙する」（第4条1項）。「国別裁判官団」はハーグ国際紛争平和的処理条約第44条に従って任命される（4人以下の）者によって構成される[67]。「常設仲裁裁判所に代表されない国際連合加盟国については、候補者は、国際紛争の平和的処理に関する1907年のヘーグ条約の第44条によって常設仲裁裁判所裁判官について規定される条件と同一の条件で政府が指名のために任命する国別裁判官団が指名する」（第4条2項）。「いかなる国別裁判官団も、4人をこえて指名することができない。そのうち、自国の国籍を有する者は、2人をこえてはならない。いかなる場合にも、1国別裁判官団の指名する候補者の数は、補充すべき席の数の2倍をこえてはならない」（第5条2項）。「各国別裁判官団は、この指名をする前に自国の最高司法裁判所、法律大学及び法律学校並びに法律研究に従事する学士院及び国際学士院の自国の部の意見を求めることを勧告される」（第6条）。「事務総長は、こうして指名されるすべての者のアルファベット順の名簿を作成」し、そして「この名簿を総会及び安全保障理事会に提出する」（第7条）。「総会及び安全保障理事会は、各別に裁判所の裁判官の選挙を行う」（第8条）。「各選挙において、選挙人は、選挙されるべき者が必要な資格を各自に具備すべきものであることのみならず、裁判官全体のうちに世界の主要文明形態及び主要法系が代表されるべきものであることに留意しなければならない」（第9条）。「総会及び安全保障理事会で投票の絶対多数を得た候補者は、当選したものとする」（第10条1項）。「裁判所の裁判官は、9年の任期で選挙され、再選されることができる。但し、第1回の選挙で選挙された裁判官のうち、5人の裁判官の任期は3年の終に終了し、他の5人の裁判官の任期は6年の終に終了する」（第13条1項）。「裁判所は3年の任期で裁判所長及び裁判所次長を選挙する。裁判所長

---

[67]　本書前掲299頁および307頁以下を参照せよ。

及び裁判所次長は、再選されることができる」（第21条1項）。「裁判所の所在地は、ヘーグとする。但し、裁判所が望ましいと認める場合に他の地で開廷して任務を遂行することを妨げない」（第22条1項）。「裁判所は、裁判所の休暇中を除く外、常に開廷され、休暇の時期及び期間は、裁判所が定める」（第23条1項）。裁判官の独立性と公平性は次の規定により保証される。すなわち、「裁判所の裁判官は、政治上又は行政上のいかなる職務を行うことも、職業的性質をもつ他のいかなる業務に従事することもできない」（第16条1項）。「裁判所の裁判官は、いかなる事件においても、代理人、補佐人又は弁護人として行動することができない。裁判所の裁判官は、一方の当事者の代理人、補佐人若しくは弁護人として、国内裁判所若しくは国際裁判所の裁判官として、調査委員会の構成員として、又はその他の資格において干与したことのあるいかなる事件の裁判にも参与することができない」（第17条1項および2項）。「裁判所の裁判官は、必要な条件をみたさないようになったと他の裁判官が全員一致で求める場合を除く外、解任することができない」（第18条1項）。「裁判所の裁判官は、裁判所の事務に従事する間、外交官の特権及び免除を享有する」（第19条）。「裁判所の各裁判官は、職務をとる前に、公平且つ誠実にその職権を行使すべきことを公開の法廷で厳粛に宣言しなければならない」（第20条）。「裁判所の裁判官は、特別の理由によって特定の事件の裁判に自己が参与すべきでないと認めるときは、裁判所長にその旨を通告しなければならない。裁判所長は、裁判所の裁判官が特別の理由によって特定の事件に参与すべきでないと認めるときは、その者にその旨を通告するものとする。前記のいずれの場合においても、裁判所の裁判官及び裁判所長の意見が一致しないときは、裁判所の裁判で決定する」（第24条）。裁判所に係属する事件の当事者の国籍を有する裁判官は当該事件について出席することを妨げられない。しかし、「裁判所がその裁判官席に当事者の1の国籍裁判官を有する場合には、他のいずれの当事者も、裁判官として出席する者1人を選定することができる。この者は第4条及び第5条の規定により候補者として指名された者のうちから選定されることが望ましい。裁判所が裁判官席に当事者の国籍裁判官を有しない場合には、各当事者は本条2の規定により裁判官を選定することができる」（第31条2項および3項）。これは「国籍裁判官」の制度である。

### (b) 裁判所の管轄

「国のみが裁判所に係属する事件の当事者となることができる」（第34条1項）。私人としての個人も国際機構も裁判所を利用する権利を持たない。裁判所は規程の全当事国である国連加盟国に開放される。というのは、規程は憲章の不可欠の一部

B 国際法の適用

であるからである。憲章第93条は、「すべての国際連合加盟国は、当然に、国際司法裁判所規程の当事国となる」と明確に規定する。同条は、「国際連合加盟国でない国は、安全保障理事会の勧告に基づいて総会が各場合に決定する条件で国際司法裁判所規程の当事国となることができる」と規定する。このようにして、スイスは国際連合加盟国、すなわち、言葉の広い意味で（規程を含む）国際連合憲章の当事国になることなく規程の当事国になった。憲章第93条に従って、規程は、裁判所はこの規程の当事国である諸国に開放すると規定する（第35条1項）。しかし、裁判所は憲章第93条の意味での規程の当事国でない諸国にもまた開放される。裁判所がそのような諸国に開放される条件は「安全保障理事会が定める。但し、この条件は、いかなる場合にも、当事者を裁判所において不平等の地位におくものであってはならない」（第35条2項）。

　規程の当事国（国際連合加盟国と非加盟国）は紛争を裁判所に付託することを義務づけられない。しかし、かれらはそうすることがある。事件は紛争当事者の特別協定によって裁判所に付託されることがある。この方法でどのような紛争でも裁判所に付託されることができる。そのような特別協定は必ずしも必要とされない。事件は、紛争当事者が規程第36条に規定される宣言をあらかじめ行っていたならば、一方の当事者による書面の請求によって裁判所に提起されることがある（第40条1項）。第36条は次のように規定する。すなわち、「この規程の当事国である国は、次の事項に関するすべての法律的紛争についての裁判所の管轄を同一の義務を受諾する他の国に対する関係において当然に且つ特別の合意なしに義務的であると認めることを、いつでも宣言することができる。a　条約の解釈、b　国際法上の問題、c　認定されれば国際義務の違反となるような事実の存在、d　国際義務の違反に対する賠償の性質又は範囲」（第36条2項）。この宣言は「無条件で、多数の国若しくは一定の国との相互条件で、又は一定の期間を付して行うことができる」（第36条3項）。

　規程第36条2項に基づき行われる宣言によって承認される裁判所の管轄は同条で呼ばれるような真に義務的な管轄ではない。というのは、そのような宣言を行っている国が他国との紛争を規程第40条に従って一方的な請求によって裁判所に提出するならば、他方の当事者もまた同じ宣言を行っている場合にのみ裁判所の管轄を承認することを義務づけられるからである。それは、この場合の裁判所の管轄がこの具体的事件に関する特別協定に基礎づけられるのではなくて、規程第36条2項に基づき行われた宣言によって設定された紛争当事国の一般協定に基礎づけられ

ることを意味する。規程第36条2項に基づく宣言はかなり多くの国によって行われている。だが、それらの宣言のいくつかはそれからほとんどすべての実質的価値を奪う留保が付されている⁽⁶⁸⁾。

　裁判所が適用すべき法規に関して第38条は次のように規定する。すなわち「1　裁判所は、付託される紛争を国際法に従って裁判することを任務とし、次のものを適用する。a　一般又は特別の国際条約で係争国が明らかに認めた規則を確立しているもの、b　法として認められた一般慣行の証拠としての国際慣習、c　文明国が認めた法の一般原則、d　法則決定の補助手段としての裁判上の判決及び諸国の最も優秀な国際法学者の学説。但し、第59条の規定に従うことを条件とする。2　この規定は、当事者の合意があるときは、裁判所が衡平及び善に基づいて裁判をする権限を害するものではない」。

　裁判所が現行の条約法および慣習法（a号およびb号）を適用しなければならないことは自明であって、規定するには及ばなかった。「文明諸国が認めた法の一般原則」（c号）について言えば、文明諸国の法秩序に共通するそのような原則が、とりわけ共産主義国と資本主義国を隔てる、また、独裁的な法制度と民主主義的な法制度を隔てるイデオロギー的な対立を考慮すると、そもそも存在するのか疑わしい。もし裁判所が、文明国が認めた法の一般原則が存在すると仮定するならば、裁判所はいかなる条件で管掌する事件にこの原則を適用すると想定されるかの問題が生ずる。もし紛争に関係する諸国が締約国である条約が存在するならば、そして、その条約が当該紛争に関係するならば、その条約が適用される（a号）。もし条約が存在しないならば、一般慣習国際法が適用される。指摘されるように、これは常に起こりうる。しかし、c号は明らかに国際法に欠缺が存在するという考えを仮定する。それが意味するのは、裁判所が特別条約法または一般慣習国際法の適用では十分でないと考えるならば、裁判所は法の一般原則であると考慮する規則の適用を

---

⑹⑻　たとえば、合衆国は規程第36条2項に列挙された事項に関する紛争について次の紛争を除外して裁判所の管轄権を承認した。すなわち、「但し、この宣言は次の紛争には適用されない。a. すでに存在しまたは将来締結される協定によって当事国が他の裁判所に解決を付託すべき紛争、b. アメリカ合衆国が決定するところに従い、本質上アメリカ合衆国の管轄権内にある事項に関する紛争、c. ⑴ 判決によって影響を受けるすべての条約当事国が本裁判所に提起された事件の当事者である場合、または、⑵ アメリカ合衆国がとくに管轄権に同意する場合を除き、多辺条約の下で生ずる紛争。この宣言は5年の有効期間を有し、その後はこの宣言を終了させる通告が為された後、6カ月が満了するときまで効力を有するものとする」。これらの留保の下で承認された裁判所の管轄が「義務的」でないことは全く明白である。

B 国際法の適用

授権されるということである。それは裁判所の側のほとんど無制限な裁量を意味する。

　しかしながら、規程の起草者達が裁判所にそのような並外れた権限を付与することを本当に意図したのかは疑わしい。第38条1項は、裁判所の任務は「国際法に従って裁判することである」と明確に規定する。それゆえ、「法の一般原則」はそれが国際法の一部である場合にのみ適用可能であると主張されるかもしれない。そうすると、それは第38条のa号およびb号で言及される法規の一部を意味する。かくして、c号は不要である。d号は裁判所が適用することのできる国際法規則に言及しない。それは解釈の原則を確立するにすぎない。d号が言及する第59条は、裁判所の裁判は当事者間でかつその特定事件に関してのみ拘束力を有すると規定する。したがって、裁判所の裁判は先例の性格を持つことができない。

(c)　**裁判所の手続**

「手続は、書面及び口頭の二部分からなる。書面手続とは、申述書、答弁書及び必要があるときには抗弁書並びに援用のためのすべての文書及び書類を裁判所及び当事者に送付することをいう。…口頭手続とは、裁判所が証人、鑑定人、代理人、補佐人及び弁護人から行う聴取をいう」(第43条1項、2項および5項)。「裁判所における弁論は、公開とする。但し、裁判所が別段の決定をするとき、又は両当事者が公開としないことを請求したときは、この限りでない」(第46条)。「すべての問題は出席した裁判官の過半数で決定する。可否同数のときは、裁判所長又はこれに代る裁判官は、決定投票権を有する」(第55条)。「判決には、その基礎となる理由を掲げる。判決には、裁判に参与した裁判官の氏名を掲げる」(第56条)。「判決がその全部又は一部について裁判官の全会一致の意見を表明していないときは、いずれの裁判官も個別の意見を表明する権利を有する」(第57条)。「判決は、終結とし、上訴を許さない。判決の意義又は範囲について争がある場合には、裁判所はいずれかの当事者の要請によってこれを解釈する」(第60条)。「判決の再審の請求は、決定的要素となる性質をもつ事実で判決があった時に裁判所及び再審請求当事者に知られていなかったものの発見を理由とする場合に限り、行うことができる。但し、その事実を知らなかったことが過失によらなかった場合に限る。…再審の請求は、新事実の発見の時から遅くとも6箇月以内に行わなければならない。判決の日から10年を経過した後は、いかなる再審の請求も、行うことができない」(第61条1項、4項および5項)。判決は上訴を許さないという規程第60条の規定は、いずれかの当事者が裁判所の判決を遵守しない場合には他方の当事者が安全保障理

事会に訴えることができる憲章第94条2項の規定と矛盾する。安全保障理事会は裁判所の決定とは異なる方法で事件を解決することができる。この規定は後に検討されるであろう[69]。

### (d) 勧告的意見

憲章第96条は総会と安全保障理事会に「いかなる法律問題についても勧告的意見を与えるように」裁判所に要請することを授権する。「国際連合のその他の機関及び専門機関でいずれかの時に総会の許可を得るものは、また、その活動の範囲内で生ずる法律問題について裁判所の勧告的意見を要請することができる」。規程第65条は、「国際連合憲章によって又は同憲章に従って要請することを許可される団体の要請があったときは、いかなる法律問題についても勧告的意見を与えることを」裁判所に授権する。「裁判所の勧告的意見を求める問題は、意見を求める問題の正確な記述を掲げる請求書によって裁判所に提出するものとする。この請求書には、問題を明らかにすることができるすべての書類を添付するものとする」。

## ◈ d 国際裁判所判決の執行

国々が仲裁条約によりその紛争を国際裁判所に付託するときには、かれらは裁判所の判決に従う義務を負う。しかしながら、国家が国際裁判所の判決に従わないことが正当化される事情が存在する。国際裁判所の判決は、もし裁判所が仲裁条約により付与された権限を逸脱したならば無効または取消可能であると考慮されると一般に認められる（権限踰越[70]）。しかし、これに関してだれが仲裁条約を解釈する権限を有するのであろうか。締約国、つまり紛争当事者か、あるいは、裁判所か、それとも両者か。

法規範を適用しなければならない者はその法規範を解釈する権限を有するという原則に従えば、各締約国は、締約国が裁判所の判決を履行することにより仲裁条約

---

[69]　本書後掲322頁を参照せよ。

[70]　裁判所に紛争を付託した当事者がその判決に従うことを拒否した事例はごく稀である。そのような事例は、1831年にオランダ国王が判決を下したイギリスと合衆国との間の北東境界事件、1909年にアルゼンチン大統領が判決を下したボリビアとペルーとの間の境界紛争、バージェ氏により判決が下された合衆国とベネズエラとの間のオノリコ汽船会社事件（その判決は1910年に常設仲裁裁判所により無効とされた）、1927年にルーマニア・ハンガリー混合裁判所により判決が下されたルーマニアにおける農地改革に関するハンガリー市民による一定の請求に関するハンガリーとルーマニアとの間の紛争、である。これらのすべての事件において仲裁判決の不遵守の理由は裁判所管轄権の踰越であった。Oppenheim. *op. cit.*, II, §16を参照せよ。

B　国際法の適用

を適用しなければならない限りで、当該条約を解釈することができる。しかし、裁判所は判決を下すことにより条約を適用しなければならないのであるから、裁判所もまた仲裁条約を解釈することができる。裁判所に管轄権を付与する条約は、締約国が裁判所の権限に関して条約を解釈するその権利を放棄してしまったという意味を持つかも知れない。しかしながら、もしその放棄が明示的に規定されないならば、締約国は、仲裁条約を解釈し、そして、もし裁判所がその権限を逸脱したならば、その判決によって拘束されないと宣言する権利を主張する地位にある。締約国が裁判所の権限に関して仲裁条約を解釈する権利を持つ限りで、判決の執行は実のところかれらの善意に依存する。解釈権の濫用は、当事国が裁判所の権限を定める条約規定の排他的解釈権を当該裁判所に付与することによってこの権利を放棄する場合にのみ除去される。国際司法裁判所規程は、「裁判所が管轄権を有するかどうかについて争がある場合には、裁判所の裁判で決定する」と規定する（第36条6項）。したがって、いかなる紛争当事者も、国際司法裁判所が―その当事者の意見によれば―その権限（管轄権）を逸脱したという理由で同裁判所の判決が無効であると宣言することはできない。

　一般国際法の下で、国際裁判所判決の不遵守は一般国際法が規定するあらゆる結果を必然的に伴う国際違法行為を構成する。他方の当事国による裁判所判決の不履行によってその権利を侵害される当事国は、違法行為国に対して復仇または戦争に訴えることを授権される。国連憲章の下で、そのような場合における自力救済は排除される。安全保障理事会だけが違法行為国に対して、しかも、同理事会が第39条に基づき裁判所の判決の不遵守を平和に対する脅威または破壊と考慮する場合にのみ、実力を行使することができる。この事態は国際司法裁判所判決の不遵守の場合とはいささか異なる。この点に関して憲章第94条は同裁判所の裁判に従う義務を明確に規定する。しかしながら、「事件の一方の当事者が裁判所の与える判決に基いて自国が負う義務を履行しないときは、他方の当事者は安全保障理事会に訴えることができる。理事会は、必要と認めるときは、判決を執行するために勧告をし、又はとるべき措置を決定することができる」。それは、安全保障理事会が二つの異なる手続のうちから選択できることを意味する。安全保障理事会は、国際司法裁判所の判決に、とりわけ、判決を遵守しない国に対して強制措置をとることにより、効果を与えることができる。しかし、安全保障理事会は、また、必要と認めるときは、紛争の解決に関して当事者に勧告することもできる。第94条の言葉づかいに従えば、そのような勧告を行うに際して理事会は裁判所の判決により拘束され

ない。すなわち、その勧告はこの判決とは異なることがある[71]。理事会はその勧告の不遵守が平和に対する脅威または平和の破壊であると考慮するならば、これを強制することさえできる。紛争当事国である安全保障理事会理事国は投票を棄権しなければならないという憲章第27条3項の規則は、第94条の下で行われる決定には適用されない。

---

[71] これは国際連合憲章に関する合衆国上院外交委員会の聴聞会で国務省代表が第94条に与えた解釈である（79th Cong, July 9-13, 1945, pp. 285ff）。

# 第5部

# 国際法と国内法

## ◆ A　国際法と国内法の相違

　国際法は本書の第１部で明らかにされたように国内法と同じ意味で法である。な
ぜなら、国際法は強制秩序であり、違法行為に対するリアクションとして執行され
るべき社会的に組織された制裁を規定する一連の諸規範であるからである。しか
し、国際法は多くの点で国内法とは異なる。国際法によって確立される主な制裁は
復仇と戦争であるのに対し、国内法の制裁は刑罰と民事強制執行である。刑罰と民
事強制執行の間に存在する違いは国内法の刑事法と民事法への分化を生み出す。し
かし、復仇と戦争の違いは国際法を刑事法と民事法に類似した２部門に区別するこ
とを正当化しない。国際法は、少なくともその規範の大部分に関する限り国内法に
きわめて特徴的な二元的構造を示していない。しかしながら、刑罰と民事強制執行
は国際法において完全に欠如するわけではない。例外的に、刑罰と民事強制執行を
規定する特別国際法ばかりでなく一般国際法の規範も存在する[1]。したがって、二
つの法秩序が規定する制裁に関して、２秩序間の違いはもっぱら相対的であって、
絶対的な相違ではない。

　この相違と密接に関係するのが次の事実である。すなわち、国際法では団体責任
が普及し、国内法では個人責任が普及する。また、復仇および戦争という国際法の
特殊な制裁によって構成される団体責任は、責任を負うべき個人に関係する限り絶
対責任である。これに対して、刑罰および民事強制執行という国内法の特殊な制裁
によって構成される個人責任は、原則として過失に基礎づけられる責任である。し
かし、過失に基礎づけられる個人責任が国際法から排除されることも、集団的およ
び絶対的な責任が国内法から排除されることもない。この点でもまた、国際法と国
内法の相違は相対的な相違にすぎない。

　顕著な違いは、国家法としての国内法は特定の領域と特定の期間に関してのみ妥
当するのに対して、国際法の妥当範囲は原則として無制限であるという事実に帰せ
られる。しかし、国内法は人間たる諸個人に妥当するのに対して、国際法は法人と
しての国家にのみ妥当するという伝統的な見解は誤りであると判明した。二つの法
秩序によって確立される義務および権利の主体に関して国際法と国内法の間に違い
はない。双方の場合にその主体は人間たる諸個人である。しかし、国内法秩序はそ

---

[1]　本書前掲 105 頁を参照せよ。

B 国際法と国内法の関係（一元論と多元論）

の行為によって義務を履行しまたは権利を行使しなければならない諸個人を直接に規定するのに対して、国際法秩序はその行為が国際的な義務および権利の内容を構成する諸個人を決定することを国内法秩序に委ねる。国家が国際法に基づき有する義務および権利は諸個人が国家機関としてのその資格において有する義務および権利である。したがって、これらの個人は国内法、すなわち、当該国家法により規定される。しかし、法人としての国家ではなくて、諸個人に対して直接的に義務を課し権利を付与する国際法規範が例外的に存在するのと全く同じように、法人に対して、したがって諸個人に対してもっぱら間接的に義務を課し権利を付与する国内法規範が存在する。再度、二つの法秩序の相違はもっぱら程度の差であって、本質的な相違ではない。

　国際法と国内法の最も重要な違いは前者が比較的に分権的な強制秩序であり、後者が比較的に集権的な強制秩序であるという事実にある。この相違は二つの秩序の規範が定立され、適用される方法に現れる。国際法の主要な「淵源」である慣習と条約は法を定立する分権的な方法である。国内法の主な淵源である立法は法を定立する集権的な方法である。裁判所に法を適用する排他的権限を付与し、制裁の執行に関して特別な機関に実力を行使する排他的権限を付与する国内法とは対照的に、国際法の下では法を適用する特別な機関、特に制裁を執行するいかなる中央機関も存在しない。これらの機能は国際法主体である国家に委ねられる。しかし、特別国際法の下で法の定立および適用が集権化されることはあるし、また実際に集権化されている。しかも、この集権化のプロセスは国際裁判所と国際執行機関を設ける国際機構の設立によって着実に増大している。

## ◆ B　国際法と国内法の関係（一元論と多元論）

## 1　一元論と多元論

　国際法に関する上述の分析は、その諸規範のほとんどが国内法規範による実施を必要とする不完全な規範であることを明らかにした[2]。こうして、国際法秩序はすべての国内法秩序を等しく含む普遍的法秩序の一部としてのみ有意義である。この

---

(2)　本書前掲 159 頁以下を参照せよ。

分析は、国際法秩序が国内法秩序の領域的、人的および時間的な妥当範囲を決定し、かくして多数の国家の共存を可能にするという更なる結論を導く[3]。最後に、われわれは、国際法秩序はさもなければ当該国家によって恣意的に規律されえたであろう諸国内法秩序自身の事項を一定の規律に従わせることにより諸国内法秩序の実質的妥当範囲を制限すると理解した[4]。

　国際法と国内法の結びつき、そして、それゆえ国際法と普遍的秩序の結びつきが先の分析で理解されたのは国際法の観点からである。しかし、いかに奇妙に思われようとも、ほとんどの国際法理論家はこの一元論的見解を共有しないと思われる。国際法と国内法の関係に関するその解釈に関して、かれらは、出発点としての国際法から開始しない。かれらの見解では、国際法と国内法は全く異なる事項を規律しかつ全く異なる淵源を有する二つの別個の相互に独立した法秩序である。

　この二元論あるいは―多数の国内法秩序の存在を考慮すると―この多元論は、すでに検討したように国際法の内容と矛盾する。というのは、国際法それ自体がその諸規範と各国内法秩序の諸規範との関係を確立するからである。多元論は、もし国際法が妥当する法秩序であると考慮されるとするならば、実定法に矛盾する。それにもかかわらず、この理論の代表者は国際法を実定法として受け入れる。

　しかし、多元論は論理的な理由に基づいても支持しがたい。国際法と国内法は、もし両体系の規範が同じ空間でかつ同時に妥当すると考慮されるとするならば、異なるそして相互に独立した規範体系ではありえない。同時に妥当する諸規範が異なる相互に独立した体系に属すると仮定することは論理的に不可能である。

　多元論者は国際法規範と国内法規範が同時に妥当することを否定しない。それどころか、双方の法秩序が同時に妥当すると仮定することにより、かれらは、一方は他方と無関係に妥当すると主張する。すなわち、それは妥当する二つの規範体系の間にいかなる関係も存在しないことを意味する。しかしながら、この理論はわれわれが後に理解するであろうように矛盾を内包する。

# 2　国内法と国際法の主題事項

　国際法と国内法の相互的な独立は、二つの体系が異なる主題事項を規律するという申し立てられた事実によってしばしば実証される。国内法は個人の行為を規律

---

[3]　本書前掲 170 頁以下を参照せよ。
[4]　本書前掲 195 頁以下を参照せよ。

し、国際法は国家の行為を規律すると言われる。われわれは、国家の行為は国家を代表する諸個人の行為に還元できることをすでに証明した。こうして、国際法と国内法との間の主題事項に関して申し立てられた相違はそれらがその行為を規律する主体の種類間の相違ではありえない。

　多元的解釈は、また、国内法は一国内にその所在地を持つ関係を規律するのに対して、国際法は一国の範囲を超える関係を規律するという主張によって支持される。あるいは、同じく述べられるように、国内法は国家の「対内的な」関係、いわゆる「国内問題」に関係するのに対して、国際法は国家の「対外的な」関係、すなわち「国際問題」に関係する。人は国家を内部構造と他の主体との対外関係を有する確固として空間を占める組織体であると想像する。この暗喩の背後にある考えを究明し、暗喩を用いずにこの考えを公式化するよう努めるときに、われわれは、その考えが誤っているという結論に達する。

　なぜなら、いわゆる国家の「国内問題」と「国際問題」を二つの異なる法的規律の主題事項として区別することは不可能であるからである。いわゆる一国のあらゆる国内問題は国際合意の主題とされうるのであり、したがって国際問題に変型されうる。たとえば、雇用者と被用者との間の関係は確かに国家内における「内部」問題であり、その法的規律は典型的な「国内」問題である。しかし、国がこの関係の規律に関して他国と条約を締結するや直ちに、それは国際問題になる。もしわれわれが形而上的な暗喩を捨て去るならば、国内法の主題事項と国際法の主題事項との間の意図的な区別は単なる同語反復にすぎないことに気付く。いわゆる国家の「国内問題」は、定義上、国内法によって規律される問題であり、「国際問題」は、定義上、国際法によって規律される問題である。国内法は国内問題を規律し、国際法は国際問題を規律するという主張は、つまるところ国内法は国内法によって規律されるものを規律し、国際法は国際法によって規律されるものを規律するという自明の理になる。

　それでもやはり、国内法はいわば一国の法であるのに対して、国際法は「国家間」の法であるという言明にはある真理が含まれる。しかし、指摘されたように[5]、この区別は主題事項に関係するのではなくて、国際法と国内法の定立に関係する。国内法は一国のみの行為によって（または国家の行為ではない行為によって）定立されるのに対して、国際法は、通常、２国または数カ国の協力によって定立さ

---

[5]　本書前掲 165 頁以下を参照せよ。

れる。これは条約国際法のみならず慣習国際法にも当てはまる。

　確かに、国際法に特有な一定の事項、つまり、2国または数カ国の協力によって定立された規範によってのみ規律されうる事項が存在する。これらの事項は、指摘されたように[6]、国内法秩序の妥当範囲の決定と国際法自体の定立手続である。しかし、国内法によってのみ規律され、国際法によっては規律されえない主題事項は存在しない。国内法によって規律されるまたは規律されうるすべての事項は同じく国際法による規律を受け入れる。それゆえ、多元論的見解を国際法と国内法との間の主題事項の相違によって実証することはできない。

# 3　国内法と国際法の「淵源」

　多元論を支持して異なる規範体系は異なる淵源に由来すると主張されてきた。法の「淵源」という言葉は、すでに理解したように[7]、少なくとも二つの異なる意味を持つもう一つの暗喩的な表現である。法の「淵源」は一方で規範を定立する手続であり、他方でなぜ規範は妥当するかの根拠である。まず、この言葉が前者の意味で理解されるならば、議論はどのように展開するかを見てみよう。

　二つの法の「淵源」の間の相違は慣習と（何らかの制定法的な、つまり、意識的かつ意図的な法定立というより広い意味での）立法との間の相違に関係する[8]。人が慣習を法の淵源と見なすとき、人は、諸個人はかれらが習慣的に行動するように行動すべきであるという原則を仮定する。人が（より広い意味で）立法を法の淵源と見なすとき、人は、諸個人は法を定立することをその行為によって授権された特別な諸機関が命じるようにまたは諸個人自身が行動すると合意するように行動すべきであると仮定する。通常のより狭い意味で、立法は、制定法的な法定立の特別な場合、つまり、特別な機関による一般規範の定立に他ならない。しかし、個別規範は、また、慣習法とは対照的に、たとえば、裁判上の判決または契約もしくは条約によって定立される規範のように、制定法的な性格を持つことがある。

　指摘されたように、法定立の2方法、すなわち、慣習法と制定法は国内法と同じように国際法でも生ずる。確かに、一般国際法は現代国家における規範定立の最も重要な二つの方法、つまり、立法（legislation）と司法部による法創造（lawmaking）

---

[6]　本書前掲166頁を参照せよ。

[7]　本書前掲247頁以下を参照せよ。

[8]　本書前掲250頁以下を参照せよ。

B 国際法と国内法の関係（一元論と多元論）

を承認しない。しかし、裁判所と立法機関は、それ自体が制定法を定立する方法である条約によって設立される。国際裁判所の決定は国際法規範である。また、機構の構成員を拘束する国連総会または安全保障理事会の一定の決議もそうであって、国内制定法に類似する。条約によって、条約当事国を拘束する多数決決議を採択する権限を有する合議的な国際機関を設立することを妨げるものは何もない。条約によって達成される集権化が限度を超えないならば、そのような決議は、依然として（同時に国内法の性格を持つことのない）国際法規範であろう。

国際法において立法と司法的な法創造は条約に基づいてのみ可能であり、また、条約の拘束力は慣習国際法規則に依存するのであるから、国内法の第一次的な淵源が慣習と立法であるのに対して、国際法の（法定立方法の意味において）第一次的な淵源は慣習と条約であると言えるであろう。さらに、国内法を定立する慣習と立法は一国にのみ属する諸主体または諸機関の機能であるのに対して、国際法を定立する慣習と条約は確かに2国または数カ国の協力を必要とする。したがって、法定立の方法はこの点で国内法と国際法とでは異なる。しかし、これは原理的な相違ではない。国内法の淵源としての慣習と立法との間の相違は国際法としての条約と国内法としての契約との間の相違よりもはるかに大きい。したがって、たとえ国内法が―そのようなことはないのであるけれども―国際法が定立される方法とは全く異なる方法で定立されたとしても、淵源のそのような相違は異なる方法で定立された規範が別個の、そして相互に独立した法体系に属することを意味しないであろう。

# 4 国内法と国際法の妥当根拠

## ◆ a 国内法秩序の妥当根拠は国際法秩序により規定される

法の「淵源」という表現は、われわれがすでに理解したように、ある規範がなぜ妥当するかの根拠を単に意味するものと時として理解される。もしこれがその言葉の意味であるとするならば、国際法と国内法はそれらが別個の「淵源」を有するために別個の体系であるという主張は、国内法の究極的な妥当根拠は国際法のそれとは異なるという言明になる。

このように、国内法と国際法の関係に関する問題は特にドイツの文献においてすでに公式化されている。しかし、国際法の妥当性は数カ国の「結合した意思」に根拠を持つのに対して、国内法の妥当性は一国の「意思」に根拠を持つという通常与

えられる答えはもっぱら擬人化された暗喩にすぎない。批判的な分析はこの暗喩が空虚な同語反復を隠蔽していることを暴露する。

　国内法の妥当根拠は国際法の妥当根拠と異なるかどうか、そしてその結果、国内法と国際法は異なる、そして相互に独立した法秩序であるか、または、一つの普遍的な規範秩序を構成するか、の問題に答えるために、つまり、多元論か、それとも一元論か、の結論に達するために、われわれはある規範を特定の法秩序に所属させるものは何か、いくつかの規範が同一の法秩序を形成する基準は何か、の一般問題を検討しなければならない(9)。

　いくつかの規範がすべてその妥当性を同一の根本規範から引き出すならば、それらの規範は同一の法秩序に属する。ある規範はなぜ妥当するかの問題は必然的にわれわれがその妥当性を疑わない究極的な規範に帰着する。もしいくつかの規範がすべてその妥当性を同じ根本規範から得るならば、そのときには定義上それらはすべて同一の法秩序の一部を構成する。ある規範がなぜアメリカ法の規範または国際法の規範であるかの問題は、こうしてアメリカ法と国際法の根本規範の問題である。国内法と国際法の関係を確定するために、われわれは二つの法秩序の諸規範がその妥当性を異なる根本規範から引き出すのかあるいは同一の根本規範から引き出すのかを検討しなければならない。

　根本規範の性質に従って、われわれは、規範秩序または規範体系の統一性を構成する異なる二つの原則、すなわち、静的原則（static principle）と動的原則（dynamic principle）を区別することができる。静的原則に従えば、規範は妥当する。つまり、それは、その行為が規範により規律される個人はその規範の内容のために当該規範が規定するように行動すべきであると仮定されることを意味する。すなわち、その内容はその妥当性を保証する自明の性質を持つ。言い換えると、当該規範はその固有の魅力のために妥当する。

　諸規範は、特殊なものが一般的なものに由来するように、その妥当性がより高次の、すなわち、より一般的な規範に由来するときにこの特性を持つ。より高次の規範の妥当性は自明である、あるいは少なくともそのように推定される。人は嘘をついてはならない、人は欺いてはならない、人は約束を守らなければならない、というような諸規範は誠実を規定する一般規範に由来する。人は隣人を愛さなければならない、という規範から人は隣人を害してはならない、人は困っている人を助けな

---

(9)　私の *General Theory of Law and State*（1945）, pp. 110ff を参照せよ。

## B　国際法と国内法の関係（一元論と多元論）

ければならない、などのような諸規範が演繹されるであろう。もし人はなぜ隣人を愛さなければならないのかと問われるならば、その答えはおそらく更にいっそう一般的なある規範、たとえば、人は全人類と協調して生きなければならないという公理に見出されるであろう。もしそれがわれわれがその妥当性を確信するもっとも一般的な規範であるとするならば、われわれはそれを究極規範または根本規範と考慮するであろう。その妥当性はきわめて明白であるために人はその妥当性の根拠を問ういかなる必要も感じないと思われる。

　そのような規範体系のさまざまな規範は、特殊なものが一般的なものに含まれるように、根本規範に含まれる。それゆえ、すべての個別規範は知的操作によって、つまり一般的なものから特殊なものへの推論によって得られる。この規範体系の統一性を構成する原則は静的な性質を持つ。それは、当該規範体系を構成する諸規範の妥当性のみならず、それらの規範の内容も自明と仮定される根本規範から知的操作によって引き出されるという事実によって特徴づけられる。

　しかしながら、個別規範の妥当性はもう一つの方法で根本規範から引き出されるであろう。なぜ嘘をついてはならないのかを問う子供は、父親がかれに嘘をつくことを禁じているという答えを与えられるかも知れない。もし子供がさらになぜかれは父親の命令に従わなければならないかを問うならば、答えはおそらく神が子供は父親の命令に従えと命じたということであろう。もし子供がなぜ人は神の命令に従わなければならないかを問うならば、唯一の答えは、これは人がそれを超えて更なる究極的な規範を探求することができない規範であるということであろう。その規範はその統一性が動的な性格を有する体系に基礎を与える根本規範である。この体系のすべての規範の妥当性は根本規範から引き出されるのであって、それらの内容から引き出されるのではない。そのさまざまな規範の内容は何らかの知的操作によって根本規範から得ることができない。根本規範は一定の権威を確立するにすぎない。その権威は次にいずれかの他の諸権威に規範定立権限を付与するであろう。動的体系の規範はより高次の規範によって規範定立権限を授権されたそれらの個人の行為を通じて定立されなければならない。この授権は委任である。規範定立権限はある権威から他の権威に委任される。すなわち、前者は上位の権威であり、後者は下位の権威である。動的体系の根本規範はその体系の諸規範がそれに従って定立されるべき根本規則である。ある規範はもしそれが結局は根本規範によって規定された方法で定立されるならば動的な体系の一部を構成する。ある規範は、もしそれが神によって定立されるならば、または、神に由来する、つまり神から委任された

権限を有する権威に起源を持つならば、それは例としてたった今与えられた宗教体系に属する。動的種類の根本規範は規範体系を形成する諸規範の内容ではなくて、それらの妥当性を規定する。静的な原則に従えば当該体系の諸規範の内容のみならず妥当性が知的操作により根本規範から引き出されるのに対して、動的な原則に従えば諸規範の内容ではなくてそれらの妥当性のみが知的操作によって根本規範から引き出される。諸規範の内容は授権された諸個人の行為によって規定されなければならない、つまり、諸規範は根本規範が規定する方法で定立されなければならない。諸規範は、もしそれらがこの方法で定立されるならば、言い換えると、もしそれらが根本規範に従って定立されるならば、それらの内容が何であろうとも、妥当する。

　静的原則と動的原則は同一の体系に結合されることがある。われわれは同僚を愛すべきであるという規範の妥当性の根拠は、もし神が実際にわれわれは同僚を愛すべきであるという規範を定めたとするならば、われわれは神によって定立された規範に従うべきであるという規範であるだろう。しかし、われわれは同僚を愛すべきであるという規範から、一般的なものから特殊なものが引き出されるように、多くの個別規範が単なる知的操作によって引き出されるであろう。

　法秩序は動的な規範体系である。指摘されたように、法はそれ自身の定立を規律するのであるから、もしある規範が特定の国内法秩序の他の―上位の―規範が規定する方法で定立されるならば、その規範はこの法秩序に属する。一定の強制行為、たとえば、ある個人は他の個人を収監することによってかれの自由を奪うという事実はなぜ合法的な行為なのかという問題に対する答えは、それは個別規範、すなわち判決によって命じられたためであるというものである。この個別規範はなぜ特定の法秩序の一部として妥当するのかという問いに対する答えは、それは刑法に従って定立されたためであるというものである。この法律は、最後に、憲法からその妥当性を受け取る。というのは、それは憲法が規定する方法で権限ある機関により制定されたからである。

　もしわれわれがなぜ憲法は妥当するのかを問うならば、おそらくわれわれはより古い憲法を発見するであろう。最後に、われわれは歴史的に最初の、そして単独の簒奪者またはある種の議会によって定められたある憲法に到達する。この最初の憲法の妥当性はわれわれの法秩序のすべての規範の妥当性が依存する究極的な前提、つまり最終的な仮説である。人は最初の憲法を定めた個人または諸個人が命じたように行動すべきであると仮定される。これは検討中の国内法秩序の根本規範であ

B　国際法と国内法の関係（一元論と多元論）

る。それは実定法規範ではない。すなわち、それはわれわれが社会関係を法律用語で解釈するときに、つまり、違法行為、制裁、義務、責任、権利、管轄権等について語るときに、われわれが前提とする規範である。根本規範は法的思考の仮説、すなわち、われわれの法的命題がそれに基づいて可能になる基本的な条件である。われわれは、人間関係を法的関係として解釈したりしなかったりすることがあるために、この仮説を受け入れたり受け入れなかったりすることがある。すなわち、われわれは人間関係を単なる因果関係として考えることがある。しかし、もしわれわれが人間関係を法的関係として考えるならば、つまり、もしわれわれがそれらを法秩序によって規律されるものとして考えるならば、そのときに、われわれは、この法秩序がそれに基づいて確立される歴史的に最初の憲法は拘束的な規範であり、人々はその憲法に従って行動すべきであると仮定する。この前提が根本規範である。憲法が規範定立権限を付与する人々の宣言はこの前提に基づいてのみ拘束的な法規範である。法的権威である諸個人とそのように見なされない他の諸個人との間の、つまり、法規範を定立する人間行為とそのような効果を持たない人間行為との間の区別を可能にするのは、まさしくこの前提である。すべてのこれらの規範はその妥当性が直接または間接に最初の憲法にさかのぼることができるために同一の法秩序に属する。それらは、結局、最初の憲法によって規定される方法で確立されたならば妥当し、そのような方法で廃止されたならば妥当しなくなる。これは正統性の原則（the principle of legitimacy）である。最初の憲法は拘束的な法規範であると仮定される。この前提の公式化は国内法秩序の根本規範である。

　しかし、正統性の原則はわれわれが法規範の妥当性に関する問いに答えるときに適用される唯一の原則ではない。というのは、もし法規範の妥当性に関するわれわれの判断を分析するならば、われわれは、最初の憲法を、この憲法に基づき確立された法秩序が大体において実効的である、つまり、それが現実に適用されかつ遵守されているという条件に基づいてのみ妥当する法規範としてわれわれが仮定していることに気付いているからである。

　諸個人のある集団が、従来の君主制国家における正統政府を追放して共和主義的政府形態を導入するために、実力で政権を奪取しようと企てると仮定してみよう。もしその集団の企てが成功し、古い秩序が消滅し、そして、新秩序がその行動を規律する諸個人が大体において新秩序と一致して実際に行動するためにその新秩序が実効的になり始めるならば、その時この秩序は妥当する秩序であると考慮される。諸個人の実際の行動が合法または違法と解釈されるのは、今や、この新秩序に従っ

てである。しかし、これは新たな根本規範が仮定されることを意味する。その根本規範は、古い君主制憲法がそれに従って妥当する規範ではもはやなくて、新たな共和制憲法がそれに従って妥当する規範、すなわち、革命政府に法的権威を付与する規範である。もし革命主義者達が失敗するならば、そしてかれらが樹立しようとした秩序が非実効的なままであるならば、そのときには、かれらの企ては合法的な法定立行為、つまり、憲法の制定としてではなくて、違法な行為、つまり、反逆罪として解釈される。これは古い君主制憲法およびその特殊な根本規範に従ってそうである。

　もしわれわれがこれらの法的考慮が依拠する前提を明確にしようと努めるならば、われわれは、古い憲法、そして、それゆえ、この憲法に基礎づけられる法規範、つまり、古い法秩序全体が実効性を失ったときに、すなわち、人々の実際の行動がもはや古い法秩序に一致しないときに、この古い秩序の規範は妥当性を欠いていると見なされることに気付く。あらゆる個別規範はそれが属する全法秩序が全体として実効性を失うときにその妥当性を失う。全体としての法秩序の実効性はその秩序に属する各個別規範の妥当性にとって不可欠の条件である。すなわち、「必須的条件」（conditio sine qua non）であって、「因果的条件」（conditio per quam）ではない。全体としての法秩序の実効性はそれを構成する諸規範の妥当性の条件であって、根拠ではない。これらの規範が妥当するのは、全体秩序が実効的であるためではなくて、それらが憲法に従って定立されたためである。しかし、この憲法は、それに従って確立された秩序全体が実効的であるという条件に基づいてのみ妥当する規範であると仮定される。この秩序の諸規範は、それらが憲法に従って無効にされるときばかりでなく、その憲法が妥当する規範として考慮されなくなるときに妥当することを止める。それは憲法に従って確立された秩序全体が実効的であることを終了する場合である。もし当該規範が不可欠な一部である法秩序全体がその実効性を失うならば、法律上、人々は特定の規範に従って行為すべきであると主張されることはありえない。正統性の原則は実効性の原則（the principle of effectiveness）によって制限される。

　それは正統性の原則が実効性の原則と同一であることを意味しない。「存在」と「当為」との間、つまり、人々が実際に行動することと人々が法的に行動すべきであることとの間には依然として相違が存在する。個人が法に基づき行動すべきであるように行動しない場合、すなわち、「法に反して」、つまり法に違反して行動する場合は依然として存在するし、また存在するに違いない。法秩序全体が大体におい

B　国際法と国内法の関係（一元論と多元論）

て実効的であるという事実は、あらゆる個人は常にかつ例外なしに法に従って行動すること、すなわち、この法秩序の規範は決して「破られない」ことを意味しない。

　同様に、別の理由から、法秩序は、それが全体として大体において実効的である場合にのみ妥当するという前提は、妥当性は実効性と等しいこと、「当為」はいわば「存在」によって吸収されること、したがって、人々がいかに行動すべきかを問うことは無意味であり、唯一の問題は人々が実際にいかに行動するかであること、を意味しない。法秩序が妥当するためには当該秩序が全体として大体において実効的でなければならないという原則はそれ自体が規範である。われわれはこの規範を次のように公式化するであろう。すなわち、人々は全体として大体において実効的である強制秩序に従って行動すべきである、と。これは実定国際法の規範であり、実効性の原則はこの法の内部で普及する。それは、一般国際法に従えば実効的で独立した政府は一国の正統政府であるという言明において公式化される規則に含まれる。その意味は、一般国際法に従えば、実際に確立された権威は正統政府であり、この政府によって創設された強制秩序は法秩序、つまり妥当する法秩序であり、そして、この法秩序によって構成される共同体は、この秩序が大体において実効的である限り、国際法の意味の国家であるということである。国際法に従えば、国家の憲法はこの憲法に基づき確立された法秩序が大体において実効的である場合にのみ妥当する。実定国際法規範であるこの実効性の一般原則は、個別の国内法秩序に適用されることにより、この国内法秩序の根本規範を規定する。こうして、各国内法秩序の根本規範はそれ自体国際法秩序の一般規範に基礎づけられる。もしわれわれが国際法をすべての国家（それはすべての国内法秩序を意味する）が従属する法秩序として認識するならば、そのときには国内法秩序の根本規範は法学的思考の単なる前提ではなくて、実定法規範、すなわち、実在する国家の法秩序に適用される国際法規範である。こうして、国際法秩序は、実効性の原則によって国内法秩序の妥当性の範囲ばかりでなく、その妥当性の根拠を規定する。国内法秩序の根本規範は国際法規範によって規定されるのであるから、それらは相対的な意味においてのみ根本規範である。国内法秩序の究極的な妥当根拠はやはり国際法秩序の根本規範である。

　上位の規範は下位の規範がそれによって定立される機関および手続であるばかりでなく、ある程度までこれらの規範の内容である。しかし、上位の規範はある権威にその裁量によって下位の規範を定立する権限を授権するにとどまることがある。

国際法が国内法秩序の基礎を形成するのはまさしく後者の方法によってである。一定の領域とそこに居住する諸個人に対して樹立される強制秩序への永続的な遵守を確保しうる独立的な個人または諸個人の集団はこの秩序によって構成される共同体の正統政府であると考慮されるべきであると規定することにより、また、この共同体は国際法の意味において国家であり、それを構成する強制秩序はその国内法であると規定することにより、国際法は、国際法がその妥当範囲を決定する国内法秩序に「委任する」（delegates）のである。

### ◆ b　国際法に則った法定立事実としての革命およびクーデター

　国内法秩序の妥当性の根拠を規定するに際して、国際法は国内法の定立を規律する。これは、ここで繰り返し述べられた、一国の憲法が憲法自体によって規定される方法ではなくて、暴力的に、つまり、憲法に違反して変更される事例において、はっきりと例証される。もし君主制が人民の革命により共和制に変型されるならば、あるいは、大統領のクーデターにより共和制が君主制に変型されるならば、そしてもしその新政府が実効的な方法で新憲法を維持することができるならば、そのときには、この政府およびこの憲法が国際法に従ってその国家の正統な政府であり、その国家の憲法である。これは、われわれが他の関連で[10]、勝利した革命と成功したクーデターは国際法に従って法定立事実であると述べた理由である。国家の同一性は、領域と住民が大体において同一にとどまる限り、革命やクーデターの影響を受けないという仮説は、国際法規範が勝利した革命および成功したクーデターを憲法を変更する法的手段として認める場合にのみ可能である。

　国家の同一性は国内法秩序の同一性を意味する。国内法秩序の同一性はその継続性を意味する。国内法秩序の観点からは、その継続性は革命またはクーデターによって破壊されるのに対して、これらの事実は国際法の観点からは国内法秩序の継続性に対していかなる影響も与えない。国内法秩序の領域的および人的な妥当範囲は本質的に変化していないからである。たとえば、帝政ロシア憲法の下で存在したロシア国と、今日、ボルシェビキ憲法の下でソビエト社会主義共和国の新名称の下に存在するロシア国が同一の国家であることに疑いはない。そのため、このロシア国の法は、ボルシェビキ革命の結果として生じた本質的な変化にもかかわらず、依然としてロシア法である。それは、フランス国とフランス法が 1789 年のフランス

---

(10)　本書前掲 216 頁以下を参照せよ。

革命によりもたらされた根本的な変更にもかかわらずフランス国とフランス法であることを止めなかったのと全く同じである。そのような解釈は、もしわれわれが、国際法を無視して、所与の時点において存在したロシア憲法とフランス憲法に固執するならば、不可能である。もしわれわれが国際法の観点から国家とその法を考慮しないならば、ロシア国の同一性とフランス国の同一性、そしてロシア法の継続性とフランス法の継続性は理解不可能になる。もしこの事情が国内法秩序の観点から判断されるならば、国家とその法は、憲法が完全なままであるまたは当該憲法自体の規定に従って改正される限度でのみ同一にとどまる。これは、アリストテレスが「憲法（πολιτεία）がその性格を変えて異なるものになるときは、国家はもはや同一のものにとどまらない」と説いた理由である[11]。

この見解は、もし人が、アリストテレスが行ったように、国際法を考慮せずに国家の本質を理解しようとするならば避けることができない。現代の法律家は、国際法を、あらゆる点で実効性の原則に従って国家の存在を決定する法秩序として―意識的にまたは無意識的に―前提とするからこそ、憲法の暴力的変更にもかかわらず国内法の継続性と国家の法的同一性を確信するのである。

## ◆ c 国際法の根本規範

国内法はその妥当性の根拠、したがって、この意味でのその「淵源」を国際法に持つのであるから、国内法の究極的な淵源は国際法の淵源と同一でなければならない。それゆえ、多元論は、国内法と国際法は異なる相互に独立した「淵源」を持つという仮説によって弁明することができない。国際法は、その「淵源」が何であれ、国内法秩序がそれによって国際法と結合される国内法の「淵源」である。それでは、何が国際法の淵源、つまり、国際法の根本規範なのであろうか。

国際法の淵源を発見するために、われわれは、われわれを国内法秩序の根本規範に導いた進路と同様の進路をたどらなければならない。われわれは国際法内部のもっとも下位の規範、つまり、国際裁判所の判決から出発しなければならない。もしわれわれがそのような判決により定立された規範がなぜ妥当するのかを問うならば、その答えは裁判所がそれに従って設置された条約によって与えられる。もしわれわれが、再び、なぜこの条約が妥当するのかを問うならば、われわれは、国々にその締結した条約に従って行動することを義務づける一般規範、すなわち、*pacta*

---

[11]　Aristotle *Politics* iii, 1276b.

*sunt servanda* という語句によって一般的に表現される規範にさかのぼるであろう。これは、指摘されたように(12)、一般国際法の規範である。そして、一般国際法は国々の行為により構成される慣習によって定立される。それゆえ、国際法の根本規範は慣習を規範定立事実として是認する規範でなければならない。それは次のように公式化されるであろう。すなわち、国々はかれらが慣習的に行動してきたように行動すべきである、と。この規範に基づき発達した慣習国際法は国際法秩序における第一段階である。次の段階は条約によって定立された規範により形成される。これらの規範の妥当性は、それ自体が慣習法であって一般国際法の第一段階に属する規範である *pacta sunt servanda* の規範に依存する。第三段階は、たとえば、国際連合の安全保障理事会または国際司法裁判所もしくは仲裁裁判所の諸決定のようにそれ自体が条約によって創設された諸機関によって定立された規範により形成される。

## ◆ d 歴史的見解と法論理的見解

国際法がそれにより定立される慣習は国々の行為にある。こうして、人は異議を唱えるかもしれないが、何らかの国際法が存在する以前に国々が存在しなければならなかった。しかし、もし国際法の出現が国内法の存在を前提とするならば、国内法はその妥当性をどのようにして国際法から引き出すことができるのであろうか。慣習国際法が存在する事実は国家の存在が国際法の存在に先行することを必ずしも意味しない。原始的な諸社会集団が国際法の発達と同時に諸国家に発展したということは十分に可能であろう。部族法が少なくとも諸部族の間の法よりも後の所産でないという事実(13)はそのような推測を可能にする。しかし、たとえ国々の存在が実際に国際法の存在に先行したとしても、国内法と国際法との間の歴史的関係はそれらの妥当性の根拠の間に存在すると主張される論理的な関係を排除しないであろう。

国際法が存在しなかった限りで、国内法の妥当性の根拠は国際法によって規定されなかった。もし国際法が存在しないまたは国々を義務づけこれに授権する法秩序として存在すると仮定されないとするならば、実効性の原則は実定法の規範ではなくて、法学的思考の単なる仮説にすぎない。しかしながら、国際法が発生した、つまり、2または3以上の国の協力により定立された法規範が出現した、そして、実

---

(12) 本書前掲 256 頁を参照せよ。

(13) 本書前掲 10 頁を参照せよ。

B　国際法と国内法の関係（一元論と多元論）

効性の原則がその一部になったときに、諸国内法秩序は一元論により主張される国際法との関係を持つに至ったのである。

# 5　国内法と国際法の抵触

　国際法と国内法は、それらが相互に矛盾しうるし、また、実際に矛盾しているために一つの規範体系の部分ではないと言われる。ある国が国際法の何らかの規範に反する法律を制定するときには、この法律はそれにもかかわらず法的効力を有すると考慮される。この国内法の規範と同時に、国際法規範も依然として法的効力を有する。一元論の批判者達に従えば、この事態は論理的な矛盾を含む。もしそれが論理的な矛盾であるとすれば、かれらは、国内法と国際法は一つの規範体系を形成しないというその結論において疑問の余地なく正しいであろう。しかし、その矛盾は単なる見せかけである。

　確立された国際法規範とより最近の国内制定法とが抵触する場合には、当該国家の機関はその法律を妥当する規範として考慮しなければならないわけでは必ずしもない。裁判所が時として違憲の法律の適用を拒否する権限を有するのと全く同じように、裁判所がそのような法律の適用を拒否する権限を有することは十分に可能である。そして、同じことは、ある法律と後の条約が抵触する場合にも当てはまる。関係国の憲法の下で法律ではなくて条約が適用されなければならないことがある[14]。国内法と国際法が抵触する場合にいずれが優位するかという問題は関係する国内法に基づいてのみ決定されうる。すなわち、国際法と国内法との間に存在すると仮定される関係からその答えを引き出すことはできない。実定国内法に従えば

---

[14]　フランス憲法（官報、1946 年 10 月 28 日）は以下の規定を含む。すなわち、「第 26 条　正式に批准されかつ公布された外交条約は、フランスの国内法に反するときでさえ法律の効力を持つ。この場合において、その施行を確保するためには、その批准を確保するために必要とされた法規以外の他の法規を必要としない。第 27 条　国際組織に関する条約、平和条約、通商条約、国の財政に負担をもたらす条約、外国におけるフランス人の身分および所有権に関する条約、フランスの国内法を変更する条約ならびに領土の割譲、交換、併合を内容とする条約は、法律に基づいて批准されなければ、確定的にならない。いかなる領土の割譲、交換若しくは併合も、関係する住民の同意なくしては有効でない。第 28 条　正式に批准されかつ公布された外交条約は、国内法の権威に優る権威を持つため、その規定は、外交手続によって通達された正式の布告を経なければ、これを廃止し、改正しまたは停止することができない。第 27 条の定める条約の 1 に関する場合においては、右の布告は、国民議会の承認を得ることを要する。但し、通商条約についてはこの限りではない」。本書前掲 161 頁注 67 で引用したドイツ連邦共和国憲法第 25 条を同じく参照せよ。

*342*

国内法と国際法が抵触する場合に前者が妥当すると考慮されなければならないこと
は排除されないのであるから、われわれは、ここで、国家機関はたとえ国内法が国
際法に反するとしてもその国内法を適用することを義務づけられると仮定すべきで
ある[15]。

　確立された国際法規範と国内法規範との間の抵触は上位の規範と下位の規範との
間の抵触である。そのような抵触は国内法秩序の内部でもこの秩序の統一性をそれ
によって危険にさらすことなく発生する。いわゆる「違憲の法律」はその典型的な
例である。法律が「違憲」であるということはそれが最初から無効である（void ab
initio）ことを意味しない。それがもっぱら意味するのは、もし権限ある裁判所が

---

[15]　モルテンセン対ピーターズ事件（*Mortensen v. Peters*, Great Britain, High Court of Justiciary
of Scotland, 1906, 8 Session Cases 93）において、裁判所は、次のように述べた。すなわち、
「この裁判所において、われわれは、諸外国がかれらに関する問題について強奪と考慮するで
あろうことを立法部が行ったかどうかの問題と少しも関係がない。われわれは議会制定法が
一般に承認された国際法原則に反して権限を踰越した（*ultra vires*）かを判断する地位にある
裁判所でもない。われわれにとって庶民院と貴族院によって正式に可決されかつ国王によっ
て裁可された議会制定法は最高であり、われわれはその条項に効果を与えるよう義務づけら
れる」。
　ザモラ号事件（本書前掲 194 頁注[24]を参照せよ）において、枢密院司法委員会は次のよう
に宣言した。すなわち、「もちろん、捕獲審検所があらゆる他の裁判所と同じくその主権国家
の議会制定法によって拘束されることは争うことができない。イギリス捕獲審検所は確かに
帝国立法部の行為によって拘束されるであろう。しかし、もし帝国立法部がその規定が国際
法と一致しない法律を可決するならば、そのような規定に効果を与えるに際して捕獲審検所
がもはや国際法を管理しないであろうことはそれにもかかわらず確実である。捕獲審検所は、
そのような規定によりカバーされる分野で捕獲審検所としてのその固有の機能を奪われるで
あろう。たとえその法律の規定が国際法を単に宣言するにすぎないとしても、国際法の解釈
者としての裁判所の権威はそれによってかなり弱められるであろう。というのは、その規定
が国際義務のしかるべき考慮に基礎づけられるのか、それとも法律自体の拘束的性質に基礎
づけられるのかについてだれも述べないであろうからである。しかしながら、この国におけ
る捕獲審検所は帝国立法部の法律によって拘束されるであろうという事実はその審検所が枢
密院における国王の行政命令によって拘束されると主張するいかなる根拠も与えない…」。
　ジョルジェ・パンソン事件（*Georges Pinson Case*, Annual Digest 1927-1928, Case No. 4）に
おいてフランス・メキシコ混合請求委員会は、1928 年に次のように判示した。すなわち、国
家の裁判所は、各特定国の主権の所産なのであるから、国内法が国際法に抵触すると考える
ときでさえ、現実に、国内法を実施または適用することを義務づけられるであろう。これ
は関係国の国内公法によって尊重される原則に依存する。しかしながら、国際法の機関とし
ての国際裁判所は国際法のために国家の憲法でさえ無視しなければならない。ギリシャ・ブ
ルガリアの地域社会事件（*Greco-Bulgarian "Communities" Case*）において、1930 年に、常設
国際司法裁判所は、勧告的意見で「条約の締約国である国家間において国内法の規定が条約
の規定に優位しえないことは一般に受け入れられた国際法の原則である」と判断した（Publi-
cations of the Permanent Court of Justice, Series B, No. 17, p. 32）。

B　国際法と国内法の関係（一元論と多元論）

ある法律は憲法の特定規定に一致しないと確定するならば、その裁判所が具体的事件に関して法律を適用しないことを授権されるために、その法律は当該裁判所においてその具体的事件に関してのみ無効にされうるか、または、関係裁判所または特別裁判所が法律を無効にすることを授権されているために、その法律はすべての可能な事件に関して無効にされうるかのいずれかであるということである。しかし、その法律は、無効にされない限り、依然として有効である。憲法は、立法機関により制定された法律はそれが当該憲法によって規定された方法で廃止にされない限り有効と考慮されるべきであると定めると解釈されなければならない。それゆえ、当該法律が廃止されない限りで、憲法といわゆる違憲の法律との間にはいかなる論理的矛盾も存在しない。下位の規範が一般に言われるように上位の規範に「一致しない」ということは、実際には、下位の規範はそのように定立され、または、そのような内容を有するということ、そして、上位の規範に従えば下位の規範は通常の方

---

オーバー・ザ・トップ号事件（*The Over The Top*, 15 Federal Reporter, 2d Series 842）において、1925 年、合衆国コネチカット地区地方裁判所は次のように述べた。すなわち、「連邦裁判所がそれに基づいてのみ連邦議会制定法の実施を拒否することのできる根拠が存在する。それはその制定法が憲法に反すると判断される場合である。連邦議会制定法が承認された国際礼譲の諸原則に違反することがあるが、しかし、そのことは、それが行政府に連邦議会制定法を無視する根拠を与えないのと同じように裁判所にその制定法を無視する根拠を与えない」。同じく、チュン・チ・チェン対国王事件、本書前掲 191 頁、後掲 354 頁を参照せよ。

　トータス他対合衆国他事件（*Totus et al. v. United States et al*, Annual Digest 1941-1942, Case No. 1）において、1941 年、ワシントン東部地区連邦地区裁判所は、合衆国とヤキマインディアン部族との間で 1855 年 6 月 9 日に締結された条約は連邦議会制定法（1940 年の選抜的訓練及び徴兵法）によって取って代わられたと判示した。裁判所は「議会が条約またはそのいずれかの規定を廃止する権利および権限を有することは長く承認されてきた。…この規則はトーマス対ゲイ事件（*Thomas v. Gay*, 169 U.S. 264, 18 S. Ct. 340, 42 L. Ed. 740）で次のように述べられている。『条約と連邦議会制定法が抵触する場合の効果は憲法によって解決されない。しかし、この問題はその適切な解決に関していかなる疑問も残さない。条約は先の連邦議会制定法に取って代わり、また、連邦議会制定法は先の条約に取って代わる』。この規則が他の条約と同じくインディアン条約にも適用されることはチェロキー・タバコ事件（*Cherokee Tobacco Cases*, 11 Wallace 621, 20 L. Ed. 227）において明確に決定された」。

　しかしながら、フランス国有鉄道会社対シャバンヌ事件（*French National Railway Company v. Chavannes*, Annual Digest 1943-1945, Case No. 87）において、フランスのエックス控訴裁判所は、1940 年 7 月 27 日のフランス法律と抵触した 1933 年 11 月 23 日のローマ条約に関して、1943 年に、次のように判示した。すなわち、「ローマ条約は条約自体により規定される形式でかつ通告を行った後にそれから脱退する時まで条約当事国を拘束する国際条約である。したがって、いかなる締約国も自発的にそこから脱退することはできない」。同じく、リエラ他事件（*In re Riera et al.*, Colombia, Supreme Court, 1944; Annual Digest 1943-1945, Case No. 73）を参照せよ。

法とは異なる方法で廃止されうるということ、しかし、下位の規範は廃止されない限り、依然として妥当する規範であるということ、しかも、上位の規範に従ってそうであるということ、を意味する。上位の規範の意義はこの廃止を可能にすることである。

しかしながら、上位の規範が下位の規範の定立またはその内容を規定するという事実は、上位の規範に「一致しない」下位の規範を定立した機関が単なる個人的制裁に服することだけを意味することがある。そのときには、責任ある機関によって定立された規範は廃止されないであろう。双方の場合において、上位の規範とそれに一致しない下位の規範との間に論理的な矛盾は全く存在しない。ある規範が違法であることは、その規範が廃止されるまたはその規範を定立した機関に制裁が科される可能性を意味する。

上位の規範に違反する規範の定立は法秩序が制裁を結びつける違法行為であることがある。以前のわれわれの考察から、ある事実の発生はそれを違法行為にする規範と論理的に矛盾しないことは明らかである。違法行為は法と矛盾しない。それは法の否定ではない。それは法が定める条件である[16]。こうして、妥当する法規範が違法行為から生じることがあると認めることにいかなる論理的障害も存在しない。「違法から権利は生じない」（*ex injuria jus non oritur*）の原則は特定の実定法秩序に存在することがあるが、しかし、存在しなければならないわけではない。その原則は、その一般形式において、論理的仮説ではなくて政治的仮説である。革命またはクーデターによる妥当する憲法の制定はこれに関する明白な証拠である。特定の規範の定立は上位の規範に従えば違法行為であり、その作成者を制裁の危険にさらすことがあるが、しかし、その規範自体は再び上位の規範に従えば妥当するであろう。すなわち、その規範は、廃止されない限り依然として妥当するという意味ばかりでなく、単にそれが違法行為に由来するという理由だけでは取消不可能であるだろうという意味でも妥当する。

これはまさしく国際法と国内法の関係に当てはまる。通常、国際法は、もし国家が異なる内容を含む規範を定立するならば、そのときにはその国は国際的な制裁に服するという意味で、当該国にその規範に一定の内容を与えることを義務づける[17]。一般国際法に言わば「違反」して定立される規範は、一般国際法によってでさえ依然として妥当する。一般国際法は（国際法の観点から）「違法」である国内

---

(16)　本書前掲 9 頁を参照せよ。

B　国際法と国内法の関係（一元論と多元論）

法規範を廃止しうるいかなる手続も規定しない。そのような手続は特別国際法または国内法によって確立されることがある。

　もし国内法秩序の諸規範の内容が国際法によって規定されるとするならば、それはもっぱら選択的な意味においてである。規定された内容とは異なる内容を有する諸規範の妥当性は排除されない。そのような規範はそれらを定立する行為が国際違法行為とされる限度でのみ区別される。しかし、規範を定立する国際違法行為も当該規範それ自体も、いわゆる違憲の法律が憲法と論理的に矛盾しないのと同じように、国際法と論理的に矛盾しない。そして、「違憲」の法律の妥当性がそれゆえに国内法秩序の統一性に影響を与えないのと全く同じように、国際法に「違反する」国内制定法の妥当性も両者を包含する法体系の統一性に影響を与えない。こうして多元論者は、かれらが国内法と国際法との間の可能な矛盾を指摘することによって二つの法の統一性の誤りを証明しうると考えるときに判断を誤る。

# 6　法理論の仮説としての国内法と国際法の統一性

## ◆ a　二つの規範体系の間の可能な関係

　国内法と国際法の統一性は認識論的な仮説である。両者を一まとまりの妥当する規範として受け入れる法律家はそれらを一つの調和のとれた体系の構成部分として理解するよう努めなければならない。これは異なる二つの方法のいずれによってもアプリオリに可能である。二組の諸規範は、一方が下位秩序であるためその妥当性を他方の秩序、すなわち上位秩序から引き出すことから一個の規範体系の構成部分でありうる。下位秩序はその相対的な根本規範を持つ。そのことは、もしそれが動的体系であるならば、それは、その定立に関する基本規定を他方の上位秩序に持つことを意味する。あるいは、二組の諸規範は、両者が二つの対等な秩序であるために、それらの妥当性を同一の第三の秩序から引き出す。この秩序は、上位の秩序として、それらの妥当性の範囲のみならずその根拠をも規定する。したがって、それは、もしそれが動的体系であるとすれば、二つの下位秩序の創設を意味する。

　下位秩序の定立手続、したがってその秩序の妥当性の根拠は上位秩序によって直

---

⑴　これは、国は国際法の違反を正当化する根拠として国内法を援用することができないという言明で通常公式化される原則の意味である。ダンチッヒにおけるポーランド人の待遇に関する事件、本書前掲 160 頁注⑹を参照せよ。

接または間接に規定される。上位秩序は下位秩序の規範が定立されるべき手続を自ら規定することもできるし、あるいは一定の範囲に関して自己の裁量で規範を定立する権限を単に授権することもできる。上位の秩序は下位の秩序に「委任する」といわれる。下位の秩序の相対的な根本規範は上位の秩序の一部なのであるから、下位の秩序それ自体は全体秩序としての上位の秩序内の部分秩序と見なされうる。上位秩序の根本規範は下位秩序の規範を含むすべての規範の妥当性の究極的な根拠である。

　国際法と国内法の関係はこれらの2種類のうちの一つに一致しなければならない。国際法は国内法に上位しうるあるいはその逆でありうる。あるいは、国際法は国内法と対等でありうる。対等な関係は両者に優位する第三の秩序を前提とする。国際法と国内法に優位する第三の秩序は存在しないのであるから、両者の関係は上位または下位でなければならない。完全に排除されるのは、両者が上位の秩序によって整序されることなく、互いに独立して並んで存在する可能性である。

　後者の見解が事実であると主張する多元論はその主張を支えるために法と道徳の関係を援用する。これらの二つの規範体系はそれぞれが自己の根本規範を持つ限りで確かに相互に独立している。しかし、法と道徳の関係は、二つの規範体系が単一の体系の構成部分と見なされない限り、それらが同時に妥当しているとは考慮されえないことをまさしく証明する。

### ◆ b　実定法と道徳の関係

　実定法規範と道徳規範との間の抵触の場合を検討してみよう。たとえば、実定法は、戦争における殺人の義務を意味する兵役の義務を規定することができる。これに対して、道徳、すなわち道徳秩序は無条件で殺人を禁止する。そのような事情の下で、法律家は、「道徳的には殺人は禁止されるかもしれないが、それは法的には無関係である」と述べるであろう。妥当する諸規範の体系としての実定法の観点からは道徳は妥当する諸規範の体系として存在しない。言い換えると、道徳は、もし実定法がそれ自体として妥当する諸規範の体系であると考慮されるならば、そのような体系とは決して見なされない[18]。この観点からは、兵役の義務は存在するが、その反対の義務は存在しない。同様に、道徳主義者は、「法的には人は兵役に服し、戦争において人を殺す義務を負うかもしれないが、しかし、それは道徳的には無関係である」と述べるであろう。つまり、もしわれわれがわれわれの規範的考慮を道徳に基礎づけるならば、法は妥当する諸規範の体系としては決して出現しない。こ

B 国際法と国内法の関係（一元論と多元論）

の観点から判断すると、兵役を拒否する義務は存在するが、その反対の義務は存在しない。法律家も道徳主義者も双方の規範秩序が同時に妥当するとは主張しない。法律家は、道徳主義者が妥当する諸規範の体系としての実定法を無視するのと全く同じように、妥当する諸規範の体系としての道徳を無視する。いずれの観点からも相互に矛盾する二つの義務は同時に存在しない。したがって、第三の観点は存在しない。

法と道徳を全く同じ観点から同時に妥当する秩序であると考慮することは一方の秩序が他方の秩序に「委任している」と考えられる場合にのみ可能である。実定法は少なくともある特別な人間関係を規律するためにしばしばある道徳体系に照会する。また、多くの道徳体系は、多少とも広範な留保を伴ってではあるけれども、現行実定法を認める。委任された道徳の部分は実定法の一部であり、委任された実定法の部分は道徳の一部である。全く同じ観点から法と道徳を妥当する秩序と見なすこと、または同じことであるが、法と道徳を同時に妥当する体系として受け入れることは、双方を包含する単一の体系の存在を仮定することを意味する。

科学的認識のあらゆる探求は外見的に多様な現象の中に統一性を見出す努力によって動機づけられる。こうして、その対象を一貫した言明、つまり相互に矛盾しない言明の体系として記述することは科学の任務となる。それは、法学と道徳学、つまりその対象が規範である諸科学にも当てはまる。これらの科学の分野でもやはり矛盾は禁じられる。「Aがある」と「Aがない」の両方を同時に主張することが論理的に不可能であるのと全く同じように、「Aがあるべきである」と「Aがあるべきでない」の両方を主張することは論理的に不可能である。妥当することは、「あなたは…すべきである」というような表現法によってのみ記述されうる。法律家が妥当すると仮定される法規範の体系を記述し、道徳主義者が妥当すると仮定される道徳規範を記述するのは、まさしくそのような言葉によってである。その意味

---

⒅　アンテロープ号事件（本書前掲253頁注⑺を参照せよ）において、奴隷貿易が違法どうかの問題を検討した際に、合衆国最高裁判所は、奴隷貿易が「自然法に反する」と認めた後で以下のように宣言した。すなわち、「この問題に対する道徳主義者の答えがどうであれ、法律家は、その法的解決策を、かれがその一部であると考慮しかつ訴えがその法に対してなされる世界のその部分の慣行、国家行為および一般的同意によって是認されるそれらの行為の諸原則に求めなければならない。もしわれわれが国際法のテストとしてこの基準に訴えるならば、問題は、すでに考察されたように、奴隷貿易に有利に決定される。ヨーロッパとアメリカの双方がこれに従事する。すなわち、ほぼ2世紀にわたってそれは反対も非難も受けずに続けられた。法律家はこのように支持される慣行が違法であると、そしてそれに従事する者が身体的にまたは財産の剥奪によって処罰されるかもしれないとは述べないであろう」。

が矛盾し、したがって論理的に相互に排除し合う二つの規範が同時に妥当すると仮定することはできない。法律家がその扱う資料に首尾一貫した表現を与えることはかれの主要任務の一つである。資料は言語的な表現で提示されるのであるから、それが矛盾を含むことはアプリオリに起こりうる。法解釈の特殊な機能は、これらの矛盾が単なる見せかけの矛盾であることを証明して、そうした矛盾を除去することである。この法学的解釈によって法的資料は法体系へと変型される。

### ◆ c 義務の抵触

　二つの矛盾する規範が同時に妥当することはありえないというわれわれの命題に対して、人は、帰するところ義務の衝突のようなものはあるのではないかと主張するかもしれない。われわれの答えは「規範」や「義務」という言葉は多義的であるということである。一方で、それらは、「べき」という言明（ought-statement）によってのみ表現されうる意味を持つ（第一次的意味）。他方で、それらはまた「ある」という言明（is-statement）で記述されうる事実（第二次的意味）、すなわち、ある個人が規範の観念を持ち、かれが（第一次的意味での）義務によって拘束されていると確信し、そして、この観念またはこの信念（第二次的意味での規範または義務）がある行動方針に従うようかれを促すという心理的事実を表すために用いられる。同じ個人が同時に二つの規範観念を持つこと、すなわち、かれが、相互に矛盾し、したがって論理的に排除し合う二つの義務、たとえば、兵役に服すようかれを義務づける実定法の規範観念と兵役を拒否するようかれを義務づける道徳の規範観念とによって拘束されると確信することはありうる。しかしながら、この心理的事実を記述する言明は、たとえば、二つの反対の力が同じ点で作用するという言明が矛盾しないのと同じように矛盾しない。論理的な矛盾は常に判断または言明の意味の間の関係であって、事実の間の関係ではない。いわゆる規範の抵触または義務の衝突という概念は、個人がかれを正反対の方向へと動機づける二つの観念の影響下にあるという心理的事実を意味する。つより、それは相互に矛盾する二つの規範の同時的な妥当性を意味しない。

### ◆ d 規範性と事実性

　「規範」と「義務」のような言葉の二つの意味を区別しないことは、人がなぜ妥当する二組の諸規範は必ず単一の体系の部分でなければならないかを理解しない主たる理由である。もし「規範」という言葉が、諸個人が規範の観念を持ち、諸個人

349

B　国際法と国内法の関係（一元論と多元論）

が規範によって拘束されると確信し、そのような観念によって動機づけられる事実を表すために（その第二次的な意味で）用いられるならば、すなわち、もし「規範」という言葉が「べき」ではなくて「ある」を意味するならば、そのときには相互に矛盾する諸規範が存在すると主張すること、そして、同一の体系の構成部分ではない諸規範の複合体が並んで「存在する」と主張することが可能である。しかし、これらの言明が語る諸規範は心理学および社会学の対象であって、法理論の対象ではない。法理論は、人々がたとえば兵役に関して実際にいかなる観念と確信を持つかに関係するのではなくて、人々が法的に兵役に服すべきかどうか—服すよう義務づけられるかどうか—の問題、つまり、第一次的な意味の規範に関係する。社会学者または心理学者は、一部の人々は義務づけられると確信し、他の人々は義務づけられないと確信し、また、ある人々は両者の見解の間を揺れ動くと観察するであろう。社会学者または心理学者は法と道徳の事実的な側面だけを見て、その規範的な側面を見ない。かれは法と道徳を事実の複合体として認識し、妥当する諸規範の体系とは認識しない。したがって、かれは人は兵役に服すべきかどうかの問いに対して答えを与えることができない。その問いに対する答えは、法または道徳を妥当する諸規範の体系と考える法律家または道徳主義者だけがこれを与えることができる。すなわち、かれは、法または道徳を、人々が行うべきことに関する命題によって記述するのであって、人々が実際に行うことまたは行うべきと実際に信じていることに関する言明によって記述するのではない。それは規範性の観点であって、事実性の観点ではない。

# 7　国内法の優位または国際法の優位

## ◆　a　国家の国内人格と国際人格

　国内法と国際法を一つの普遍的体系として理解する必要性について、ここで、これまでに述べられてきたすべてが参照されなければならないのは、諸事実の複合体としての法ではなくて、妥当する諸規範の複合体としての法である。多数の法規範の中に統一性を確立するこの傾向はあらゆる法学的思考に内在する。そして、この傾向は多元論的な構成を主張する人々の理論においてさえ普及する。通常、かれらは国家がその国内法の主体であるばかりでなく国際法の主体でもあることを否定しない。法人格は法秩序によって創設される。すなわち、それは法秩序によって創設

されるものとしてのみ存在する。そこで、もし国際法と国内法との間にいかなる統一的な関係も存在しないとするならば、国際人格の資格における国家は、国内人格の資格における国家とは完全に異なる実体でなければならないであろう。法学的な観点からは、同一の名の下に二つの異なる国家が、つまり、二つのフランス、二つの合衆国等が、すなわち、国内法上のフランスと国際法上のフランス、そして、国内法上の合衆国と国際法上の合衆国等が存在するであろう。多元論者はこの常軌を逸した結果を受け入れない。

確かに多元論者は時として国家の国際人格と国内人格は異なると主張する[19]。しかし、そのことは人間が道徳人格と法人格の双方を持つのと全く同じように、同一の国家が国際人格と国内人格の双方を持つことを意味するにすぎない。国際法の領域で他国と条約を締結し、国内法の領域でこの条約を執行するのが同じメキシコであることはこれまで決して争われなかった。他国が自国市民をその国籍から解き放つことを条件としてのみ、かれらを帰化させることを一国に義務づける条約を例にとってみよう。そのとき、国際法主体として条約を締結したのも、国内法主体として条約に従って国籍の得喪を規律する法律を制定するのも、明らかに同じ国家である。人間が法人格と道徳人格の双方を持ち、これらの人格が同じ人間の異なる属性として同一でないと述べることは可能である。というのは、人間は生物学的・心理学的な単一体であり、そのようなものとして、これらの異なる人格の基礎であるからである。同じ人間が「法人格と道徳人格の双方を持つ」ということは、同じ人間の行動が—特定の生物学的・心理学的な単一体として—法規範と道徳規範の双方に服するという事実の暗喩的な表現方法である。

しかし、国家は、生物学的・心理学的な単一体ではなく、しかも社会学的な単一体ですらない[20]。国家と法の関係は、もし国家が社会秩序として認識されるならば、個人と法の関係とは根本的に異なる。もし国家が行為する人として、つまり、義務、責任および権利の主体して認識されるならば、法が国家の行為を規律するという言明は、法が、諸個人の行為を、法の機関としての、または同じことであるが、法によって創設された共同体の機関としてのその資格において規律することを意味する。しかしながら、もし国家が社会秩序として認識されるならば、国家は、

---

[19]　Dionisio Anzilotti, *Cours de droit international* (1929), pp. 54, 405. この著者は多元論の一貫した主唱者である。それゆえ、かれは「国家」という言葉を次のように述べる。すなわち、「国内法秩序の主体を意味する『国家』という言葉は国際法の主体としての国家とは完全に異なる主体を規定する」。

[20]　本書前掲85頁を参照せよ。

B 国際法と国内法の関係（一元論と多元論）

人たる諸個人と同じように法的規律の対象ではなくて、法的規律それ自体、つまり特殊な法秩序である。国家が規律の対象であると信じられているのは、ひとえにこの秩序の擬人的な人格化がわれわれをして最初に国家を人間個人になぞらえさせ、次にそれを超人的個人と取り違えさせるためである。

　この受け入れがたい具象化は個人と同じく国家が二つの人格を持ちうるという確信の源泉である。もし国家が―人間と同じように―法的規律の対象ではなくて、この規律それ自体、つまり一つの法秩序であるとするならば、そのときには国家の同一性は法秩序の同一性である。多元論者は国家の国際法上の人格と国内法上の人格の共通の基体としての国家の同一性を否定しない。かれらは、たとえば、他国に対する敵対行為の開始前に宣戦を布告することを義務づけられる国家と、その憲法に従って実際に宣戦を布告する国家とがまさしく同一の国家であることを否定することができない。しかし、もし多元論者が法的現実を擬人的な人格化の援助なしに記述しなければならないとすれば、かれらは、国家の同一性がそれを規律する秩序とは異なる基体の同一性ではなくて、むしろ諸個人の行動をこの秩序の機関としてのかれらの資格において規律する秩序の同一性であると認めなければならない。国際法主体としての国家と国内法主体としての国家の同一性とは、結局、国家を義務づけそして国家に授権する国際法秩序と、国家の諸機関としてその国際的諸義務を執行し、その国際的諸権利を行使する諸個人を規定する国内法秩序とが全く同一の普遍的法秩序を構成することを意味する。

## ◆ b　国際法の国内法への変型

　もし人が国内法と国際法は無関係な諸規範の体系であると仮定するならば、そのとき人は、国際法の諸規範は国家の諸機関によって直接に適用されることができず、また、その諸機関、とりわけ裁判所は国内法規範のみを直接に適用することができると同じく仮定しなければならない。もし国際法の規範―たとえば、国際条約―がある国の国内裁判所で適用されるべきであるとするならば、当該規範は、この見解に従えば、まず条約と同じ内容を有する法律または命令を定立する立法行為によって国内法に変型されなければならない[21]。多元論のこの結論は実定法の実際の内容と符号しない。指摘されたように、国際法は当該国家の憲法がそのような変型を要求する場合にのみ国内法への変型を必要とする。

---

[21]　変型一般に関しては、本書前掲 160 頁以下を参照せよ。条約国際法の国内法への変型に関しては本書前掲 285 頁以下を参照せよ。

それゆえ、国際法の国内法への変型が必要であるかの問いは実定国内法の分析によってのみ答えられうるのであって、国際法または国内法の性質あるいはそれらの相互関係に関する理論によって答えられうるのではない。国内法の国際法からのいわゆる独立から変型の一般的必要性を推論することにより、多元論は実定法と齟齬をきたし、かくしてその不十分さを証明する。

### ◆ c　唯一妥当する規範体系としての国内法秩序

もし多元論者が一貫しているとするならば、すなわち、もしかれらが国内法と国際法が、法と道徳のように、二つの異なるそして相互に独立した法秩序であると本当に考えるとするならば、かれらは国際法と国内法が同時に妥当する規範の体系であると考えることを思い止まらなければならないであろう。法律家が道徳を無視し[22]、道徳主義者が法を無視するのと全く同じように、国際法学者は国内法を無視し、国内法学者は国際法を無視しなければならないであろう。国際法の理論家は国内法を妥当する規範の体系としてではなく、単なる事実として認めなければならないであろう。国内法の理論家は、逆に、国際法を妥当する規範の体系としてではなく、単なる事実として認めなければならないであろう。しかしながら、多元論の支持者は国内法と国際法を同時に妥当する二つの規範体系と見なし、また、そうしているに違いない。なぜなら、国際法秩序は国内法秩序なしには無意味であり、しかも、国家の法的存在はこの存在を規定する国際法を考慮することなしには理解されえないからである。

もし人が国内法を唯一妥当すると見なすことを決意するならば、人は一つの国内法秩序を妥当する唯一の規範体系として選択しなければならないであろう。国際法と国内法の関係について述べられてきたことはさまざまな国内法秩序の間の関係に関してもまた当てはまる。二つの国内法秩序について妥当性が同時に断定されうるのは、それらが単一の秩序を構成すると考えられる場合だけである。国際法は、それらの間にそのような結びつきを確立しうる唯一の法秩序である。それゆえ、もし国内法と国際法が切り離されるならば、さまざまな国内法も同じく切り離されなければならない。こうして多元論を頑なに信奉する理論家は、一つの国内法秩序を、たとえば、自国の国内法秩序を唯一妥当な法秩序であると断言しなければならないであろう。

---

[22]　本書前掲 347 頁以下を参照せよ。

B 国際法と国内法の関係（一元論と多元論）

自分自身の集団の社会秩序を唯一真の「法」であると認めることは典型的に原始的な見解であり、それは自分自身の集団の構成員だけが真の人間であるという見解に匹敵する。ある原始的な種族の言語では、「人間」を指す言葉は、他の種族の構成員とは対照的に、その種族の構成員が自分自身を指す言葉と同じである。元来、古代ギリシャ人は、自分自身の「ポリス」だけを法的共同体と考え、あらゆる外国人を法の保護を奪われた野蛮人として追放した。今日でさえ、人は、他の共同体の社会秩序を、特にその秩序が自分達の政治原則とは異なる政治原則を具現するときに、言葉の完全な意味での「法」として受け入れない傾向がある。

## ◆ d 国際法の承認

一方で、国内法の妥当性を当然のことと考え、他方で、国際法の妥当性を公然と否定することはほとんど不可能なのであるから、多元論者は、かれらが是認したい国内法と国際法の相互的な独立を―無意識のうちに―意味のないものにしてしまう仮説に訴える。この仮説によって、かれらは、また、さまざまな国内法秩序の間の規範関係を確立し、このようにして国際法秩序とすべての国内法秩序を妥当する規範の体系と見なす可能性を再び探究し始める。われわれは、国際法は国家により「承認される」場合にのみ当該国家に対して妥当するという周知の言明に注目する[23]。

指摘されたように[24]、これは決して実定法の規則ではない。実定国際法は、ある国家に対するその妥当性をその国による承認に依存させていない。新国家が成立するときには、この国家は、国際法に従えば、その国が国際法を承認するか否かにかかわりなく、この法秩序が当該国家に課すすべての義務とこれに付与するすべて

---

(23) オーバー・ザ・トップ号事件（本書前掲 344 頁注(15)を参照せよ）において、裁判所は、「国際慣行はわれわれがそれを採用する限度でのみ法である。すべてのコモンローおよび制定法と同じくそれは議会の意思に服従する」。チュン・チ・チェン対国王事件（本書前掲 191 頁注 21 を参照せよ）において、枢密院司法委員会は、1939 年に、次のように述べた。すなわち、「ともかく、この国の裁判所に関する限り、国際法は、その原則がわれわれ自身の国内法によって受け入れられかつ採用される範囲を除いて、いかなる効力も持たないことが常に想起されなければならない。その規則をわれわれ自身の実体法または手続法の法典に課すいかなる外部的な権威も存在しない。裁判所は国々がかれら自身の間で受け入れる一まとまりの規則の存在を認める。あらゆる司法問題に関して、裁判所は、何が関連規則であるかの確認に努め、それを発見したときには、それが法律によって制定されたまたはかれらの裁判所によって最終的に宣言された規則と矛盾しない限りで、それを国内法に編入されたものとして扱うであろう」。

(24) 本書前掲 130 頁を参照せよ。

の権利を直ちに受け取る。国際法それ自体に従えば、具体的な場合において、一国が問題の規範によって規定されたある義務に違反した、あるいは他国がそのように規定された一国のある権利を侵害したと主張するために、当該一国が一般国際法のある規範に同意したということを証明する必要はない。国際法規範の妥当性は国家によるその承認に左右されない国際法の妥当性を前提とするのであるから、国家に対する自らの妥当性を国家によるその承認に依存させる国際法規範なるものは論理的に不可能である。

　ある国家の法的存在が他の諸国家による承認に依存するかどうかは別の問題である。この問題に関しては以前の章で肯定的な答えが与えられた⑵⑸。一部の学者は、承認されるべき国家による国際法の承認は国家としてのその承認の必須条件であると仮定する。しかしながら、指摘したように、国際法それ自体は国々による国際法の承認を当該諸国に対するその妥当性の条件として規定していないし、また、規定することができない。国際法は二つの共同体の関係へのその適用をそれらが相互に国家として承認し合うという事実に依存させるにすぎない。他国による一国の承認にその特徴的な効果を与えるのは実定国際法それ自体である。こうして、共同体の国家としての相互的な承認は国際法の妥当性を前提とする。

　ある共同体を国家として承認することは実定国際法によって規定される行為である。国家による─自国に対する国際法の妥当性の承認としての─国際法の承認は、実定国際法によって規定されないし、また規定されることができない。しかし、もし社会関係の法的構成が特定の国内法秩序から出発するとするならば、国際法は、この構成の出発点である国内法秩序が国際法に委任する場合にのみ、それゆえ、国際法がこの国内法の一部である場合にのみ妥当する法規範の体系として認識されうる。これは、いかなる道徳秩序もその妥当性を法秩序による委任に依存させないけれども、道徳規範は、特定の国内法により委任される場合にのみ、それゆえ、この法の一部を構成する場合にのみ、その国内法の観点から妥当すると考慮されうるのと全く同じである。これは多元論の信奉者により主張される命題─国際法は国家により承認される場合にのみ当該国家に対して妥当する─の本当の意味である。「国家による国際法の承認」は「国内法による国際法の委任」の比喩的な表現である。そのような承認は─多元論者の理論に従えば─黙示的または明示的に行われるであろう。もし国家による国際法の黙示的な承認が外交官の派遣および接受、国際協定

---

⑵⑸　本書前掲 217 頁以下を参照せよ。

355

B　国際法と国内法の関係（一元論と多元論）

の締結等のような国家の側の決定的な行為によって証明されるならば、そのような
承認が想定される。もし国家の法が、国際法は当該国内法の一部であると考慮され
るべきであるという趣旨の規定または法適用機関、とりわけ裁判所は国際法をその
固有の意味に従って適用するように同じく義務づけられるという趣旨の規定を含む
ならば、当該国家による国際法の明示的な承認が存在する。実際に、いくつかの国
の法はこの種の規定を含む(26)。

### ◆　e　国内法の優位または国際法の優位

　国際法はある国家により承認される場合にのみ当該国家に対して妥当するという
仮説は国際法を現実に存在する通りに参照する。国際法の内容に関して言うと、そ
の内容は、特定国に対する国際法の妥当性が当該国によるその承認に依存すると仮
定されようと、依存しないと仮定されようと、厳密に全く同じである。国際法は国
家により承認される場合にのみ当該国家に対して妥当するという仮説は国際法の妥
当性の根拠に関係する。この仮説の意味は、国際法は、国家の国内法が妥当する、
すなわち、国際法の妥当性の根拠は当該国家法の根本規範、つまり国内法秩序の根
本規範であるというまさしくその理由のために妥当するということである。擬人化
の通常の言葉で表現すると、当該国内法の妥当性の根拠である当該国家の「意思」
は同じく国際法の妥当性の根拠である。もし国際法がある国に対して妥当するなら
ば、それは当該国がそのように意図するために妥当する。こうして、国家のこの
「意思」は国際法の黙示的または明示的な承認において表明される。そのような承
認によって、国家は国際法を自国法の一部にする。この理論はアングロ・サクソン
法学において普及する(27)。

　国際法は国内法の一部として妥当するという理論は、上述した合衆国、ドイツお
よびフランスの各憲法のように、国内法が、国際法は国家の権限ある諸機関によっ
て適用されるものとするという趣旨の明示的な規定を含む場合には不可避であると
思われる。だが、これは真相ではない。もし社会関係の法的構成が特定の国内法か
ら出発せずに、国際法から出発するならば―そして、国内法または国際法の内容に
関して何ものも法律家がかれの構成の出発点として国際法と国内法のいずれを選択

---

(26)　ドイツ連邦共和国憲法第 25 条、本書前掲 161 頁注(67)を参照せよ。時として、条約国際
　　法、つまり、国家が締約国である条約によって定立された法だけが当該国の法によって委任
　　される。たとえば、合衆国憲法第 6 条、本書前掲 287 頁を参照せよ。同じく、フランス憲法
　　第 26-28 条、本書前掲 342 頁注(14)を参照せよ。

356

することも妨げないとするならば―国際法秩序は国内法秩序によって委任される場合にのみ妥当するという仮説（すなわち、実定国際法の規定に基礎づけられない、そして基礎づけられえない仮説）は不要である。そこで、問題は、国家の諸機関は国内法に変型される場合にのみあるいはそのような変型なしで国際法を適用することができるかどうかである。この問題に関する答えは、指摘されたように[28]、国内法秩序の内容によって決まる。もし国内法秩序が、アメリカ、フランスおよびドイツの各憲法の上記の規定のように、国際法は国家の権限ある諸機関によって適用されなければならないという趣旨の規定を含んでいるならば、この規定は、国家による国際法の承認（または国内法による国際法の委任）としてではなく、変型、すなわち国際法の国内法への一般的な変型として解釈されなければならない。そのような変型は、指摘されたように、もし当該憲法が国家の諸機関に国内法のみを適用するよう授権するならば、必要である。しかし、国際法の妥当性は、もし法的構成が国内法からではなく国際法から出発するならば、国家の諸機関によるその適用可能性と無関係である。もし国家の諸機関が国内法により国際法を適用することを授権されないために国際法を適用しないとするならば、その国家は妥当する国際法に基づきそのような法違反に対して責任を負うであろう。もし法的構成の出発点が特定の国内

---

[27]　パケット・ハバナ号事件（*The Paquete Habana*, United States, Supreme Court, 1900, 175 U.S. 677）において、裁判所は次のように判示した。すなわち、「国際法はわれわれの法の一部である。国際法は、それに関する権利の問題が決定を求めて裁判所に正当に提出されるたびごとに適切な管轄権を有する裁判所によって確認されかつ適用されなければならない」。ウェスト・ランド中央金鉱山会社対国王事件（本書前掲 257 頁注[17]を参照せよ）において、裁判所はこの原則に関して次のように宣言した。すなわち、「全く確実なのは、文明諸国の共通の同意を得たものはすべてわが国の同意を得たに違いないこと、そして、われわれが他国ともども一般に同意したものはすべて適切に国際法と呼ばれるであろうし、また、わが国の国内裁判所が国際法の法理が関連するであろう諸問題を判断する正当な機会が発生するときには、それらの国内裁判所によってそのようなものとして認められかつ適用されるであろうということである。しかし、そのように援用されるあらゆる法理は国々の間で実際に拘束的なものとして受け入れられた法理でなければならない。また、適用が求められた国際法は、他の何かのように、提出された特定の命題がわが国により承認されかつそれに基づき行動されてきたこと、または、それは文明国がそれを拒絶することはほとんど考えられないような性質でありかつそれほど広範かつ一般的に受け入れられてきたことのいずれかを証明するに違いない十分な証拠によって証明されなければならない。…国際法がイギリス法の一部を構成するということは、イギリスがこれまでに同意したといういかなる証拠も存在しない問題に関する教科書執筆者達の意見を、しかも、それらがイギリスの裁判所によって宣言されたイギリス法の諸原則に反するときにはいっそう有力な理由により（*a fortiori*）、イギリス法の一部に含めるように解釈されるべきではない」。

[28]　本書前掲 160 頁以下を参照せよ。

## B 国際法と国内法の関係（一元論と多元論）

法秩序―または、通常言われるように、特定国の法―であり、したがって、国際法はその国の法の一部としてのみ妥当するとするならば、そのときにはその国家による国際法違反はその国が国際法を承認していた場合にのみ可能である。しかし、実際には、この点に関して国際法から出発する人々の構成と国内法から出発する人々の構成との間にはいかなる相違も存在しない。というのは、後者の人々は、現実には、すべての国家は―少なくとも黙示的に国際関係に入ることによって―国際法を承認したと仮定するからである。

　もし、本書におけるように、法的構成が妥当する法秩序としての国際法から出発するならば、国際法の妥当性の根拠が国際法は妥当すると主張する国家の「意思」に見出されることはありえない。国際法の妥当性の根拠は以前の関連で公式化されたように国際法自身の根本規範である。他方で、国内法秩序の妥当性の根拠は国際法秩序に見出されうる[29]。法―国内法と国際法―にアプローチするこれら二つの異なる方法に従って、二つの秩序間の関係に関する二つの異なる見解が受け入れられなければならない。もしわれわれが国際法秩序から出発するならば、そのときには諸国内法秩序は国際法秩序によって委任され、この意味で国際法秩序よりも下位にある。つまり、国際法秩序は諸国内法秩序に上位するものと考慮されなければならず、したがって、諸国内法秩序と共に一つの普遍的な法体系を形成する。もしわれわれが特定の国内法秩序から出発するならば、国際法が妥当する法秩序として認識されるためには、国際法は国内法により委任されなければならない。そのとき、国際法は国内法に上位するのではなくて、国内法の一部を形成するものと考慮される。もし国際法が国内法の一部として考慮されるならば、指摘されたように[30]、言葉のより広い意味で―その一部として国際法を含む―国内法と、より狭い―その特殊な―意味で国際法を含まない国内法とを区別する必要がある。国内法上位論の信奉者で、国内法と国際法を区別しない人はいない。ただし、かれらは国際法を国内法の一部であると、したがって、国内法であると言明する。国際法は国内法の一部としてのみ妥当すると考えられるということは、両法の統一もまたこのアプローチによって達成されることを意味する。この統一を保証することが、実は、国際法を国家により承認された場合にのみ当該国に対して妥当すると見なし、だが、同時にすべての国家が国際法を少なくとも黙示的に承認したと仮定するこの理論の基本的な目的である。二つのアプローチの間の相違は、一方が国内法に対する国際法の

---

[29]　本書前掲332頁以下を参照せよ。

[30]　本書前掲169頁以下を参照せよ。

*358*

優位を仮定し、他方が国際法に対する国内法の優位を仮定することにもっぱらある。しかし、双方は一元論的な性格を持ち、しかも国際法の内容に関して意見を異にしない。すなわち、それらは国際法と国内法の妥当性の根拠に関してのみ意見を異にする。

# **8** 主 権[31]

## ◆ a 規範秩序の属性としての主権

　国内法の優位を仮定する理論の最も重要な結果は、全理論構成の出発点である国内法秩序が最高の権威であり、したがって「主権」という言葉の原初的な意味において主権的として考慮されうるということである。というのは、国内法秩序はそれに上位するいかなる他の法秩序も存在しない最高の秩序であると前提されるからである。これはまた多元論の最終的な帰結である。多元論は、国際法と国内法は相互に独立して妥当するというその命題を維持することができないために、一元論に変容する。その信奉者は国際法を国内法に上位する法秩序として考慮することを拒否する。それゆえ、国際法を妥当する法秩序として扱うに際して、かれらは、国際法は国家により承認される、または、同じことであるが、その国の国内法で承認される場合にのみ当該国に対して妥当すると仮定しなければならない。これはかれらが国際法に対する国内法優位の理論を受け入れることを意味する。国際法に対する国内法の優位を仮定することにより、あるいは、同じことであるが、国際法は国内法の一部としてのみ妥当すると仮定することにより、かれらは、国内法と国際法の二元論、したがって法学的多元論を放棄する。われわれは、それゆえ、多元論の真の目的は、国内法と国際法の相互的な独立を主張するよりもむしろ、国内法—それは特定の国内法秩序を意味する—が国際法に従属せず、したがって最高の法的権威と考慮されるという考えを主張することであると推測するであろう。

　「国家」という言葉によって社会秩序、とりわけ国内法秩序が理解される限りで、国内法秩序は最高の法的権威であるという観念は、国家は主権的であるという言明によって表される。これは主権について語る通常の方法である。しかし、もし法人としての国家—つまり、国内的または国際的な義務、責任および権利の主体として

---

(31)　本書前掲130頁以下、184頁、257頁以下および283頁を参照せよ。

*359*

B　国際法と国内法の関係（一元論と多元論）

の国家―が問題であるならば、そのときには国家は最高の権威の意味で主権的であると考慮されることができない。というのは、義務、責任および権利の主体としての国家は、当該国家に対して、つまり、当該法的共同体の機関または構成員としての資格における諸個人に対して関係する義務、責任および権利を課しまたは付与する―国内的または国際的な―法秩序に服すると常に考慮されなければならないからである。国家は、法秩序に、自分自身の秩序、すなわち国内法秩序にさえ服するのであるから、最高の法的権威として考慮されることはできない。国家はいつでも自国の法を変更することができ、したがってその法の「上」に立つという例の主張は完全に誤っている。国家は自己の法を変更しうるという言明は、法によって規定された諸個人が同じく法によって規定された手続に従って法を変更しうることを意味するにすぎない。法を変更するに当ってこれらの個人は完全に法に服従し、決して法の上に立たない。国際法が国内法に優位すると考慮されようとあるいは国内法の一部であると考慮されようと、法人としての国家は主権的であると考慮されることができない。法主体としての国家―それは法的共同体の機関としてのその資格で行動する個人を意味するのであるが―は、それが「権威」などでは全くないために最高の権威ではありえないのである。

　「権威」（Authority）は、通常、拘束的な命令を発する権利または権限として定義される。他の人々に一定の行為を強制する現実の権力は権威を構成するには十分でない。権威であるまたは権威を有する個人は、他の諸個人が遵守することを義務づけられるように拘束的な命令を発する権利または権限を受け取っていなければならない。そのような権利または権限は規範秩序によってのみ個人に付与されうる。権威はこうして本来的に規範秩序の特徴である。以前の関連で指摘されたように[32]、規範秩序のみが「主権的」、すなわち最高の権威であって、ある個人が「命令」として発することを授権され、他の諸個人が遵守することを義務づけられる規範の妥当性の究極的な根拠でありうる。物理的な力、すなわち、ある単なる自然現象は言葉の固有の意味で「主権的」では決してありえない。物理的な力にあるとされるものとしての「主権」は、第一原因（*prima causa*）であることの属性であるような何かを意味するにすぎない。しかし、第一原因という観念は名辞矛盾である。もし因果律に従ってあらゆる現象がある原因の結果として考慮されなければならないとすれば、ある結果の原因であると考慮されるあらゆる現象は同時に別の原因の結果で

---

(32)　本書前掲92頁を参照せよ。

あると考慮されなければならない。原因と結果の無限の連鎖において、つまり、自然的現実において、第一原因はありえず、したがって主権はありえない。

法的権威としてのその資格において国家は国内法秩序と同一でなければならない。国家は主権的であるということは、国内法秩序はその上に上位する秩序が存在しない秩序であることを意味する。国内法秩序に優位すると仮定される唯一の秩序は国際法秩序である。国家が主権者であるかどうかという問題は、こうして国際法は国内法に優位する秩序と仮定されるかどうかの問題に一致する。

ある秩序が別の秩序に「優位」（superior）するということは、われわれが指摘したように[33]、比喩的な表現である。それは、われわれがある秩序の妥当性の根拠を、それゆえに、上位の秩序であると仮定される別の秩序から引き出すことを意味する。ある秩序が最高の秩序であるということは、われわれがその妥当性の根拠を上位の秩序としての別の秩序から引き出さないことを意味する。国家主権の問題は自然の物体が所与の属性を持つかどうかの問題ではない。それは、たとえば、ある金属の比重に関する問題と同じ方法で、つまり、自然的な現実を観察することによって答えることができない。法秩序としての国家が主権的、すなわち最高の法的権威であるかどうかの問いに対する答えは事実に関する言明ではない。それは法現象を解釈する人によって設けられる仮説である。われわれの分析の結果は、国際法はその実効性の原則を通じて国内法の妥当範囲と妥当根拠を規定するということである。こうして国内法に対する国際法の優位は法自体の内容によって強いられると思われる。しかし、国際法は、国際法が妥当すると仮定される場合にのみ、国内法の妥当範囲と妥当根拠を規定する。それゆえ、われわれの分析は、国際法は妥当する法秩序であるという前提から出発した。しかしながら、妥当する法秩序としての国内法から出発する承認理論の観点からは、国際法は、国家により承認された場合にのみ、または同じことであるが、国際法が国家法、つまり国内法秩序により委任される場合にのみ妥当する。国家が国際法を承認し、このようにして国際法が国内法の一部になった後で、国際法は、まさしくその内容によって国内法秩序の妥当範囲を決定する。しかし、この結果は当該国家による国際法の承認によって初めてもたらされるのであるから、国際法は、言葉の狭い特殊な意味での国内法の妥当範囲を広義の国内法の一部としてもっぱら規定する。すなわち、国内法は、その諸規範のうちで狭義の国内法を形成するそれら規範の妥当範囲を決定する、つまり、限定

---

[33]　本書前掲86頁以下を参照せよ。

B　国際法と国内法の関係（一元論と多元論）

する。国際法は国内法の一部としてのみ妥当すると仮定されるのであるから、国際法は国内法のうちにその妥当性の根拠を持つ。それゆえ、この見解に従えば、国内法秩序の根本規範はすべての法の妥当性の絶対的な最高の淵源である。したがって、法秩序としての国家は主権的として、つまり最高の法的権威として認識されうる。

　もし国家主権が、法秩序としての国家が最高の法的権威であることをもっぱら意味すると認められるとするならば、そのとき主権は観察されかつ確定されうるまたは観察されかつ確定されえない事実ではない。国家は、ある物体が他の物体よりも「重い」または「重くない」という意味で「主権的である」わけでも「主権的でない」わけでもない。国家は主権的であるまたは主権的でないと仮定されうるにすぎない。この仮説は法現象に対するわれわれのアプローチに依存する。もし法的構成が本書におけるように妥当する法秩序としての国際法から出発するならば、これは国内法に対する国際法の優位を意味するのであるが、そのとき国内法秩序としての国家は最高の法的権威が存在するという意味で主権的では「ない」。つまり、国内法秩序としての国家は、国際法秩序以外のいかなる他の秩序も国内法秩序に優位しないという相対的な意味でのみ主権的でありうるにすぎない。その結果、国内法秩序としての国家は国際法秩序にのみ直接に服する(34)。他方で、もし法的構成が国内法秩序から出発するならば、これは国内法の優位を意味するのであるが、そのとき国内法秩序としての国家は、委任により国内法の一部となる国際法を含むあらゆる他の法秩序に優位するのであるから、言葉の本来的な絶対的意味で主権的で「ある」。

### ◆　b　唯一の法秩序の排他的属性としての主権

　もし法現象が国内法上位の観点から解釈されるならば、一つの国内法秩序のみが主権的であると認識されうる。全構成の出発点であるその国内法秩序のみが主権的であると仮定されうる。この秩序と他の諸国内法秩序との間の必然的な関係は、国際法によってのみ、つまり、国際法が諸国内法秩序の妥当範囲を決定すると認められる場合にのみ確立されうる。しかしながら、この見解に従えば、国際法は、国内法により委任される場合にのみ、あるいは、同じことであるが、国際法秩序が国内法秩序の一部として考慮されるために主権的である当該国家によって承認される場

---

(34)　本書前掲94頁および97頁を参照せよ。

合にのみ、妥当する。他の諸国内法秩序はそれらの妥当性を国際法から引き出すのであるから、それらは、最初に主権的である、それゆえに、それだけが主権的であると仮定されうるその国内法秩序よりも下位にあると考慮されなければならない。この国内法秩序はその一部である国際法を介して国際法秩序によって「委任された」すべての他の国内法秩序を包含する。この構成の出発点である（国際法秩序を含まない）狭義の国内法秩序、および、すべての他の国内法秩序は、構成の出発点であるその国内法秩序の一部であると仮定される国際法秩序によってそれら各自の妥当範囲に関して制限される。これらの国内法秩序はそれら自身の憲法によってのみ創造されかつ変更されうる。しかし、一つの国内法秩序の一部として他の諸国内法秩序にこの相対的主権を保障する国際法は—この構成の観点から—その妥当性の根拠をその構成が出発する国内法秩序のうちに持つ。他の諸国内法秩序の内容に関してではなく、その妥当性の根拠に関して普遍的な法秩序として現れるこの国内法秩序だけが絶対的に主権的であり、したがって、これはこの国内法秩序だけが言葉の本来的な意味で主権的であることを意味する。もしわれわれが国家について語るように国内法秩序について語るとすれば、そのとき一国の主権はあらゆる他の国家の主権を排除するであろう。

　これは国内法上位の仮説に基礎づけられる承認理論の不可避的な帰結である。しかしながら、この見解の大多数の主唱者はそれを最終的な帰結までとことん考え抜こうとしない。かれらは法の世界をそのそれぞれが主権的であって、そのそれぞれがその一部に国際法を含む多数の独立した国内法秩序として認識する。これはもう一つの種類の法的多元論である。国際法と国内法は相互に独立して妥当すると主張することは不可能なのであるから、また、国際法は国内法の一部として妥当すると考慮されるのであるから、各国内法秩序の妥当性は他のすべての国内法秩序の妥当性とは無関係であると主張される。すでに説明された理由から、この種の法的多元主義もまた論理的に不可能である。付言すれば、この見解に基づけば、諸国または諸国内法秩序が存在するのと同じだけ多数の異なる国際法秩序が存在するであろう。しかしながら、さまざまな理論家がさまざまな国内法秩序の優位から出発することにより、あるいは、同じことであるが、さまざまな国家の主権から出発することにより、法の世界を解釈することは論理的に可能である。各々の法理論家は自国法の優位、すなわち、かれが属する国家の主権から出発するであろう。そのとき、かれは、自国の国内法秩序と他の諸国内法秩序との関係を確立する国際法ならびにそれらの国内法秩序を、自国の国内法、つまり普遍的法秩序として認識される自国

B　国際法と国内法の関係（一元論と多元論）

法の一部と考慮しなければならない。これは、法の世界の全体像がどの国内法が構成の基礎とされるかに従って異なるであろうことを意味する。国内法の優位の仮説に基づき確立されたこれらの体系のそれぞれの内部で、一つの国内法のみが、すなわち、国内法秩序としての一国のみが主権的である。しかし、どの場合にも、二国間で、その国内法秩序が同一の国内法秩序、あるいは、同じことであるが、同一の国家であることはないであろう。

# 9　二つの一元論的解釈の哲学的および法学的な意義

## ◆ a　主観主義と客観主義

国際法上位の仮説は、世界を理解するために哲学者自身の自我から出発し、それゆえ、世界をその主体の意思および観念として解釈する主観主義的哲学に対応する。自我の主権を公言するこの哲学は、別の主体、つまり、非我、すなわち、同じく自我であると主張する「汝」を平等な存在として理解することができない。自我の主権は汝の主権と相容れない。そのような主観主義哲学の究極的な帰結は唯我論である。

国内法上位の仮説は国家主観主義である。それは国家、つまり、構成の出発点である国内法、すなわち、当該理論家自身の国内法、すなわち、かれ自身が属する国家を法の世界の主権的な中心にする。しかし、この法哲学は他の諸国、つまり、他の諸国内法秩序を哲学者自身の国家と対等なものとして、すなわち、同じく主権的な存在として理解することができない。国家的自我（state-ego）の主権は国家的汝（state-tu）の主権と相容れない。国内法上位の究極的な帰結は国家的唯我論である。

自我と汝は、われわれの哲学がその内部で双方とも部分として存在し、そのいずれもが全体の主権的な中心として存在するのではない客観的世界から出発するときに初めて平等な存在として認識されうる。同様に、すべての国家が平等であるという観念は、われわれが法現象に関するわれわれの解釈を国際法の優位に基礎づける場合にのみ維持されうる。法秩序としての国々は、それらが主権的であると仮定されない場合にのみ平等であると考慮されうる。なぜなら、国々は、それらが同一の国際法秩序に等しく服する限りでのみ平等であるからである。

国際法の優位と国内法の優位は二つの法秩序の妥当性の根拠にかかわる問題に対

する二つの異なる解答である。法の科学によるそれらの内容の記述は、国内法の妥当性が国際法に基礎づけられようと、国際法の妥当性が国内法に基礎づけられようと、それによって左右されることがない。二つの解釈のいずれが採用されようとも国々の国際的な諸義務および諸権利は全く同じである。特定国の実定法が国際法秩序をその国内法秩序の一部であると宣言する事実は、法理論が国際法の妥当性は当該国による承認に依存しないと仮定すること、すなわち、国際法の優位を受け入れることを妨げない。実定国際法が国内法秩序の妥当範囲と妥当根拠を規定するという事実もまた国際法は国家により承認された場合にのみ当該国に対して妥当するという仮説、すなわち、国内法優位の仮説を妨げない。

## b　二つの仮説の誤った使用

　すべての法現象を単一の体系の一部として理解する二つの異なる方法に他ならないこの二つの仮説は、確かに時として、実定法の内容に関する主張の根拠として誤用されている。国内法または国際法の仮定された優位から、人は、実定法の実際の内容に反する結論を引き出そうとする。こうして、国内法の優位を仮定する人々に従えば、国家主権は以下のこと、すなわち、国家は他の諸国と締結した条約によって必ずしも拘束されない、国家は国際裁判所の強制的管轄権に服せしめられない、国家はその意思に反して合議的な国際機関の多数決決議により義務づけられない、国内法は国際法の手続にその起源を持ちえない、あるいは、特に、国家の主権はその憲法が条約により定立されるという観念と相容れない、等々を意味する。これらはすべて、主権概念からの推論によってではなく、実定法の分析によって初めて解答されうる問題である。また、実定法はここで引用されたすべての主張が不正確であることを証明する。しかしながら、国際法優位の仮説を受け入れる人々は、かれらが国際法は国内法を覆す、国内法の規範は国際法と一致しないならば無効であると主張するときに全く同じように誤っている。これは、国際法との不一致を理由に国内法規範を無効にする手段を規定する実定法規範が存在した場合に初めて言えることであろう。一般国際法は、いずれにせよ、そのような規範を含んでいない。

　二つの一元論的解釈のそれぞれは、経験的に与えられる実定国内法または実定国際法の諸規定に直面して、端的にそれらがこの点に関していかなるヒントも与えないために、受け入れられたりまたは退けられたりするであろう。

B　国際法と国内法の関係（一元論と多元論）

## ◆ c　二つの仮説の間の選択

　二つの仮説の間の選択に際して、われわれは主観主義哲学と客観主義哲学との間の選択と同じように自由である。主観主義哲学と客観主義哲学との間の選択が自然科学によって決せられず、また、自然科学に何の影響も与えないのと同じように、二つの仮説間の選択は法の科学によって決せられず、また、法の科学に何の影響も与えない。国際法の優位と国内法の優位の間の選択は、結局は、二つの根本規範、すなわち、国際法の根本規範と国内法の根本規範の間の選択である。指摘されたように(35)、法秩序の根本規範は法学的思考の仮説であって、実定法の規範ではない。そのような仮説は受け入れられることもあれば、受け入れられないこともある。その仮説は人が社会関係を法的関係として解釈することを欲する場合にのみ受け入れられなければならない。しかし、そのような解釈は必然ではなくて、可能性であるにすぎない。根本規範の仮説を受け入れることもまた受け入れないことも自由であるように、われわれは、法の世界に関するわれわれの解釈の基本的な基礎として国際法の根本規範と国内法の根本規範を自由に選択することができる。

　われわれの選択は、法の科学によって決まるのではなく、倫理的または政治的な選好によって導かれるであろう。その政治的立場が国家主義または帝国主義の立場である人は自国の国内法秩序の根本規範を仮説として受け入れる傾向があるであろう。言い換えれば、かれは国内法の優位から出発するであろう。国際主義または平和主義に共鳴する人は、国際法の根本規範を仮説として受け入れ、こうして、国際法の優位から出発するであろう。法の科学の観点からは人がいずれの仮説を選択するかは重要ではない。しかし、政治学の観点からは、この選択は主権のイデオロギーと結びつくために重要であろう。

　たとえ二つの仮説の間の決定が科学を超えるとしても、科学は、二つの仮説と倫理的または政治的な性格の一定の価値体系との間の関係を明らかにするという任務を依然として持つ。科学は、法律家にかれの選択の理由とかれが選択した仮説の本質を認識させ、かくして、かれが、経験的に与えられる実定法が保証しない結論を引き出すことを防止することができる。

---

(35)　本書前掲 256 頁および 332 頁を参照せよ。

## 国際法に関する包括的著作一覧

Oppenheim, L.  *International Law.* 6th ed., edited by H. Lauterpacht, Vol. I (1947), Vol. II (1944).

Hyde, Charles Cheney.  *International Law, chiefly as interpreted and applied by the United States.* 3vols., 2nd ed. (1945).

Fauchille, Paul.  *Traité de droit international public.* 2vols., 8th ed. (1921-1926).

Scelle, George.  *Précis de droit des gens* (1932-34).

Verdross, Alfred von.  *Völkerrecht* (1937).

Guggenheim, Paul.  *Lehrbuch des Völkerrechts.* Vol. I (1947), Vol. II (1951).

Anzilotti, Dionisio.  *Corso di diritto internazionale.* 3d ed. (1923).

Pallieri, Balladore.  *Diritto internazionale pubblico* (1937).

Sánchez de Bustamante y Sirvén, Antonio.  *Derecho internacional público.* 5 vols. (1933-1938).

# 訳者あとがき


　法律学を基礎的に学ぼうとする者には今日でもケルゼンの偉大な学説とその豊かな人格との出会いが何らかの形で用意されているように思われる。ここで、私自身のささやかな体験について記しておきたい。

　授業が始まればすぐにストライキのあの大学紛争時代に法学部生であった私にとって興味が持てたのは法哲学と国際法だけであった。法哲学に関しては神田の古書店で購入した和田小次郎先生の著作と訳書を主として読んでいた。しかし、本当は何も理解していなかった。大学院に進学して、宮崎繁樹先生の国際法特講を受講した際に初めて、新カント学派の理論について手ほどきを受けた。また、先生は国際法理論の発展について詳細に講義された。講義全体を通じて、先生はケルゼンの重要性に注意を喚起され、先生が翻訳されたケルゼンの『正義とは何か』について熱く語られた。それを契機として清宮先生訳の『一般国家学』や横田先生訳の『純粋法学』を読んだ。しかし、どこまで正確に理解できたか自信がない。

　実定法の理論としての純粋法学に本格的に関心を持ったのは弟が法哲学を専攻し、修士論文のテーマに純粋法学を選んだためであった。千葉県の南柏で３年間共同生活をしたが、その間毎晩毎晩ケルゼンについて議論した。清宮先生の『国家作用の理論』を手始めとしてケルゼンの主要著作を読み直した。もちろん弟に教わることが多かった。議論のあげくつかみ合いになることもあった。懐かしい思い出である。今日、曲がりなりにも規範論理的に思考することができるとすれば、このときの議論のおかげである。その際、なぜか翻訳が存在しないケルゼンの国際法教科書をいつの日か翻訳することがあればなどと考えたりした。また、これを契機として国際法分野におけるケルゼンの好敵手であるブライアリ　やド　ヴィシェ　ルに関心を持つようになった。

　ケルゼンの理論もさることながら、ケルゼンの学者としての人間性に興味を抱いたのはメタル著井口・原訳『ハンス・ケルゼン』を読んでからである。同書で、ケルゼンは波瀾万丈の生涯を回顧しつつ、学問を専攻する者の資質について次のように述べている。「ひとつの体験について述べたいと思う。ひろく人生において、また、ほんらい学問にたずさわる人びとの間で演じられる人生にあっても、それは何より

369

訳者あとがき

も人間の道徳的な性格に左右されるということである。すなわち、真実を愛すること、自己を認識すること、寛容であること、意志力、何人にも不正をなさぬこと、自己の顕示欲を可能な限り抑制すること、これらのことが表面的な知識よりも重要であるということである。そして、また、こうした性格上の資質は学問研究の成果の上にも影響を及ぼすということである」（同書 145 頁）。耳に痛いことばかりであるが、この言葉から私はケルゼンの人間像をイメージするようになった。

　皆川洸先生に伺ったケルゼンの印象も忘れがたい。先生がケルゼンの意見を求めるためにバークレーの研究室を訪問されたとき、ケルゼンは「国際法は弱い法なので、強いタバコを吸いたまえ」と愛煙家の先生にタバコを勧められながら、日本から準備してきた質問に懇切丁寧に回答したという。皆川先生の言葉をそのまま繰り返すと「大家の素振りなど爪の垢ほども見せなかった」という。先生はケルゼンの人柄に敬服されていた。

　国際法分野でのケルゼンの最も優れた弟子の一人はハーシュ・ローターパクトであろう。ローターパクトは、1960 年、国際司法裁判所判事の在職中に亡くなったが、その翌年に国際法および比較法雑誌はローターパクトの追悼記念号を刊行した。ケルゼンはこの号で愛弟子に関して印象深い記述を行っている。その記述と、最近ローターパクトの息子のエリュー・ローターパクトが執筆した父親の伝記に収められた、かれのケンブリッジ大学国際法教授（Whewell Professor of International Law）就任を祝うケルゼンの手紙とを合わせ読むとケルゼンの人間像がくっきりと浮かび上がる。ケルゼンは、この手紙が公表されるとは夢想だにしなかったであろう。順序は前後するが以下に訳出する。

Hans Kelsen to HL, 3 December 1937[1]
　尊敬する親愛なる同僚よ

　　各新聞はあなたがケンブリッジ大学教授に任命されたことを報じている。私がこのニュースにどれだけの喜びを感じたかを述べる必要はないであろう。あなたのこの並々ならぬ偉業に心からのお祝いの言葉を送ることを許してもらいたい。あなたはずっと以前に国際法の指導的な教師の一人になっていたのであるから、世界の指導的な大学の一つにあなたが任命されたことは、あなたの輝

---

(1)　この時期、ケルン大学を追われたケルゼンはプラハ・ドイツ語大学の国際法教授を務めながら、ジュネーヴの国際問題研究所でも講義を担当していた。プラハ大学ではナチス系学生による講義妨害に苦悶していた。

訳者あとがき

かしい学問的な業績に基づき当然あなたに帰すべきものを形式的に確認したにすぎない。学問の進歩、したがって大学における公正な精神に関心を持つすべての人々にとって、あらゆる政治的偏見にかかわりなく、本当の価値が報いられる大学が依然として存在するのであるから、これは大いに満足を覚える瞬間である。

　尊敬する同僚よ。もし私があなたの偉大なそしてそれに値する成功に大きな喜びを感じるばかりでなく、いささか誇らしくもあるとすれば、どうかそれを慎みがないと見なさないで欲しい。あなたは、あなたが私の学生であったことがあるということ、そして、あなたの著作が「私自身の知性を反映している」ということを密かな満足をもってこの特別な時点で私が分別もなく想起することをきっとわかってくれるであろう。それゆえ、私がむだに研究してきたのではないという私の意識を呼び覚ますという理由でどうかあなたにお礼を述べさせて欲しい。

敬具

　あなたのハンス・ケルゼン[2]

ローターパクトの追悼文で、ケルゼンは、ローターパクトとの巡り会いとウィーン大学法学部時代にかれがいかに優秀な学生であったかについて述べる。そして、追悼文は次のような言葉で締め括られる。

　かれがイギリスで成し遂げたすばらしい業績とこの国がかれに与えた偉大な名誉は実際に十分それに値する。しかし、人々は、その偏りのない正義の精神がそのような経歴を可能にするこの国を同じく讃えなければならない[3]。

　法実証主義の究極ともいうべき純粋法学はこのような人格の上に初めて成立するのであろう。

　『国際法原理論』の翻訳は5年ほどで完成したが、今日、このような学術書を出版するのは容易ではない。中谷和弘先生に相談したところ、信山社の袖山貴社長を紹介して下さった。袖山社長は本書の出版を快諾して下さった。また、同社の今井守氏にはウィーンのハンス・ケルゼン研究所との翻訳権に関する交渉等多大の迷惑

---

[2]　Sir Elihu Lauterpacht, *The Life of Sir Hersch Lauterpacht, QC, FBA, LLD,* (2010), p. 87.

[3]　Hans Kelsen, "Hersch Lauterpacht", *International and Comparative Law Quarterly,* Vol. 10 (1961), p. 3.

訳者あとがき

をおかけしたが、誠意をもって対処して下さった。本書はこれらの方々のご厚意がなければ陽の目を見なかったであろう。厚く御礼申し上げたい。

　本書は国際法教科書であるので、訳文は平明であることを心がけた。このため、いつものように、推敲した訳文を私の国際法研究室の卒業生である中江千佳子さんと中村美恵子さんに読んで頂き、一読して理解しがたい箇所を指摘して頂いた。お二人とも社会人として多忙であるにもかかわらず、誠心誠意協力して下さった。深く感謝したい。


　2015 年 8 月 15 日

長谷川正国

## 国際条約索引

(n は注番号)

■ 1815 年

スイス連合議会による永世中立受諾宣言………*72*

■ 1839 年

ベルギー永世中立保障条約……………………*35*

■ 1856 年

海戦に関するパリ宣言……………*56, 66, 67, 292*
パリ講和条約………………………………*296*

■ 1867 年

ルクセンブルグ永世中立保障条約……………*35*

■ 1871 年

ロンドン条約………………………………*296*

■ 1878 年

サンステファノ予備講和条約…………………*296*

■ 1881 年

マゼラン海峡に関するパナマとチリ間の条約
…………………………………………*284*

■ 1884 年

海底電信線保護万国連合条約
　第 2 条………………………………………*107*
　第 4 条………………………………………*107*
　第 8 条………………………………………*108*
　第 12 条……………………………………*107*

■ 1899 年

国際紛争平和的処理条約………………………*314*
　第 20 条……………………………………*314*
ダムダム弾に関する宣言………………………*56*
窒息性ガスに関する宣言………………………*56*

■ 1901 年

ヘイ・ポンスフォート条約……………………*284*

■ 1903 年

パナマ運河に関する合衆国とパナマ間の条約
……………………………………*269 n30, 285*
ヘイ・ヴァリア条約……………………………*285*

■ 1907 年

国際紛争平和的処理条約………………*299, 314*
　第 2 条………………………………………*299*
　第 3 条………………………………………*299*
　第 35 条……………………………………*299*
　第 41 条………………………………*314, 315*
　第 44 条……………………………………*314*
　第 45 条………………………………*307, 314*
開戦に関する条約（第 3 ハーグ条約）……*56, 100*
　第 1 条………………………………………*57*
陸戦の法規慣例に関する条約（第 4
　ハーグ条約）………………………………*56, 60*
　第 3 条………………………………*104, 108*
　［条約附属規則］
　第 23 条………………………………*60, 62*
　第 25 条……………………………………*61*
　第 26 条………………………………*61, 110*
　第 27 条…………………………*61, 111 n24*
　第 28 条……………………………………*61*
　第 29 条……………………………………*109*
　第 42 条……………………………………*62*
　第 43 条……………………………………*62*
　第 44 条……………………………………*62*
　第 45 条……………………………………*62*
　第 46 条……………………………………*62*
　第 47 条……………………………………*62*
　第 55 条……………………………………*63*
　第 56 条……………………………………*63*
陸戦の場合における中立国及び中立人の
　権利義務に関する条約（第 5 ハーグ条約）
　………………………………………*56, 69*
商戦を軍艦に変更することに関する
　ハーグ条約（第 7 ハーグ条約）…………*56, 65*
自動触発海底水雷の敷設に関する条約
　（第 8 ハーグ条約）………………………*56, 66*
戦時海軍力をもってする砲撃に関する条約
　（第 9 ハーグ条約）………………………*56, 61*
　第 1 条………………………………………*66*

国際条約索引

第2条‥‥‥‥‥‥‥‥‥‥‥‥66
第5条‥‥‥‥‥‥‥‥‥‥‥‥*110*
第6条‥‥‥‥‥‥‥‥‥‥‥‥*110*
戦地にある軍隊負傷者の状態改善に関する
ジュネーヴ条約の原則を海戦に応用する
条約（第10ハーグ条約）‥‥‥‥‥56
海戦における捕獲権行使の制限に関する条約
（第11ハーグ条約）‥‥‥‥‥‥‥56
第5条‥‥‥‥‥‥‥‥‥‥‥‥67
第6条‥‥‥‥‥‥‥‥‥‥‥‥67
国際捕獲審検所の設立に関する条約
（第12ハーグ条約）‥‥‥‥‥‥*118*
第4条‥‥‥‥‥‥‥‥‥‥‥*118*
第8条‥‥‥‥‥‥‥‥‥‥‥*118*
第9条‥‥‥‥‥‥‥‥‥‥‥*118*
海戦の場合における中立国の権利義務に
関する条約（第13ハーグ条約）‥‥‥57, 69
第21条‥‥‥‥‥‥‥‥‥‥*71* n47
第22条‥‥‥‥‥‥‥‥‥‥*71* n47
軽気球からの爆発物及び投射物の投下を
禁止する条約（第14ハーグ条約）‥‥‥56
中米司法裁判所設立条約‥‥‥‥‥*315* n66

■ 1912 年

イタリアとトルコ間のローザンヌ講和条約
第1条‥‥‥‥‥‥‥‥‥‥‥*58* n35

■ 1919 年

ヴェルサイユ講和条約‥‥‥‥‥‥*35, 113, 145*
第109条‥‥‥‥‥‥‥‥‥‥*284*
第116条‥‥‥‥‥‥‥‥‥‥*284*
第227条‥‥‥‥‥‥‥‥‥‥*111, 112*
第231条‥‥‥‥‥‥‥‥‥‥*35*
第232条‥‥‥‥‥‥‥‥‥‥*119* n30
第256条‥‥‥‥‥‥‥‥‥‥*269* n30
第297条‥‥‥‥‥‥‥‥‥‥*118*
（ホ）‥‥‥‥‥‥‥‥‥*119* n30
（チ）‥‥‥‥‥‥‥‥‥*214* n45
第304条‥‥‥‥‥‥‥‥‥‥*118*
（ロ）‥‥‥‥‥‥‥‥‥*119*
（ト）‥‥‥‥‥‥‥‥‥*119*
第358条‥‥‥‥‥‥‥‥‥‥*284*
第8編第3附属書‥‥‥‥‥‥‥*125*
サンジェルマン講和条約‥‥‥‥‥*145*
第177条‥‥‥‥‥‥‥‥‥‥*214* n46
ヌイー講和条約‥‥‥‥‥‥‥‥*145*
国際航空条約
第1条‥‥‥‥‥‥‥‥‥‥‥*186*

国際連盟規約（ヴェルサイユ講和条約第1編）
‥‥‥‥*27, 36, 38, 39, 47, 49, 52, 74, 114,
138, 139, 145, 149, 241, 263, 296, 315*
前文‥‥‥‥‥‥‥‥‥‥‥‥*37*
第1条‥‥‥‥‥‥‥‥*145, 269, 270*
3項‥‥‥‥‥‥‥‥‥*146, 290*
第3条‥‥‥‥‥‥‥‥‥‥‥*146*
第4条‥‥‥‥‥‥‥‥*146, 269, 270*
4項‥‥‥‥‥‥‥‥‥‥*146*
6項‥‥‥‥‥‥‥‥‥‥*146*
第5条‥‥‥‥‥‥‥‥‥‥‥*146*
第12条‥‥‥‥‥‥‥‥‥*36, 308*
第13条‥‥‥‥‥‥‥‥‥*36, 313*
1項‥‥‥‥‥‥‥‥‥‥*313*
2項‥‥‥‥‥‥‥‥*313, 314*
第14条‥‥‥‥‥‥‥‥‥‥*315*
第15条
1項‥‥‥‥‥‥‥‥‥‥*300*
6項‥‥‥‥‥‥‥*146, 300, 301*
7項‥‥‥‥‥‥‥‥*300-301*
8項‥‥‥‥‥‥*37, 162, 163, 301*
9項‥‥‥‥‥‥‥‥‥‥*301*
第16条‥‥‥‥‥‥‥‥‥‥*27, 38*
1項‥‥‥‥‥‥*37, 38, 72, 73, 74*
2項‥‥‥‥‥‥‥*37, 38, 72*
3項‥‥‥‥‥‥*37, 38, 72, 74*
4項‥‥‥‥‥‥‥‥*49, 146*
第18条‥‥‥‥‥‥‥‥‥*49, 50*
第19条‥‥‥‥‥‥‥‥‥‥*293*
第20条‥‥‥‥‥‥‥‥‥‥*295*
第22条‥‥‥‥‥‥‥‥*137, 140*
第26条
2項‥‥‥‥‥‥‥‥*146, 290*
主要同盟及び連合国とギリシャ間の条約‥‥‥*274*
主要同盟及び連合国とセルブ・クロート・
スロベヌ間の条約‥‥‥‥‥‥‥*284*
主要同盟及び連合国とチェコスロバキア間
の条約‥‥‥‥‥‥‥‥‥‥‥*284*
主要同盟及び連合国とポーランド間の条約‥‥‥*284*
主要同盟及び連合国とルーマニア間の条約‥‥‥*284*

■ 1920 年

常設国際司法裁判所規程‥‥‥‥‥*251, 314, 316*
第38条‥‥‥‥‥‥‥‥‥‥*312*
常設国際司法裁判所規程に関する署名議定書
‥‥‥‥‥‥‥‥‥‥‥‥‥*308, 315*
トリアノン講和条約‥‥‥‥‥‥‥*145*
ルーマニア・オーストリア通商条約‥‥‥‥‥*265* n27

国際条約索引

## 1921 年

合衆国とドイツ間の講和条約·····················59
ドイツとスイス間の調停及び仲裁裁判条約····310
　第 14 条···················································299-300

## 1922 年

上部シレジアに関するドイツ・ポーランド条約
·····················································120
　第 5 条·········································120

## 1925 年

ノルウェー・スウェーデン条約·····················310
ロカルノ仲裁及び調停諸条約···············310, 311
　第 1 条·········································311
窒息性、有毒ガス又はこれらに類するガス
及び細菌的手段の戦争における使用の
禁止に関する条約·································56

## 1926 年

ベルギー・スウェーデン条約·····················310

## 1928 年

ケロッグ・ブリアン規約（パリ規約）·····27, 28,
　36, 38, 39, 47, 52, 73, 74, 114, 116, 241, 290
　前文·········································39
　第 2 条·········································40
国際紛争の平和的解決に関する一般議定書····312
ハバナ条約·········································218 n49
　第 2 条
　　1 項·········································190 n20

## 1929 年

傷病者及び捕虜の状態の改善に関する条約·56, 60
ラテラノ条約·········································134

## 1930 年

国籍法の抵触に関連するある種の問題に
関する条約·········································206
　第 1 条·········································206
　第 2 条·········································206
　第 3 条·········································206
　第 4 条·········································206
　第 5 条·········································206-207
　第 6 条·········································208

## 1936 年

潜水艦の戦闘行為に関する議定書···········56, 67

## 1939 年

ドイツとチェコスロバキア間の協定········142 n52

## 1945 年

国際司法裁判所規程·····················314, 316
　第 2 条·········································316
　第 3 条
　　1 項·········································316
　第 4 条
　　1 項·········································316
　　2 項·········································316
　第 5 条
　　2 項·········································316
　第 6 条·········································316
　第 7 条·········································316
　第 8 条·········································316
　第 9 条·········································316
　第 10 条
　　1 項·········································316
　第 13 条
　　1 項·········································316
　第 16 条
　　1 項·········································317
　第 17 条
　　1 項·········································317
　　2 項·········································317
　第 18 条
　　1 項·········································317
　第 19 条·········································317
　第 20 条·········································317
　第 21 条
　　1 項·········································317
　第 22 条·········································317
　第 23 条
　　1 項·········································317
　第 24 条·········································317
　第 31 条
　　2 項·········································317
　　3 項·········································317
　第 34 条
　　1 項·········································317
　第 35 条
　　1 項·········································318

375

国際条約索引

2項‥‥‥‥‥‥‥‥‥318
第36条
　2項‥‥‥‥‥‥314, 318
　3項‥‥‥‥‥‥‥‥318
　6項‥‥‥‥‥‥‥‥322
第38条‥‥‥‥251-252, 307
　1項‥‥‥‥‥‥319, 320
　　a‥‥‥‥‥‥319, 320
　　b‥‥‥‥‥‥319, 320
　　c‥‥‥‥‥‥319, 320
　　d‥‥‥‥‥‥‥‥320
　2項‥‥‥‥‥‥314, 319
第40条‥‥‥‥‥‥‥‥318
第43条
　1項‥‥‥‥‥‥‥‥320
　2項‥‥‥‥‥‥‥‥320
　5項‥‥‥‥‥‥‥‥320
第46条‥‥‥‥‥‥‥‥320
第55条‥‥‥‥‥‥‥‥320
第57条‥‥‥‥‥‥‥‥320
第59条‥‥‥‥‥‥‥‥320
第60条‥‥‥‥‥‥‥‥320
第61条
　1項‥‥‥‥‥‥‥‥320
　4項‥‥‥‥‥‥‥‥320
　5項‥‥‥‥‥‥‥‥320
第65条‥‥‥‥‥‥‥‥321
国際連合憲章‥‥‥‥24, 28, 34, 36, 40, 44, 50, 53, 74,
　　　　120, 147, 149, 155, 290, 308, 322
　前文‥‥‥‥‥‥120, 228
第1条
　1項‥‥‥‥‥‥‥41, 301
　3項‥‥‥‥‥‥‥‥120
第2条
　3項‥‥‥‥‥‥‥40, 301
　4項‥‥‥24, 28, 47, 50, 53, 55
　5項‥‥‥‥‥‥‥74, 75
　6項‥‥‥‥‥‥‥75, 297
　7項‥‥‥‥54, 55, 163, 165
第3条‥‥‥‥‥‥‥‥147
第4条‥‥‥‥‥‥‥‥147
第5条‥‥‥‥‥‥‥‥49
第6条‥‥‥‥‥‥‥‥49
第10条‥‥‥‥‥45, 46, 306
第11条
　2項‥‥‥‥‥46, 305, 306
　3項‥‥‥‥‥‥‥‥305
第12条‥‥‥‥‥‥45, 306
第13条

1項b‥‥‥‥‥‥‥‥120
第14条‥‥‥‥‥293, 294, 306
第15条‥‥‥‥‥‥‥‥41
第17条
　2項‥‥‥‥‥‥‥‥49
第19条‥‥‥‥‥‥‥‥49
第20条‥‥‥‥‥‥‥‥148
第23条‥‥‥‥‥‥‥‥148
第24条‥‥‥‥‥‥‥‥41
　1項‥‥‥‥‥‥‥‥149
第27条‥‥‥‥‥‥‥43, 149
　3項‥‥‥149 n57, 150, 306, 323
第28条
　1項‥‥‥‥‥‥‥‥149
第29条‥‥‥‥‥‥‥‥44
第31条‥‥‥‥‥‥‥‥150
第32条‥‥‥‥150, 152, 305, 306
[第6章]‥‥‥‥‥40, 54, 301, 304
第33条‥‥‥‥‥‥‥302, 308
　1項‥‥‥‥‥‥301, 303, 304
　2項‥‥‥‥‥‥‥303, 304
第34条‥‥‥‥‥302, 303, 305
第35条‥‥‥‥‥‥‥304, 305
　1項‥‥‥‥‥‥‥‥304
　2項‥‥‥‥‥‥‥‥304
　3項‥‥‥‥‥‥‥‥305
第36条‥‥‥‥‥‥‥303, 305
　1項‥‥‥‥‥‥‥303, 304
　2項‥‥‥‥‥‥‥‥304
　3項‥‥‥‥‥‥‥304, 310
第37条‥‥‥‥‥‥‥301, 304
　1項‥‥‥‥‥‥‥‥301
　2項‥‥‥‥‥‥‥‥302
　3項‥‥‥‥‥‥‥302, 304
第38条‥‥‥‥‥‥‥‥302
[第7章]‥‥‥‥‥47, 54, 149, 165
第39条‥‥‥41, 44, 47, 50, 54, 74, 165, 302, 322
第40条‥‥‥‥‥‥‥41, 49
第41条‥‥‥‥‥‥41, 42, 44
第42条‥‥‥‥‥‥‥41, 44
第43条‥‥‥‥‥‥‥42, 44
　1項‥‥‥‥‥‥‥‥43
　2項‥‥‥‥‥‥‥‥43
第44条‥‥‥‥‥‥‥43, 150
第45条‥‥‥‥‥‥‥‥42
第46条‥‥‥‥‥‥‥‥44
第47条
　1項‥‥‥‥‥‥‥‥44
　2項‥‥‥‥‥‥‥‥44

国際条約索引

3 項······44
4 項······44
第48条······43, 74
第51条······28, 29, 46, 50, 52, 53, 73, 74, 75
第52条······46, 151
1 項······152, 152
3 項······152
第53条······53
1 項······50, 152
2 項······53
第55条
c 項······120
第57条······152, 153
第61条······151
第62条
2 項······120
第63条······152, 153
第75条······136, 152
第76条······137
第79条······138, 152
第80条······138
第81条······140
第83条······138, 140
第85条······138, 139, 152
第86条······151
第87条······139
第90条
2 項······321
第93条······318
第94条······322
2 項······321
第95条······310
第96条······321
第97条······151
第98条······151
第99条······305
第102条······49, 50
第103条······297
第105条······152
第107条······50, 53
第108条······150
第109条······150
第110条······147, 150, 270, 271
欧州枢軸諸国の主要戦争犯罪人の訴追と
処罰に関するロンドン協定······113, 114, 115,
116, 193, 194, 197 n26
前文······112
第1条······113
第5条······112

ニュールンベルク国際軍事裁判所憲章
第1条······113
第2条······113
第6条······113
（a)項······114, 115
第7条······114
第8条······114
第14条······113
第27条······115

■ 1946 年

極東国際軍事裁判所憲章······116
国際労働機関憲章······153-154
第1条
2 項······154
3 項······154
4 項······154
5 項······154
6 項······154
第3条
1 項······154
5 項······154
第8条······155
第9条······155

■ 1947 年

イタリア講和条約
第76条······125, 284
中米相互援助条約······53

■ 1948 年

経済的、社会的及び文化的協力並びに集団的
自衛に関する条約（ブリュッセル条約）······53
第10条······272

■ 1949 年

北大西洋条約······53, 296
第8条······295
国際紛争の平和的解決に関する改正一般議定書
······313 n64
ジュネーヴ4条約（共通第3条を含む）······57, 64 n38
傷病兵保護条約······57
海上傷病者保護条約······57
捕虜待遇条約······57
文民保護条約······57
第32条······64 n38

377

国際条約索引

■ 1951 年

アンザス条約……………………………………53

日米安全保障条約……………………………… 179 n5

# 判例等索引

(nは注番号)

A. K. Cutting (A.K. カッティング事件) ……………………………………… *174* n3
Adriaenssens v. Ministère Public（アデゥリアンセン対検察官事件）……………………… *63, 174* n39
Advisory opinion concerning Admission to the United Nations（国際連合の加盟に関する勧告的意見）
　……………………………………………………………………………………… *147* n54
Advisory opinon concerning Competence of the General Assembly regarding Admission to the
　United nations（国際連合への加盟に関する総会の権限に関する勧告的意見）……………… *147* n54
Advisory opinion concerning Jurisdiction of the Courts of Danzig（ダンチヒ裁判所の管轄権に関する
　勧告的意見）……………………………………………………………………… *121* n32, *160* n65
Advisory opinion concerning Railway Traffic between Lithuania and Poland（リトアニアとポーランド
　間の鉄道輸送に関する勧告的意見）…………………………………………………… *279* n38
Advisory opinion concernig Reparations for Injuries suffered in the Service of the United Nations
　（国際連合の勤務中に被った損害の賠償に関する勧告的意見）…………………………… *153* n61
Advisory opinion concerning Treatment of Polish Nationals and Other Persons of Polish Origin or
　Speech in the Danzig Territory（ダンチヒにおけるポーランド人の待遇に関する勧告的意見）
　……………………………………………………………………………… *161* n66, *346* n17
Advisory opinion on the Interpretation of Peace Treaties（with Bulgaria, Hungary, and Rumania）
　（ブルガリア、ハンガリー及びルーマニア間と締結された諸講和条約に関する勧告的意見）……… *164* n71
A. M. Luther v. Sagor & Co.（ルーター対サゴール事件）………………… *197* n27, *210* n42, *235* n60
Attorney-General for Canada v. Attorney-General for Ontario（カナダ法務長官対オンタリオ州
　法務長官事件）……………………………………………………………………… *288* n49
Austrian Empire (Succession) Case（オーストリア帝国(承継)事件）……………………… *244* n69
Austrian Pensions Case（オーストリア年金事件）………………………………………… *214* n47
B. Altman & Co. v. United States（B. アルトマン社対合衆国事件）……………………… *260* n20
Baron Frederic de Born v. Yugoslavian State（フレデリック・ド・ボーン男爵対ユーゴスラビア国事件）
　………………………………………………………………………………………… *207* n41
Berizzi Brothers Co. v. S.S. Pesaro（ベリッツィ兄弟会社対ペサロ号事件）………………… *192* n22
Bernstein v. Van Heyghen（ベルンシュタイン対ヴァン・ヘイゲン兄弟株式会社事件）…… *197* n27, *210* n42
Bigelow v. Zizianoff（ビゲロウ対ズィズィアノフ事件）…………………………………… *195* n24
Bochart v. Committee of Supplies of Corneux（ボシャート対コルニュ補給委員会事件）……… *63* n39
Buron v. Denman（バーロン対デンマン事件）……………………………………………… *100* n12
Canevaro Case（カネヴァロ事件）………………………………………………………… *207* n41
Carinthia (Removal of Judges（カリンシア(裁判官解任)事件）…………………………… *63* n39
Case concerning Certain German Interests in Polish Upper Silesia（上部シレジアのドイツ人の利益に
　関する事件）………………………………………………………………………… *269* n30
Case concerning the Factory at Chorzow（ホゾフ工場事件）……………………………… *20* n20
Case of the Free Zones of Upper Savoy and District of Gex（上部サボアとジェックス地区の自由地帯に
　関する事件）…………………………………………………………………… *265* n28, *293* n51
Case of the Legal Status of Eastern Greenland（東部グリーンランドの法的地位に関する事件）…… *266* n29
Case relating to the Territorial Jurisdiction of the International Commission of the River Oder
　（オーデル河国際委員会の領域的管轄権に関する事件）…………………………………… *271* n32
Chung Chi Cheung v. The King（チュン・チ・チェン対国王事件）………… *191* n21, *344* n15, *354* n23
Civilian War Claimants Association, Ltd. v. The King（文民戦争請求者団体対国王事件）…… *119* n30
Clipperton Island Arbitration（クリッパートン島仲裁判）………………………… *177* n4, *185* n16
Colombian-Peruvian Asylum case（コロンビア・ペルー庇護事件）……………………… *218* n49

379

判例等索引

Compañia Naviera Vascongado v. The Cristina（ヴァスコンガード海運会社対クリスチナ号事件

Corfu Channel（コルフ海峡事件）…………………………………………… 181 n7, 182 n11

Czechoslovak Agrarian Reform (Swiss Subjects) Case（チェコスロバキア農地改革(スイス国民)事件）
………………………………………………………………………………………… 286 n45

De Brabant and Gosselim v. T. and A. Florent（ド・ブラバン及びゴセラン対 T.A フロレン事件）…… 63 n39

Deutsche Kontinental-Gasgesellschaft（ドイツ大陸ガス会社事件）……………………… 219 n51

Dickinson v. Del Solar（ディキンソン対デル・ソラール事件）………………………… 188 n19

Dispute between Switzerland and France concerning the Interpretation of a Regulation of the
  Commercial Convention and Report signed at Berne, October 20, 1906(Switzerland-France
  Arbitration)（1906 年 10 月 20 日ベルンで署名された通商条約及び報告書のある規則の解釈に
  関するスイス・フランス間の紛争）（スイス・フランス仲裁）……………………… 265 n28

Dougherty v. Equitable Life Insurance Company（ドゥハーティ対衡平生命保険協会事件）‥ 197 n28, 230 n56

Duff Development Co., Ltd v. Government of Kelantan（ダフ開発会社対ケランタン政府事件）…… 96 n10

Eastern Carelia Case（東部カレリア事件）………………………………………………… 309

Eheleute K. v. Deustche Reichsbahn-Gesellschaft（K 夫妻対ドイツ国有鉄道会社事件）…… 286 n45

État Russe v. Cie Ropit（ロシア国対ロビ商会事件）………………………………………… 197 n28

Ex parte Quirin et al（クウィリン及びその他の申し立てによる事件）…………………… 110 n23

Foster v. Neilson（フォスター対ニールセン事件）………………………………………… 288 n49

Four Packages of Cut Diamonds v. United States（フォー・パケッジズ・オブ・カットダイアモンド対
  合衆国事件）………………………………………………………………………… 260 n20

French National Railway Company v. Chavannes（フランス国有鉄道会社対シャバンヌ事件）…… 344 n15

Geipel v. Smith（ガイペル対スミス事件）………………………………………………… 68 n43

Gelbtrunk Claim（ゲルブトランク請求事件）…………………………………………… 103 n16

Georges Pinson Case（ジョルジェ・パンソン事件）……………………………………… 343 n15

German Settlers in Poland（ポーランドおけるドイツ系農民事件）……………………… 244 n67

Govenor Collot（コロット総督事件）……………………………………………………… 194 n24

Great Britain (Eastern Extension etc. Telegraph Co. Claim) v. United States（イギリス(イースタン・
  エクステンション電気会社請求)対合衆国事件）………………………………… 249 n2

Greco-Bulgarian "Communities" Case（ギリシャ・ブルガリアの地域社会事件）……………… 343 n15

Gschwind v. Swiss Confederation（クシュヴィント対スイス連邦事件）………………… 202 n35

Hawaian Claims（ハワイ請求事件）……………………………………………………… 244 n68

H.C. van Hoogstraten v. Low Lum Seng（H.C. ヴァン・ホウシュトレーテン対ロウ・ラム・セン事件）
………………………………………………………………………………………… 136 n47

H. Roberts Case（H. ロバーツ事件）……………………………………………………… 200 n30

In re Bayot（ベイヨ事件）………………………………………………………………… 174 n3

In re Riera et al.（リエラ他事件）………………………………………………………… 344 n15

Island of Palmas Arbitration（パルマス島仲裁裁判）…………………………… 81 n1, 177 n4

Janes Case（ジェーンズ事件）…………………………………………………………… 103 n16

Jones v. Garcia de Rio（ジョーンズ対ガルシア・デ・リオ事件）……………………… 230 n56

Judgment of the International Military Tribunal for the Trial of German Major War Criminals
  （ドイツ主要戦争犯罪人の裁判のための国際軍事裁判所判決）……………………… 116 n28

Kandiliotes v. The Commonwealth and Another（カンディリオテス対コモンウェルス及びその他事件）
………………………………………………………………………………………… 201 n32

Katz and Klump v. Yugoslavia（カッツ及びクランプ対ユーゴスラビア事件）………… 214 n45

Kennett v. Chambers（ケネット対チェンバーズ事件）………………………………… 223 n52

Kotzias v. Tyser（コズィアス対タイザー事件）………………………………………… 58 n37

Lazard Bros. v. Midland Bank Ltd.（ラザード兄弟対ミッドランド銀行事件）……… 210 n42

Lehigh Valley Railroad Co. v. State of Russia（レーハイ渓谷鉄道会社対ロシア国事件）…… 229 n55

Macintosh v. United States（マッキントシュ対合衆国事件）…………………………… 40 n25

380

判例等索引

Mathot v. Longué（マソト対ロングエ事件） ................................................ 63 n39
Mavrommatis Palestine Concessions（マブロマチスのパレスチナ・コンセッション事件） ............ 201 n33
Megalidis v Turkey（メガリディス対トルコ事件） ............................................... 269 n30
Menge v. Polish Railway Administration（メンゲ対ポーランド鉄道管理局事件） ................ 121 n32
Mexican Union Railway (Limited)（メキシコ・ユニオン鉄道会社事件） ........................ 200 n31
Military Decoration Pension Case（軍人恩給事件） ............................................. 214 n47
Mortensen v. Peters（モルテンセン対ピーターズ事件） ........................................ 343 n15
Nishimura Ekiu（西村事件） .................................................................. 199 n29
North American Dredging Company of Texas Case（テキサス北米浚渫会社事件） ............. 200 n31
North Atlantic Coast Fishries Arbitratration between Great Britain and the United States of America
　（イギリスと合衆国間の北大西洋沿岸漁業仲裁裁判） ...................................... 282 n40
Ottoman Debt Arbitration（オスマン帝国債務仲裁裁判） ..................................... 214 n46
Pearson v. Allis Chalmers Company（ピアソン対アリス・シャルマーズ会社事件） ............ 69 n45
Pearson v. Parson（ピアソン対パーソン事件） ................................................. 69 n45
Petrogradsky M. K. Bank v. National City Bank（ペトログラード M. K. 銀行対ナショナル・シティー・
　バンク事件） ........................................................................... 235 n60
Philippine Sugar Estates Development Company (Limited) v. United States（フィリピン砂糖園開発
　会社対合衆国事件） ..................................................................... 243 n66
Polites v. The Commonwealth and Another（ポリチス対コモンウェルス及びその他事件） ........... 201 n32
Re Drummond Wren（ドラモンド・レンに関する事件） ..................................... 121 n33
Re Piracy *Jure Gentium*（国際法上の海賊行為事件） ........................................ 105 n21
Republic of Mexico v. Hoffman (The Baja California)（メキシコ共和国対ホフマン（バハ・カリフォル
　ニア号事件） ........................................................................... 192 n22
Republic of Panama v. United States of America（パナマ共和国対合衆国事件） ............... 182 n10
Rex v. Bottrill（国王対ボットリル事件） ....................................................... 65 n40
Rex v. Gordon-Finlayson（国王対ゴードン・フィンレーソン事件） ........................... 183 n14
Rhineland Ordinances Case（ラインランド命令事件） ......................................... 286 n45
Robert E. Brown Claim（ロバーツ・E. ブラウン請求事件） ................................... 244 n68
Romano v. Comma（ロマーノ対コンマ事件） ................................................. 205 n40
Rothschild & Sons v. Egyptian Government（ロスチャイルド・アンド・サンズ対エジプト政府事件）
　........................................................................................ 293 n51
Russian Socialist Federated Soviet Republic v. Cibrario（ロシア社会主義連邦ソビエト共和国対チブラー
　リオ事件） ...................................................................... 230 n56, 235 n60
Salem Case（セイレム事件） .................................................................. 207 n41
Salimoff & Co. v. Standard Oil Co. of New York（サリモフ会社対ニューヨーク・スタンダード石油
　会社事件） ............................................................................. 235 n60
Sei Fujii v. State of California（藤井セイ対カリフォルニア州事件） ........................... 121 n33
Serbian Loans（セルビア公債事件） .................................................. 259 n19, 265 n26
Sigwald Charles v. Germany（ジグバルト、チャールズ対ドイツ事件） ........................ 119 n30
Sokoloff v. National City Bank（サカロフ対ナショナル・シティー・バンク事件） ..... 230 n56, 232 n57, 235 n60
S. Papadopoulos, of Pela v. N.V. Koninglijke Nederlandsche Stoomboot Maatschappij of Amsterdam
　（ペラの S. パパンドポウロス対アムステルダムのオランダ王国汽船株式会社事件） ............ 287 n48
Steiner and Gross v. Polish State（シュタイナー及びグロス対ポーランド国事件） ............... 120 n31
Stoeck v. Public Trustee（シュテック対公的受託官事件） ...................................... 205 n39
The Alabama Claims（アラバマ号請求事件） ................................................... 70 n46
The Anna（アンナ号事件） ................................................................... 181 n9
The Antelope（アンテロープ号事件） .................................................. 253 n7, 348 n18
The Bermuda（バーミューダ号事件） ......................................................... 69 n45
The Blonde（ブロンド号事件） ............................................................... 123 n35

*381*

判例等索引

The Caroline（カロライン号事件）………………………………………………… 51 n31, 194 n24
The Elida（エリダ号事件）………………………………………………………………… 182 n10
The Eliza Ann（エリザ・アン号事件）……………………………………… 26 n8, 271 n31
The Gagara（ガガラ号事件）……………………………………………………………… 223 n52
The Government of Spain v. The Chancery Lane Safe Deposit（スペイン政府対チャンスリー・レイン
　保管会社事件）…………………………………………………………………………………… 231 n56
The Helena（ヘレナ号事件）……………………………………………………………… 105 n21
The Invincible（インヴィンシブル号事件）…………………………………………… 194 n24
The Jessie（ジェシー号事件）…………………………………………………………… 104 n19
The John（ジョン号事件）………………………………………………………………… 56 n36
The Llandovery Castle（ランドヴェリー・キャスル号事件）……………………… 115 n27
The Lotus（ロチュース号事件）………………………………………………………… 174 n3
The Lusitania（ルシタニア号事件）…………………………………………………… 68 n42
The Naulilaa（ナウリラ事件）…………………………………………………………… 23 n6
The Nayade（ナヤデ号事件）…………………………………………………………… 26 n8
The Over The Top（オーバー・ザ・トップ号事件）…………………… 344 n15, 354 n23
The Paquete Habana（パケット・ハバナ号事件）………………………………… 357 n27
The Parlement Belge（パルルマン・ベルジュ号事件）………………… 183 n13, 192 n22
The Prometheus（プロメティウス号事件）…………………………………………… 22 n5
The Queen v. Keyn（国王対ケイン事件）……………………………………………… 22 n5
The Santissima Trinidad（サンティシマ・トリンダード号事件）………………… 69 n45
The Schooner Exchange v. McFadden（スクーナー船エクスチェンジ号対マックファデン事件）…… 191 n21
The Soviet Government v. Ericsson（ソビエト政府対エリクソン）……………… 235 n60
The Steamship Appam（汽船エイパム号事件）……………………………………… 71 n47
The Three Friends（スリー・フレンズ号事件）…………………………………… 240 n63
The Tinoco Arbitration（ティノコ仲裁裁判）……………………………………… 232 n57
The Wimbledon（ウインブルドン号事件）…………………………………………… 382 n40
The Zamora（ザモラ号事件）……………………………………………… 194 n24, 343 n15
Thomas v. Gay（トーマス対ゲイ事件）……………………………………………… 344 n15
Totus et al. v. United States et al.（トータス他対合衆国他事件）……………… 344 n15
Tunis-Morocco Nationality Decrees（チュニスとモロッコの国籍法事件）…………… 163
Underhill v. Hernandez（アンダーヒル対ヘルナンデス事件）…………………… 194 n24
United States（Alexander Tellech）v. Ausrtia and Hungary（合衆国（アレクサンダー・テレック）対
　オーストリア及びハンガリー事件）………………………………………………………… 207 n41
United States of America on Behalf of Dickson Car Wheel Company v. The United Mexican States
　（ディキンソン車輪会社を代表するアメリカ合衆国対メキシコ合衆国事件）……… 203 n38
United States（The R. T. Roy）v. Great Britain（合衆国（R. T. ロイ号）対イギリス事件 …………… 203 n37
United States v. Bank of New York & Trust co.（合衆国対ニューヨーク信託銀行会社事件）……… 210 n42
United States v. Deutsche Kalisyndikat Gesellschaft（合衆国対ドイツ加里シンジケート組合事件）… 196 n25
United States v. Germany（Nationality of Claims）（合衆国対ドイツ（請求国籍）事件）………… 201 n34
United States v. The Schooner La Jeune Eugénie（合衆国対スクーナー船ラ・ジュンヌ・ユジェニエ号
　事件）……………………………………………………………………………………………… 253 n7
West Rand Central Gold Mining Co., Ltd. v. The King（ウエスト・ランド中央金鉱山会社対国王）
　……………………………………………………………………………………………… 257 n17, 357 n27
William J. Blumhardt v. Mexico（ウィリアム・J. ブラムハルト対メキシコ事件）………… 203 n37
Wulfsohn v. Russian Socialist Federated Soviet Republic（ウルフソーン対ロシア社会主義連邦ソビエト
　共和国事件）……………………………………………………………………………… 230 n56, 235 n60
Youmans Case（ユーマンズ事件）…………………………………………………… 102 n13
Zoppot Street-Crossing Case（ゾポット交差点事件）……………………………… 285 n44

# 人 名 索 引

（n は注番号）

#### ◆ A ◆

Augustine（アウグスティヌス）……………………*32*

Aristide Briand（アリスティッド・ブリアン）
…………………………………………………… *38*n24

#### ◆ B ◆

Bynkershoek（バインケルスフーク）… *180, 181*n8

#### ◆ C ◆

Cicero（キケロ）…………………………… *32, 32*n19

#### ◆ D ◆

Dionisio Anzilotti（ディオニシオ・アンチロッチ）
…………………………………………………… *351*n19

#### ◆ F ◆

Frank B. Kellog（フランク・B. ケロッグ）… *38*n24

#### ◆ G ◆

Grotius（グロティウス）……… *24, 24*n7, *32, 32*n21,
*180, 181*n7, *184, 184*n15, *253*

#### ◆ H ◆

Henry L. Stimson（スチムソン国務長官）……… *241*

#### ◆ I ◆

Isidore de Seville（セビリアのイシドールス）… *32*

#### ◆ J ◆

Jean Jacques Rousseau（ジャン・ジャック・
ルソー）…………………………… *257, 257*n16, *258*

John Austin（ジョン・オースチン）……… *87, 87*n4

#### ◆ L ◆

Léon Duguit（レオン・デュギー）……… *252, 252*n5

#### ◆ O ◆

Oppenheim（オッペンハイム）…………………… *181*

#### ◆ P ◆

Pufendorf（プーフェンドルフ）………… *253, 253*n9

#### ◆ R ◆

Radcliffe-Brown（ラドクリフ・ブラウン）………*32*

#### ◆ T ◆

Thomas Aquinas（トマス・アキナス）…………… *32*

#### ◆ V ◆

Vattel（ヴァッテル）………………… *32, 33*n22, *253*

Von Savigny（F. K. フォン・サヴィニー）
…………………………………………… *252, 252*n4

#### ◆ W ◆

Wheaton（ホィートン）………………………… *253*n11

William II（ウィリヘルム二世）………… *111, 112*

Wilson（ウイルソン大統領）…………………… *35*

〈著者紹介〉

Hans Kelsen（ハンス・ケルゼン）

　　1881年　プラハ生まれ
　　1919年　ウィーン大学教授
　　1930年　ケルン大学教授
　　1940年　アメリカ移住、カルフォルニア大学（バークレー校）教授
　　1973年　没

　　［主要著作］
　　『純粋法学』横田喜三郎訳（岩波書店、1935年）
　　『一般国家学』清宮四郎訳（岩波書店、1936年）
　　『法と国家』鵜飼信成訳（東京大学出版会、1952年）
　　『ダンテの国家論』長尾龍一訳（木鐸社、1977年）
　　『法と国家の一般理論』尾吹善人訳（木鐸社、1991年）
　　『社会学的国家概念と法学的国家概念』法思想21研究会訳（晃洋書房、2001年）
　　『純粋法学（第2版）』長尾龍一訳（岩波書店、2014年）
　　『デモクラシーの本質と価値』西島芳二訳（岩波書店、1948年〔改版1966年〕／
　　　　長尾龍一・植田俊太郎訳（『民主主義の本質と価値』〔岩波書店、2015年〕）

〈訳者紹介〉

長谷川正国（はせがわ・まさくに）

　　1946年　千葉県佐倉市に生まれる
　　1981年　早稲田大学法学研究科博士課程満期退学
　　現　在　福岡大学法学部教授

　　［訳書］
　　J. G. メリルス『国際法の解剖』（敬文堂、1984年）
　　J. G. メリルス『国際紛争の平和的解決』（敬文堂、1987年、新版1993年）
　　エイクハースト＝マランチュク『現代国際法入門』（成文堂、1999年）
　　J. G. メリルス『国際紛争処理概論』（成文堂、2002年、新版2008年）
　　Ch. ド・ヴィシェール『国際法における理論と現実』（成文堂、2007年）
　　J. L. ブライアリー『国際法の展望および諸論稿』（成文堂、2010年）
　　P. C. ジェッサップ『トランスナショナル・ロー』（成文堂、2011年）
　　J. L. ブライアリー『諸国民の法および諸論稿』（成文堂、2013年）
　　　　その他論文多数

法学翻訳叢書
0011
国際法・法哲学

❧ ❀ ❧

## 国際法原理論

2016(平成28)年2月15日　　第1版第1刷発行

著　者　ハンス・ケルゼン
訳　者　長谷川正国
発行者　今井貴　渡辺左近
発行所　株式会社　信山社
〒113-0033 東京都文京区本郷6-2-9-102
Tel 03-3818-1019　Fax 03-3818-0344
info@shinzansha.co.jp
笠間才木支店　〒309-1611 茨城県笠間市笠間515-3
笠間来栖支店　〒309-1625 茨城県笠間市来栖 2345-1
出版契約 No.6161-5-01010 Printed in Japan

©H.ケルゼン・長谷川正国, 2016. 印刷・製本／亜細亜印刷・渋谷文泉閣
ISBN978-4-7972-6161-5 C3332　分類329.100-a005国際法・法哲学
6161-5:P408　¥9200E-012-030-010

JCOPY　〈(社)出版者著作権管理機構　委託出版物〉

本書の無断複写は著作権法上での例外を除き禁じられています。複写される場合は、
そと都度事前に, (社)出版者著作権管理機構(電話03-3513-6969, FAX03-3513-
6979, e-mail: info@jcopy.or.jp)の許諾を得てください。

## 安全保障関連法
### ―変わる安保体制―
読売新聞政治部 編著

## 軍縮辞典
日本軍縮学会 編

大村敦志 解題
## 穂積重遠 法教育著作集 〔全3巻〕
われらの法

## 来栖三郎著作集 〔全3巻〕

我妻洋・唄孝一 編
## 我妻栄先生の人と足跡

## 法と哲学 創刊第1号
井上達夫 責任編集

信山社

祖川武夫論文集
# 国際法と戦争違法化
### —その論理構造と歴史性
編集代表　小田滋・石本泰雄／編集協力　樋口陽一

芹田健太郎先生古稀記念
# 普遍的国際社会への法の挑戦
坂元茂樹・薬師寺公夫 編

黒澤満先生退職記念
# 核軍縮不拡散の法と政治
浅田正彦・戸﨑洋史 編

黒澤満先生古稀記念
# 安全保障論—平和で公正な国際社会の構築に向けて
神余隆博・星野俊也・戸﨑洋史・佐渡紀子 編

---

● 判例プラクティスシリーズ ●

## 判例プラクティス憲法 〔増補版〕
### 憲法判例研究会 編
浅野博宣・尾形健・小島慎司・宍戸常寿・曽我部真裕・中林暁生・山本龍彦

## 判例プラクティス民法 Ⅰ～Ⅲ
### 松本恒雄・潮見佳男 編

## 判例プラクティス刑法 Ⅰ 〔総論〕
### 成瀬幸典・安田拓人 編

## 判例プラクティス刑法 Ⅱ 〔各論〕
### 成瀬幸典・安田拓人・島田聡一郎 編

信山社

村瀬信也先生古稀記念

# 国際法学の諸相

―到達点と展望―

江藤淳一 編

# 国際法論集

村瀬信也 著

山田中正先生傘寿記念

# 変革期の国際法委員会

村瀬信也・鶴岡公二 編

内田久司先生古稀記念論文集
◆**国際社会の組織化と法** 柳原正治 編

栗山尚一先生・山田中正先生古稀記念論集
◆**国際紛争の多様化と法的処理**
島田征夫・杉山晋輔・林司宣 編著

林司宣先生古稀祝賀
◆**国際法の新展開と課題**
島田征夫・古谷修一 編

信山社

# ◈実践国際法(第2版)

### 小松一郎 著

最新情報を織り込んだ、待望の改訂。
御巫智洋・大平真嗣・有光大地・渋谷尚久・加藤正宙の
外務省国際法局関係者5名の有志による補訂版。

# ◈小松一郎大使追悼　国際法の実践

### 柳井俊二・村瀬信也 編

学術論文が集う
〈第一部:国際社会における法の支配〉と、
公私の思い出が綴られる
〈第二部:追想―小松一郎の思想と行動〉の二部構成。
小松一郎大使の問題提起を受け止め、発展させるために。
〔付:小松一郎大使略歴・著作一覧〕

# ◈国際法実践論集

### 小松一郎 著

好評体系書『実践国際法』と表裏をなす、
小松一郎大使による貴重な論稿の数々を
読みやすく集成した研究書。国際法実務家として、
理想と現実の狭間で磨かれた小松大使の法理論の真髄。

信小社

◆国際法先例資料集 1・2 －不戦条約
【日本立法資料全集】

柳原正治 編著

◆プラクティス国際法講義（第2版）

柳原正治・森川幸一・兼原敦子 編

◆《演習》プラクティス国際法

柳原正治・森川幸一・兼原敦子 編

◆国際法研究 ［最新第4号 2016.3刊行］

岩沢雄司・中谷和弘 責任編集

◆ロースクール国際法読本 中谷和弘 著

信山社